光启文库

光启随笔　　光启讲坛
光启学术　　光启读本
光启通识　　光启译丛
光启口述　　光启青年

主　编：陈　恒　孙　逊

学术支持：上海师范大学光启国际学者中心

策划统筹：鲍静静
责任编辑：陈　雯
装帧设计：纸想工作室

愚庵续论

刘家和　著

图书在版编目（CIP）数据

愚庵续论 / 刘家和著. —— 北京：商务印书馆，2021
（光启文库）
ISBN 978 – 7 – 100 – 19671 – 0

Ⅰ.①愚…　Ⅱ.①刘…　Ⅲ.①世界史 — 文集
Ⅳ.①K107-53

中国版本图书馆 CIP 数据核字（2021）第041393号

权利保留，侵权必究。

愚 庵 续 论

刘家和　著

商 务 印 书 馆 出 版
（北京王府井大街36号　邮政编码100710）
商 务 印 书 馆 发 行
苏州市越洋印刷有限公司印刷
ISBN　978 – 7 – 100 – 19671 – 0

| 2021年5月第1版 | 开本 640×960　1/16 |
| 2021年5月第1次印刷 | 印张 31¼ |

定价：126.00元

出版前言

梁启超在《清代学术概论》中认为,"自明徐光启、李之藻等广译算学、天文、水利诸书,为欧籍入中国之始,前清学术,颇蒙其影响"。梁任公把以徐光启(1562—1633)为代表追求"西学"的学术思潮,看作中国近代思想的开端。自徐光启以降数代学人,立足中华文化,承续学术传统,致力中西交流,展开文明互鉴,在江南地区开创出海纳百川的新局面,也遥遥开启了上海作为近现代东西交流、学术出版的中心地位。有鉴于此,我们秉承徐光启的精神遗产,发扬其经世致用、开放交流的学术理念,创设"光启文库"。

文库分光启随笔、光启学术、光启通识、光启讲坛、光启读本、光启译丛、光启口述、光启青年等系列。文库致力于构筑优秀学术人才集聚的高地、思想自由交流碰撞的平台,展示当代学术研究的成果,大力引介国外学术精品。如此,我们既可在自身文化中汲取养分,又能以高水准的海外成果丰富中华文化的内涵。

文库推重"经世致用",即注重文化的学术性和实用性,既促进学术价值的彰显,又推动现实关怀的呈现。文库以学术为第一要义,所选著作务求思想深刻、视角新颖、学养深厚;同时也注重实用,收录学术性与普及性皆佳、研究性与教学性兼顾、传承性与创新性俱备的优秀著作。以此,关注并回应重要时代议题与思想命题,推动中华文化的创造性转化与创新性发展,在与国外学术的交流对话中,努力打造和呈现具有中国特色的价值观念、思想文化及话语体系,为夯实文化软实力的根基贡献绵薄之力。

文库推动"东西交流",即注重文化的引入与输出,促进双向的碰撞与沟通,既借鉴西方文化,也传播中国声音,并希冀在交流中催生更绚烂的精神成果。文库着力收录西方古今智慧经典和学术前沿成果，推动其在国内的译介与出版；同时也致力收录汉语世界优秀专著，促进其影响力的提升，发挥更大的文化效用；此外，还将整理汇编海内外学者具有学术性、思想性的随笔、讲演、访谈等，建构思想操练和精神对话的空间。

我们深知，无论是推动文化的经世致用，还是促进思想的东西交流，本文库所能贡献的仅为涓埃之力。但若能成为一脉细流，汇入中华文化发展与复兴的时代潮流，便正是秉承光启精神，不负历史使命之职。

文库创建伊始，事务千头万绪，未来也任重道远。本文库涵盖文学、历史、哲学、艺术、宗教、民俗等诸多人文学科，需要不同学科背景的学者通力合作。本文库综合著、译、编于一体，也需要多方助力协调。总之，文库的顺利推进绝非仅靠一己之力所能达成，实需相关机构、学者的鼎力襄助。谨此就教于大方之家，并致诚挚谢意。

清代学者阮元曾高度评价徐光启的贡献，"自利玛窦东来，得其天文数学之传者，光启为最深。……近今言甄明西学者，必称光启"。追慕先贤，知往鉴今，希望通过"光启文库"的工作，搭建东西文化会通的坚实平台，矗起当代中国学术高原的瞩目高峰，以学术的方式阐释中国、理解世界，让阅读与思索弥漫于我们的精神家园。

上海师范大学光启国际学者中心

2020年3月

目录

第一辑　世界与中国

最初的文明（公元前4000年代后期至前2000年代前期）　　3
早期文明的盛衰（公元前15—前9世纪）　　13
印度的列国时代和孔雀帝国（公元前6—前2世纪）　　31
春秋战国时期的中国与同时期的世界　　63
公元前2世纪至公元2世纪的帝国　　81
古代世界的衰落　　103
中国与世界　　111
关于中国古代民族关系特点的几点思考　　140

第二辑　中西古史比较

试说中外历史比较研究的理论与方法　　151
试谈中国的世界史研究　　162
中西古史比较研究漫谈　　166
历史、史学与社会三者关系之思考　　180
孝与仁在原理上矛盾吗？　　185
走向新的经学研究　　198
史学·史学理论及史学史·比较史学　　203
在中外历史文化长河中徜徉　　219
再谈挑战　　244

第三辑 怀念师友

忆钱穆先生	261
为我学世界古代史引路的老师	264
白先生的教诲和启迪令我终身受益	270
狷者与狂者的友谊	274
培基固本、精益求精	279
试谈研究史学的一些基本功	294
追忆白先生、感念白先生	309
从《王西庄与钱竹汀》谈柴德赓先生的史论观	315

第四辑 书前书后

读《古代荆楚地理新探》	329
一部成一家之言的中国古代社会经济史	344
林志纯著《日知文集》序	357
刘文鹏著《埃及考古学》序	366
邵东方著《竹书纪年研究论稿》序	369
邵东方著《崔述学术考论》序	374
彭刚著《叙事的转向》序	383
拱玉书著《西亚考古史》序	388

第五辑 信 札

致林志纯先生（年月日不详）	395
致林志纯、朱寰先生（1973年12月6日）	396
致林志纯先生（1976年1月9日）	399

致林志纯先生（1976年8月12日）	403
致林志纯先生（1976年11月1日）	404
致林志纯先生（1976年12月18日）	408
致林志纯先生（1977年2月16日）	410
致林志纯先生（1978年11月27日）	413
致林志纯先生（1979年1月3日）	416
致林志纯先生（1981年8月9日）	417
致林志纯先生（3月5日）	418
致林志纯先生（1986年2月21日）	420
致林志纯先生（1986年5月14日）	421
致林志纯先生（1986年9月16日）	423
致林志纯先生（1987年1月9日）	425
致林志纯先生（1987年12月22日）	427
致林志纯先生（1987年12月26日）	429
致林志纯先生（1988年5月11日）	431
致林志纯先生（8月18日）	433
致林志纯先生（1993年2月20日）	435
致林志纯先生（1995年8月31日）	438
致林志纯先生（1995年11月7日）	439
致林志纯先生（1996年11月10日）	441
致林志纯先生（1999年10月3日）	442

第六辑　口述史

从烽火到学术：刘家和先生口述史	447
一、初进私塾	447
二、不幸的童年	450

三、曲折的教育 453

四、重返私塾 456

五、我是怎样戴上眼镜的？（上） 460

六、我是怎样戴上眼镜的？（下） 463

七、终生难忘的先生们（上） 467

八、终生难忘的先生们（下） 470

九、从南京到辅仁 473

十、难忘的教诲 476

十一、巧学外文 478

十二、学问的精神土壤 481

十三、我的读书心得 485

第一辑
世界与中国

最初的文明
（公元前4000年代后期至前2000年代前期）

一、印度河流域文明

古代印度的自然环境和居民

　　古代印度是一个历史上的地理概念，指喜马拉雅山以南的整个南亚次大陆。它包括了现在的印度、巴基斯坦、孟加拉国、尼泊尔、不丹等国的领土。在古代印度，并不曾有任何一个国家以印度作为自己的国名。可是，波斯人、希腊人都泛称这一地区为"印度"，我国《史记》《汉书》称之为"身毒"，《后汉书》称之为"天竺"，唐代玄奘认为以上音译都不太准确，乃改译为"印度"。"印度"作为地域的名称是从印度河的名称引申而来的。

　　古印度北有喜马拉雅山，西北有苏莱曼山和兴都库什山，东临孟加拉湾，西临阿拉伯海，南为印度洋，在古代只有西北部的一些山口是比较方便的对外通道。

　　古印度地处热带和亚热带地区，全境大体可以温德亚山和讷尔默达河为界分为南北两区域。在北部，西面的印度河流域和东面的恒河流域是两个最重要的地区。这两条河的上游水源都是高山雪水，由于雨量在西部很小而越往东越大，印度河流经的是干旱地带，而恒河则流经水源十分丰富的肥沃地区。南部是一多山的半岛，中有德干高原，沿着东西海岸又分别蔓延着东高止山和西高止山两条山脉。半岛的沿海平原是比较适于农业的地区。

在古印度，石器时代就已有人居住。旧石器时代的遗址在西北的旁遮普地区、中部的讷尔默达河一带、半岛西部的孟买地区、半岛东南的马德拉斯（今称金奈）地区等处均有发现。新石器时代的遗址则分布更为广泛。约在公元前4000年代末至前3000年代，在信德、俾路支斯坦和拉贾斯坦等地，又开始进入了金石并用时代。考古材料证明，整个史前时期直到文明出现的前夕，在古印度都是有人居住的。

关于这些史前文化的创造者的人种问题，现在还没有得到彻底的解决。大概在他们中有矮黑人、原始澳大利亚人、蒙古利亚人和达罗毗荼人。这些人种至今还生活在南亚次大陆的不同地区。

哈拉巴文化的发现

当1922年《剑桥印度史》第一卷初版的时候，古印度的文明时代还被认为是从公元前1000年代的后期吠陀时代开始的。也就在这个时候，在印度河流域开始发现新的远古文明。1921年，在旁遮普地区的哈拉巴发掘出远古遗址，发现了许多古物和两枚印章。在19世纪，这里就出土过一枚远古印章，引起了人们的注意。1922年，在信德地区的摩亨佐·达罗的一个佛教建筑的废墟下面也发掘出远古的遗址，发现了类似的印章和古物。按遗址所在地区来说，这一新发现的远古文明被称为"印度河流域文明"；按考古学界以首次发现的地点命名的习惯，它又被称为"哈拉巴文化"。

20世纪20年代以来，考古学家已经陆续发现了类似的大小遗址数百处，其分布范围也不限于印度河流域。在北起喜马拉雅山麓，南至讷尔默达河下游，东起朱木拿河上游，西至巴基斯坦西南沿海地区这样一个广阔的地域里，都有类似遗址的发现。这地域要比早期埃及或两河流域古文明遗址分布的范围大得多了。

哈拉巴文化是早已被人们遗忘了的文化。存世的文献中甚至没有关于它的传说，当然更没有关于那个时代的历史记载了。由于在两河流域（特别是乌尔）遗址发现有印度河流域的或印度河流域式的印章，考古学家推测约在公元前2350—前1770年间印度河流域文明与两河流域文明之间曾有商业往来。据此大体可以推定，印度河流域文明存在于约公元前2300—前1750年。以后学者又用放射性碳（碳14）测年法对若干遗址的遗物做了测算，发现具体的不同地区的年代并不完全相同。总的来说，哈拉巴文化的年代约为公元前2300—前1750年；具体地说，其中心地区约为公元前2300—前2000年，其周边地区约为公元前2200—前1700年。

哈拉巴文化已经进入文明时期。在已发现的2000多枚印章上，都或多或少刻有文字。文字的符号有些是象形的，也有些可能是表示音节的。对于这些文字符号的总数，学者的统计结果不一，共四五百个。学者们试图用种种有关的语言释读这种文字，迄今还未能得出公认的结论。因此，目前还只能从考古材料来了解这个文明。

社会经济生活

哈拉巴文化的主要经济部门是农业，已发现了镰刀等农具。当时栽培的作物有大麦、小麦、豆类、芝麻、蔬菜、棉花等。在印度河流域的遗址中不曾发现稻，但在洛塔尔遗址（在今古吉拉特邦）中发现有稻壳，可能在水源比较丰富的地方已经开始种稻了。除田间作物以外，椰枣、果品也是人们常用的食物。当时的人还食用牛肉、羊肉、猪肉、家禽以及鱼类。已经驯养的动物有牛（包括水牛）、山羊、绵羊、猪、驴、狗及种种家禽。还不能断定马是否已被驯养，因为只是在摩亨佐·达罗的表层才发现有马骨。

哈拉巴文化遗址中虽然仍有许多石器，例如石刀、石臼、石罐、石秤锤等，但是也有了大量的铜器，如镰刀、锯子、斧、凿、鱼钩等工具以及匕首、箭镞、矛头等武器。除铜和青铜外，人们也掌握了对金、银、铅、锡等金属加工的技术。已发现的金、银、铜首饰有项链、戒指、手镯、臂镯、足镯、耳环等，显示出当时工匠的精巧技艺。

纺织和制陶是哈拉巴文化的两个重要手工业部门。纺锤和纺轮在许多遗址中都有发现，它们是当时纺毛和纺棉的重要工具。在遗址中发现了染缸，可见当时已经掌握了纺织品染色的技术。陶器的坯基本都是在陶轮上制成的，也有手工制造的。陶坯是在窑中烧制成陶器的。陶窑已被发现。它们都是圆形的，分为上下两层：上层放置陶坯，下层烧火，中间的隔层是有孔隙的，以便火焰可以烧到上层。已经发现大量的陶制容器，其中有无装饰的各种日常用具，也有一些饰以图画的精品。

在农业和手工业发展的基础上，哈拉巴文化也有了相当发达的商业。当时的黄金大概是从南印度输入的，银大概是从阿富汗、伊朗输入的，铜则可能是从南印度和俾路支等地输入的。陆路的交通运输主要用牛车。在哈拉巴文化与古代两河流域之间，也有商业往来。在两河流域的古遗址发现了若干哈拉巴文化的印章，在哈拉巴文化遗址中也发现了一些来自两河流域的圆柱形印章和金属制品。与两河流域的贸易大概是经由海路进行的。在哈拉巴文化印章中，有的刻有船的图形，这种船大概就是当时海路交通运输的工具。

城市国家

哈拉巴文化的几百个遗址中包括了众多的小村落遗址，但是能够体现这一文化的特色的仍然是城市。城市不分大小，都有一个共同点，即包括卫城和下城两个部分。在众多的城市遗址中，较大者只有几处，其中以哈拉巴和摩亨佐·达罗为最大（面积约1平方公里），而遗址保存较好、迄今发现也最为清楚的则是摩亨佐·达罗。因此，从摩亨佐·达罗可见哈拉巴文化城市结构的一斑。

摩亨佐·达罗的西部是建于砖砌高台上的卫城，东部是住宅与工商业所在的下城。这两部分又由一道宽厚的砖墙围护起来，形成一体。卫城的中心是一个大的公用浴池，长12米，宽7米，深2.4米，用砖建成，涂以沥青，以防漏水。浴池附近开有水井，为供水之源；浴池也建有排水沟道。这里大概是当时人们举行重大礼仪前的沐浴处所。浴池西面有27排带有通风孔道的砖建筑物，它们显然是谷仓。在浴池的北、东、南三面，还有许多建筑物。这些可能是政府办公和大众集会的地方。

摩亨佐·达罗的下城显然是按照一定的规划建成的。那里的大街是笔直的。它们或者东西向，或者南北向，垂直相交，把下城分为许多街区。每个街区中又有若干小巷。它们也是东西向或南北向地排列着，并和大街垂直相交。大街和小巷构成了一整套井井有条的交通网络。主要的大街宽度可达10米。街道交叉处的建筑物的墙角砌成圆形，以免有碍交通。街道还有不少灯柱，大概晚上已有路灯照明。在街道网络的下面，又有一整套下水道的网络。地下的沟道是用砖砌成的，沟上用砖或石板作顶盖。街道的两边都是建筑物的墙壁。建筑物不开临街窗户，窗户都开在自家的院子里；有门通向街道，不过门一般都开在小巷里。

建筑物的大小各有不同。小的只有两间小房；大的则以院子为中心，周围建有很多房屋。还有一些像营房一样的单间住房，可能是穷苦人的住处。建筑物不仅有占地大小的区别，还有楼层多少或有无的不同。若干建筑物遗址中有楼梯的残迹，这说明有两层或三层楼。大的建筑物中通常都有自家的水井。几乎每一建筑物都有一间浴室。浴室地面是不漏水的，并且有一定的坡度使水流向房屋的一个角落，那里安有管道，可以把水导向室外街道的下水道中。有些建筑物遗址中还发现了垂直的陶管，这说明浴室位于楼上。根据各家建筑物的差别，可以推知当时社会是存在贫富的阶级差异的。

从卫城的巨大公共建筑物和粮仓的存在，以及下城的街道规划，都可以看出当时已有掌管权力的国家机构。学者们根据遗址的规模对摩亨佐·达罗和哈拉巴的人口做出不同的估计，一般认为这两个城市约各有35000人。这说明当时的国家都是不大的城市国家，由中心城市和周围一片农村地区组合而成。

哈拉巴文化的衰亡

哈拉巴文化的城市经过其繁荣期以后，先后都变成了被人遗忘的废墟。由于文字尚未释读成功，这种文明的创造者至今还未确定。学者们提出种种不同的假说。有人说他们是苏美尔人，可是提不出切实证据。有人说他们是雅利安人，可是雅利安人的文化与哈拉巴文化又有明显的不同。不少学者认为他们是达罗毗荼人，可是又不能从他们的语言上加以证实。又有学者认为他们是混血人种，这当然也只能是一种推测。

至于哈拉巴文化衰亡的原因，学者们也有种种不同的推测。有些学者认为，由于雨量减少，信德地区日益干旱甚至沙漠化，居民不得不移往他方。有些学者认为，哈拉巴文化的衰落是地震、泥石流、旋风等灾变的结果。有些学者认为，由于印度河的改道，原先的河谷沃土变成了沙土，人们被迫离去。以上推测都把哈拉巴文化的衰亡归因于种种自然灾害，但是自然灾害不足以说明分布在那么广阔的土地上的各城市为何一齐衰亡。有些学者认为，由于土地过度耕作、水利设施被忽略或破坏以及长期伐林掘土烧砖，土壤逐渐恶化，致使哈拉巴文化趋于没落。有些学者认为，印度河流域城市文明的富足，引来了山地部落的入侵，结果造成文明的毁灭。还有学者认为，哈拉巴文化的衰亡是雅利安人侵入的结果。最后一说曾经盛行一时，但是雅利安的侵入在公元前1500年以后，而现在已经测定哈拉巴文化在此以前就已经衰亡了。因此，哈拉巴文化衰亡的原因仍然是一个尚待解决的问题。

二、黄河流域的夏王朝

中国是世界著名古国之一。近几十年来的考古发掘和研究的成果证明，在中国广阔的领土上，旧石器时代的文化在世界史前史上已具有很重要的地位，而新石器时代的文化则分布更为广泛，内容更为丰富。正是在新石器文化发展的基础上，中国的黄河流域首先开始进入了文明时期。

关于中国文明的起点

中国文明史从何时开始写起？这个问题至今还没有一致的最后答案。不过，很多学者认为，中国文明史的起点在夏王朝开始建立的公元前21世纪前后。这种见解比较有说服力，也正在得到考古学方面的越来越多的证明。

从前的学者写中国史，往往从黄帝开始写起。这种写法起源于汉代司马迁的《史记》，此书第一篇是《五帝本纪》，而黄帝就是五帝中的第一人。也有人把历史起点更向前提到伏羲氏画八卦和造文字。例如唐代司马贞为《史记》补的一篇《三皇本纪》、宋代司马光所著《稽古录》等。不过伏羲传说的神话色彩过浓，因此信以为真的人不多。以《五帝本纪》的内容而论，五帝中最后两位——尧和舜还实行禅让制度。这显然是文明出现以前的制度。禹接受舜的禅让而即位，可是在他以后却开始传子，子孙世袭王位。以前是"天下为公"，以后是"天下为家"（《礼记·礼运》语），两者的交界处正应该是中国文明史的起点。

有些学者认为，中国文明史的开端应是商代，因为商代历史已有考古资料和甲骨文资料作为切实的证明。其实在20世纪以前，商史也是没有任何考古资料的证明的。在我国传统的古文献里，夏和商、周两代一直是相提并论的。在《尚书》《诗经》《论语》等古典中，夏、商、周时常作为一个序列被提到。战国以后的文献中则把夏、商、周并称为"三代"。古代人的这些认识，显然来源于夏、商、周在制度上的连续性和一贯性。孔子曾明确地说过：商代沿袭了夏代的礼，但做了一些变革；周代沿袭了商代的礼，也做了一些变革。夏、商两代既在文献中是并列的，而商代已在考古学上得到证实，夏代的可信性自然也有提高。何况下面还会说到，夏文化在考古学中已经出现了曙光。

文献中的夏史梗概

夏王朝的奠基人是治水英雄大禹。尧、舜时期，黄河中下游洪水泛滥成灾。尧曾经任命禹的父亲鲧治水，没有成功。舜继尧以后，又任命禹治水。禹率领中原各部落人民辛勤劳动13年，终于疏通了河道，排除了水患，安定了民生。禹又曾奉舜的命令，率领华夏族各部落打败了三苗族各部落，把他们驱往边远地区，从而稳固了华夏族各部落在中原的地位。舜死以后，禹受禅继位，曾会诸侯（原先的各部落首领）于涂山，据说与会者有"万国"。又会诸侯于会稽，并处死了迟到的诸侯。禹命令各地诸侯进贡方物和铜，用铜铸成九鼎。鼎上刻画着各州应贡的方物。这些都表示夏王是位在诸侯之上的"天子"。

禹死后，其子启在诸侯拥护下继位，而有扈氏不服，启灭有扈氏，从而巩固了自己的王位。启死以后，在先后三个继任者中，有一人被废，一人被杀，政权一度被夺。

启的重孙少康，在夏以及与夏友好的国家的人民支持下，消灭了夺权者，使夏王朝得以中兴。少康是夏代第六个王。又传了七个王以后，孔甲继位，夏王朝开始衰落，诸侯逐渐不再服从夏王。又经过两个国王以后，桀继位为王。桀荒淫暴虐，引起人民不满。大多数诸侯叛夏而支持商国的诸侯汤。最后汤率领各诸侯打败了桀，推翻了夏王朝。据《史记·夏本纪》记载，夏王朝从禹开始到桀亡国，共有17王、14代（因为还有兄传子的情况）。据《竹书纪年》记载，夏代共经472年。所以，可以大致推断夏代约处于公元前21—前16世纪之间。

古代文献中所记的夏代事迹不多，但是也透露了这样一些重要信息：夏代已铸造铜器，开始进入青铜器时代；夏代不再禅让，王位传子，有时传弟；夏本身是一个邦，它的君主作为王或天子的地位是诸侯拥戴的结果，而各诸侯实际上是各个独立小邦的君主。夏代诸侯很多，其中很多可能处于从部落首领向君主过渡之中。

考古学中的夏文化的曙光

根据文献记载，夏王朝的活动范围主要在今豫西、晋南一带。因此，学者们很注意从这一地域的新石器时代后期的文化遗址中去找夏文化。近30年来，考古学者在这方面已经取得了很有价值的成果。

1959年，考古工作者开始了对河南偃师二里头遗址的发掘。经过多年的工作，到80年代，学者们已根据对这个文化的堆积层次和出土文物的分析，把它分为四期，并根据对出土标本的碳14测定，得出一至四期的年代约为公元前1900—前1600年的结论。在二里头文化的第一、二期，工具和武器主要还是石器、骨器等，极少出现铜器。在第三、四期，则不仅出现了青铜工具，而且有青铜武器和礼器。考古学者认为，一方面，青铜器中有爵和铃这样的空心容器，需有内外二范合起来才能铸造，这种铸造技术不大可能出现于青铜器铸造的最初阶段；另一方面，出现的铜器数量还不多，器物的形制也比较原始，又不像有了长期的青铜铸造经验的积累。所以，大体可以推定，青铜器的制造在二里头文化早期已经开始了。在二里头文化的第三、四期，还发现了一个大型宫殿建筑群的基址。这是一个略呈正方形的夯土台基，总面积约10000平方米，上面分布有殿堂、廊庑、门、庭的遗址。虽然至今不能确定它是宫廷或宗庙，但是作为文明已经存在的一种证据看来是不成问题的。

二里头文化是否就是夏文化？学者们尚有不同意见。有人认为，二里头文化四期都是商文化；有人认为，第一、二期是夏文化，第三、四期是商文化；有人则认为，四期都是夏文化。这种分歧只有待进一步的考古发掘和研究来解决。不过从中毕竟出现了夏文化在考古学上的曙光。

（原载吴于廑、齐世荣主编：《世界史·古代史编》，上卷，第一章第一、三节，高等教育出版社，2011年）

早期文明的盛衰
（公元前15—前9世纪）

一、吠陀时代的印度（约公元前1500—前600年）

吠陀和雅利安人

　　印度河流域文明衰亡以后，古印度的历史进入了吠陀时代。关于前一时期，迄今没有传说的材料，而有丰富的考古发现；关于后一时期，迄今尚无重大的考古发现，而有丰富的传说材料。这种传说材料收集在被称为"吠陀"的文献中，因此这一时期就被称为"吠陀时代"。"吠陀"一词的意思是知识，是神圣的或宗教的知识，中国古代曾将这个词译为"明"或"圣明"。吠陀是包括大量各种知识的宗教文献，是在很长的时期中由多人口头编撰并且世代口传下来的。吠陀文献分为四部。《梨俱吠陀》产生最早，约编撰于公元前12—前9世纪，其中某些部分可能产生于公元前1500年左右。因此，《梨俱吠陀》所反映的时代被称为"早期吠陀时代"（约公元前1500—前900年）。《娑摩吠陀》《耶柔吠陀》《阿闼婆吠陀》产生较晚，被称为"后期吠陀"。在后期吠陀产生的时期，又逐渐出现了解释吠陀的文献，即"梵书""森林书"和"奥义书"。这些文献所反映的时代被称为"后期吠陀时代"（约公元前900—前600年）。

吠陀文献的编者们自称为"雅利安",意思是"高贵的人"。他们的语言属于印度-欧罗巴语系。这些说印欧语的"雅利安"的来路问题至今尚未完全解决。有的学者认为他们原来就居住在印度,有的学者则认为他们是从外地来的。现在比较流行的是后一种说法。

在《梨俱吠陀》中,雅利安人把他们的对手称为"达萨"(或"达休"),说达萨是黑皮肤、低鼻子、说邪恶语言的人。雅利安人不断地对达萨进行战争,并且把自己的战神因陀罗歌颂为"城市的摧毁者""达休的杀戮者"。雅利安人与达萨有肤色的不同和语言的差异,还有游牧生活和城镇生活的区别。前者不断取得胜利,成了印度河上中游和恒河上游的主人翁;后者或者退往南方,或者沦为奴隶和被奴役者。因为这一地区原来是印度河流域文明所在地,是具有城市文明的地方,所以雅利安人看来是外来者。他们大概是从伊朗经喀布尔河一带谷地进入古印度西北地区的。约在公元前2000年代初,有一批说印欧语的人从北部进入了伊朗;后来进入印度的大概就是这批说印欧语的人中的一支。

雅利安人曾被种族主义者们说为一个高贵的种族,其实古代说印欧语的诸部落曾经流动于欧亚大陆的广大地区,不同种族的人在交往中采用了相近似的语言,血缘上自然也有交融和混合。所谓天生高贵的雅利安种族在历史上是不存在的。

早期吠陀时代

这是雅利安人部落进入古印度的最初阶段,也是他们的氏族部落组织开始解体的阶段。

(一)早期吠陀时代的经济生活。雅利安人原是游牧部落。在这一时期,畜牧业在他们的经济生活中仍有相当重要的地位。他们畜养公牛和乳牛。牛粪被做成饼状,以充燃料。他们驯养的其他牲畜有水牛、山羊、绵羊、马、骆驼、象等。不过,农业逐渐变成他们的主要生产部门。他们已知用两头牛牵引一张犁来耕地,用镰刀来收割庄稼,也知道给田地施肥,必要时还开沟引水灌溉。他们主要种植小麦和大麦,种稻可能还未开始。通常他们一年种两次庄稼,同时也把一部分田地或草地留下来作为牧养牲畜的地方。

手工业也有了一定的发展。木匠制作战车、运物车、船、犁及种种家庭用具;金属匠制作各种铜或青铜的工具和器物,以及用金银制作各种装饰品等。据考古发掘的资料,铁在早期吠陀时代的后期开始出现,但是仍很稀少。交换也已发生,人们大概以牛、金属或装饰品作为交换媒介。

(二)早期吠陀时代的社会生活。在早期吠陀时代,雅利安人还存在着氏族、部落组织。一般地说,《梨俱吠陀》中所说的"噶那"或"贾那"就是部落,"维什"就是氏族。氏族之下有"哥罗摩",就是村。每村又有若干家族。在家族中,男性家长处于主导地位,不过妇女还基本上处于与男子平等的地位。氏族、部落组织有种种会议,其中有一种称为"毗达多",它仍保持了较早期的传统。部落的全部男女成员都可出席大会,参与讨论,在会上决定部落的产品分配以及军事和宗教方面的问题,还选举祭司。部落还有另外两种会议:"萨巴"和"萨米提"。前一种会议的成员很少,这些人在《梨俱吠陀》中有时被说为富有的、衣饰华贵的人。他们大概是从各氏族中选出来的长老。后一种则是部落成员会议,大概由部落内成年男子即战士参加,通常由军事首领(raja,音译为"罗阇",在以后的历史阶段,raja又成为王的称呼)来主持。这两个会议可能是在早期吠陀时代的晚期才产生的,它们在下一个历史阶段中继续起了重要的作用。这两个会议和军事首领构成了雅利安人军事民主制权力机构的三个要素。

在早期吠陀时代,私有制逐渐发生。牲畜等动产已经归各个家族所有,耕地也分配给各个家族来耕种。但是还有一种名叫"基里亚"的长条形的土地，它们夹在各个家族的份地之间。这大概是各个家族共同使用的公地。随着私有制的出现，不同家族之间的贫富区别也出现了。穷人在生活无着时只好向富人借债。如果欠债不能偿还，那就必须为债主服一段时间的劳役。富人不仅剥削欠债的穷人，而且也剥削奴隶。达萨原来是雅利安人的敌人。当他们把战争中俘虏来的达萨变成奴隶的时候，达萨（男）或达西（女）就成了男女奴隶的称呼了。当然奴隶的来源并不限于战俘，赌博（掷骰子）输了的人和欠债无法偿还的人也会沦为奴隶。奴隶必须为主人从事农业、手工业、畜牧业等劳动，不过当时的奴隶在社会的生产劳动中只占一种辅助性的次要的地位，主要的劳动生产者还是自由的氏族部落成员。

在早期吠陀时代的末叶，社会上开始出现了等级划分的现象。《梨俱吠陀》中说到，当诸神以普鲁沙（或译为原人）为牺牲而加以分割的时候，从普鲁沙的口产生了婆罗门，从他的手臂产生了罗阇尼亚，从他的腿产生了吠舍，从他的脚产生了首陀罗。学者们对这一段话有不同的解释。有人认为，这已经说明种姓制度的出现。有的学者则认为，早期吠陀时代还不存在真正的、严格的种姓制度。因为《梨俱吠陀》中还有这样的诗句："我是一个诗人，父亲操业医术，母亲用石磨谷，所事各有不同，同为求富与福，恰似觅草群牛、不限一地食物。"这就说明，不同种姓间的固定的世代职业的区分尚不存在，社会等级也还没有发展到固定不变的程度。以上关于四等级来源的神话，看来是正在萌生中的婆罗门等级编造出来为其自身谋利的。

后期吠陀时代

早期吠陀时代的雅利安人活动于印度河上中游和恒河上游一带。到后期吠陀时代，雅利安人逐渐向东向南扩展，分布于整个恒河流域以至讷尔默达河流域。

（一）经济的发展。在早期吠陀时代晚期开始出现的铁器，到后期吠陀时代又有了一定的推广。这一时期的文献《阿闼婆吠陀》中常常提到黑色的金属即铁。在恒河上游密拉特附近发现了这一时期的冶铁遗迹（铁矿石和熔渣），也说明铁器是在当地生产制造的。恒河中下游的开发看来与铁器的较广使用有关，因为铁斧为砍伐那里的茂密森林提供了较为有利的条件。

农业在这一时期有了发展。据文献记载，当时用犁耕地，竟用6头、8头、12头以至24头牛来牵引。这种犁很重，是卧式的，有光滑的把手和尖锐的犁头，可以深耕。田地里做出畦沟。动物粪肥的施用已受到重视。开始有了一些灌溉系统。耕耘、播种、收割、打场是主要的农活。对不同的庄稼已按其特点在不同时节种植。如大麦冬种夏收，稻子夏种秋收，豆类、芝麻则复种冬收等。畜牧业在生活中仍占一定地位。牛是最重要的牲畜。耕地用阉割过的公牛，有时也用母牛。乳牛则为日常生活提供重要的奶品。当时人们不仅让牲畜在牧场上食草、活动，而且为它们搭了棚子，以防寒暑。

劳动分工也有了发展。在一种梵书中曾经提到一个不同职业者的清单，其中有守门人、驾车人、侍者、鼓手、织席人、铁匠、农夫、占星者、屠夫、牧人、造弓弦人、木匠、樵夫、守火人、在田间吓鸟的人、刺绣工或编篮工、珠宝匠、管马人、饮料制造人、看象人和金匠。此外在其他文献中提到的还有摆渡人、洗衣人、奴仆、陶工、高利贷者、吹火人、剃头工、撑船人、厨工、送信人、车边随从等。文献所说的以上各种人中，有不少是从事服务性劳动的人，这就不仅可以反映出劳动分工尤其是手工业内部分工的多样化，而且反映出剥削者与劳动者区分的存在。

分工的发展促进了交换的发展，商业开始兴起。商人们往来于各地之间，从事以其所有易其所无的贸易。他们行经陆路时主要以牛车运货，象和马也开始用于货物运输。他们行经水路时则用船运货。在商品交换中，人们兼用以物易物和付偿购物两种方法。黄金常被用作购物的支付手段，但是黄金铸币的存在与否还是一个未能得出结论的问题。高利贷已经出现，但是尚未发现关于当时利率的材料。当时人们已知有东西两海，即孟加拉湾和阿拉伯海。但是他们是否从事海外贸易，仍然是一个未能证实的问题。

（二）种姓制度。种姓制度，是中国古代文献中对印度的一种复杂的等级制度（包括瓦尔那制度和后来从中衍生出的阇提制度）的泛称，玄奘又曾将它译称族姓制度。在西方，人们通常把印度的这种制度称为喀斯特制度。这种制度的正式产生在后期吠陀时代，而其萌芽则可追溯到早期吠陀时代。最初，新来到的雅利安人自称为"雅利安瓦尔那"（"雅利安"含有"高贵""富有"的意思，"瓦尔那"含有"颜色""品质"的意思），而称当地原居民为"达萨瓦尔那"（"达萨"含有"雄者""男人"的意思）。那就是把雅利安人自己当作高贵者集团，而把当地居民当作敌对的集团。随着雅利安人内部的分化，在早期吠陀时代的末叶又逐渐发生了平民和氏族贵族的区别。平民称为"吠舍"（Vaisya 或 Vis，是氏族成员的意思），而贵族称为"罗阇尼亚"（Rajanya，raja 可能来自 raj，是"灼热发光"的意思，引申为显贵的首领的意思）。从事祭祀的氏族贵族则称为"婆罗门"（Brahmana，来自 Brahma，"梵天"；意思是梵天所生）。从雅利安人与当地居民的一分为二，到雅利安人部落中平民与氏族贵族的一分为二和贵族内部的军事贵族与祭司贵族的一分为二，这样就形成了四个瓦尔那的胚胎。

到后期吠陀时代，四瓦尔那制度正式形成，婆罗门教的典籍规定了各个瓦尔那的地位以及不同瓦尔那的成员的不同权利和义务。

第一个瓦尔那是婆罗门。婆罗门主要掌管宗教祭祀，充任不同层级的祭司。其中一些人也参与政治，享有很大政治权力。例如，有的婆罗门充当国王的顾问，称为"普罗希塔"。他们以占卜等方术影响国王的行政，甚至随军出征，影响国王的军事行动。

第二个瓦尔那是刹帝利（Ksatriya，来源于Ksatra，是"力""权力"的意思）。它是从"罗阇尼亚"发展而来的。刹帝利的基本职业是充当武士。国王一般仍属于刹帝利瓦尔那，但是刹帝利瓦尔那并不限于王和王族。刹帝利是掌握军事和政治大权的等级。

第三个瓦尔那是吠舍。吠舍主要从事农业、牧业和商业，其中也有人富有起来，成为高利贷者。吠舍是平民，没有政治上的特权，必须以布施（捐赠）和纳税的形式供养完全不从事生产劳动的婆罗门和刹帝利。不过，吠舍还是雅利安人氏族部落公社的成员，他们可以参加公社的宗教仪礼，因而和婆罗门、刹帝利同样属于"再生族"。

第四个瓦尔那是首陀罗（Sudra）。首陀罗瓦尔那的前身是达萨瓦尔那，但是又和后者有所不同。他们不在雅利安人公社以内。首陀罗的大部分也是非雅利安人，但其中也有由于各种原因而失去公社成员身份的雅利安人。由于没有公社成员的身份，首陀罗不能参加宗教礼仪，不能得到第二次生命（宗教生命）。与前三个瓦尔那的再生族不同，他们是非再生族。因此他们也就失去了在政治、法律、宗教等方面受保护的权利。首陀罗从事农、牧、渔、猎以及当时被认为低贱的各职业，其中有人失去生产资料，沦为雇工，甚至沦为奴隶。首陀罗作为瓦尔那来说，不是奴隶或达萨。首陀罗是地位低下而受苦的人。首陀罗的词义还没有定论，有的学者认为，这个词来源于"小"（Ksudra），是"小人"的意思；有的学者认为，这个词由"悲哀"（suk）和"陷入"（dru）两个词根合成，那就是"陷入悲哀处境的人"的意思。

在早期吠陀时代，一家人还可以从事不同的职业，人的身份也还没有被严格地固定下来。后期吠陀时代瓦尔那制度形成以后，每一个人的社会地位都由其家庭出身来决定，各个瓦尔那的人都世代地从事规定的职业，不能任意改变。各个瓦尔那之间原则上禁止通婚。在实际生活中，瓦尔那地位较高的男子娶地位较低的女子为妾是被允许的，但严格禁止瓦尔那地位较低的男子娶地位较高的女子为妻。不同瓦尔那的人在法律上是不平等的。高等瓦尔那的人伤害了低等瓦尔那的人，处罚甚轻；在相反的情况下，处罚就会非常严重。瓦尔那制度显然是保护新产生的贵族剥削阶级的工具。

（三）国家的发生。在后期吠陀时代，随着阶级和阶级矛盾的发生和发展，从前的军事民主制的机构逐渐变成了国家。罗阇从军事首领变成了世袭的君主，文献中说到"十世相承的王国"。国王依靠贵族和官吏的辅助来统治国家。文献中说到辅助国王的人有作为顾问的婆罗门、军事贵族、王后和妃嫔、驾车人、军队长官、村长、侍从、司库、收税人、赌博监督者等。在较大的国家中，百村之上有百村长，还有统治土著部落的官员。国王的人身也开始具有神圣的性质。

不过，后期吠陀时代的小国王们还远远不是专制君主。在理论上，王权还是由选举产生的。在一种梵书里有这样一个神话：当初诸神和魔鬼发生了战争，而诸神屡受挫败。后来诸神分析出自己失败的原因在于缺少一个王。他们选出了王，从而打败了魔鬼。这就说明，王是由于某种需要而被选出来的。另一种梵书则说，当国家发生以前，人们生活于自然状态中，其时弱肉强食，人们生命没有保障，于是人们选出国王来保护生命财产，而献贡赋给王以作报酬。这也说明，王是由于某种需要而被选出来的。国王必须遵守法律，不得独断专行。国王加冕时必须宣誓忠于法律。文献中还说到国王的被罢黜、重选、复位。有的国王虽然已经世袭十世，还是被放逐了。后期吠陀时代和梵书中的一些诗句，不仅用于庆祝国王的即位，而且也用于庆祝国王的复位。可见当时王权尚未十分稳固。萨巴和萨米提这两种会议仍然存在，这对王权也是一种限制。不过此时这两种会议的重要性也已经不如早期吠陀时代了。

关于后期吠陀时代国家形成的具体过程，尚缺乏切实的历史资料。刚刚从部落转变而成的国家一般都是很小的，而其数目则很多。大约在公元前7世纪，古印度的北部从印度河上游到恒河中游出现了一些比较重要的国家，如犍陀罗、克迦耶、马德拉、乌希纳拉、玛蹉、居楼、般阇罗、迦尸、居萨罗、毗提诃等。

（四）婆罗门教。在早期吠陀时代，雅利安人的宗教基本上还是一种简单的自然崇拜。他们既畏惧自然的威力，又不得不依靠自然的恩惠，于是把各种自然现象和自然力想象为具人格的神，以献祭和祈祷的方式求神消灾赐福。他们崇拜的神主要有天神梵伦那（同为天神的还有迪奥斯）、太阳神弥陀罗（同为太阳神的还有毗湿奴等）、雷神因陀罗、暴风雨之神楼陀罗（同为暴风雨之神的还有摩录多）、风神伐育、雨神巴健耶、地神普利色毗、火神阿耆尼等。早期吠陀时代的祭祀简单，人们通常可以自己在家中献祭。虽然有时也请祭司代为献祭，但是祭司还没有形成一个特定的神权集团。当时也不存在抽象的宗教哲理。

早期吠陀时代的简单的宗教，到后期吠陀时代逐渐发展成有完整体系的婆罗门教。

早期吠陀时代的神，在后期吠陀时代一般还继续受到崇拜。不过神的性质和地位有了变化。这时楼陀罗、毗湿奴和生主在诸神之中占据了最重要的地位。原是暴风雨之神的楼陀罗这时又被称为湿婆（慈悲之神）和婆苏婆提（百兽之主）。按照人们的希望，暴风雨神也呈现出慈祥的面目。原来是太阳神之一的毗湿奴这时取代了天神梵伦那的地位，成了世人和诸神遭遇灾难时的救星。生主取代了普鲁沙的地位，成为世界万有的造物主，并且成为梵天的同义词。这时的神已不再简单地是自然力的化身，而是更多地被赋予了社会的功能和抽象的性质。

在后期吠陀时代，正在兴起的王权已经不以过去那种简单的祭祀为满足了。国王常常举行大祭来显示自己的权威以及这种权威神圣的性质。国王加冕时必须举行盛大的祭祀典礼，以示王权得自神授。有的国王想成为霸主,还举行盛大的"马祭"。他选一匹骏马,让它在一年中任意奔驰,一批战士随在马后。马所到之处,如果当地国王阻挡,战士就对之作战。一年之后,将此马带回,并用作牺牲向神献祭。能举行马祭者表示自己所向无敌,因此可以称为大王(地位在一般罗阇之上)。国王利用献祭来神化王权,婆罗门祭司们则从中获得大笔财富为报酬,形成一个掌握神权的特殊等级。一般人要献祭求神,也必须由他们来办理。他们也垄断了对婆罗门教义和教法的解释权。

与早期吠陀时代的宗教相比,婆罗门教在教义上也有了变化和发展。在奥义书中,出现了对整个宇宙和人生所做的宗教哲学的解释。依照这种解释,整个物质世界都不过是一种幻象,唯一真实的存在是称为梵或梵天的世界精神或灵魂;个人的肉体也非真实,而被称为"神我"的个人灵魂却是真实的。个人的神我来源于梵(即个人的灵魂来源于世界的灵魂),它本应在人死以后重归于梵。可是由于人在世上造了"业"(Karma),死后灵魂不能重归于梵,而转世投生为不同的生物;至于所投生的生物高低或所转世的人的种姓高低,就要由人所造的业的善恶程度来定。人只有悟透了这个道理,使神我达到与梵一致,这样才能摆脱轮回之苦。这种造业轮回的说教起了为种姓制度辩护的作用。它把出身于高级种姓的人说成是前生行善者,把出身于低级种姓的人说成是前生作恶者。这样就为高级种姓的特权和低级种姓的苦难都找到了理论上的解释,当然这只能是一种欺骗性的解释。

婆罗门教重祭祀的传统,是从早期吠陀时代的雅利安人继承而来的。这种传统具有乐观而天真的特点,它以为人们不须有所反省,只靠献祭就能从神处求得福佑。婆罗门教的"梵我一致"说和"造业轮回"说,则不把献祭神灵作为解脱痛苦的关键,而是强调人对自身和世界的反省以及个人的修行。这样的对人世的认识具有悲观的特色,大概不是来自雅利安人的传统,而是受了本地原先居民的文化影响。

二、商周时期的中国

商代历史概况

商原是一个长期与夏并存又从属于夏的方国。相传商的始祖是契，传14代至汤。汤居于亳（在今河南商丘、郑州一带，具体地点尚无定论），在伊尹辅佐下，逐步扩大势力，然后联合诸侯打败夏的重要与国昆吾，最后打败夏桀。汤于是代夏王成为诸侯的领袖——天子，建立了商王朝，时约在公元前17世纪。

汤在位年久，死时长子早已去世。王位依次传给了次子、幼子。汤幼子死后，伊尹立汤长子之子太甲为王。父死传位于长子，然兄弟相传，最后幼子再传位于长兄之子。这大概就是商代王位继承的正常制度。可是太甲本人并未传弟，而以后两代中，幼弟都未传位于长兄之子，而是传位于自己的儿子。到第11王（第6代）仲丁以后，贵族之间争权夺位的矛盾激化，国家动乱频繁，9个国王（5代）迁了4次国都（在今河南、山东一带）。第20王（第10代）盘庚迁都到殷（今河南安阳），以后11王（8代）共273年间未再迁都。因此，历史书上有时又把商称为殷。迁殷以后最重要的王是武丁（第23王，第11代）。武丁早年曾在民间，比较知道下层的疾苦，即位以后重用贤臣傅说等，关心农牧业的生产情况，因此国力强盛起来。据文献和甲骨卜辞材料可知，武丁对边远地区的方国进行过多次战争。武丁因此被后世殷王尊为高宗。武丁在位59年，显示了商朝的强盛，也在长期战争中消耗了国力，为商的由盛转衰准备了条件。

商代末王纣曾大规模地对东夷用兵，虽然取得胜利，但也消耗了国力。纣还纵酒享乐，虐待臣民。因此，最后当周武王率领一些诸侯联军打来的时候，纣的军队在阵前倒戈。纣自焚死，商朝遂为周所取代。商代共传31王，17代，历时约500年[1]。

直到19世纪末，学者只能凭传统文献了解商代历史，所知甚为有限。自1899年甲骨文被发现以后，甲骨文的研究与随之而起的考古发现，为了解商代历史提供了大量切实的资料。例如，在河南郑州发现了约筑于公元前1620年的商城，城周长6960米，城内东北区6万多平方米范围内还有几处大面积的建筑基址。这显然是商代早期的一个重要都邑，有的学者还认为这就是商汤的都邑亳。在郑州二里岗遗址和墓葬中发现了一批青铜礼器、兵器和工具；其中有两件形制很大的鼎，一件高1米，一件高0.87米，大概为商王室的重器。这些不仅说明商朝初期已是文明时代，而且说明当时的青铜文化已经有了一定程度的发展，而不是其最初阶段了。在河南安阳殷墟的多次考古发掘中，已经出土了甲骨卜辞10余万片，这为我们了解当时多方面的情况提供了丰富而可靠的材料；在殷墟还发现了宫殿遗址、王室与贵族的墓葬，出土了许多精美而壮观的青铜彝器，发现了一些作坊与种种工具；同时也发现了当时大规模以人殉葬的情况。关于商代社会的情况与文明的特点，考古资料已经并将继续提供具体而切实的证据。

西周的盛衰

相传周的始祖是弃，约与大禹同时，曾任后稷（司农业）。以后子孙世代为夏之后稷，夏衰，逃入戎狄之间，世系失考。后来弃的裔孙公刘到豳（在今陕西旬邑县）定居，又传十余世，古公亶父（后世尊他为太王）迁至周原（在今陕西岐山县），周邦的名称也由此而起。古公及其子季历（后世尊之为王季）的时候，周逐渐兴起，不过对商则保持从属的关系。据传，季历最后即为商王文丁所杀。季历之子昌（始称王，

1　又《孟子·尽心下》云，商代历时500余年。《古本竹书纪年》云，商代历时496年。

即周文王）继位，周日益强盛。商王封昌为西方的方伯，史称之为西伯昌。西伯昌联合友邦征服了许多敌对的方国，并且灭了商在西方的重要与国——崇国，又迁都至丰（今陕西西安西南），以图向东发展；不过他考虑到力量仍然不足，表面上继续对商保持臣属关系。他死后，子发继位，是为武王。武王十一年，率领诸盟邦联军灭商，建立了周王朝，都于镐（在丰之东，亦在西安西南），时间约为公元前11世纪中叶。

武王灭商，只是推翻了商王朝，却仍封纣子武庚于殷。同时封弟管叔、蔡叔于殷附近，以监督武庚。不久武王死，弟周公旦摄政。管叔、蔡叔怀疑周公要篡权，勾结武庚叛乱。周公率兵东征，诛武庚杀管叔，放蔡叔，三年中平定叛乱。为了巩固周王朝在东方的统治地位，周公建立了东都洛邑（今河南洛阳），把"殷顽民"迁到这里，派重兵驻守。改封商朝另一贵族微子于宋，同时封建了许多同姓和异姓的诸侯，作为周王朝的屏障。周公还为周王朝制定了一系列的礼制。

周公摄政七年以后，把政权移交给了武王的儿子成王。成王及其子康王先后统治40余年，是周代最繁盛的时期。以后的昭王和穆王曾多次对许多方国用兵，虽然显示出周王朝还有相当强大的国力，但是并没有收到什么有益的效果。以后经过共王、懿王、孝王、夷王，周王朝日益衰落。到厉王时，又重用"好专利"的大臣，损害国人的利益，引起国人不满，还严禁国人有怨言。结果厉王为国人所放逐，周公、召公二人共同摄政，史称"共和"行政[1]。共和元年为公元前841年。《史记·十二诸侯年表》从此年起开始逐年记事，因此这一年也是迄今所知的我国历史上有确切的连续纪年的开端。

共和十四年，厉王在流亡中死去。周、召二公立厉王子为王，是为宣王。宣王时曾北逐猃狁，南征荆蛮，在《诗经》里就有一些歌颂他的

---

[1] 一说"共和"指共伯和摄政。

武功的篇章。不过宣王的中兴并不久长,他在位的后期已经在与西戎的战争中失利。当宣王之子幽王在位时,又任用"好利"的大臣,社会矛盾激化,"国人皆怨",加之地震、山崩、川竭等自然灾害,形势已十分严重。幽王又废王后和太子宜臼,而立爱妾褒姒为后并以其子伯服为太子。这样就触怒了原王后的娘家申国。公元前771年,申侯勾结犬戎部族攻周,杀幽王。申侯与其他诸侯一道立原太子宜臼为王,是为平王。平王为了避免犬戎的威胁,东迁到洛邑,时为公元前770年。西周结束,东周开始。在东周时期,周王朝日益衰弱,在历史上已经没有多大实际作用了。

西周的分封制度与宗法制度

　　夏、商、周是中国古代的三个王朝,有作为诸侯领袖的王或天子;同时所谓诸侯又都是实际独立或半独立的方国首领,三代都不是真正的统一的国家。不过,三代的情况是有发展的。相传夏禹时有万国,那不过是很多部族或小邦,他们以夏王为联盟的领袖。相传商汤时还有3000余国。商王朝的力量看来大于夏王朝,已经有一些侯伯方国对商王朝有定期纳贡的关系,成为商的外服。相传周初还有1800国,而周代对于诸侯的控制又比商代加强了。

　　武王克商,尤其周公东征以后,周王朝进行了相当规模的封邦建国的活动,而且以后还陆续有所封建。周代的封国,不仅包括了对原先已经存在的邦国的册封(即周作为王朝与该国作为诸侯的相互关系的确认),而且包括了新封建的不少诸侯国。例如,周文王的儿子或其后裔受封的有管、蔡、郕、霍、鲁、卫、毛、聃、郜、雍、曹、滕、毕、原、酆、郇等国;武王之子受封的有邗、唐(后称晋)、应、韩等国;周公之子受封的有凡、蒋、邢、茅、胙、祭等国。荀子说,周公当政时曾封建71国,其中与周王同姓(姬)者就有53国。这些诸侯国都是周王朝派人去建立的新政权，最初具有明显的移民驻防的作用。例如，武王之弟康叔受封于今河南淇县一带，建立卫国，镇抚殷遗民；周公之子伯禽受封于今山东曲阜一带，建立鲁国；周代开国元勋之一太公望（吕尚）受封于今山东临淄一带，建立齐国，作为周王朝控制东方的重镇；成王之弟唐叔受封于今山西翼城一带，建立唐国（后称晋国），以与当时居于附近的戎狄部落周旋；与周王同姓的召公奭的儿子受封于今北京房山一带，建立燕国，作为在东北方向上的重镇；在江汉平原还建立了一些姬姓国家，以为南方的屏藩。后来在南方强大起来的楚国，虽然不是周王朝新封建的邦国，可是在周灭商的过程中也曾支持过周，因而得到了周王朝的确认（形式上也是受封）。周代实行分封制度，所建立的当然还不是秦汉以后那样的中央集权的统一国家，不过周王朝在诸侯中的权威比夏、商两代加强了，中国逐渐走向统一的趋势也比夏、商两代更为明显了。

周代的分封制度又是与宗法制度互相关联的。商代有无宗法制度？学者见解不一。不过可以肯定的是：商代没有像周代那样的系统完整的宗法制度。在周朝，王位在原则上应由嫡长子继承，其他儿子则被封为诸侯。王室世代都由嫡长子继承，成为大宗；由周王庶子封成的诸侯，相对于王室来说就是小宗。在诸侯国内，国君又由嫡长子继承，其他公子则封为卿大夫。国君世代由嫡长子继承，成为大宗；由其他公子封成的卿、大夫相对于国君来说就是小宗。卿、大夫之家又由嫡长子继承，其他的儿子则成为士。卿、大夫之家世代由嫡长子继承，成为大宗；士相对于所自出的卿、大夫之家来说就是小宗。在士以下，仍有嫡长支和庶支的分别，一般总以嫡长支为大宗，庶支为小宗。宗法制度既是一种血缘关系的体系，又是一种政治关系的体系。在这种体系之下，忠于君和孝于亲是一致的。小宗敬顺大宗，既是对于祖先的孝，又是对于上一级封君的忠。这样逐级上推，以至于周王。周王既是天下姬姓之大宗，又是各国诸侯的共主。周王对于异姓诸侯，则通过婚姻关系建立起另一种血缘的联系，姬姓诸侯与异姓诸侯之间也通过婚姻建立姻亲的血缘关系。周王照例称同姓诸侯为伯父或叔父，称异姓诸侯为伯舅或叔舅。这正是分封制度与宗法制度两相结合的反映。

由于有了分封制度和宗法制度，周王朝的王权显然超出了夏、商两代的水平。不过，分封制度和宗法制度存在的本身，又说明周代的王权仍然处于王权发展的早期阶段。

西周时期的敬天保民思想

商代的统治者一般都很迷信。他们相信天，相信鬼神，对各种各样的鬼神频繁地进行多种方式的祭祀，而且祭礼一般都很隆重。他们祭祀时用许多牺牲，甚至杀人以为牺牲。据甲骨文专家研究，一次献祭用上百人以至500人的现象，在卜辞中是屡见不鲜的；商朝极盛时期武丁在位时就曾大量用人作牺牲，当时的100多条卜辞中就记载了上万人被用作牺牲的事实。当商代统治者的暴政引起人民不满而周又乘机兴起时，曾有大臣提醒纣，说明形势危险，可是纣说："我生不有命在天？"他宁可相信天命而不重视人事。

后来商被周所取代。这件事连周人自己都不免感到惊奇。因为原来商是"天邑商""大邑商"，而周是"小邦周"，二者的地位和力量相差很远。所以周人反复思考商所以被取代的原因，也就是在想自己怎样才能不被取代。周人的这些思考主要反映在《尚书·周书》的一些篇章中，而总结这些思想的主要人物就是周公旦。

周人经过反省，还没有达到不信天、不信神的程度，尤其在对"殷顽民"发表文告时更特别强调周之代商完全是由于天命。可是周人在自己的统治集团内部却明确表示，天是靠不住的，天命是变化无常的。怎样才能知道天意呢？那就要考察民情。周公旦在代表王室封其弟康叔于卫时，对康叔说："天畏（威）棐（非）忱（诚、信），民情大可见。小人难保（安），往尽乃（你的）心，无康好逸豫，乃其乂（治）民。"（《尚书·康诰》）这就是说，天命或天威是不可靠的，人民也是不易使其安定的，一定要了解民情，不图安乐，尽心治理人民，人民安定了，天命也就保住了。保（安）民就是敬天，敬天要做到保民。相对于商朝统治者重神轻人的情况来看，周人的敬天保民思想当然是进了一大步。他们能从人事的角度来考虑所谓天意或天命，这在古代世界也不失为一种出色的思想。

商周时期的中国和当时的世界

商和西周历时共约800年。在这个时期里，世界诸文明古国的情况有了相当大的变化。在与商代大体相当的时期（公元前17—前11世纪）里，在南亚，印度河流域文明已经消亡，正处于雅利安人氏族部落解体时期的早期吠陀时代；在两河流域，古巴比伦王国解体，两河南部未再出现强大国家，北部则有米坦尼和亚述（中期）的先后代兴；在埃及，则经历了新王国的兴起和衰落；在小亚和地中海东岸，有赫梯的兴起，以及赫梯与埃及在叙利亚、巴勒斯坦的争霸；在爱琴海区域，克里特文明经过盛世而衰亡，迈锡尼文明在南希腊兴起；公元前13—前12世纪间（约与武丁同时），多利亚人在希腊的南下与东地中海地区的"海上诸族"活动的浪潮，摧毁了迈锡尼文明，瓦解了赫梯帝国，埃及在入侵者打击下勉强得以保存，亚述受到了这种来自北面的抑制，随后又受到来自南面的阿拉美亚人的打击，而一度分崩离析。总之，约与商代末叶同时的其他文明地区，普遍地呈现了一种充满危机的现象；危机直接发生的原因是民族的迁徙，而其深层实质则是那些地区的青铜时代文明的没落。

在与西周大体相当的时期（公元前11世纪中期至前8世纪早期）里，在北印度是雅利安人部落逐渐解体的时期；在埃及，正是衰落时期；在地中海东岸,腓尼基诸小邦一度繁荣,犹太人在巴勒斯坦开始建立国家;在两河流域再次崛起的亚述,在周围遇不到强有力的敌手,逐渐形成一个收拾上古近东诸文明的帝国。在爱琴海地区和希腊,基本是处于文明中断阶段的"黑暗时代",这个时代至公元前8世纪才开始结束。在印度、西亚和希腊的广大地区中,这一时期开始进入早期铁器时代。亚述帝国是铁器时代的第一个帝国。

中国商周之间的交替,与当时世界其他古文明地区的变化有相似之处,也有不同之点。相似之处是,原来在经济、文化上先进的大国为较落后的对手所取代;而不同之点是,周取代商并非以早期铁器文化代替青铜文化,而是在商代基础上的青铜文化的继续发展。周取代商,对商代文化有所变革,也有所继承,在其间没有发生在他处曾出现的文明中断的现象。

(原载吴于廑、齐世荣主编:《世界史·古代史编》,上卷,第五章第一、三节)

印度的列国时代和孔雀帝国
（公元前6—前2世纪）

一、列国时代

直到公元前7世纪，古印度的政治史还处于朦胧的状态中。没有确切的年代纪录，也没有比较系统而切实的政治史资料。从公元前6世纪起，情况有了改变。波斯人和马其顿人的先后入侵，确定了公元前6—前4世纪印度历史的时间框架。这一时期的佛教和耆那教的文献又提供了不少关于政治历史和社会生活等多方面的材料。由于早期佛教的文献对于说明这一时期历史的重要性，有人称这时为"早期佛教时代"。又由于当时诸邦林立而无统一国家，人们也称这时为"列国时代"。

列国的形势

这一时期的印度有许多大小不等而且发展程度不同的国家。佛教文献中说到了"十六大国"，它们是鸯伽（在今东比哈尔）、摩揭陀（在今南比哈尔）、迦尸（在今贝拿勒斯，以上三国自东至西分布在恒河三角洲以上地区的南岸）、居萨罗（在迦尸西北，今奥德）、拔祇（即弗栗恃，在摩揭陀以北，今北比哈尔）、末罗（在居萨罗东北，今哥拉克浦尔县)、拔沙(即梵萨,在迦尸以西,今阿拉哈巴德一带)、支提(在拔沙以西)、般阇罗(在居萨罗西北,今巴雷利一带)、居楼(在般阇罗西北,今德里、密拉特一带)、婆蹉(在居楼以南,今斋浦尔一带)、苏罗娑(在居楼以南,今马土腊一带)、阿般提(在支提西南,马尔瓦高原)、阿湿波(佛教文献认为这是偏在南部的哥达瓦里河一带的国家,又有文献认为它在西北角地区)、犍陀罗和剑浮沙(以上两国在西北方印度河上游)。耆那教文献也有十六国之说,而所列国家不全相同。其实十六国以外还有很多国家,十六国中的一些国家也是时分时合,并不是一成不变的。

列国时代北印度总的政治形势发生了新的变化。先前曾是雅利安人活动中心地区的旁遮普一带落入波斯帝国的统治之下。波斯帝国的建立者居鲁士曾经打到兴都库什和犍陀罗一带,把这里变为其帝国的一部分。后来波斯国王大流士一世在平定国内暴动以后,又派兵远征印度,直至印度河口。于是旁遮普和印度河以西地区成为波斯的属地,直到公元前4世纪后期波斯帝国灭亡。在后期吠陀时代曾是雅利安人活动中心地区的恒河上游一带,居楼和般阇罗也失去了从前所有的重要地位。在列国时代,恒河中游以下的居萨罗、迦尸、摩揭陀等国成了当时最重要的国家。随着恒河流域的逐步开发,古印度的政治中心也逐渐向东转移。

政治制度

列国时代各国的政治制度不尽相同,大体说来,可以分为君主和共和国两大类。

十六大国中的大多数是君主国。在君主国中,国王享有广泛的权力和特权。他有权征收土地税以及种种商业税,有权处置山林之地以及无主财产,还有权征发劳役。国王还掌握着军事、行政和司法方面的最高权力。在国王的宫廷中有许多大臣供职。其中地位最高的是称为"普罗希塔"的国王顾问。在一些国家里,称为"森纳帕提"的大将军享有比普罗希塔更高的地位,尤其是当王子出任大将军的时候。他不仅掌握军事大权,而且执掌一些司法方面的职权。此外还有一些称为"摩诃摩特罗"的大臣,他们分别主管审判、军队、度量衡以及其他种种部门的事务。另有一些称为"维耶瓦哈里伽"的法官,他们协助国王从事审判工作。判案的依据是教法(法经、法论)、习惯法和国王的法令。刑事案件则往往用"神判法"来定案。随着兼并和领土扩张,一些大国还在被征服地区设立总督或"副王"。这种重要职务通常都委派给王子们去担任,有时国王也派自己亲信的将领去做行省总督。在这一时期的各君主国中,王权在不同程度上都加强了。

共和国在十六大国中只有拔祇和末罗两国,而其他小的共和国却很多。例如,佛陀的故乡释迦共和国(在今尼泊尔境内兰毗尼一带),以及科利耶共和国(在释迦以东)、莫利耶共和国(在释迦以南)等是东部的一些比较知名的共和国,在西部印度河流域还有许多小的共和国,甚至还有许多部落杂处其间。当时各个共和国的组织形式并不完全相同。例如,释迦、科利耶等国都是由单一的部落组成的,而拔祇则由毗提诃、梨车、拔祇、杰那特利迦等8或9个部落联盟组成的。不同的共和国的政治体制也不全相同。例如,在印度河流域,尼沙国是由一个首领和一个300人的会议统治的,属于寡头政体;帕塔勒尼则有由两个家族世代产生的两个国王,另有一个掌握最高权力的长老会议,形式与古希腊的斯巴达很相似,也属于寡头政体。又如,在释迦国虽然有一个罗阇(佛经中时常把它译为王,把佛陀也说成王子),但实际是一个选出的首领;当国家有行政、司法等方面大事的时候,都要在一个四面无墙只有顶棚的大会场里召集全体老少,集会议论,再做决定。又如,参加拔祇共和国的各个部落仍然保持各自平等和独立的地位,各部落仍然保留着自己的议事会。相传梨车部落的议事会有成员7707人,他们每个人都被称为罗阁，而且每一个罗阇都还有一个副王、一个将军和一个司库官。这样，在梨车人所居住的吠舍离城里就有30828个统治者，这个数字大概就是他们全部公民的总数。从以上情况来看，释迦人、梨车人中实行的是一种民主的共和制。当然，即使在这些国家里，低级种姓的成员、雇工、奴隶等也是无权出席议事会的，所以那里的民主基本还是代表刹帝利种姓的利益的（在共和国中往往刹帝利比婆罗门占优势）。它与原始时代部落内的民主是不同的。共和国与君主国的基本不同之处在于，它们都没有真正的世袭君主，而且部落的议事会在决定国家大事时起着重要作用。

在列国时代，君主国和共和国两种体制一直并存着。从君主制转变为共和制的事例不多，主要在西北部，如剑浮沙。就整个发展趋势来看，君主制在恒河流域不仅占了优势，而且最终将取共和制而代之。

社会经济状况

在列国时代，人口之大多数仍在农村。他们从事农业，同时牧养牲畜。农民以一夫一妇带有孩子的个体家庭为单位，通常每户占有小块土地。农民种植水稻和其他谷物，还种甘蔗、水果、蔬菜、花卉等。每个农村通常就是一个自给自足的单位，农民们共同修建蓄水池、灌溉渠、道路以及保护全村共同利益的围墙。每村都有公用的牧场，供各户所养的牲畜食草。各户的牲畜一般并不自己放牧，而是委托一位懂得牲畜习性与病情的牧人统一牧养。农业主要是吠舍的职业，在共和国中也有刹帝利耕种土地者。各村的内部事务由村议事会管理，村议事会选举村长，村长就是村议事会的头领。村长负责代国王征收土地税，在收成的1/12—1/6之间。村长还负责村内的某些司法事务，维持村内法律秩序。村内的水池、水渠、道路、会堂等公共建筑也是由村长组织村民共同修建的。村议事会决定村内大事。如果没有得到村议事会的同意，村民是不能把自己的小块土地出卖给村外人的。

列国时代是铁器在古印度开始普遍使用的时代，各行业在专门化的道路上已有相当的发展。当时的分工有缝皮匠、铁匠、油漆匠、木匠、猎人、渔夫、屠夫、制革匠、耍蛇人、演戏人、舞蹈者、奏乐者、象牙工、纺织工、茶点工、珠宝工、金属工、陶工、理发匠、制弓箭者、编花环者等。各重要手工行业都组成了自己的行会，每个行会都有一个头人。头人通常都是能接近国王的有势力的人物，他们的职责大概是监督和检查产品的生产。

在列国时代，商业繁荣起来。商业主要在各城市的市场中进行。当时城市周围筑有城墙，只有通过城门才能出入。据佛教文献记载，当时有八大著名城市：摩揭陀的王舍城、拔祇的吠舍离城、居萨罗的舍卫城和阿逾陀城、迦尸的波罗祇斯城、鸯伽的赡波城、拔沙的祇赏弥城、犍陀罗的呾叉始罗城。城市之间有商路连接。陆路运货用马或牛车运载，商人往往结成商队，雇保镖护送。水路则用船运，恒河是重要的水道。商人已知合伙经营，少则几人合伙，多则有100乃至500人合伙。商人有时也组成商会，目的在于控制价格，谋求厚利。过去的物物交换已被淘汰，以银和铜铸成的货币成了新的交换媒介。有的文献中还说到了用金铸成的货币。随着铸币的出现，出现了货币借贷现象。高利贷的盘剥使得许多小生产者破产，以至于沦为奴隶。但是除了受人谴责的高利贷以外，还有利率比较正常的借贷，这种利率约为月利1.25%或年利15%。有些商人也利用借来的钱经商，其中的成功者不仅能够还本付息，而且能够养家活口，获得盈余。

随着商品货币经济的发展，列国时代的社会发生了明显的分化。四个种姓的人都有贫富分化现象，因而原来的种姓地位并不一定就能反映一个人的实际阶级地位。在四种姓中居于第一位的婆罗门，原是神权贵族。可是这一时期却有一些婆罗门从事农业。佛经中说到，有的婆罗门用男奴隶耕田，用女奴隶舂米磨面；有的婆罗门迫使奴隶做艰苦的平整土地的劳动，几乎逼得奴隶投水自杀；有的婆罗门父子二人下田耕作，却使女奴隶负责送饭；有的穷婆罗门只有两头耕牛，按当时耕作方法恰好牵一具犁，后来一头牛死了，他的耕作就成了问题。可见有的婆罗门变成了从事农业的奴隶主，有的却变成了贫困的小农。佛经中还说到，许多婆罗门当了医生、信差、税吏、樵夫、商人、牧人、屠夫、侍卫、猎人、木匠；还有不少婆罗门以赌博、讨好他人、斗鸡走狗、演口技、算命相面、施魔术、念咒语等手段谋生。以国王为首领的刹帝利，在列国时代既经过战事而获取了很多的财富，又随王权的加强而提高了社会政治地位。不过刹帝利中也有地位下降的人。据佛教文献，刹帝利中有人从事农业，有人做商人，有人做手工业者，甚至有一个刹帝利王子曾先后做过陶工、编篮匠、花匠、厨师等在当时被认为低等的职业。吠舍本是一般平民，可是在列国时代已有很多人经商致富，而且放债取利已成了富有的吠舍的合法职业。佛经里说到许多吠舍财主，他们有大量的财产和奴隶。有了钱也就有了社会地位，这时候"纯洁而忠实"的吠舍已经有权担任村镇的地方官了。当然吠舍中发了财的只是那些大商人，普通从事农业的吠舍依旧处境艰苦，其中有人失去自己的小块土地，不得不从事裁缝、陶工等低等职业，与首陀罗等级的人为伍。至于四种姓中地位最低的首陀罗，其中也有少数人发了财，还成了佛教的富有的施主；但是他们中的大多数人的生活仍然十分困苦。这时候，首陀罗中的一些人沦为不可接触的"贱民"。他们在社会上受尽歧视和凌辱，生活极度艰难。从以上情况来看，简单的四个种姓已经与社会的实际分化情况不能相符合了。势力日益强大的刹帝利和吠舍上层，对于婆罗门种姓的特权地位越来越感到难以容忍了。至于吠舍下层和广大的首陀罗，他们受尽压榨和欺凌之苦，对于当时的社会秩序自然也抱着十分不满的心情，时刻希望自己的处境有所改善。

在列国时代，古印度的奴隶制有了比较明显的发展。国王宫廷里用奴隶，贵族家庭里用奴隶。不过，奴隶不仅用于家内劳动方面，也被用于农业生产上。佛教文献中曾经说到不少个"奴隶村"，这些奴隶当然是要从事生产劳动的。佛经里常见的奴隶数字有100、500、1000、16000、100000等。这些数字的确是夸大性的，不能作为根据。但是这至少可以说明，奴隶在社会上已经是一个可以引起人们注意的存在了。奴隶制是一种很野蛮的人剥削人的制度，不过它与种姓制度仍然有所不同。在奴隶制度下，自由人可以由于种种原因而沦为奴隶，奴隶也可以在某种情况下被释放为自由人，一个人的阶级地位是随着他的实际社会经济地位的变化而变化的。而按照种姓制度，贫穷流浪的婆罗门仍然属于最高等级，即使变成了奴隶主或富翁的吠舍也仍须处于低下的社会地位，一个人的社会地位并不随其实际阶级地位的变化而改变。因此，在列国时代奴隶制有所发展的情况下，种姓制度已经成为一种限制奴隶制度发展的障碍物。

阶级矛盾的尖锐化

在列国时代，激剧的社会分化导致了阶级矛盾的尖锐化。虽然没有系统而切实的历史资料，我们仍然可以从佛教文献所记的传说中了解到当时的阶级矛盾和阶级斗争的一些反映。

佛教文献中有许多关于人民起义的故事。例如，有一篇佛本生经记载说，波罗疤斯地方的王曾想杀死一个救过他的好人，于是人民大怒，"贵族、婆罗门以及各阶级的人一致喊道：'这个忘恩负义的王，连这个曾经救过他的命的好人的恩情都不认了。我们还能从他那里得到什么好处？捉住这个暴君！'人民在盛怒之下从四面八方攻击国王。因为国王坐在他的象上，人们就用弓箭、标枪、石块、木棍以及其他一切能拿到手的武器当场把国王杀了"。那个"好人"被立为国王。又有一篇佛本生经记载说，有一个会魔术的青年为波罗疤斯的一个王幻变出宝物，可是这个国王听了他的顾问婆罗门的话，故意把宝物藏了起来，反而逼那个青年说出盗宝贼来。这个青年知道其情，先不肯说，只是说了一些故事，说明水、火、土、粮都是人们生活所需的东西，但它们也能淹死、烧死、砸死、胀死人（暗示国王能够保护人，也能害人；也可能暗示宝物可以有利于人，也可以有害于人）。当国王坚持逼他说的时候，这个青年就在城乡居民都在场的大会上揭露了国王和那个婆罗门。人们对国王的这种贼喊捉贼的行为十分愤怒，心想为了不让他以后再干这种贼把戏，必须杀掉这个国王。于是"他们揭竿而起，当场痛打国王和那个祭司，直到把他们打死才住手"。随后，人们立那个青年为王。又有一篇佛本生经记载说，波罗疤斯地方的一个王重用一个婆罗门，让他主管司法。可是这个婆罗门贪赃枉法，在审案中把财产判给不当占有的人，而剥夺了原主的产权。有人告到王子处，王子纠正了错误的判决，国王和人民都知道了。这个婆罗门对王子怀恨在心，竟蛊惑国王说，如果他能以王后及众王子、公主为牺牲祭神，他就可以升天。国王想升天，就捉了王后及众王子、公主，又捉了四个大商人，引起群情愤怒。最后群众起来杀了那个婆罗门，免了国王一死，但废黜了他，把他赶出了城，使他成为一个被逐出种姓的贱民。人们立了那个判案公正的王子为王。

以上几个故事具有很浓的神话色彩，所说的地点和人物也可能不确实。但是它们反映出，在专横残暴的国王和各阶层人民之间是有矛盾的，在国王、婆罗门贵族和包括大商人在内的平民之间也是有矛盾的，而且当时平民的力量还相当强大，在忍无可忍时他们能够起来推翻旧王，另立新王。

佛经里还有关于500名奴隶脱离主人，在偏僻地方拦劫富人的传说。另有传说，他们"横行邑里，跋扈城国"，最后被居萨罗王波斯慝（一译胜军王）所镇压。这一传说在一定程度上也反映了奴隶和奴隶主阶级矛盾的尖锐化。

反婆罗门教思潮的兴起

列国时代的社会关系的变化和阶级矛盾的尖锐化，必然反映到意识形态的领域中来，因而形成了类似于中国春秋战国时期的百家争鸣的局面。各种新的思潮纷纷兴起，不过它们往往都有一个共同点，就是具有反婆罗门教的倾向。

婆罗门教成为种种新思潮的众矢之的，这并不是偶然的。婆罗门教把雅利安人原始社会解体过程中发生的社会分化固定为种姓制度并加以神圣化，可是这种制度已经不能符合列国时代社会发展的新动态。婆罗门等级是从种姓制度所规定给他们的特权中得到最大好处的人，他们自然不肯顺应时代潮流去改变这种制度。因此，当人们反对种姓制度的时候，也就必然反对婆罗门教和婆罗门种姓的人。婆罗门教的堕落是引起人们反对它的另一方面原因。早期吠陀时代的雅利安人虽然也有祭祀、牺牲等教仪，但是没有繁文缛节。可是随着婆罗门教的形成，婆罗门祭司们为了从献祭中得到好处，他们使祭祀的花样品种变得越来越多，规模也越来越庞大而复杂。按照他们的要求，一个人从生到死，要经过无数次的献祭，而献祭的费用既足以使婆罗门祭司致富也足以使普通人破产。婆罗门祭司在献祭中不仅使用大量牲畜，而且有时用人来作牺牲。他们的献祭逐渐引起了人们的反感和思考。婆罗门教的经典是吠陀文献，到列国时代，人们对于那种古代语言已经感到太艰深复杂而难于理解了。大量的解释吠陀经典的梵书和奥义书对于一般人来说同样是艰深难解的。于是婆罗门祭司又在群众中宣扬神秘但简短的咒语的种种特异功能，以此骗取人们的财物。这样，婆罗门教和婆罗门祭司就堕落到了一种很容易受到攻击的地位。

当时各种思想流派纷起，据佛教文献说，有"六十二见""九十六外道"。他们讨论的问题有世界与自我有常还是无常的问题，世界是有限还是无限的问题，一切有因还是无因的问题，死后有灵还是断灭的问题，解脱之道如何的问题等。由于材料的缺乏，现在对于当时各学派及其思想的详情已不可知。除佛教和耆那教以外，看来有两个学派在当时影响很大。

一是斫婆迦派，它是古印度的一个唯物主义的学派。佛教文献又称此派为"顺世外道"（意思是流行于民间的）。这一学派的著作没有被保存下来，只是从其他学派的文献（如奥义书、佛经等）对他们的引述和批判中，我们才能知道这一学派的学说的概况，而且这个概况也难免经过了某种歪曲。斫婆迦派不相信吠陀经典的权威，也不相信婆罗门教的其他文献。他们认为，世界万物都由地、水、火、风四大物质要素构成，根本没有灵魂，生命和自觉只不过是物质复合的产物。尽管物质没有生命和自觉，可是某些物质复合起来就有了它们原来所没有的生命和自觉，这正如某两种颜色调和起来就能产生第三种新颜色以及原来不能醉人的蜜糖经酿造后就能变成酒一样。人死就是原来组合为生命的物质的离散，死后没有灵魂，也不会有来生，人一死，一切也都结束了。因此，这一派主张珍惜生命，要使生存成为享乐，而不相信所谓行善作恶在来世有不同的报应。在这一点上，斫婆迦派不仅否定了婆罗门教的轮回说，而且也否定了一切宗教的基础。在认识论方面，他们不承认推理的有效性。他们认为，除了直接被感知的事物以外，没有可以确信的东西；因为间接知识必须经过中间环节，而一经过中间环节就会有不可靠的因素混杂进来。他们甚至认为，即使某一推理成为事实，那也是偶然的幸中，其中是没有必然性的。他们重视直接的感性知识，这是正确的；而否定间接知识和推理，却又错误地走向了另一极端。他们的论敌谴责他们不信宗教，说他们没有道德责任感，把他们贬称为"斫婆迦派"（"Carvaka"一词来自"carv"，后一个词的意思是"吃"。意思说他们只讲现世享乐而不讲宗教修养）。这当然是不公平的。在被称为斫婆迦派的人中，实际上还包括了在具体问题上见解小有不同的派别。阿耆多·翅舍钦婆罗是斫婆迦派的一个重要代表人物,在佛教典籍里,他被列为当时的"六师"(六个学派的领袖)之一。

二是阿什斐迦派(或译为"邪命外道"),它是一个主张彻底的宿命论的学派。末伽黎·拘舍罗是这一派的代表人物,也是佛教文献中所说的"六师"之一。据说他曾经是耆那教实际创立人大雄的弟子,后来与师说不合,自己别立学派。末伽黎·拘舍罗认为,整个世界都是按既定的程序绝对地安排好了的,在这个既定的世界上,每一个生命单子(life-monad)都必须反复再生84000次,从以太、气、火、水、地的基本分子开始,逐步地经过地质的、生物的、动物的诸存在阶段,然后又以人的形态出现;每个生命单子在各个阶段再生的次数、时间与进度也都是既定的,各生命单子在反复再生过程中的相互关系也是被严密地规定了的。他认为,人的意志和行为,不论是善是恶都影响不了整个的既定过程,修行并不能加快解脱的进程,作恶也不能起延缓的作用。人生历程不由自己定,也不由他人定,而是由宿命来定。一个人肯刻苦修行,只能说明他在命运安排的全过程中已经走到了比较接近解脱的地步。他认为,修行唯一能起的就是这种标志的作用。在他看来,修行与否,本身也不是由一个人的意志决定的,而是由命运前定的。这种彻底的宿命论在一方面固然否定了各种宗教的善恶各有报应的说教,但在另一方面也否定了人的一切能动作用,可以使人安于无所作为。

斫婆迦派和阿什斐迦派在列国时代曾经盛行一时。不过在当时反对婆罗门教的各派中影响更大更久的还是佛教和耆那教。

耆那教

耆那教是公元前6世纪时在印度兴起的一大宗教。据耆那教的传说,此教渊源很古,到当时已先后传了24祖。其实关于耆那教的古老传说既不清楚,也难以凭信。直到传说中的第23祖白史婆,才是历史上真有过的人物。据传说，白史婆原是迦尸国的一个王子，30岁时出家，苦修84天后成道，以后传教70年，百岁而死。他不尚祭祀，不敬诸神，反对种姓制度，认为各种姓人都可凭修行得道，对妇女也不歧视。他还初步组成传教团体，提出一些教规和誓戒。白史婆的生卒年代不详，据传他比耆那教第24祖大雄早死246年，大概是公元前8世纪时候的人。

真正使耆那教得以确立并兴起的是筏驮摩那。他的父亲是一个部落首领，有二子，他是次子。他的父母都是白史婆所传教义的信奉者，他自幼也受了这种影响。他早年曾经结婚，并生有一女。30岁时，父母去世，他在得到兄长允许后出家修行。他苦修冥想了12年，在42（或43）岁时自以为得道，成为"耆那"（战胜情欲者）、"尼乾陀"（解脱束缚者）。他被称为"耆那大雄"，即战胜情欲的伟大英雄，他的教徒也被称为"耆那"。大雄游方传教，最初曾经遇到困难，后来信徒逐渐增多，并且得到了摩揭陀、阿般提等国君主的支持。大雄72岁去世，据说当时已有14万教徒。大雄生卒年代诸说不同，很难确定。可以确定的是，他与佛陀基本同时，他去世的时间比佛陀略早。大雄被耆那教徒尊为第24祖，也是最后一位祖师。

大雄在改革和发展白史婆的主张的基础上为耆那教确立了一整套教义。耆那教认为，世界是永恒的，而不是像婆罗门教所说那样是神创造的。世界无始无终，而只有形式的变化。组成世界的万事万物也都是如此。世界的一切事物都包含两部分，即物质的和精神的两种因子。具体地说，上起天神，中含人类，下至各种动物、植物以至无生物，都有灵魂和身体两个部分。灵魂和什么样的身体结合，那是由自我的行为决定的。行善者可以转生为天神、为善人，行不善者可以转生为动、植物以至无生物。婆罗门教的杀生献祭，不仅无助于人在来世的幸福，而且杀生本身就是造下了恶业。耆那教不仅反对作恶以致得到恶报，而且也不把行善以求善报当作最高理想。因为即使因行善而转生为天神，那也还没有最终摆脱转生或轮回的痛苦。他们的最高理想是，使灵魂脱离躯体，超越轮回，处于无所不知、无所不能的极乐状态。

耆那教认为，要使灵魂超越轮回，必须奉持"三宝"，即正信、正知和正行。正信，就是要完全彻底地信仰大雄和他所传的教义。正知，就是正确地学习和理解耆那教的教义。它要求信徒们能够从具体的生灭变化着的事物中认识到事物自身的永恒，从生物的生生死死中认识到灵魂的永恒。正行，就是要求在家的信徒实行五项誓戒，即一不伤害生物，二不说谎话，三不偷盗，四不奸淫，五不贪私财。这五戒是大雄在白史婆已定四戒的基础上加上不奸淫一戒而成的。至于出家的苦行者，还有更严格的要求。例如，不伤害生物，不仅禁止杀害任何一种甚至最微小的生物，而且禁止一切可以引起争执的思念、言语和行为，甚至禁止一切可以伤害生命的无意识的行为。他们脸上必须戴上薄纱，以免小虫飞入口中致死；走路必须一边扫地一边前进，以免踏死虫蚁。他们要在思想和行为上实行苦行，前者是指必须静坐、反省、忏悔、消除情欲，后者是指必须在行动上实行各种自我克制，经受各种使肉体受苦的磨炼。实行苦行12年以后，可以逐渐绝食而死。耆那教认为，只有这种极端的苦行才能不造新业，消除前业，使自己的灵魂彻底摆脱由情欲而导致的后果（业），超越生死，而达到极乐世界。

耆那教反对用其他生物为牺牲祭神以求自己的解脱，而主张用战胜自己情欲的办法求自己的解脱；反对以神为主宰的思想，而强调人可以决定自己的命运；否认人的种姓差别，而强调人的宗教修养的差别。这些都具有明显的反婆罗门教的时代气息。但是，耆那教走向了另一极端。它教人以身体的极苦去求灵魂的极乐，以现实的自杀去求理想的永生。这对人民只能起一种消极的作用。

耆那教的传播，得到一些国家君主和刹帝利的支持，因为他们对婆罗门的特权地位也怀有反感。耆那教对在家的信徒的要求远不如对出家者要求得严格。最重要的戒条是禁止杀生，因而也禁止从事农业，因为耕地时不免伤害地下虫蚁。所以耆那教徒中有很多商人。直到现在，印度还有许多耆那教徒。

早期佛教

佛教是与耆那教同时兴起的另一个大宗教。它的创始人是乔达摩·悉达多。乔达摩是他自己的名字，悉达多是他的家族名或姓氏。他是伽毗罗卫城（在今尼泊尔境内）释迦族首领净饭王的儿子。关于他的生年，有多种不同的说法，其中以中国佛教传统的说法公元前566年较为可信。悉达多出生不久即丧母，由其继母也是姨母抚养成长。他自幼就喜欢离群索居并思考人生的种种问题。他的父亲让他很早结了婚，并尽量在物质生活上满足他。可是他所关心的仍然是人世的种种苦痛。他在29岁时生了一个儿子，不久即抛弃家庭，外出修道。他先后到过吠舍离城、王舍城，去从那里的修道者学道，而不能感到满足。此后他又修了6年苦行，人瘦成了皮包骨头，差一点死去，仍然没有得道。于是他重新进食，后来在一次长达七天七夜的苦思冥想以后，终于认为自己已经得道。这是在他出家修行第七年的事。他被人们尊称为"佛陀"（简称为佛，意为觉者）、释迦牟尼（意思是释迦族的寂默贤者）。佛陀在恒河流域摩揭陀等国游历传教40多年，至80岁逝世（约公元前486年）。佛陀去世以后，佛教继续传播，逐渐至于南亚以外，后来佛教虽在印度不再流传，却成了世界性的三大宗教之一。

佛陀传教，不是从世界起源之类的哲学问题开始，而是从分析人生问题入手。有人问他为什么不先从基本哲学问题谈起，他回答说，譬如有一个人中了一箭，生命危在旦夕。这时候医生应该怎样做呢？如果先考虑这支箭是用什么材料造的、谁造的、造箭者的经历和技术如何、这箭有何特点等问题，那么问题还没有提完，中箭人早就死了。佛陀认为，世人正处于无边苦海之中，如同中了箭的人一样，当务之急是拯救世人，而不是从抽象的大道理谈起。

佛陀所传的最根本的教义是"四谛"，即四条神圣的真理。四谛包括苦谛、集谛、灭谛、道谛。苦谛是佛陀讲道的起点，也就是从人生的各种苦恼的现象说起。他说，苦大体有八种：一是生苦，二是老苦，三是病苦，四是死苦，五是所求不得苦，六是怨憎会苦，七是爱别离苦，八是五受阴苦。佛教认为，人由"色"（形式、物质）、"受"（感觉）、"想"（知觉）、"行"（意志）、"识"（意识）五种因素构成。"五受阴"（五种Skandha，即上述五种因素，或译"五蕴"）苦，就是指人的身心等一切方面的苦。集谛说明形成苦的原因。佛陀对人世的苦避免从客观的社会条件方面做分析，而专从人的主观方面求原因。他认为，产生苦的原因在于有"欲爱"，包括对淫乐的欲爱、对长生的欲爱、对权力的欲爱。欲爱要求有常，可是世界上的一切都是无常的；欲爱要求肯定自我，可是又没有一个恒常的"我"。佛教所说"诸行无常，诸法无我"，就是这个意思。既然一切无常也无恒常的自我，那么"欲爱"就从根本上不能实现。这样，苦就成为不可避免的事。佛教又继承了婆罗门教的轮回思想，认为有欲爱就有思想和行动，有思想和行动就必然造成其后果，这就是造了"业"。业是以前的欲爱的果，果又成了以后的因。于是因果不断，生死轮回不已。如果说，佛教强调欲爱是痛苦的原因，这还是一种认识上的片面性（片面强调痛苦的主观原因），那么，佛教所说欲爱引起生死轮回，纯粹是一种宗教迷信的说法，是无法用理性给以论证的。灭谛说明佛教的目的，就是要消灭苦。佛教认为，消灭苦的关键在于消除欲望，要做到"欲爱永尽无余，不复更造"。人类社会总是在不断地克服客观的障碍和困难中前进的，所以应该珍视人的不畏苦、不怕难的奋进精神。佛教却教人消除欲爱，用消除主观的方法消除主客观的对立，以达到佛教所谓的"不生不灭"的绝对宁静的"涅槃"境地。道谛说明佛教修道的主张和途径，包括"正见"（信仰正）、"正思维"（决心正）、"正语"（言语正）、"正业"（行为正）、"正命"（生活正）、"正精进"（努力正）、"正念"（思念正）、"正定"（精神集中，禅定正）"八正道"。八正道大体包括两个方面的内容：一方面从理论上领悟佛陀所宣扬的教义，以提高信徒的宗教智慧；另一方面从静坐中体验佛陀所宣扬的境界，以提高信徒的宗教修养。

佛陀的教义和婆罗门教有一个很大的不同之处，就是主张"众生平等"。婆罗门教认为，神是人的命运的主宰，神和人当然是不平等的；在人类之中又分为不同的种姓，种姓之间又是不平等的。可是佛教不承认神的主宰地位，把"神"和人以及其他生物都放在"众生"之列。佛教认为神比人有大得多的神通，但是神作为众生之一种也不能免除轮回之苦。神还必须从佛陀教义的启示中求得最终解脱，祭神求福就完全是荒唐的事了。佛陀又驳斥婆罗门教的不同种姓从普鲁沙身体不同部分产生的神话。他指出，一切人都是母亲怀胎而生，没有什么区别；每个人洗澡以后都能变得清洁，根本不存在婆罗门教所说某一种姓清洁、某一种姓不清洁的问题。佛陀还说明，社会上的不同种姓只是由不同职业分工形成的，而不是自然如此的；而且如果从分工看，刹帝利作为君主所属的种姓，地位应该比婆罗门更高。

从佛陀反对婆罗门教的不平等的主张来看，它的作用是积极的。可是，佛陀所主张的"众生平等"的正面意思是，一切众生，只要信奉佛教，都有可能超脱生死轮回，进入极乐世界。这平等只是进入虚无缥缈的天国的平等，本质上只是一张空头支票，所起的也只能是一种麻醉人民的消极作用。而且，佛教还禁止收纳负债的人和奴隶出家为僧，因为怕触犯债主和奴隶主的现实权益。这就更可以说明佛教主张的平等是没有实际社会意义的。

佛陀所传的教义适应了当时各种姓（尤其是刹帝利和富有的吠舍）

反对婆罗门种姓特权的要求。佛教反对苦行，并用比较易懂的通俗语言传教。因此，佛教得到了摩揭陀等国君主的支持，受到了富人的大量布施，也从各种姓中获得了大批的信徒，很快地就发展成了一个大的宗教。

二、孔雀帝国的兴衰

摩揭陀的兴起

在从列国分立到统一帝国的形成的过程中，摩揭陀逐渐强大起来，并最终统一了印度其他各国。

在北印度列国中最先兴起的是迦尸。它长期与居萨罗进行争夺霸权的斗争，一度还兼并了居萨罗。迦尸对鸯伽、对摩揭陀也常有敌对行动。迦尸地处上述几个重要国家之间，便于与邻国争衡，也易于受到邻国的威胁。后来居萨罗强盛起来，又转而兼并了迦尸，并将包括佛陀故乡伽毗罗卫城在内的地方和一些小国纳入自己范围之内。这是佛教兴起以前北印度的大概形势。

与佛陀同时代的频毗沙罗（或译瓶沙王，约公元前544—前493年在位），是摩揭陀历史上第一个著名的国王。他建都于王舍城，用通婚的方法和居萨罗、拔祇等国建立友好关系，稳定了西部和北部边界的局面，集中全力征服了东方的邻国鸯伽。鸯伽控制着恒河三角洲的一些重要港口，在贸易上有重要地位。占领鸯伽有利于加强摩揭陀的经济实力。他对内加强对国家机构的控制，实行严刑峻法，同时又支持佛教的传播，收揽人心。

频毗沙罗晚年，他的儿子阿阇世（约公元前493—前462年在位）弑父篡位。阿阇世的母亲就是居萨罗的公主，她在嫁频毗沙罗时曾带来迦尸村庄作为陪嫁品。她对丈夫被杀十分悲痛，不久也死去。于是居萨罗王要求收回陪嫁的迦尸村庄。双方发生了战争，最后迦尸村庄仍保留在摩揭陀版图之内。阿阇世又对拔祇进行了长达16年的战争，最后兼并了拔祇。以后发展成为重要城市的华氏城也在这时作为要塞开始建立了。在阿阇世时期，摩揭陀已经成了恒河流域的一个霸国。

阿阇世以后一段时期的摩揭陀历史，不同材料说法不同，模糊不清。相传阿阇世以后的几代继位者都是暴君，引起人民不满。最后一个暴君被起义的人民推翻，他的一个大臣希苏那伽登上了王位（约公元前430年）。他在位的时期，摩揭陀征服了阿般提，国势又有了进一步的发展。居萨罗和拔沙也可能是在这一时期被摩揭陀兼并的。希苏那伽王朝的末王最后被摩诃帕德摩·难陀所杀，时间可能是在公元前364年（这一年代的说法分歧很大）。摩诃帕德摩·难陀建立了难陀王朝（约公元前364—前324年）。他是一个出身低下的人。据一种传说，他的父亲就是希苏那伽王朝末王，而母亲却是一个首陀罗。另一传说认为，他的父亲是一个理发匠，而母亲是一个妓女。还有一说认为，他本人是理发匠，与希苏那伽朝末王的王后有私情，二人勾结杀死国王及诸王子，篡夺了政权。从这以后，不少王朝的创立者都出身低下，这说明当时统治者与高等种姓渐趋腐朽，而下层人民的力量正在增长。在难陀王朝时期，摩揭陀统一了恒河流域，已经初具帝国规模。据希腊作家记载，难陀王朝有2万骑兵、20万步兵、2000战车、3000战象。还有一说是，8万骑兵、20万步兵、8000战车、6000战象。总之，难陀王朝已经准备了向印度河流域推进的力量，不过这一进展被马其顿亚历山大的东侵打断了。

马其顿亚历山大的入侵和孔雀帝国的建立

公元前327年，马其顿王亚历山大在灭亡波斯帝国之后，侵入了印度西北部。这一地区，在公元前6世纪以后落入波斯帝国统治之下。公元前4世纪时，波斯帝国的统治削弱，这里分布着许多小邦和部落，它们在实际上是独立的。在亚历山大入侵时，它们不仅未能形成一支统一的抵抗力量，而且内部存在着分裂和敌对的形势。

犍陀罗地区的咀叉始罗王因为与其东邻波鲁斯王处于敌对状态，就想借用外力来打击自己的对手。亚历山大刚刚率兵渡过印度河，咀叉始罗王就遣使送来了大量的白银、牛、羊、象，以及700骑兵，补给他的军队。还有一批部落首领也投向了亚历山大一边。当亚历山大准备进一步东渡杰卢姆河的时候，却在河对岸面临着波鲁斯王一支强大的力量。亚历山大用计从上游偷渡过河并用巧妙的战术击败了波鲁斯王的军队，可是波鲁斯王英勇奋战，直到身受重伤被俘。当亚历山大问他想得到何种待遇的时候，他还说："应以国王之礼待我。"亚历山大对他采用怀柔政策，保留了他的王位，他也就成了亚历山大手下的又一傀儡。亚历山大继续东进，征服了整个旁遮普地区。但是他遭到了当地人民的顽强抵抗，他的部队损失不轻。

当亚历山大还想继续向恒河流域推进时，他的部队因为备受长期进军的辛苦与伤亡的打击，又不能适应印度的水土而多染病，在公元前326年夏拒绝前进。他企图说服部队而无效果，只好回师到杰卢姆河地区。在此河以西，他任命总督统治，在此河以东，则仍由归顺了他的国王们治理。同年10月他引兵循印度河而下，沿途又遇到许多部落的顽强抗击。到达印度河口以后，他将军队分为水陆两支回巴比伦，于公元前325年回到巴比伦。两年以后，亚历山大在巴比伦病死。

亚历山大一走，印度人民就开始了反对马其顿人的起义。亚历山大所任命的总督带着大部分军队退出了印度，剩下的守军不久就被印度起义军消灭了。

在印度人民起义中，一个名叫旃陀罗崛多（或译月护王）的人成了起义的领袖。关于他的出身，有不同说法。一说，他出身于一个养孔雀的家族，起于寒微；又一说，他出身于刹帝利，属于莫里亚家族，"孔雀"（maurya）的名称是从"莫里亚"一字演化而来的。相传，他曾在旁遮普地区见过亚历山大,因为有语言冒犯,险些被亚历山大处死。他逃走后,得到了一个名叫憍底利耶的婆罗门的帮助。他帮助旃陀罗崛多弄到了一笔钱财,招募了一支军队,使他在起义中能处于领导地位。旃陀罗崛多赶走了旁遮普地区的侵略者以后,又回师东向,攻下华氏城,推翻难陀王朝,建立了孔雀王朝(约公元前324—前187年),他就是该王朝的第一个国王(约公元前324—前300年在位)。旃陀罗崛多在位期间,亚历山大的部将塞琉古继承了亚历山大帝国在亚洲的大部分领土,并一度想恢复在印度西北部的统治。公元前305年,他领兵侵入印度,但是被旃陀罗崛多打败。于是他把印度河以西的一些地方也让给了旃陀罗崛多,旃陀罗崛多则送给他500头象。双方缔结婚姻(谁娶了对方的女儿,有不同说法),维持和平。随后塞琉古派遣使节驻在孔雀王朝首都华氏城,这位使节关于印度的记载成了研究印度古史的重要材料。

　　旃陀罗崛多为孔雀帝国的建立打下了根基。他本人晚年笃信耆那教,后来抛弃王位出家,终于按耆那教的教义逐渐绝食而死。他出家后,其子宾头沙罗(约公元前300—前273年在位)继位。宾头沙罗曾经镇压了呾叉始罗地区的人民的起义,保持了帝国在北印度地区的统治。他可能还向南扩展了领土。佛教文献说,他曾经杀死16个君主而夺取了他们的土地。不过这些国家的具体地点不详。宾头沙罗继续和塞琉古王国保持友好关系,曾接纳塞琉古王国的使者驻在首都。埃及的托勒密王朝也曾在他当政时派使节驻华氏城。这些使节亦有关于当时印度的记载。可惜这些记载原本都已失传,只有零文散篇被引在其他历史家的著作里。

阿育王的统治与宣扬"圣法"

　　宾头沙罗死,其子阿育王(或译无忧王)继位。他原在西北地区担任总督,在父亲病重时回到首都华氏城。据佛教传说,他在父王死后,杀了99名兄弟,才坐稳了宝座。据说他在父死4年之后才举行正式即位典礼（因此他的在位年代一说约公元前273—前236年，一说约公元前269—前232年），也许这4年正是争夺王位的期间。

阿育王在位初期大约曾镇压西北地区的一次起义。按佛教传说，他原是一个穷凶极恶的暴君，曾经专门挑选最凶恶的人设立"人间地狱"，去残害人民。在正式即位后8年，阿育王征服了羯陵伽。据他自己所刻铭文的记载，在这一次战争中，羯陵伽有15万人（畜）被掳走，10万人在战争中被杀，还有若干倍于此的人死亡。经过这次战争，除半岛南端以外，北起喜马拉雅山南麓，南至迈索尔，东起阿萨姆西界，西至兴都库什山，都并入了孔雀帝国版图。从旃陀罗崛多至阿育王，经过三代人的经营，孔雀帝国至此达到了极盛阶段。

阿育王所统治的孔雀帝国是一个君主专制的帝国。国王掌握着各方面的最高权力。他是国家首脑，决定一切最重要的政策，委任最重要的官员，有最高行政权；他发布的诏书和法令就成为法律，有最高立法权；他是国家军事行动的决策人和最高统帅，有最高军事权；他还审理重大案件，有最高司法权；他又派遣密探到全国各地，侦查官员和人民的行动，有最高的监察权。国王手下有一批顾问和官员作为辅佐。官员有三类：第一类是主管地方事务的长官，他们负责开修河渠，丈量土地，监督灌溉用水的公平分配；管理猎户，酌情给以赏罚；收税并监督与土地有关的行业如伐木、采矿等；修治道路。第二类是主管城市的长官，他们分为6组，每组5人，各组分别负责手工业、外侨、生死登记、市场交易与度量衡、产品检查以及征收什一之税。第三类是主管军事的长官，他们也分为6组，每组5人，各组分别负责海军、后勤辎重、步兵、骑兵、车兵和象兵。

孔雀帝国对地方实行分省统治。开始时大概有两个省，到阿育王时约有5个省。靠近首都的由国王直辖，边远省区则往往派王子去统治。阿育王在做王子时就在西部行省担任过总督。不过，在若干省里都有很多部落，它们是在内部实行自治或半独立的。现在我们还看不出孔雀帝国有一个严整的类似中国秦汉时期郡县制的行政系统。

阿育王在基本完成帝国统一以后，对国策做了重大的变更。他在征服羯陵伽以后，对这次战争的伤亡表示忏悔。他变成了佛教徒，佛教文献尽量夸张阿育王以前的暴虐和以后的仁慈，并把这一转变归功于佛教的感化。阿育王的一些铭文说明，他的确信了佛教。但是他并没有把佛教规定为人民必信的国教。他在铭文中大为宣扬"圣法"，而这个圣法似乎也不能简单地被理解为佛法。

阿育王所宣扬的圣法，包括以下几个互相关联的内容：第一，宣扬仁爱和慈悲，要人们孝敬父母，善待亲戚、朋友以及一切僧人，宽待仆人、奴隶。第二，宣扬宗教容忍精神，要人们尊重他人的教派，不许各教派互相攻击。第三，宣扬非暴力的主张，小则要求人们尽量不杀生，不用屠杀牲畜的方法献祭求福；大则表示他将不主动发动战争，在不得已而发生战争时也将尽量按慈悲的精神办事。他表示，即使有人触犯了他，凡能原谅者，他一定原谅；同时他也宣布，一切人都应改恶从善，否则，他还是有力量惩罚他们的。第四，倡导做有助于公益的好事，例如修路、种树、掘井、建亭，以利行旅之类。阿育王在多处刻石记下圣法的有关内容，还派人四处宣扬圣法。

佛教文献总是把阿育王的圣法说成是佛家慈悲精神的表现，其实他所宣扬的圣法是为巩固他的帝国服务的。阿育王知道，他们祖孙三代人所经营起来的帝国，其内部有多种复杂矛盾和不稳定因素。不同地域和不同部落之间的差别很大，种姓之间的矛盾严重，各种教派之间斗争激烈，这些都会使阿育王不得不强调宽容，以便缓和社会上的各种矛盾；必须找到一种超出各教派具体教义之上而又原则上能为各教派都接受的主张，以便确立一种趋同的目标；帝国已经建立，进一步的暴力征服已无必要，这时强调非暴力的主义，毋宁说是更有利于帝国的统一和稳定的，更何况他也没有放弃在必要时使用暴力的权力。因此，阿育王的圣法是一种宗教政策，也更是一种维护帝国的国策。

帝国的解体

阿育王维护帝国统一的努力最后未能奏效，在他死后不久，帝国就分裂了。当时，孔雀帝国并没有客观的长久统一的基础，帝国内部存在着种种深刻复杂的矛盾。阿育王的政策目的在于缓和这些矛盾，可是实际上他不仅没有能做到这一点，而且有些方面还不免加深了矛盾。他为了维持一个大帝国，建立了庞大的官僚机构和监察系统，养着一支庞大的常备军，派出大量的宣扬圣法的官员，修建了84000座佛塔以及种种设施。这就必然使财政开支十分巨大，而其结果又通过收税落到了人民的头上。这样的情况当然是难以持久的。

阿育王死后，他的作为西北地区总督的儿子据地独立，原来在帝国内处于半独立状态的安度罗也在南部宣布独立。孔雀王朝在恒河流域继续维持统治约50年。约公元前187年，孔雀王朝末王被大臣普沙密多罗·巽伽所杀，孔雀帝国正式结束。

普沙密多罗·巽伽（约公元前187—前151年在位）建立了巽伽王朝（约公元前187—前75年）。他出身于婆罗门家庭，奉行婆罗门教，曾经两次举行马祭，以显示国力强盛。巽伽王朝初期仍然统治整个恒河流域，君主也曾力图抵御来自大夏的希腊人对西北部的侵入并抵抗东南方的羯陵伽，但是国势日趋不振，领土最终只剩下了摩揭陀这一地区。约公元前75年，巽伽王朝末王被杀，伐苏迪跋·甘华建立了甘华王朝（约公元前75—前30年）。这个领土仅限于摩揭陀地区的小王朝，最后为安度罗所灭。从这以后，直到公元4世纪笈多王朝（约公元320—550年，已入中古时期）建立以前，摩揭陀在印度历史上无声无息，这一时期的印度历史也处于内部分裂和外族不断入侵的阶段。

羯陵伽和安度罗是印度史上这一分裂时期中的两个重要国家。约公元前1世纪，羯陵伽在卡罗维拉王统治下曾盛极一时。据说，他与安度罗维持友好关系，而多次进兵西北地区，打败过侵入那里的希腊人。他还曾打败摩揭陀，占领了王舍城。他也曾向半岛南端远征。不过羯陵伽的强盛未能持久，卡罗维拉死后，国家即分崩离析，从历史上销声匿迹了。安度罗在羯陵伽之西，于公元前1世纪开始强盛，曾经举行马祭，灭摩揭陀的甘华王朝。但是不久之后被侵入印度西北部的塞种人赶出了德干西部，被迫退到东部。到公元2世纪前半期，安度罗再次兴起，把塞种人赶出德干西部，版图北起温德亚山北麓，南至克里希纳河。安度罗也是一个维护婆罗门教和种姓制度的国家。不过到公元3世纪时安度罗王国又趋分裂，随后就在历史上消失了。

　　公元前2世纪至公元3世纪期间，印度西北部长期多次地受到外来民族的侵入。公元前2世纪初，来自大夏的希腊人侵入到印度西北部。大约在大夏王国解体之后，弥兰王（公元前155—前130年）是在印度的希腊人王国中最著名的统治者。他曾进攻巽伽王朝，可能兵锋一度到达华氏城。他没有能在恒河流域确立统治，而只是巩固了在西北部的政权。他信奉了佛教，与东部的信奉婆罗门教的印度人的王朝形成鲜明对照。希腊人在印度西北部的统治并不长久。公元前1世纪，塞种人进入印度西北部，打败了在这里的希腊王朝，取代了它的地位。公元前1世纪末，一批安息人又侵入这一地区，建立王朝，实行统治。可是他们的统治也不长久。公元1世纪，月氏人中的贵霜部落建立了贵霜王朝，并从中亚进入喀布尔和克什米尔地区。至迦腻色迦王（约公元78—102年）时期，印度的贝拿勒斯以西、讷尔默达河以北的地区又成了贵霜帝国版图的一部分。公元3世纪时贵霜帝国分裂，残留在印度西北部的一些贵霜人小邦又维持了约一个世纪，才最终消失。迦腻色迦王也信奉佛教。在他的支持下，大乘佛教由中亚传入中国。

土地制度

关于古代印度社会经济制度（如土地制度、奴隶制度、种姓制度）的材料，大都来自婆罗门教的法论、佛教的经书等，而这些文献一般都是经过几个世纪若干代人之手才编订成书的，比较难于用以说明某一具体时期的历史。例如，相传为旃陀罗崛多的宰相憍底利耶所作的《政事论》，或说成书于公元前4世纪末，或说成书于公元3世纪末4世纪初，学者之间意见分歧很大。实际上此书可能形成于公元前后几个世纪之中。因此其中反映了不同时期的情况。著名的《摩奴法典》（严格地说，应称《摩奴法论》）的情况也大体相似。因此，这里把孔雀帝国时期和其后的帝国解体时期放在一起来说，同时也尽可能地指出其中不同阶段的变化。

古代印度的土地是否国有或属于国王所有，这是学者们长期争论的问题。塞琉古王国驻孔雀帝国首都的使节美伽斯提尼就曾说过"全国皆属王有"。佛教文献中也有把国王说为"田主"的明文。《摩奴法论》（VIII，39）也说国王"是土地的主人"。不过，《摩奴法论》（IX，44）又说土地属于伐树开荒的人。因此，对这个问题要做具体的说明。当时印度的土地实际分为以下几类：

第一是国家或国王直接占有的土地，这包括山林、水源、地下矿藏或宝物、无人占有的荒地和农田。国王或者从人口过密地区调出过剩人口到荒地上来建立村庄，耕种土地；或者用奴隶、雇工、囚徒来耕种荒地。在前一种情况下，调来的主要是首陀罗种姓的农民。他们只要向国家纳税，就可以终生耕种一块份地，但不能由后代继承。凡是不好好耕种土地而影响纳税者，其份地即被没收。在后一种情况下，奴隶、雇工、囚徒们并不占有份地，只是领取一定的口粮或工资而已。

第二是贵族、官吏占有的土地。《政事论》（II，1）中说到国王赐予从事种种神职的婆罗门土地，这种土地不仅免除赋税，而且可以继承；又说到赐予各种官吏土地，他们无权以出卖、抵押等形式转让这种土地。

佛教文献中也多次说到占有大片土地以至于用500具犁耕种的婆罗门财主。婆罗门的免税土地只能转让给享有同样免税权利者。

第三是公社占有的土地。当时印度各地区之间社会经济的发展很不平衡，所以公社又基本有两种。一种是氏族部落公社。亚历山大侵入时曾遇到很多部落的抵抗，美伽斯提尼说印度共有118个部落，实际远不止这些。亚历山大的一名部将尼亚库斯说，"在一些部落中，不同人群以血缘关系为基础，共同种植作物，收获时各取一年给养所需之量，烧毁其余，以求以后有事可做而不致怠惰"。这就是以血缘关系为基础的共同劳动共同分配的原始公社。在这样的公社内土地没有分成份地，也谈不上有土地私人占有。这样的部落一般都在比较边远的地区，相对于当时的王朝处于独立或半独立的地位。他们的土地也许在名义上承认国王是最高所有者，而在实质上是部落公有制。另一种是农村公社。在当时印度的广大农村里，土地一般分为两类。水源、森林、道路等土地属于全村公有，村民有义务共同兴修桥梁、道路、水池、沟渠等公共设施，也有权利使用它们。每户村民有自家的份地，份地已经不再重新分配，各户村民对份地的占有权由法律保证其不受侵犯。农民耕种份地，必须向国家纳租税。基本的土地租税一般为收成的1/6，高可至1/4，低可至1/8。此外还有一种向国王交纳的经常性的贡税和种种临时性的苛捐杂税。

相对于一些国家的情况而言，古代印度的土地私有制发展较为迟缓。比较早期的法律文献中都没有关于土地买卖的内容。早期佛教文献中说到一个信徒用大量金钱买一花园献佛的故事。《政事论》（III，9）说到农村土地买卖的规则。村民要卖土地，必须先在村长老面前确证要卖土地的边界，并确证没有别人能对此土地提出权利要求。有权购买土地者依次是亲属、邻居和其他有钱的人。其目的显然是尽量不让土地卖出本村村民范围之外。而且出价买地的人必须同时确认今后交纳这块土地的赋税的义务。所以，有的土地即使转让了，这个村的公社整体也并无变化，对国家纳税的义务也无变化。在较晚的法律文献中，土地买卖的合法性也被承认了。古印度的土地私有制有一个较长的发展过程。

奴隶制和种姓制的发展

关于孔雀帝国的奴隶制，古代有不同的说法。曾在孔雀帝国首都做使节的美伽斯提尼说："所有印度人都是自由民，连一个奴隶都没有"；"印度人不使用任何异族奴隶，印度人本身更无当奴隶者"。但是曾随亚历山大侵入印度的一个部将却明确地说有些地方是有奴隶的。古代印度的多种文献也都说明，奴隶制曾经是存在的。美伽斯提尼的结论肯定是错误的。至于他为何会有此错误看法，那显然与他不能正确理解当时印度奴隶制的特点有关。

根据《政事论》的记载，孔雀帝国已经建立由奴隶、雇工和囚徒劳动的农庄。这种农庄由掌握生产经营经验的人主管，种植谷物及种种其他作物，并有多种手工工匠生产农具，有牧人照看耕牛。对奴隶、囚徒只发口粮，对手工工人则兼发口粮和工资。孔雀帝国的统治者征服广大地域以后，在人口较少的地方建立这种庄园，既反映出王室经济的加强，又反映出奴隶制的发展。因为这种奴隶劳动已不再具有家内劳动的性质，和以前的小农带着奴隶种地或小农种地奴隶送饭的情况大不相同了。

《政事论》中还反映了当时奴隶制发生的一些新变化。首先，雅利安人沦为奴隶的现象受到了限制。如果一个未成年的雅利安人的亲属把孩子出卖或抵押为奴隶，那么就要按孩子所属种姓的高低而给予其亲属以不同的处罚。如果出卖或抵押孩子为奴隶的人不是孩子的亲属，这个人就要被判以罚金并受死刑。如果蔑戾车（Mlecchas，指外国人或边境上的未雅利安化的部落）出卖或抵押自己孩子为奴隶，则不受惩罚。再则，奴隶的地位有了一定的改善。出身于雅利安人的奴隶，不仅应由其亲属尽早赎回，而且在为奴隶期间仍保持雅利安人的身份。他在应为主人赚得的钱以外所得的一切,都归他所有,他还可以保有从父亲那里继承来的遗产。他只要付清身价,立即就恢复原有的自由身份。对于一般奴隶的虐待也受到了限制。例如让奴隶搬运死尸、清扫粪便,或打骂奴隶、破坏女奴贞操等,就要给予受害奴隶以自由。如果主人和女奴隶生了孩子,那么这个女奴和孩子一同都成了自由人。

以上情况说明,在孔雀王朝时期,印度的奴隶制度发展到了最高点,同时也开始了走向衰落的过程。大概正因为当时奴隶地位的某种改善,美伽斯提尼觉得他们不像希腊的奴隶了,所以才做出了印度无奴隶的错误结论。从孔雀帝国的解体到笈多王朝的建立,这一段时间是古印度奴隶制日趋衰落的时期。

古印度的种姓制度,在列国时代就因为不能适应阶级分化新情况而受到广泛的批评和冲击,在阿育王时期又因其不利于帝国的统一而受到抑制,在帝国解体时期又因其不便容纳外来民族而不为外来民族所接受(外来民族多信佛教)。为了适应形势,婆罗门教法律文献对种姓制度做了新的补充和解释。四大种姓仍然留作种姓制的基础,但同时承认了许多"杂种姓"。这样,不同的职业集团、不同的部落或民族就可以被安排在这些杂种姓里。《摩奴法论》第十章中对杂种姓做了许多说明和解释。曾经侵入印度的波斯人、希腊人、塞种人等都被说成堕落了的刹帝利,连中国人也被列在这一类。大概是因为这些民族的人按身份多为武士或军事贵族,近于刹帝利,可是他们又不信奉婆罗门教,于是就被列为堕落的刹帝利了。《摩奴法论》中提到的杂种姓已有几十种之多。"诸杂种姓产生的原因在于诸种姓间的通奸、娶禁止娶的女子和放弃本业",这就是《摩奴法论》(X,24)对于杂种姓产生原因的解释。《摩奴法论》规定了各种姓的职业,但允许高级种姓的人在不得已时从事较低种姓的职业以谋生,而严禁低级种姓的人从事高等种姓的职业。它要求各种姓的人在种姓内通婚。如果不得已而与其他种姓的人通婚,它只许高级种姓男子娶低级种姓女子，称这为顺婚；而反对高级种姓的女子嫁低级种姓的男子，称此为逆婚。这些规定都是为高级种姓的利益服务的。奴隶制的阶级关系渐趋弱化，而各种姓和杂种姓之间的等级区别却更加森严，这是印度古代社会没落时期的一个值得注意的特点。

古代印度文化

印度是世界文明古国之一。且不说早期的印度河流域文明，就是自吠陀时代以下的文化，也是内容十分丰富，并对世界文化起了重要作用的。

（一）语言和文字。古印度民族众多，语言自然不一。自雅利安人进入印度以后，他们的语言成了占支配地位的语言。这种语言在词根和语法上都与古代波斯语、希腊语、拉丁语有许多相似之处，同属于印度-欧罗巴语系。印度雅利安人最古的语言是"吠陀梵语"，后来语言逐渐变化，人们对于吠陀中的语言已难理解。约公元前4世纪，波你尼对吠陀梵语做了详细的解释和分析，整理出一套梵语语法规范。梵语是一种典雅而复杂的语言，主要用于官方和宗教方面。民间则使用比较简单的方言。早期佛教经典所用的巴利语就是一种比较通俗的方言。孔雀王朝官方使用摩揭陀的方言，佛陀也曾以这种方言传教。

印度河流域文明的文字失传以后，雅利安人的吠陀等作品长期都靠口耳相传。再次出现文字约在列国时代之初，流传至今的最古的文字是阿育王所刻的铭文。阿育王铭文所用文字有两种：一是婆罗谜文，可能起源于塞姆人的字母；二是佉卢文，可能起源于阿拉美亚人的字母。佉卢文后来逐渐失传，而婆罗谜文则在公元7世纪时发展成天城体的梵文字母。天城体梵文字母共47个，其中元音14，辅音33。这是近代印度字母的原型。

（二）文学。吠陀是雅利安人最古的文献，既是宗教经典，又包含多方面的知识，其中还有许多诗不愧为古老的文学作品。

古代印度最著名的文学作品是《摩诃婆罗多》和《罗摩衍那》两部史诗。《摩诃婆罗多》分为18篇，长达10万颂（每颂两行诗，每行16音），是世界文学宝库中少见的长诗。它的主题是说婆罗多家族中居楼王一支与般度王一支之间争夺王位的斗争。双方经过曲折的斗争，最后进行了为期18天的大战。战争牵入了印度所有的国家和部落，结果是居楼王一支全部战死，般度王一支取得胜利。主题以外又插入了许多其他内容的大篇诗章。相传它的作者是毗耶娑，实际上它是由很多代民间诗人逐渐积累并编集起来的。它的基本内容在公元前5世纪已大体形成，而最后写定则在公元4世纪。《罗摩衍那》分为7篇，长24000颂（精校本约19000颂）。它的主题是，居萨罗国王子罗摩与妻子悉达隐居时，魔王劫走了悉达；罗摩在神猴协助下，率猴兵打败并杀死魔王，救出了悉达，然后携悉达回国为王。相传此诗的作者是蚁垤，实际上此诗也是在公元前4世纪至公元2世纪间逐渐编成的。两部史诗的基本内容都是神话性的，但也反映了当时印度社会生活多方面的内容，还反映了雅利安人向东、向南扩展中的一些斗争情况。

佛本生经名义上是讲佛陀前生前世的经历，实际上是搜罗民间故事加工而成的。此书有故事500多个，约编于公元前3世纪，反映了列国时代社会上多方面的情况。《五卷书》也是一本有名的故事集，它的原本（现传已非原本）约编于公元3世纪。

（三）造型艺术。印度早期的建筑物和雕刻未能保存下来，因为其构造材料是木质的。现在能看到的是阿育王以后的文物。"窣堵波"（即塔）是一种半球形的土丘，其内藏有佛教圣物，其上有一方台，台上立有伞盖。塔外有栅栏围绕，栏杆四面开有四门，每门都是一座牌楼形的建筑，其上有种种人物和动物的浮雕。阿育王时开始修建的桑奇大塔是其最出色的代表。从山岩开凿出来的佛教殿堂和寺庙也集建筑艺术与雕刻艺术于一体。约公元前2世纪开始修建（至公元7世纪才完工）的阿旃陀石窟是其出色代表。阿育王还建立了许多刻有诏令的石柱，柱身雄伟，柱头上刻有狮子等动物形象，神气逼真。孔雀帝国解体以后，西北部犍陀罗地区深受希腊文化影响，形成融合希腊与印度风格的犍陀罗雕塑艺术，后来这种艺术随佛教一同传入了中国和东亚其他地区。

（四）科学知识。由于农业生产和生活方面的需要，古代印度人民很早就注意观察天象。在吠陀时代，他们就知道金、木、水、火、土五星，将五星与日、月并称为七曜。他们还知道月亮所经过的星座，共27宿。以后又增加一宿，成为28宿。古印度人将一年定为12月，每月定为30日。每年共360日，所余差额用增置闰月的方法来弥补。当然，他们那时的天文知识还是和占星学的迷信混合在一起的。

古代印度人民在数学上也有不少发明。他们创造了从1到9九个数字，又加上一个0（原先是用一个点来表示），并提出了数字按位计值的方法。这对数学运算起了重大作用。现在我们都把这种数字称为阿拉伯数字，实际上那是阿拉伯人从印度人那里学过去的。出于建筑祭坛的需要，古印度人很早就学会了测量土地面积以及画出种种几何图形。《仪轨经》中的《准绳经》就专门讲了这方面的知识，其中还包含了直角三角形的勾方加股方等于弦方的定理。

古代印度人民在医药方面积累了丰富的知识。在《阿闼婆吠陀》中已经记载了77种病症之名并开出了对症治疗之药。药物基本属金、石、草、木之类。当然，在吠陀时代医巫尚未分途，巫术亦被视为一种医术。《仪轨经》中的《考什伽经》也是既讲家庭中的祭祀与巫术，又讲有关医药知识的。佛教也很重视医药知识。在佛教所重视的五明（即五种学问）中，医方明即居其一。古代印度最著名的医学作品有阇罗迦的《阇罗迦本集》和妙闻的《妙闻本集》。相传阇罗迦是迦腻色迦的御医，即生当公元2世纪。他的书中探讨诊断、疾病预后与疾病分类问题，并把营养、睡眠与节食作为维护健康的三大要素。他的著作原书已佚，现存的是经过他人增订的版本。妙闻的时代稍晚于阇罗迦。他的书涉及外科医学，这是与阇罗迦书不同之点。妙闻还强调医生医德的重要性，主张给孤寡、贫民、行人等免费医疗。妙闻的书原本也已不存，现存者是经过后人加工的。

（原载吴于廑、齐世荣主编：《世界史·古代史编》，上卷，第七章）

春秋战国时期的中国与同时期的世界

一、中国古代史上的一个巨变时期

春秋战国历史概况

中国第一部编年史《春秋》始于公元前722年，终于公元前481年。因此学者常称这一时期为"春秋时期"。战国时期的起点有不同说法，终点则为公元前221年秦统一六国。这里所说的"春秋战国"时期泛指公元前770—前221年由东周至秦的这一转变时期，并以《史记·六国年表》起始的公元前475年作为春秋战国的分界，将这约550年时间分为前后两个阶段，前一段称为春秋时期，后一段称为战国时期。

平王东迁以后，周王室地位日益衰落。西周晚期在东方（今河南新郑一带）建立起来的郑国曾经是周王室的主要依靠力量，并且强盛一时。当时北方的戎狄族时常侵犯中原诸邦，南方的楚逐渐兴起，吞并附近小邦，并且力图向中原扩展。有华夏之称的中原诸邦，面对来自南方和北方两面的压力，又缺乏一个团结的中心，形势相当危险。公元前685年，齐桓公即位，以管仲为相，励精图治，齐国强大起来。齐桓公以尊王攘夷为号召，联合华夏诸侯，公元前679年与一些诸侯会盟于鄄（今山东鄄城），开始称霸。公元前656年，齐桓公伐楚，与楚定盟而还。一时对楚的北上起了抑制作用。

从齐桓公称霸起，进入了春秋中期，即大国争霸时期。齐桓公死后，齐国一度内乱，虽不失为大国，但已失去霸主地位。宋襄公曾经想做霸主，但失败了。楚的势力更加强大，严重威胁中原各邦。公元前632年，晋文公率齐、秦等国联军在城濮（今山东鄄城西南）大败楚、陈、蔡联军，再次抑制了楚的北上。晋国从此成为中原霸主，历时约百年。同时楚则称霸于南方，与晋争霸。公元前597年，楚庄王大败晋军于邲（今河南荥阳东北），势力伸入中原。公元前575年，晋军大败楚军于鄢陵（今河南鄢陵北）。公元前557年，晋军再败楚军于湛阪（今河南平顶山北）。晋楚长期争霸，互有胜负，而成为它们争夺对象的中原郑、宋等国却受尽了战争与向霸主贡赋之苦。东周初在关中建国的秦，大体与晋同时强盛起来，因为被晋挡住了东进的出路，只好称霸西戎，并与齐相对应，成为仅次于晋楚的东西二大国。

公元前546年，宋国大夫向戌利用自己与晋、楚两国执政大臣都有私交的条件，向他们提出"弭兵"的建议，结果约了十几国的代表在宋集会，晋、楚两国共同作为霸主，从此进入春秋时代的晚期。这一时期，晋国内部卿大夫势力扩大，互相争夺，公室地位削弱。楚国也因东方的吴国（都于今江苏苏州）兴起而受到了严重牵制和打击。公元前506年，吴大举攻楚，陷楚都。后来吴虽退去，楚国却受到了沉重的打击。不过，在吴国的后面，越国（都于今浙江绍兴）也在楚的支持下兴起。公元前494年，吴王夫差大败越军，越王勾践表面屈服于吴，实际上准备复仇。公元前482年，夫差北上，会诸侯于黄池（今河南封丘），迫使晋人让出盟主地位。可是就在这时，越人已经从后方乘虚攻入吴都。吴刚夺得中原盟主地位，就被越人捣了老巢。公元前473年，勾践灭吴，夫差自杀。勾践亦曾北上争霸中原，但是越的霸权也只是昙花一现，不久就衰落了。春秋时期少数大国争霸的局面结束，代之而起的是战国七雄间的剧烈斗争。

在春秋时长期称霸的晋国，公元前453年实际已被韩、赵、魏三家大夫所瓜分。至公元前403年，韩、赵、魏三家又被周王"命"为诸侯，正式成为三个独立国。公元前391年，齐国国君（姜姓）已被田氏迁于海岛。公元前386年，田和又被周王"命"为齐君。齐、楚、燕、秦、韩、赵、魏成为战国七雄，其他十几个小国则渐趋衰亡。周王实际上也只是一个无足轻重的小国君主；承认韩、赵、魏三家与齐田氏为诸侯，是周君以"王"的身份做的最后一批官样文章。以后的战国群雄中就很少有人再来打尊周王的旗帜，与春秋时期的霸主们以"尊王"为号召的情况大不相同了。

在战国初期，魏在七国之中最为强盛。魏国第一代君主文侯以子夏、段干木等儒者为师，以法家李悝为相，以军事家吴起为将，还任用西门豹等贤能之士。李悝实行改革，一面用种种措施促进农业生产，一面废除世禄制度，不以出身而按能力用人。因此，当时魏国富强，曾几次打败秦国，占有了西河（今陕西北洛水以东、黄河以西地区）。

公元前361年，秦孝公即位，随后任用商鞅进行改革：开始就重农抑商，奖励军功，即使是宗室，无军功也不能受爵；进而又废井田、开阡陌，普遍置县，统一境内度量衡等。改革持续了约20年，秦国由原先的落后并较弱的国家一变而为强国。与西方秦国兴起同时，在东方，齐威王也任用贤能，整顿吏治，广招学者，使齐国强盛起来。在南方的大国楚国，楚悼王曾任用从魏到楚的吴起（公元前386年）为令尹（即丞相），实行废除贵族某些特权、撤销烦冗的官职、加强军事训练等改革。这次改革虽然因楚悼王死而很快中止，但旧贵族的力量在此前后受到了不小打击。其他燕、赵、韩诸国，在以后不同时期也在某些不同方面有程度不同的改革。从商鞅改革起，可说战国时代开始进入了中期。

战国中期是各国内部变化迅速的时期，也是七雄进行殊死搏斗的时期。原来强盛一时的魏国，到这时东面一再败于齐国，西面屡次受到秦的攻击以致失去西河之地，南面也曾受挫于楚。魏失去原来的优势，秦却迅速强大起来。秦继续向东扩展，使东方各国，首先是韩、魏、赵受到严重的威胁。魏曾想联合齐国抗秦，没有成功。公元前318年，魏、赵、韩、燕、楚五国计划联合攻秦，并推楚怀王为联盟首领；联军攻秦函谷关（今河南灵宝），秦人开关迎战，五国失利而回。秦又向南扩展，灭了蜀巴，并夺取楚占的汉中。楚与齐原曾有联盟关系，但受到秦的离间而绝齐亲秦，结果导致大败。以后，东方各国又曾再三合谋攻秦，但都因相互间矛盾、冲突不已，很容易就被秦瓦解了。当时，东方各国南北一线形成的反秦联盟，史称"合纵"；秦人则全力瓦解"合纵"，让各国从东到西形成一个服从秦国的体系，史称"连横"。齐与燕距离秦国远，初未受到秦的直接打击。可是其间齐曾利用燕国统治集团内部争权夺位的机会，一度出兵攻占燕国（公元前314年），大掠而归；以后（公元前284年）燕又攻齐，下70余城，齐在莒与即墨二城守了5年，才将燕军逐出齐境。秦利用东方各国的矛盾，不断东进。公元前278年，秦大败楚，攻占楚郢都，楚被迫迁都于陈（今河南淮阳）。原来还可以和秦较量一下的齐、楚两大国严重削弱，秦国独强之势已成。

楚都东迁，可说是战国晚期的开始。这一时期是秦继续利用东方诸国的矛盾，逐渐予以各个击破以最终实现统一的时期。不过，秦的兼并仍然遇到抵抗，有时甚至是很有力的抵抗。公元前260年，秦大败赵于长平（今山西高平），坑赵降卒40万。赵都邯郸一度岌岌可危，但是魏公子信陵君救赵，挫败秦军（公元前257年），赵得以不亡。以后秦攻魏，也曾被信陵君所击败。但是魏王不信任信陵君，使他在郁郁不得志中死去。公元前246年，秦王政即位，他在统一后称秦始皇帝。公元前241年，赵、楚、魏、燕、韩五国联军攻秦，但被击退。这是东方国家的最后一次合纵行动。秦继续东进，但仍然曾经被赵将李牧所击败（公元前233年、前232年）。公元前230年，秦灭韩。公元前229年，攻赵，用反间计使赵杀其名将李牧。公元前228年，灭赵。公元前225年，灭魏。公元前223年，灭楚。公元前222年，灭燕。公元前221年，灭齐。至此秦统一六国，战国时代结束。

经济的发展和社会结构的变化

春秋战国时期是中国古代史上的一个经济飞跃发展的时期。在春秋时期，中国开始进入铁器时代。迄今发现的最早的人工冶炼的铁都是公元前6世纪（春秋晚期）的。不过在这些最早的铁制品中，不仅有在较低温度中炼出的块炼铁，而且有在高温中炼出的生铁。西亚、南欧、印度的铁器时代开始较早，可是那里长期只能生产块炼铁，直到公元14世纪欧洲才成功地炼出生铁。中国铁器时代开始较晚，而进步很快，炼出生铁竟比欧洲早了近2000年。在农业方面，从前靠人用木制的耒耜翻地，随着铁器的制造，出现了用牛引铁犁的耕种方法，农作的效率空前提高。

从前每一个邦的领土面积都不大，通常包括国和野两个部分：都城（在古代也叫作国）和周围的郊区算作国，郊以外的边远地区叫作野。居住在国的人称国人，居住在野的人称野人。国人包括卿大夫等贵族和作为士的享有政治权利的自由人；因为士在国人中居大多数，所以古书上有时又把国人和士等同起来。在国中专门划出千亩称为籍田的土地，每年由国君率领国人耕种（籍田原是部落公田的残余，自应由部落首领率领大家耕种；后来国君和贵族的参加都变成象征性的），收入供本邦宗教和礼仪之用。郊区的土地划为份地分给一般国人即士，士的义务是服兵役和纳军赋（交一定数量的军用物品）。国君掌握野的土地，并把其中一部分作为封地封给贵族。野的土地分为公田和私田两部分。野人必须先在公田上为国君或贵族献出无偿劳动，然后才能种私田来维持自己的生活。野人没有政治权利，主要义务是为国君和贵族种地，还必须服劳役和辅助性的兵役。到春秋中后期，以上情况逐渐改变，例如，鲁国在宣公十五年（公元前594年）"初税亩"，由借民力耕公田改为按亩收税；哀公十二年（公元前483年）又"用田赋"，由国人出军赋改为按所占田亩交军赋。这种情况的出现显然与农业生产的发展有关。正是因为农田亩产量的提高，统治者才会认为按亩征收赋税是更为有利可图的事。这一改变又带来了两种重要的后果：第一，既然按亩征收赋税，从前的公田和籍田就没有存在的必要了，不再和公田发生关系的农民变成个体的小农；第二，既然赋和税都按人们所占田亩数来征收，从前国人和野人的区分也就没有存在的必要了，除了贵族以外，他们都一律成了平民。随着铁器的使用，春秋战国时期的手工业也有了巨大的发展。不仅在制陶器、制漆器、制皮革、制盐、纺织、酿酒等方面有很多进步，而且一些豪民还经营规模相当大的冶铁业，成为战国时期有名的家族，如赵国的卓氏、魏国的孔氏，等等。农业和手工业发展的同时，商业也发展起来。不仅地方性的商业有所发展，而且还出现了一些往来经营于各国之间的大商人。孔子的大弟子子贡就是一位由经商而致富的大富翁，到各国都能受到人的尊重。从前，只有贵者才是富者，不同数量的财产总是和不同等级的社会地位结合在一起的；到这时候，由手工业尤其是商业的发展中产生的一批大富翁，他们没有从国君那里获得封地，没有贵族身份，可是他们掌握了大量的财富，甚至比一些没落中的贵族"封君"还富有得多。古人把这些没有封地而富于"封君"的人称为"素封"，意思就是没有"封君"身份的封君。

原来贵族们的主要剥削对象是野人。野人无偿地为他们耕种封地，也就可以耕一分私田来养活自家。号为"素封"的新富人在经营手工业和商业中主要剥削奴隶和雇工，在经营农业中则除奴隶、雇工以外，还剥削租佃土地的农民。刚刚同公田断了关系而新产生的个体农民，他们成了可以自由经营的小自耕农。他们一般是以五口之家种田百亩。可是他们的生活一般是不富裕的。战国初年魏国的李悝为个体农民的年收支算了一笔账。他说:"今一夫挟五口,治田百亩。岁收,亩一石半,为粟百五十石。除十一之税十五石,余百三十五石。食,人月一石半,五人终岁为粟九十石,余有四十五石。石,三十,为钱千三百五十。除社闾、尝新、春秋之祠用钱三百,余千五十。衣,人率用钱三百,五人终岁用千五百,不足四百五十。不幸疾病死丧之费及上赋敛,又未与此。"《汉书·食货志》在这样的情况下,大多数个体农民只有靠加强劳动和降低生活水平来勉强维持生存;一遇天灾人祸,他们就会陷于破产处境,失去土地,沦为雇工、佃农以至奴隶。

原来在国人内部是有着固定的宗法关系的,在野人中也有宗法或类似的血缘关系,二者之间却有一条明显的界限。随着国人与野人区别的消失、破产农民的流徙以及商业人口的移动,曾经长期存在的宗法关系逐渐解体了。社会的结构发生了大变化。

由封建而郡县以上说过,逐级的封建关系是和逐级的宗法关系相辅相成的。宗法关系的解体的过程也就是原来的封建制度的社会基础被挖空的过程。不过,这种过程是自然的、渐进的。而春秋战国时期的国与国之间的急剧的兼并,对封建的解体与郡县的产生起了明显的加速作用。

西周以上,邦国之间虽常有战争,但灭国的现象不显著。一个大邦征服了一个小邦,只要求后者纳贡并听从指挥,结成一种不平等的联盟关系。商、周时期天子(王)与诸侯的关系实际就是这种不平等的联盟关系。春秋以下,灭国的现象日益盛行。征服国常常把被征服国并入自己的领土,而取消了其原有的国家。征服者怎样处置这块新土地呢?按传统,一邦的郊区是国人份地所在,而郊以外的野直属于代表国家的国君;国君可以直接掌握它,也可以分封给贵族作封地。新征服的地区在郊以外,其地位和野是相当的,因而其处置权也就落入国君之手。春秋时期就开始有了"县"和"郡"的名称，这两个词原来都有直属于国君的意思。晋和楚是春秋时期两个最强大的国家，它们灭国很多（楚灭国尤其多），设立县和郡也较早。晋、楚两国设郡县的办法有所不同。晋常把县、郡分封给功臣，走的基本是分封的老路；结果晋国内部贵族纷争，曾经是春秋时期最强盛国家的晋最后分裂成为韩、赵、魏三国。楚国也有过把县分封给功臣贵族的事。但是楚很快改变了这种办法。例如，申、吕两国（在今河南南阳以北、以西）被楚兼并以后，成为楚与中原争霸的重要前沿阵地。曾经有人想把申、吕变为功臣、贵族的赏地，可是有人反对这样做，因为这样就会削弱楚与中原争霸的力量。于是楚国的重要地区都掌握在国君手中，其他地区的贵族、功臣封地也逐渐由永远世袭改为两代人以后就收归国家。这样，楚在春秋时期就成了君权最集中的强大国家。

到了战国时期，郡县制开始有所发展。边防重镇地区往往设郡，而在内地则相当广泛地设县。齐不设郡而设都，性质大体与郡相当。郡县制是和官僚的俸禄制密切相关的。奉国君之命镇守郡县的官员，不再得到封地，而是得到俸禄。在战国时期，功臣或贵族变为封君的现象还是存在的。但是这时的封君和过去的封君已有很大的区别。过去的封君就是其封地范围内的世袭统治者，而战国时期的封君只能收取封地的赋税以代替俸禄，封地的行政不是由国家委派的官吏管理就是由国家派来的"相"来管理，而且封君也不再有世袭封地的权利。所以，这种封君实际已经是一种由封建制向郡县制过渡的形式了。

春秋战国时期的政治历史呈现了一种复杂的现象。从一方面看，随着强大的西周王朝的衰落，出现了诸侯长期纷争的混乱分裂局面；可是，从另一方面看，在这个纷争过程中，郡县制逐渐取代封建制，众多的小邦被兼并成为少数几个大国，最终又由秦统一为一个郡县制的帝国。所以，春秋战国的分裂实际上为更高一个层次的统一准备了条件。

夷夏界限的变化

远古时代在各地散布许多部落，无所谓夷夏问题。

夏、商两代的王朝和一些方国进入了文明时期，同时还有许多部落仍处于原始时代。周原是一个进入文明较晚的方国。在武王伐纣的时候，他的同盟军中还有庸、蜀、羌、髳、微、卢、彭、濮等部落。这些部落的名称见于《尚书·牧誓》，是可靠的。但是它们的详情现已不得而知，大抵都是居于中原西南方的少数民族。周统治者一方面和少数民族保持友好的关系，另一方面又自称为"夏"。这大概是为了表示自己是夏文化的继承者，因而不在殷商以下。"夏"字在古代还有"大"的意思，周人以夏自称，也包含了尊大自己的意味。于是周王朝和从属于周的中原诸侯国逐渐自称为"诸夏"，并把蛮、夷、戎、狄等少数民族的部落当作野蛮人而和诸夏对立起来。在春秋时期，诸夏又称为诸华，或华夏，少数民族则泛称为夷或夷狄。

华夏和夷狄之间，的确曾经有民族、语言、文化等方面的不同，但是又长期有着密切的共处关系。在西周时期，距离都城镐京和东都洛邑不很远的地方都有夷狄居住，封在今山东省的齐国和鲁国必须与附近的东夷、淮夷反复周旋，封在今山西省的晋国长期和戎狄杂处，南方的楚国的统治家族虽然可能是早先从中原移居去的，但实际上也入乡随俗而蛮夷化了。西周的国王们曾多次发动对北方的猃狁（犬戎）和对南方的楚（荆蛮）的战争，都未能征服他们。最终西周却灭于犬戎之手。到春秋时期，北方的山戎南下，一度灭了卫国，南方的楚国向北扩张，封在汉水流域的姬姓诸国都被吞并了。中原的诸夏一度面临很严重的局面。

齐桓公在管仲协助下，打出"尊王攘夷"的旗帜，联合诸侯，打败山戎，帮助卫国复国，又抑制了一下楚北上的势头。孔子曾经说，如果没有管仲，我们就都是"披发左衽"的野蛮人了。他肯定了齐桓公和管仲保存中原先进文化的历史功绩。以后齐的霸业为晋所代替，形成了长期晋楚争霸的局面。就在大国争霸的同时，晋、齐、秦等国都把邻近的夷狄纳入本国版图，加速了夷夏的融合进程；楚则一面兼并附近诸小国和蛮夷，一面迅速地华夏化。到春秋晚期，吴、越先后起来争霸时，他们自身也迅速地由蛮夷转变为华夏。到战国时期，各大国内部都不再有夷夏的问题，所谓夷狄主要已指北方塞外的胡（即匈奴）和华南地区的越了。这样就形成了一个人口众多的华夏族，也就是以后汉族的前身。

古代中国人有重华夏而轻夷狄的思想，这就同古代印度的雅利安人称异族为"蔑戾车"和古希腊人称异族为"蛮族"一样。不过，古代中国人对夷夏的区分还有自己的特点。这就是在长期的过程中形成了一种重文化而非重种族的区分标准。孔子到过许多华夏的国家，都不得意。他一度想到"九夷"（可能就是在鲁国以南的淮夷）去居住。有人说那里太落后（陋）了。孔子说："君子居之，何陋之有？"（《论语·子罕》）孔子没有把夷当作异类，甚至认为，只要"君子居之"，他们的落后状态也是可以改变的。孟子说，舜是"东夷之人"，而周文王是"西夷之人"，可是他们都在"中国"（指华夏地区）行仁政，就都成了圣人（《孟子·离娄下》）。夷狄之人不仅可以变为华夏之人，而且可以成为代表华夏文明最高品位的圣人。孔孟这些思想不是凭空而来的。因为，中国古代的夷夏关系史上有两个明显的特点。其一是，夷变夏和夏变夷的事例太多。例如，相传周人的先祖弃是尧舜禹的后稷（负责农业的官），原来属夏；后来子孙迁居戎狄之中，一变为戎；到公刘时期又逐渐向文明过渡，再变为夏。又如，周族一支在殷末南迁入吴，一变为蛮夷；到春秋后期，吴又再变为夏，等等。其二是，夷夏之间的交往和婚姻很多。例如，著名的霸主晋文公本是大戎狐姬之子。按母系，他是夷狄，可是不妨成为尊王攘夷的诸夏首领。晋文公的母亲无疑是夷狄，可是又姓姬，与周王和晋君都同姓，所以这一支戎在历史上可能与周有血缘关系。由于这两种情况，人们很难以种族或血统来确指谁为夷谁为夏。于是文化上的先进与落后自然地就成了区分夷夏的标准了。

以文化为标准的夷夏观形成于春秋战国时期，这对中国以后的历史有十分重大的影响。

士的活跃与百家争鸣

当一邦之内国和野的区分还明显存在的时候，士在国人中占了大多数。他们在本邦拥有份地，既参与邦内政治斗争，又是军队中的主力。他们和自己的邦有着密切的关系，所以把离开"父母之邦"当作一件大事。随着国野区分的消失，士的情况也发生了巨大的变化。他们可能来自原来的国人，也可能来自原来的野人；可能家财富足，也可能一贫如洗。他们从农、工、商业中游离出来，到处求师访友，小则学得一技之长，大则自成一家之学。他们的活动已不再限于本邦，为了求职或实现其理想，不惜奔走于各国之间。

在春秋后期，孔子首先开私人讲学之风。从他受过学的人很多，其中学得某种专长的杰出之士也有几十人。孔子开创了儒家学派。他主张实行仁政。仁政就是爱人之政。不过，孔子主张的仁，是从爱自己的老人和小孩开始，从近亲到远亲以至不相识的人，一层层地把爱推展出去。当然对于不同层次的人的爱的程度也是不同的。把爱分成不同的层次和等级，这就是礼。孔子的仁是和礼结合在一起的。孔子认为，各国的君主和贵族，只要把对自己亲属的爱推施于人民，那么理想的盛世就会到来，当时各国内部和各国之间的残酷斗争就会消除。孔子为了实现其理想，曾经到过许多国家，想说服其国君，而结果都无成效。他回到鲁国整理《诗经》《尚书》等古代文献，以教育事业终老。

战国初期，墨子继孔子而起，开创了墨家学派。墨子看到当时不义战争既多而又残酷，所以主张"非攻"。为了非攻，他主张"兼爱"。他反对孔子主张的分层次、有差别的爱人即仁，而主张爱无差别，爱陌生人的父母要像爱自己的父母一样。这就叫"兼爱"。他把"兼爱"说成是天神的意思,这就是他的"天志"。墨子和他的弟子自己生活极其艰苦,随时准备牺牲自己以帮助被侵略国家的人民。墨子的主张也没有被任何国家的君主所采纳。约自战国中期起,开始形成道家学派。这一学派的两部代表作是《庄子》和《老子》。《庄子》书中主要思想是战国中期的庄子的。老子其人为谁,司马迁写《史记》时并存三说,已难断定。《老子》一书晚于《庄子》,这大概是无问题的。《庄子》和《老子》都从当时历史看出一种矛盾现象:知识和技术越进步,人们之间的争斗也就越诡诈、越野蛮。他们都主张使人们回到无知无欲的自然状况,以解除当时的激烈社会矛盾和斗争。道家主张君主"无为",这样人民就朴实了,一切问题都解决了,也就是"无不为"了。《庄子》和《老子》也有不同之处:《庄子》倾向于逃避现实,以保全自己;《老子》则主张以柔克刚,倾向于以退为进。

在战国中后期,还形成了法家学派。商鞅是一位有系统法家思想的政治家;不过今本《商君书》中的大部分内容都是后世法家托商鞅之名写的。真正系统地提出法家思想体系的是战国末年的韩非子。韩非认为历史是在进步的,但也承认与这种进步同时出现了人心不古的现象。他也和道家一样认为仁义道德是无用的,不过他不主张复古,而主张利用人们好利恶害的欲望,通过赏罚来控制人民。韩非和道家一样主张愚民,主张堵死人们以知识、技能谋富贵的道路。他要求人民在平时尽力种田,上战场拼死杀敌,凡是在耕与战上有成绩的都给予奖赏,否则给以重罚。他也主张君主"无为",那就是不做任何具体工作,只独自掌握并运用好赏罚的大权。这样臣民们自然会把一切都做好。韩非认为,对人民施仁政是没有意义的,儒家和墨家的主张早过时了。他主张君主要独断无情,实行严格的专制统治。法家思想成了秦统一六国并建成专制帝国的理论支柱。

在儒、墨、道、法以外，还有阴阳家、名家、农家、神仙家，等等，而作为"显学"的儒、墨两家内部又各自分成许多流派。这种百家争鸣的现象，是西周社会体系瓦解与礼乐崩坏的自然结果，也是应战国时期社会巨变的需要而生的产物。战国的百家争鸣，在中国古代史上形成一个文化空前繁荣的局面，在世界古代史中也占据一个极为重要的地位。

二、公元前8—前3世纪的世界

古代世界的巨大转变

公元前1000年代，古代世界发生了空前巨大的变化。其中与中国的春秋战国时期相当的公元前8—前3世纪，尤其是巨变的关键时期。这一时期的巨变，可以概括为以下几点来论述。

第一，铁器开始普遍使用。铁器时代的开始，在不同地区早晚不同。在地中海以东的西亚地区，约开始于公元前12世纪。在希腊"荷马时代"（公元前11—前9世纪）开始进入早期铁器时代，而铁器的大规模使用则在公元前800年以后。在印度次大陆，铁器时代约开始于公元前1000年，但其广泛使用则自公元前1000年代中叶开始。在埃及约开始于公元前6世纪，至今中国发现的最早的炼铁也在公元前6世纪。自公元前1000年代中叶开始，在上述地区以外，在北欧以及东南亚的许多地区也开始进入铁器时代。

铁器的使用并非开始于文明发生最早的两河流域南部和埃及，那里经历了漫长的青铜文明时期。铁器的使用消除了最古老的文明对于周边地区民族的优势。原先落后的民族一旦将铁器用于生产和军事，就会变成对古老文明的巨大威胁。在公元前8—前3世纪间，古代世界发生的多种格局变化，看来都直接或间接与铁器使用的发展有关。

第二，文明的区域的扩大与中心的转移。以上说到，大约与中国西周时期相当的时期（公元前11世纪至前8世纪早期），古代世界其他地区的文明正处于一种萧条或萎缩的状态。印度河流域的文明早已衰亡，而新到的雅利安人还处于部落逐渐解体的阶段。爱琴文明衰亡了，希腊正处于"黑暗时期"。从埃及经地中海东岸到两河流域，这一古老文明地区也处于风雨飘摇之中。公元前9世纪至前8世纪中期，亚述统治者采用烧杀抢掠的征服政策，给两河流域、叙利亚、巴勒斯坦等地造成了灾难性的破坏；结果亚述本身一度也因内部发生斗争而被削弱。

从公元前8世纪中期起，亚述的政策开始有所改变，但是征服并未停止。到公元前7世纪，亚述已成为一个包括全部两河流域、埃兰、叙利亚、巴勒斯坦以及埃及北部的大帝国。这些地区的文明已经衰老，所以落入亚述统治之下。公元前7世纪是亚述帝国最繁盛的时期。可是到公元前7世纪晚期，亚述帝国又被巴比伦的迦勒底人和伊朗高原西部的米底人所消灭。不久以后，米底王国又被波斯人推翻。到公元前6世纪后期至前5世纪初，波斯变成一个包括中亚大部（至阿姆河一带）、印度河流域西北部、伊朗高原、两河流域、小亚、叙利亚、巴勒斯坦、埃及、色雷斯等广大领域的帝国。波斯大帝国的出现说明两个问题：伊朗高原和中亚广大地区进入了文明阶段，文明的区域扩大了，中亚、西亚、北亚、东南欧之间的联系加强了；同时古老的文明中心已经衰朽，因而落入后起者的统治之下，文明中心转向新的地区。从公元前8世纪—前6世纪，在希腊半岛、爱琴海岛屿和小亚西海岸等地兴起了为数众多的希腊人城邦。这种城邦一般幅员很小，但是进展很快。公元前5世纪早期，它们奇迹般地阻止了强大的波斯帝国的侵略，随后便进入了其极盛时期——古典时代。就在公元前5世纪晚期，希腊城邦之间发生了伯罗奔尼撒战争，结果是经济、文化最发达的雅典惨败，而落后的斯巴达胜利了。但是斯巴达也好景不长。到公元前4世纪上半期，希腊城邦出现危机，而北方落后的马其顿迅速兴起。到公元前4世纪下半期，马其顿不仅实际上将希腊各邦置于自己控制之下，而且在亚历山大统率下征服了波斯帝国。亚历山大帝国本身又迅速分裂为几个希腊化的王国。公元前3世纪时，安提柯王朝统治着马其顿，托勒密王朝统治着埃及，塞琉古王朝初曾统治原波斯帝国在亚洲所占地区的大部，但公元前3世纪中叶伊朗地区的安息和中亚地区的大夏独立以后，它就只占有叙利亚、巴勒斯坦和两河流域一带。这三个希腊化国家在地中海东部鼎足而立，可是西方的罗马迅速崛起，不仅统一了意大利半岛，而且称雄于西部地中海。

在南亚次大陆，公元前8世纪，正是雅利安人从印度河流域向东部的恒河流域移动的时期。到公元前6—前4世纪，在北印度已经兴起了许多国家，经济和文化迅速发展。到公元前3世纪时，形成了一度统一印度大部地区（南端除外）的孔雀帝国。不过，这个帝国历时甚短，在公元前2世纪时就已经分裂了。

公元前8—前3世纪在中国是以上刚说过的春秋战国时期。当时中国的文明地区从黄河流域发展到长江流域的广大地区，而没有发生文明中心大转移的现象。

在公元前8—前3世纪中，古代的文明在空前广阔的区域中以空前的速度发展起来。亚述帝国、波斯帝国、希腊城邦、亚历山大帝国，它们的兴衰和代谢的速度，是公元前3000年代和前2000年代的埃及和两河流域的古文明所不能比拟的。在古代中国，夏、商、周三代长时期中都以不平等的方国或部落联盟为基础建立封建的王朝与诸侯的政治体系，而在春秋战国时期（尤其是战国时期），这种体系迅速地就被以地域为基础的郡县制所代替了。中国虽无大规模的文明中心转移，但是在社会和政治方面也发生了空前迅速的变化。

三个古典文化中心的出现

人们常说人类文明四大摇篮：埃及的尼罗河流域、西亚的两河流域、南亚的印度河流域、中国的黄河流域。有时又加上爱琴文明，并称五个文明古国。其实早在公元前8—前3世纪这一时期之前，印度河流域文明和爱琴文明就已经先后衰亡而中断了，而埃及和两河流域文明在这一时期中也因失去独立而式微，最后也中断了。世界上最古老的埃及文明和两河流域文明，只是作为遗产被其后继者所继承，从而在后世的历史上间接地起着作用。

公元前8—前3世纪，中国、印度和希腊成了世界上三个古典文化中心。这三种文化对以后的世界历史发生了长久而深远的影响。

中国、印度和希腊的古典文化和公元前2000年代以上的上古文化有一个明显的不同点，就是在人类历史上出现了最早的一批哲学家。这反映人类的精神开始进入了一种觉醒的状态。

众所周知，人从猿发展而来，原先本是自然界的一部分。自从开始创造工具，人就开始改造自然，并从自然中分离出来。原始人在客观上日益和自然界区分开来，可是在主观上没有也不可能认识到这一点。原始人可以把作为本氏族、部落的图腾的非人的生物当作自己的同类，也可以把本氏族、部落以外的原是同类的人当作异类的牲畜一样。当时的人还没有"人类"的概念。他们只知道氏族、部落的界限，而不知道人作为一类的界限；只知道氏族、部落内部的关系，而不知道人类内部的关系。

随着生产的发展、城市的兴起、文字的出现、国家的发生，人类开始进入文明时代，也开始有了一种人为万物之灵的自豪感。但是当时生产力的水平仍然很低，人在自然面前仍然软弱无力，所以人把自然当作天神来崇拜，把人与自然的关系当作人与天或神的关系。随着国家代替了氏族、部落，原先的人的氏族、部落界限也被阶级和国家的界限代替了。残杀敌国的俘虏，不把奴隶当作人看待，在文明的早期不仅是常有的事，而且也没有人对此有过反省。

到公元前6世纪，在中国、印度和希腊都开始出现了哲学家。他们开始对人与天或神的关系和人与人的关系问题做认真的思考。在此以前，中国已有《尚书》《诗经》，印度已有吠陀、梵书，希腊已有《伊利亚特》《奥德赛》，等等，它们都在不同的程度上为公元前6世纪开始出现的古代哲人们提供了思考的材料。

在古代印度，婆罗门教认为，神是世界的主宰，人可以通过祭祀而向神求福。这反映了人屈服于自然的一种迷信状态。释迦牟尼则认为，人不可能靠祭神得福，而只能靠自己的觉悟来解除痛苦；因为世间的一切都是无常的，根本没有一个固定的"我"，人不觉悟到这点就永远不能超脱痛苦。佛陀认识到世间一切都在运动变化之中，并主张人应该依靠自己的觉悟来求福，这都反映了一种人在自然关系上的某种精神觉醒。不过，佛陀由看到世界无常而教人看空一切，这只是一种消极的"觉醒"，其前途仍只能通向宗教。在古代希腊，原先也有祭神求福的传统，可是当泰勒斯等哲学家出现以后，他们开始思考世界的"始基"是什么的问题，并且试图以某种物质作为"始基"来解释世界。当然，甚至像赫拉克利特这样的唯物主义哲学家都没有彻底否认神的存在，不过他把神和世界运动的规律（逻各斯）等同起来。于是对于神的信仰与对于自然的研究可以并行而不悖，这反映了希腊人在人与自然关系上的精神觉醒。在古代中国，也长期有祭神求福的传统，可是在西周时期就开始有了对天将信将疑的思想倾向。孔子则公开主张"务民之义，敬鬼神而远之"（《论语·雍也》）。可以祭祀鬼神，但是不能迷信或依靠它们，而关键则在于把人民的事办好了。孔子开创的儒家学派重人事而不重天。战国晚期儒家代表荀子则直接把天解释或还原为自然，一扫人对天的迷信。这些都反映了中国先哲在人与自然关系上的精神觉醒。

在古代印度，婆罗门教把人分为不同的种姓，而不把人看成同类。释迦牟尼则主张"众生平等"。佛陀所说的"众生"包括人和其他有生命的物，所说"平等"是无差别的意思。因为他认为一切众生都可因佛教而得解脱。佛陀反对婆罗门教对人的区分，这是在人与人的关系上的一种精神觉醒；可是当他认为"众生"无差别并皆能因佛教而得救的时候，他就重新混淆了人与非人生物的界限并重返宗教迷信之中。在古代希腊，许多哲学家都讨论了人与人之间的关系问题，柏拉图的《理想国》、亚里士多德的《政治学》等书更是集中讨论这一问题的著作。城邦公民之间是否应有平等，怎样才算平等，学者们的认识并不相同；而在奴隶与主人之间无平等可言，意见基本则是一致的。不过，古希腊的哲学家也无法否认奴隶在自然上仍然是人。他们看到了这一问题，而未能给予解决。在古代中国，哲学家们对人与人的关系问题的讨论，尤其热烈。孔子主张爱有等差的"仁"，墨子主张爱无区别的"兼爱"，等等。不同的学派都为自己的主张做了论证，处于争鸣的状态中。古代印度、希腊和中国的哲学家们当然不可能解决人与人的关系上的认识问题。他们能对此有所反省，提出问题，并试图提出自己的见解，这就是一种精神的觉醒了。

古代印度、希腊和中国的哲学家们在人与自然之间和人与人之间的关系上所提出的问题，一直被后世的哲学家们思考着、讨论着，这是三者之间的共同性。具体地说，古代印度、希腊和中国的哲学家们在思考和论证上述问题时，又各有其特殊的方法和侧重点，这就开辟了三个各有特色的文化传统，而且各自影响了周围的地区，并且为后世不同地区的文化交流准备了条件。

（原载吴于廑、齐世荣主编：《世界史·古代史编》，
上卷，第十一章）

公元前2世纪至公元2世纪的帝国

一、伊朗和中亚的帝国

（一）安息帝国

安息国家的独立

中国古代史书上所说的安息，即外国史书上的帕提亚。它位于伊朗高原东北、里海东南一带。这里先后经历了波斯帝国、亚历山大帝国的统治，亚历山大帝国瓦解以后，又成为塞琉古王国的属土。公元前3世纪中叶，一支语言也属于伊朗语族的帕奈人游牧部落从北方的中亚草原来到这里，和当地人民一同发动了反对塞琉古王朝统治的斗争。公元前247年，正当塞琉古王国与托勒密王国发生纷争之际，帕提亚乘机独立。帕奈人部落首领阿尔萨息成了国王，建立了阿尔萨息王朝（公元前247—公元226年）。中国史书因其王朝名称而简称之为安息。公元前238年，塞琉古王朝出兵东侵，企图恢复其统治。安息一度战败，但是塞琉古王国内部纠纷又起，退兵而去，安息国家的独立得以维持。

公元前2世纪时帝国的建立

公元前3世纪末叶，塞琉古王国统治者再次大举东侵。安息一度被迫称臣纳贡，但实际仍保持了国家的独立。到公元前2世纪初，西方的形势发生了巨大的变化，罗马人的势力迅速地向东地中海地区推进。公元前192—前189年间，塞琉古王国一再受挫于罗马，从此罗马东侵之势已不可挡，塞琉古王国在东部也不可能再有所作为。于是伊朗西部各地区纷纷脱离塞琉古王朝的统治，建立起一些小的国家。

安息王密特里达特一世（公元前170—前132年在位）乘此时机向西推进，约于公元前155年占领了米底，打通了前往两河流域的道路。塞琉古王国竭力抵抗，已经无效。密特里达特一世于公元前141年攻占了塞琉古王国在两河流域的最主要的城市——底格里斯河上的塞琉西亚。接着塞琉古王朝的势力被赶到幼发拉底河以西，巴比伦尼亚归入安息版图。在东方，密特里达特一世还从大夏人手中夺取了木鹿（今为麦尔夫）等重要城市。在密特里达特一世晚年，安息已经成为一个东起中亚西南部（中间包括伊朗）西至两河流域的帝国。

公元前130年，塞琉古国王安条克七世集中全力进攻安息，开始时比较顺利，占领了两河流域，进而攻入米底。可是次年他在米底人的起义中被杀，所率军队也被全歼。安息又重新占领了米底和两河流域。

在密特里达特二世（公元前124—前91年在位）统治初期，东方的塞种人又在移动。他阻挡了塞种人的西进，使他们南下到现在的锡斯坦（原意是塞种居住的地方）。相传他约于公元前115年占领了木鹿绿洲，使安息帝国东界达到阿姆河一线。到公元前1世纪初，密特里达特二世又向西北方面扩展影响，直至亚美尼亚。塞琉古王国只剩下叙利亚一带地方，苟延残喘。可是西进中的安息与东进中的罗马之间的争衡已不可避免。

安息与罗马的斗争

公元前1世纪初，塞琉古国家急剧衰落，北方许多领土为亚美尼亚所占，南部的犹太也独立了。公元前64—前63年间，罗马灭了塞琉古王国和犹太，建立了叙利亚省和犹太省，这样就与安息直接地接壤了。公元前53年，罗马的克拉苏率领大军渡过幼发拉底河，并越过两河流域北部的草原追逐安息军队。两军相遇，安息骑兵猛攻一阵以后就撤退了。罗马军的一支乘势穷追，脱离了主力部队，结果全被歼灭。克拉苏想率军北撤至亚美尼亚，结果也未成功，他自己战死，大部军队被歼，只有少数残兵逃回了叙利亚。这一次战争使罗马东进受挫，奠定了以后双方基本以幼发拉底河为界的格局。

公元前1世纪，罗马将军安东尼作为"后三头"之一统治罗马东方行省，安息就联合前来投靠的罗马共和派分子一同攻占了叙利亚、巴勒斯坦等地。安东尼反击得胜，公元前38年双方国界又恢复到幼发拉底河一线。可是当公元前36年安东尼转而侵入安息的时候，他又被打败了。

公元1世纪时，安息与罗马基本上处于相持状态。在三四十年代，罗马曾经支持安息内部的亲罗马派在两河流域争夺政权，结果没有成功。在五六十年代，双方又为争夺对亚美尼亚的控制权而发生过冲突，结果双方妥协，都保持了对亚美尼亚的一定影响。

公元1世纪末2世纪初，安息不断发生内乱，国势衰落。罗马皇帝图拉真于公元114—116年间大败安息人，占领了亚美尼亚和两河流域，在那里分别设立行省。公元117年，图拉真死。他的继位者哈德良就放弃了这些新的行省。公元161年，安息王又越过幼发拉底河侵入罗马统治下的叙利亚，形势一度有利。随后罗马人展开反击，夺取了亚美尼亚，并在公元164—165年间占领了两河流域。但是这一次罗马人仍然没有能守住这些新占领区。安息与罗马的长期斗争弄得双方都精疲力竭，没有一方可以算是胜利者。

安息帝国的特点

安息帝国领土基本都在过去的波斯帝国范围之内。虽然版图比波斯小得多，但从领土的核心部分与居统治地位的民族的语言和文化来说，安息帝国在一定程度上都可以说是波斯帝国的后继者。安息帝国内部也有各地区之间经济发展不平衡的问题，两河流域地区都已相当发达的农业、手工业和商业与伊朗的山区和里海沿岸的草原的狩猎或游牧的部落相比，差别是悬殊的。不过安息帝国与波斯帝国也有不同之处。马其顿—希腊人入侵时期，他们在里海东南和木鹿地区建立了一些城市。这本是巩固他们自身统治地位的措施。可是公元前2世纪中国汉代的张骞通西域以后，"丝绸之路"开始打通。于是处于这条路上的那些城市，都变成了在商业上有重要意义的城市，那里的手工业也有所发展。所以，"丝绸之路"的开通，不仅减轻了安息帝国东西之间发展不平衡的问题，而且也使安息增加了一条联系东西部的经济纽带。

从帝国内部的政治结构情况来看，安息帝国的统一程度大概还不如波斯帝国。波斯在帝国内部普遍设立行省，派总督统治，虽然地方上仍然基本维持传统的自治，但不是作为属国形式存在的。安息帝国内则没有完全设立行省，有些小国只要称臣纳贡就可以继续作为属国存在。安息帝国内部还有一些大贵族，他们势力强大，对国王实际上也保有某些独立性。例如在公元前53年阻止罗马侵略并杀死克拉苏的大将苏勒那，就是安息几家大贵族之一。据普鲁塔克说："他出门办私事，也总要一千头骆驼运行李，二百辆车载妻妾，重装骑士一千人和更多的轻装骑士作护卫；他的骑士扈从和奴隶，总共不下一万人。"这样的有兵有钱的大贵族，在地方上也就是一个具有相当独立性的诸侯了。安息帝国的政治结构比波斯松散，可是在抵御西方入侵势力时却比波斯坚强有力。这是因为，波斯帝国征服的地区比安息大，其内部民族矛盾也比安息多。在安息帝国中，只有两河流域在民族上与安息比较疏远，可是两河流域人民对于罗马人的反抗也更甚于其反对安息。所以，只要在罗马入侵的情况下，安息帝国内部的各部落和民族总是要团结起来共御外侮的。从国力的情况看，罗马强于安息，而双方斗争中罗马并不能大占优势，其主要原因即在于此。

安息帝国的衰亡

安息帝国的盛世在公元前2世纪至公元1世纪。约自公元前1世纪末开始，一支安息贵族在伊朗东部建立了一个半独立的公国。它的势力在东方扩展到印度西部，而它对安息帝国的独立性却越来越大了。公元1世纪时，贵霜国家形成，迫使安息的东北国境退出了阿姆河一线地带。

公元1世纪末至2世纪初，安息内乱频繁，国力削弱，两河流域地区一度为罗马人所占。此后安息内部稳定了半个世纪，国力稍有恢复，可是在公元2世纪60年代又与罗马发生了新的战争。安息帝国在与罗马的长期斗争中严重地削弱了自己的力量。公元3世纪初，安息统治者内部又起纠纷，国势越发不振。公元226年，安息王朝终于为萨珊朝波斯所取代。

（二）大夏王国和贵霜帝国

大夏王国

中国古代史书上的大夏，即巴克特里亚，位于兴都库什山北麓及阿姆河上游一带。这里曾先后经历波斯帝国、亚历山大帝国及塞琉古王国的统治。公元前3世纪中叶，塞琉古王国在大夏的总督狄奥多特实行独立。独立后的大夏统治者们仍然是希腊移民出身的人，所以史书上又称之为希腊-大夏王国。在狄奥多特之子狄奥多特二世时，大夏北部地区的一个总督欧提德摩斯夺取了狄奥多特家族的政权，自立为王。公元前208年，塞琉古国王安条克三世向东进军，打败大夏军队，围攻大夏都城，但不能攻下。公元前206年，双方达成协议：欧提德摩斯仍保留大夏王号，但必须和安息王一样对塞琉古王国纳贡称臣。

欧提德摩斯的儿子地米特留斯（约公元前190—前167年在位）继位后，大举向南扩张，将大约相当于今阿富汗和巴基斯坦所在的地区纳入大夏版图。这是大夏王国的极盛时代。地米特留斯又将都城迁至呾叉始罗，使国家的重心移入古印度的西北部，并重视希腊文化与印度文化的交融。但是大夏的希腊人对他的这种政策颇有不赞成者。约公元前168年，一个希腊人贵族欧克拉提德占据大夏，自立为王。于是希腊人统治的大夏国家一分为二：一在大夏本土，一在印度。以后两国各分为若干小国。希腊-大夏王国作为统一国家存在的时间，总共还不到一个世纪。

月氏的西迁与贵霜的兴起

大体于大夏王国分解的同时，又发生了从东北方来的游牧部落的迁徙。原来居住于中国河西走廊的月氏人，这时为匈奴打败，逐渐迁徙到葱岭以西，锡尔河一带。原来居住在这里的塞种人被迫迁入分裂了的大夏，希腊人在大夏的统治结束。

约公元前140年，月氏人又南下到大夏，迫使住在这里的塞种人向南迁入塞斯坦和印度西北部。希腊大夏人在这一地区的统治地位又为塞种人所取代。张骞出使月氏，来到大夏。那时月氏人刚占领大夏不久。据张骞说："大夏本无大君长，城邑往往置小长。民弱畏战，故月氏徙来，皆臣畜之。"（《汉书·西域传》）大夏是农业地区，月氏人到这里后逐渐由游牧部落变为农业部落。

当时月氏人共有五个部落，每个部落都有一个酋长，称为"翕侯"。约在公元1世纪初，五翕侯中的贵霜翕侯丘就却（约公元16—65年在位）消灭其他翕侯，统一五部落，建立起贵霜国家。丘就却还向南攻击喀布尔河流域和今克什米尔地区，初步奠定了帝国的基础。丘就却死，其子阎膏珍（约公元65—75年在位）继位。他又南向进兵印度，占领了恒河上游地区，任命一个将军进行统治。帝国都城则仍在中亚（《汉书》说是监氏城,《后汉书》说是蓝氏城,具体地点不详)。阎膏珍铸造了金币。从货币上的人像看,他是印度的湿婆神的信奉者。

迦腻色迦时期的贵霜帝国

迦腻色迦(约公元78—102年在位)是贵霜帝国最著名的君主。关于他的年代,学者有多种不同说法,而他与阎膏珍的关系也没有任何历史记载。大概他原来是贵霜帝国在印度的一个将领,在阎膏珍死后的王位继承的斗争中取得了胜利,由此而登上了王位。

迦腻色迦在西方打败了开始衰落的安息,向南又在印度进行征服。于是贵霜帝国的版图西起伊朗东境,东至恒河中游,北起锡尔河、葱岭,南至讷尔默达河,国势臻于极盛。迦腻色迦又将都城迁至犍陀罗地区的富楼沙(即今巴基斯坦的白沙瓦),使这一地区成为帝国的统治中心。

在迦腻色迦时期,贵霜曾经与东汉发生过一次战争。据《后汉书·班超传》记载,汉和帝永元二年(公元90年),贵霜派遣其副王谢率兵7万人进攻班超。汉军人少,一时甚为惊恐。班超告谕部下说:"月氏兵虽多,然数千里逾葱岭来,非有运输,何足忧耶?但当收谷坚守,彼饥穷自降,不过数十日决矣。"谢攻超不下,四处抄掠又无所得。班超估量贵霜军粮将尽,会向龟兹求援,就派兵埋伏在要道上。谢果然派人向龟兹求援,结果全部被汉伏兵所杀。班超将这一消息告知了谢。谢自知已无出路,就派使者向班超请罪,要求汉军放他们生还。班超同意谢的请求,放贵霜军退去。两国关系又归于好。有些学者认为,这次被班超打败的就是迦腻色迦本人。但是《后汉书》中并没有提到迦腻色迦的名字。现在所能确知的只是,经过此次战争,贵霜军退回葱岭以南,东汉与贵霜两个帝国保持了和平相处的关系。

贵霜帝国时期的佛教贵霜帝国的前三位国王中,丘就却信佛教,阎膏珍信婆罗门教,迦腻色迦又信佛教。其中以迦腻色迦对佛教的支持和宣扬尤为有力。

迦腻色迦与阿育王颇有相似之处。他们都是通过战争的暴力使各自的帝国达到极盛时期的君主，又都是热心宗教、弘扬佛法的佛教徒。为了巩固帝国的统治，需要缓和社会上的种种矛盾。从这个意义上来说，强调种姓差别的婆罗门教不如不承认种姓差别的佛教更为有效。这是迦腻色迦和阿育王崇信佛教的共同原因。另一方面，自从孔雀帝国瓦解以后，几乎所有从西北方侵入印度的外族统治者都信奉佛教而不信奉婆罗门教，因为在婆罗门教所强调的种姓制度中，他们不能占有适当的地位。迦腻色迦不是印度贵族出身，自然他会和其他侵入印度的异族君主一样，宁可崇信佛教。从这一点说，迦腻色迦比阿育王对佛教的崇信又多了一重原因。

迦腻色迦下令修建了富楼沙的大讲经堂，还雕刻了许多佛像。他把一批出色的佛教学者招致到自己身边。他们是胁尊者、世友、众护、马鸣等。相传马鸣原是中天竺的一位僧人，迦腻色迦出兵征伐中天竺，迫使那里的君主把一个佛钵和马鸣作为两件珍宝献给了他。马鸣是被他作为国宝看待的。迦腻色迦还在胁尊者的提议下，召开了一次佛教高僧大会。因为当时佛教内部已分为许多学派，对教义的解释各有不同。这次会议由世友主持（还有传说认为马鸣是副主持人），经过讨论，对佛教经、律、论三藏都重新做了解释。相传释迦牟尼去世后不久就开过一次类似的会，搜集整理佛陀的遗教成为经典，并做解释。此后一二百年时开了第二次会，阿育王时开了第三次会。迦腻色迦时召开的是第四次会，也是最盛大的一次会。贵霜帝国一时成为佛教的中心。由于贵霜帝国扼丝绸之路的要冲，与东方的汉代中国有密切的商业往来，佛教也就经由这条商道而传入了中国。

贵霜帝国时期也是佛教开始发生重大变化的时期。印度早期佛教在发展中分裂为许多部派，到公元1世纪时，佛教中又开始出现一个新的学派。这一学派自称其教义为"大乘"（Mahayana，意为大道），而贬称以前各派教义为"小乘"（Hinayana，意为小道）。大乘佛教和小乘佛教的区别主要表现在以下几方面：第一，早期佛教只以佛陀为导师，不以他为神，不崇拜他的偶像；大乘佛教则以佛为神并有不同的化身和无边的法力，崇拜佛的偶像。这一变化是佛教受了其他宗教影响的结果。第二，早期佛教认为，要超脱生死轮回，就必须自己切实修行，甚至要出家过乞讨度日的生活；大乘佛教则认为，信徒可以作为居士，照常过家庭生活，照常经营生业，只要乐于布施，就算修了功德；甚至只要诚心念佛，也可以超脱轮回。这是因为当时佛教寺院早已有产化，它既要依靠富有的居士布施，又要用廉价的许诺在广大群众中扩大信徒队伍。第三，早期佛教认为，人们通过修行，可以超脱生死轮回，达到自救的目的；大乘佛教则认为，只要悟彻教理，人人可以成佛，不仅自救，而且要度人。这样，大乘就把佛教的宗教目的提高了一个层次，使它成为更为积极的传道的宗教。第四，早期佛教大体主张"我空法有"，只否认主观的我的真实性，而不完全否认客观世界的存在；大乘佛教则主张"法我皆空"，把整个客观世界都认为是虚幻的。这一变化是佛教在哲学上彻底唯心主义理论化的结果。

迦腻色迦对佛教采取大小乘兼容的政策。在他召开的宗教大会上有两个重要人物，世友是小乘佛学家，马鸣则是大乘佛学的一个先驱。佛教从贵霜传入中国时也是大小乘一同传来的。不过，从总的趋势来看，以后大乘佛教主要从北方传到中国，再进而传到朝鲜和日本；而小乘佛教则向南传入斯里兰卡，再进而传入东南亚诸国。

贵霜帝国的衰亡

贵霜帝国内部有着许多社会结构不同的地区（有商业发达的城市，有灌溉农业地区，也有游牧部落生活的草原）和许多文化传统各异的民族，它们之间并没有内在的统一的基础。面对不同地区的复杂情况，贵霜统治者也不得不采取不同的统治方法。对于中亚的一些小邦（如花拉子模等），只要纳贡称臣，就允许其保持半独立的地位。对于印度河、恒河流域各邦，在征服后则往往杀其君长，任命副王进行统治。所以贵霜帝国本身并不是一个高度集中统一的政治整体，它要靠经常的反复征服来维持。

迦腻色迦征战一生，扩大了帝国的版图，也使人民受尽了战争之苦。他晚年时还想向北方进军，因为过去他在这一方面没有成功。可是，国内人民对于他的战争政策已经无法容忍。相传当他卧病在床时，人们用被蒙住了他，使他窒息而死。迦腻色迦一死，贵霜的极盛时期随之结束。公元2世纪时，帝国还基本上维持其统一。公元3世纪时，帝国分裂为若干小邦，从而失去了在历史上的地位。

二、秦汉时期的中国

秦汉历史概况

公元前221年，秦王政统一六国，改王号为"皇帝"，自称为始皇帝，梦想以后二世、三世以至万世。这一年，秦始皇决定废除封建诸侯的制度，在境内彻底实行郡县制。他还下令统一度量衡，统一货币制度，统一文字。公元前215年，秦始皇命大将蒙恬率兵北攻匈奴。公元前214年，蒙恬击败匈奴，收取河套一带地方，置九原郡（郡治在今包头西）；秦王朝将原六国北部长城连接为一，西起临洮（今甘肃岷县），东至辽东，是为"万里长城"之始。同年秦始皇派兵取岭南地，置桂林（郡治在今广西桂平西）、南海（郡治在今广州）、象郡（郡治在今广西崇左）三郡；并开凿灵渠，联结湘江和漓江，加强了与南方的联系。以上都是秦始皇维护与加强国家统一的措施。

公元前213年，秦始皇下令焚烧六国的史籍以及私人所藏的《诗》《书》与诸子百家（医药卜筮之书在外）之书，违者严惩。公元前212年，秦始皇以妖言惑众罪坑杀儒生400余人。同年征发刑徒70万人修筑阿房宫与骊山陵（始皇墓）。秦的暴政引起民怨沸腾，人民逃亡者日多。

公元前210年，秦始皇死，二世胡亥继位，仍大量征发劳役。公元前209年，陈胜、吴广首先起义。次年陈胜、吴广被害，但各路起义势力已不可当。公元前207年，项羽破秦军主力，刘邦攻入武关。公元前206年，刘邦军临咸阳，秦降，国亡。

秦亡以后，刘邦与项羽之间又发生战争。公元前202年，项羽兵败自杀。刘邦即皇帝位，建立了汉王朝，都城设在长安，史书上称之为西汉（公元前202—公元8年）。

西汉的历史大体可以分为三个阶段。

从汉高帝刘邦到景帝刘启（公元前202—前141年）的时代是初期。汉朝建立后，面临着三个严重的问题。第一，经过三年的反秦战争和五年的刘项战争，人民流离死亡，生产破坏，国家处于经济十分困难的状态。这一时期的统治者实行与民休息的政策，尽可能轻徭薄赋，使人民安心从事生产，逐渐改变了经济困难的状态。第二，刘邦在与项羽斗争的过程中不得不依靠韩信等大将的力量，不得不封他们为王。到项羽灭亡以后，刘邦就逐一收拾这些异姓功臣的王，而代之以自己的子弟，他以为这些同姓的王可以有助于巩固汉朝统治。可是以后同姓王的势力加大，他们又成了对中央政权的威胁。汉景帝时（公元前154年）平了吴楚七国之乱，这个问题才算大体解决。第三，这一时期匈奴势力强盛，一直威胁着北方。汉朝用和亲政策，避免双方发生大规模战争。

从武帝刘彻到宣帝刘询（公元前140—前49年）的时代是西汉中期。经过60年的休养生息，这时社会经济已经由恢复进而有所发展，"都鄙廪庾皆满，而府库余货财。京师之钱累钜万，贯朽而不可校。太仓之粟陈陈相因，充溢露积于外，至腐败不可食"（《史记·平准书》）。可是从休养生息中得到好处的并不仅是小自耕农，而且更主要的是地主和商人。地主和商人在轻徭薄赋的宽松经济环境中迅速地扩大自己的资产，同时把小自耕农当作自己兼并的对象。这样就又形成了汉代社会中的一个新的根本问题。

西汉中期也有三个问题。

第一，各个王国的问题。武帝下"推恩令"，让各个王国一方面由王太子世袭王位，另一方面又把部分土地分给其余诸王子，使他们成为诸侯，而诸侯国是隶属于郡的。这样一来，各个王国的土地和势力迅速削减，从此不再成为威胁中央政权的因素。

第二，边疆问题。自西汉建国以来，匈奴一直是北部边疆的一大问题。汉武帝凭借已经恢复和充实了的国力，于公元前127年、前121年、前119年，三次派兵遣将出击匈奴，收复了河套一带（设朔方郡）、打通了河西走廊（设武威、张掖、酒泉、敦煌四郡），迫使匈奴向西北远迁，不再能成为汉北边的严重威胁。以后匈奴内部发生分裂。公元前53年（宣帝甘露元年）南匈奴呼韩邪单于归附汉朝。北匈奴也曾遣使朝汉，因发现汉朝支持呼韩邪，后乃率众西迁。从此至西汉末，匈奴与汉一直和睦相处。汉武帝为了打击匈奴右翼，于打通河西走廊后又进军西域（古代"西域"一词主要指今新疆地区，但也包括了若干今国境外的地方），于轮台（今新疆轮台）驻兵屯田。公元前60年，汉宣帝又设西域都护府，府治乌垒（在轮台县东）。公元前112—前109年间，汉武帝向南方进军，设南海（郡治在今广州）、苍梧（郡治在今广西梧州）、郁林（郡治在今广西桂平以西）、合浦（郡治在今广西合浦西北）、儋耳（在今海南西北部）、珠崖（在今海南东北部）、交趾、九真、日南（以上三郡在今越南境内）九郡，又向西南进军，设牂柯（郡治在今贵州黄平以西）、越嶲（郡治在今四川西昌东南）、沈黎（郡治在今四川汉源东北）、汶山（郡治在今四川茂汶以北)、益州(郡治在今云南晋宁)等郡。西汉中期在边疆方面有了新的拓展。

第三,地主、商人兼并小自耕农土地的问题。汉武帝长期用兵,也用尽了以前国库的余财。公元前119年,他下令禁止私营盐、铁,统归官营,并实行"均输""平准",对富商大贾打击甚大。同年又下令商人自报资产,按资产数额纳税;凡不报或所报不实者,人罚戍边一年,财产全部没收。凡有市籍的商人及其家属,皆禁止占有土地,违令者的土地与奴隶均被没收。公元前114年,武帝下令鼓励人们告发商人隐匿财产而不如实申报的行为,规定给予告发者以所没收财产之半。于是告发之风大盛,中产以上商人大都破产。汉武帝用这些方法解决了政府财政问题,也沉重地打击了富商地主,一时间也抑制了他们对农民土地的兼并。可是武帝连年用兵,对农民也是十分沉重的负担,因此农民流亡日多,时有起义发生。武帝晚年自悔劳民过度,开始有所节制,并鼓励农业生产。在他以后,昭帝(弗陵)、宣帝又实行与民休息政策,把皇家苑囿、公田假借给贫民耕种,并减免田赋。于是阶级矛盾有所缓和,政局比较稳定。

从元帝(刘奭)到孺子婴(公元前49—公元8年)时代是西汉晚期。这时贵族地主与豪强地主势力迅速壮大,商人势力也重新兴起,土地兼并的问题日益严重。汉王朝陷入深沉的危机之中。

公元8年,专政已久的外戚王莽篡汉自立,改国号为新。王莽本来有意实行改革,他宣布"更名天下田曰王田,奴婢曰私属,皆不得买卖。其男口不盈八而田过一井(九百亩)者,分余田予九族、邻里、乡党。故无田今当受田者,如制度"(《汉书·王莽传》)。他还用种种办法限制商人、高利贷者的活动,抑制他们对农民的剥削。王莽的计划遭到地主、商人的强烈反对,不能真正推行,而奸商却与官吏们勾结起来,给人民带来更多的痛苦。为了提高自己的威望,王莽又发动对边境少数民族的战争。这就更为加深了人民的灾难。从公元11年起，就陆续发生小规模人民起义。以后起义的绿林军、赤眉军势力逐渐强大。公元22年，王莽派10万大军攻赤眉军，结果失败。公元23年，绿林军立汉宗室刘玄为皇帝。王莽派42万大军围绿林军于昆阳（今河南叶县），刘秀带少数人到邻近地区求救兵。他率援军先头部队千余人连胜莽军外围部队，士气大振；然后率敢死队三千猛攻莽军中坚，杀其大将。昆阳城中兵亦外出夹击，莽军大败。绿林军乘胜进军长安。王莽在长安暴动中被人杀死。至此新朝结束。刘玄建都洛阳，派刘秀招抚黄河以北地区。刘玄派人说降了赤眉军，可是不久又分裂了。公元24年，刘玄迁都长安，迅速腐化。公元25年九月，赤眉军入长安，刘玄败降，不久后被杀。绿林军势力解体，赤眉军入关中后也大为削弱。

公元25年六月，刘秀在鄗（今河北柏乡）宣布即皇帝位，十月入洛阳，定都于此。史称东汉（公元25—220年）。

东汉的历史大体也可分为三个阶段。

从光武帝（刘秀）到章帝（刘炟）的时代（公元25—88年）是初期。这时东汉所面临的主要是恢复与巩固国家统一的问题。光武即位以后又用了十多年的时间才消除了各地的割据势力，恢复了西汉时的国家规模。但是各地的豪强地主不仅占有大量土地，而且控制大批农民，成为危害统一的因素。光武下令"度田"，清查土地户口，虽遇抗拒未能彻底实行，但总算抑制了豪强力量。以后明帝（刘庄）、章帝基本继续这种政策，并把公田、苑囿土地假借给贫民耕种，缓解农民所受豪强兼并之苦。因此这一时期的社会经济又有恢复和发展。光武又改变了西汉时握有实权的丞相制，代之以徒有虚名的三公（司徒、司空、太尉），而把处理大政的实权交给内朝的尚书台（皇帝身边的秘书处），因为这些官员地位不高，势力不大，便于控制。皇帝的专制权力进一步增大。在边疆，匈奴在王莽时与莽对抗，在光武前期也曾扰汉北边。公元48年，匈奴再次分裂为南北两部，南匈奴要求内附于汉，得到光武允许。公元73—74年，明帝遣将进军西域，复设都护。

从和帝（刘肇）到质帝（刘缵）的时代（公元88—146年）是东汉中期。这时期的各个皇帝即位时年龄都不大，一般初期都由母后临朝，外戚专权；到皇帝长大后又依靠宦官来消除专权的外戚。由此形成中央政权中外戚、宦官不断斗争的局面。这种情况也可以说是光武取消丞相，把大权集中于皇帝和内朝的结果。这一时期东汉在解决边境问题方面相当成功。公元89—91年，汉军连续三次大败北匈奴。北匈奴降者20余万人，损失甚重。北单于率部离开蒙古高原老根据地而向西远迁。此后匈奴不再成为东汉的严重问题。班超在西域（公元73—102年）30年，帮助西域人民反抗并摆脱北匈奴的奴役，也加固了西域与内地的联系。班超在西域的成功主要并非靠兵力优势，而是靠能够得到当地人的支持。在东汉国内，这一时期豪强势力迅速扩展，农民流亡日多，预示着社会危机的临近。

从桓帝（刘志）到献帝（刘协）的时期（公元146—220年）是东汉晚期。桓帝初立时也是太后临期，外戚专权。后来他又依靠宦官消灭外戚。从此宦官占了优势，朝政日益败坏。于是大量农民流亡，时有暴动发生，至公元184年终于发生了黄巾军的大起义。这次起义的主力军虽在一年之内被击败，但各地余部很多。东汉已走上末路。公元189年，灵帝刘宏死，子少帝立。外戚何进准备消灭宦官势力，反被宦官所杀。豪强贵族又杀宦官。在混乱中，董卓领兵到洛阳，废少帝而立其弟，是为献帝。公元190年，各地贵族豪强起兵讨董卓，次年卓兵败退往长安，又次年被杀。但是东汉已国破势衰，各路贵族、豪强据地称雄，互相火并不已。公元196年，曹操出兵把献帝从洛阳迎至许昌，从此汉献帝只不过是曹操手中一张王牌，东汉名存实亡。

汉代中国及其同时的世界

这个问题可以从以下三个方面加以论述。

（一）公元前2世纪至公元2世纪时的世界形势。汉王朝兴起于公元前3世纪末，灭亡于公元3世纪初，前后延续了约400年。这个时期也是古代世界史上的一个重要时期。在这个时期到来之前的约一个世纪里，古代世界曾经先后经历了亚历山大帝国、孔雀帝国、秦代中国的兴衰。在这三个帝国解体以后，在西起地中海东至中国的广大区域中有一个秩序重建的问题。

从西到东来说，罗马自从在公元前3世纪末取得第二次布匿战争胜利以后，于公元前200—前197年的第二次马其顿战争中，于公元前192—前188年的对塞琉古王国的战争中，均取得了关键性的胜利。从此，希腊化各王国不再是罗马的对手，罗马已不可避免地要成为地中海文明区域的主宰，虽则这一点的实现是在约一个半世纪以后。因此，公元前2世纪至公元1世纪基本是罗马帝国在发生中的时期：通过对外战争，罗马由地区性国家变为控制多区域的帝国；通过内战，罗马从共和国变成了君主独裁的帝国。公元1—2世纪是罗马帝国的盛世，到公元3世纪罗马帝国开始了危机时期。安息独立于公元前3世纪中叶，但是到公元前2世纪塞琉古王国衰落时，它才扩展成为一个强盛的帝国。安息与罗马对抗于幼发拉底河一线，在西方势不可当的罗马在这里被挡住了。安息是游牧部落建立的国家，它用游牧人的骑兵战术在草原上能够抵御罗马的强大的军团。从这种意义来说，安息与罗马的长期争衡，不仅有东西方之间的对抗，而且有游牧民族与农耕民族对抗的特点。大体与安息同时独立的大夏，只是在公元前2世纪前半期一度比较强盛，拓境直至印度西北部，但随后就在游牧民族迁徙的潮流中被冲垮了。迁入的游牧民族月氏人在这里定居下来，公元1—2世纪间形成了贵霜帝国。这是一个把中亚和印度部分地区结合起来的帝国，是游牧民族征服农耕民族的结果。处于这一文明带最东端的是汉代中国。大约与西汉同时兴起的匈奴帝国不仅从北面威胁着汉朝,而且也威胁河西走廊和西域地区的各民族。月氏人正是在这种威胁下西迁,引起中亚塞种人的迁徙,最后形成了贵霜帝国。汉在与匈奴的斗争中终于获胜,公元1世纪末,南匈奴内附于汉,北匈奴向西远迁。南匈奴逐渐转向农耕生活,而北匈奴逐渐迁徙至欧洲,并在公元4世纪时推动了日耳曼民族的大迁徙。

(二)汉代中国与罗马帝国的异同。在公元1—2世纪的罗马、安息、贵霜、汉四个大国中,就领土面积、人口数字、经济和文化发展水平而论,罗马与汉都大体旗鼓相当,而其他两国是不能与之相比的。因此,我们可以对罗马和汉做一个比较,看看这两个古代大国有些什么异同。

第一,罗马帝国和汉代中国都是在战争过程中形成的,但是罗马帝国表现为武力征服的结果,而汉代中国则表现为武力统一的结果。

罗马帝国的广大版图是在共和国后期的征服的基础上进一步扩大而来的。早在共和国前期,罗马作为一个城邦把本城和周围地区的人当作公民,把战败后与罗马结盟的拉丁人、意大利人当作同盟者,到公元前227年在西西里部分地区建立行省时,又把行省人民当作臣民。到共和国晚期,拉丁人和意大利人都获得了罗马公民权,行省数目大为增多。在罗马帝国形成以后,仍然保持着共和国时期的传统。罗马国家是征服者,罗马公民在法律上是国家权力的主体;行省臣民是被征服者,行省是"罗马人民的财产"。行省的城市往往享有不同程度的优待,一般有地方的自治权;行省城市的人民的地位约与同盟者相当,处于由臣民到公民的中间状态。公元1—2世纪时,罗马公民权逐渐向行省更多的人开放。到公元3世纪初,罗马公民权被赋予了帝国境内的每一个自由民,但这时罗马帝国已在军阀统治之下,公民权已经没有多大意义,而且还是一种负担(如公民有从军作战义务等)了。

汉王朝是秦王朝的继承者。秦始皇灭六国时,并没有使秦的人民获得任何地位高于六国人民的特权。秦代中国中的一切自由民都称为"黔首",没有征服者与被征服者的区别。汉高帝刘邦是东方的楚人,率领东方的起义军打入关中推翻秦朝,又靠关中和汉中人民的支持打败了东方的项羽,最后又建都于关中的长安。刘邦既没有也不可能把楚人或秦人当成征服者,而把其他地方人当作被征服者。因此,在汉朝,除了王侯贵族和奴隶,其他人都是"编户齐民"。编户是说他们都编入户籍,齐民是说他们地位是一样的。编户齐民既不像罗马公民早期那样有参政的特权,也不像罗马行省臣民那样被排除于政治权利之外。他们分布在不同的"爵"级之中:有低爵者只能为民,有高爵者就可以当官。尽管绝大多数有爵的齐民只能为民,但是爵级作为一种阶梯对于齐民至少在原则上是开放的。因此,对于各地的编户齐民来说,汉王朝的建立是一种统一,而非一种征服。

第二,罗马和汉代中国作为幅员辽阔的跨地区的大国,不可避免地都要划分行政区域加以统治。罗马广泛实行行省制,汉朝则广泛实行郡县制。二者都由中央派官统治地方,具有相似之处。可是具体地说,二者又有十分明显的区别。

在罗马帝国中,各个行省的情况差别很大,它们所受的待遇也不全相同。例如,对于设在西西里的行省,罗马派一个总督去统率那里的罗马军队,并掌握那里的最高审判权,另外派两名财务官主管财政税收。总督和财务官都是每年一任,他们的手下并没有整套的官僚机构。当地的事,仍然由从属于罗马总督的各个小邦自己管理。行省对罗马的最大义务就是向罗马纳税,西西里省的定额是交纳收成的1/10。又如埃及则属于皇帝的私产,由皇帝派总督统治。总督和财务官等高级官员由罗马人担任,人数很少,他们有一批希腊人出身的官吏和包税人作为帮手。在广大的基层,埃及人的原有机构则继续存在。在公元1—2世纪时,不少行省都兴起了一批自治或半自治的城市,每个城市都有一片或大或小的土地。总之，在罗马的行省体制中，不同程度的地方自治相当广泛地存在着。

汉朝的郡县制则是中央直接统治地方的一整套行政系统。郡有郡守（后改称太守）和郡一级官员若干人。郡以下是县，县有县令（小县称县长）和县一级官吏若干人。他们都由国家任命，并按制度从国库领取俸禄。县以下为乡，乡的"三老"是由地方长官从当地民众中选拔出来的，受命管理本乡，也从国家领取俸禄。汉代中国没有任何自治或半自治的城市。汉武帝以后，诸侯王国也名存实亡了。只有在西域这样的边疆地区才没有推行郡县制度。因此，从中央对地方的控制程度来看，罗马帝国与汉代中国是难以比拟的。

第三，罗马帝国和汉代中国都是多民族的国家，各自也都有一个民族在政治上处于主要的地位。这是二者之间的相似之处。但是就具体情况来看，两个大国在民族构成上的区别是很大的。

在罗马帝国中，罗马民族在政治上处于主要地位。什么是罗马民族呢？那就是罗马人和意大利人。意大利人不仅在语言、经济和文化上与罗马人关系密切，而且是和罗马人共同打下帝国天下的核心力量。罗马人把意大利以外的人（希腊人作为罗马文化的前导者例外）称为"蛮族"，这也说明他们把意大利人和自己视为同一民族，而其他人则是异族。这个罗马民族在帝国政治中无疑处于优势地位，但是他们又有其明显的劣势方面。一则，他们在整个帝国人口的比例中只占少数。据一种比较适中的估计，整个帝国人口约5400万，意大利约有人口600万，只占总数1/9。二则，在罗马帝国中，有着悠久文化传统的是东方的各民族，有着杰出的文化贡献的是希腊民族，而罗马民族，除了在法学上做出突出贡献之外，在文化史上的建树是不大的。三则，在帝国中所谓的罗马化也是程度很浅的。在帝国东部，通用希腊语，是所谓希腊化的世界；在西部，通用拉丁语，才是所谓罗马化的世界。而且不论在东部还是西部，拉丁语或希腊语（除在意大利或希腊外）只是通行于政府机关和城市之中，在广大农村则仍是各地语言的世界。罗马帝国在文化上实际是不统一的。

在汉代中国，汉族居于主要地位。汉族是由先秦时期的华夏族与夷狄各族融合而成的。原来在中原地区华夷杂处的现象相当普遍，在春秋时期还有华夷之间风俗不同、语言不通的问题。可是到战国时期，夷夏的区别在中原广大地区基本消失了。例如，中山国本是狄族一支鲜虞人所建，可是如从河北平山所发现的战国时期中山王墓中的铭文来看，那是看不出他们与华夏族有任何差别的。这个华夷交融而成的民族共同体到了汉朝就称为汉人，也就成为汉族的开端。在汉代中国，汉族人口占了全国总人口中的大多数。《汉书·地理志》中记录了公元2年（平帝元始二年）时中国人口的总数（59594978人），又记载了各郡国的人口数字。中原汉族居住各郡人口数字总和，比汉族和少数民族杂居的边郡人口数字总和显然多太多了。再从西汉早期曾经严重威胁北边的匈奴族来看，"匈奴人众不能当汉之一郡"（《汉书·匈奴传》）。后来部分匈奴人内附汉朝，成为汉代中国的重要少数民族之一，可是他们在总人口中所占的比例就很小了。汉族人口在汉代中国占大多数，这是罗马帝国不能比拟的。汉族不仅在人口上是国家的主体，而且在文化上也是国家的中坚。先秦时期的灿烂文化和汉代文化是一脉相承的，而创造这一文化的主体民族也是前后一贯的。汉代统治者把儒家学说定为正宗，用统一的思想来维护国家的统一，这就更不是罗马帝国统治者所能做到的了。

（三）汉代中国与西方的交通。古代东西方之间有一条重要商道，即"丝绸之路"。可是在公元前2世纪以前，只有葱岭以西一段业已开通，而葱岭以东中国境内一段却尚待开拓。公元前139年，张骞奉汉武帝之命出使月氏，中遭匈奴扣留，至公元前126年方归。公元前121年、前119年，霍去病、卫青两次大败匈奴，控制了河西走廊，使匈奴远走漠北，这时张骞又奉命出使乌孙（在今巴尔喀什湖东南伊犁河流域）。司马迁把他的两次出使称为"凿空"，正是因为他第一次走通了前人未曾开通的道路。

张骞所走通的"丝绸之路"的东段，据《汉书·西域传》所记，有两个分支。"自玉门、阳关（今敦煌西）出西域有两道：从鄯善（今新疆若羌一带）傍南山（今阿尔金山、昆仑山）北波（循着）河（指二山以北诸河）西行，至莎车（今新疆莎车）为南道；南道西逾葱岭，则出大月氏、安息。自车师前王廷（今新疆吐鲁番西）随北山（今天山）波河（指今塔里木河）西行，至疏勒（今新疆喀什）为北道；北道西逾葱岭，则出大宛（今费尔干纳）、康居（约在今巴尔喀什湖与咸海间）、奄蔡（约在今咸海与里海间）焉（原作焉耆误）。"这两条道都在天山以南，简单地说，北道在塔克拉玛干沙漠以北沿塔里木河西行，南道在塔克拉玛干沙漠以南沿阿尔金山、昆仑山北麓有河水之地西行。张骞第一次出使，去时从匈奴脱身经大宛、康居、大月氏而至大夏，所走的可能是《汉书》所说的北道；回来时"并（傍）南山"，则所走的肯定是《汉书》所说的南道。两道都由张骞开通。其实在这两道以外，天山以北还有一条道。张骞第二次出使，从内地直到乌孙，又从乌孙分派副使去大宛、康居、月氏、大夏。这样，他们就又走通了天山以北的一条道，只是在《汉书》里对于这一条道没有做具体的记载。东汉时班超经营西域，曾于公元97年派甘英使大秦（罗马）。甘英已经到安息西界，准备渡海，被安息西界船人所劝阻，未能实现。这是汉代中国使者在"丝绸之路"上达到的最西点。

"丝绸之路"开通以后，中国的丝绸大量运销于西方，在罗马成为贵族和富人普遍使用的衣服和帷幕材料。此外，中国的铁器、漆器等也输入西方。罗马帝国的玻璃器皿、毛织品，印度的宝石、香料等，也通过这条路而输入中国。此外，佛教也是经由这一大道而在两汉之际开始传入中国的，与佛教同时传入的还有犍陀罗艺术的风格。

除了陆路以外，《汉书·地理志》篇末还记载了一条汉通西方的水路。

出发地是徐闻（今广东徐闻）、合浦（今广西合浦），船行约5个月，到都元国；又船行约4个月，到邑卢没国；又船行20余日，到谌离国；再步行10余日，到夫甘都卢国；又船行2个多月，到黄支国；"黄支之南有已程不国，汉之译使自此还矣"。这一条路上各个国家的具体地点，学者们考证兼推测的结果颇有不同；唯黄支国在今印度东南部金奈（旧称马德拉斯）附近和已程不国在今斯里兰卡，学者们大都是同意的。这样，这条海路大体可推定为从出发地沿中南半岛和马来半岛海岸南下，在马来半岛东岸某处登陆，到西岸再乘船西行至印度。印度的东南海岸和斯里兰卡，是西汉时中国航海家所达到的最远点。《汉书·地理志》所记这条路的回程，不再中经陆路，但总的行程时间加长，那大概是绕过马六甲海峡的缘故。这条海路是重要的，尤其在陆上"丝绸之路"不通的时候。例如印度（天竺）在汉和帝时曾多次派使节经陆路来中国。到东汉晚期西域路断，公元159年、161年，印度使节就改从海上来了。公元166年，罗马使节访问东汉，也是从海路来的。

张骞、班超的出使西域，罗马使节之来华，陆、海两路中西交通的开辟——这是具有划时代意义的大事，表明欧亚大陆的东西两端之间建立起了直接的往来，中国古典文明与西方古典文明的交流翻开了新的篇章。

（原载吴于廑、齐世荣主编：《世界史·古代史编》，上卷，第十三章）

古代世界的衰落

一、魏晋时期的中国

历史概况

公元196年曹操掌握汉朝实权以后,开始收拾各地割据势力,十年之中基本上统一了黄河中下游的中原地区。公元208年,曹操率大军南下荆州,准备消灭那里的刘备并进而消灭江东的孙权的势力,结果在赤壁战败于孙权、刘备联军之手。这样就实际开始了三分鼎足的局面。公元220年,曹操死,其子曹丕篡汉,国号为魏,建都洛阳。221年,刘备自称继承汉朝,在成都称帝,史称蜀汉。229年,孙权称帝,国号为吴,建都建业(今江苏南京)。三国局面正式成立。

最初蜀、吴联合对抗曹魏,后来吴、蜀为夺荆州而关系破裂。公元222年刘备伐吴失败,次年病死。诸葛亮辅佐刘备之子刘禅,重新联吴制魏,企图夺取中原,恢复汉室,但是未能成功即已病死。公元263年,魏灭蜀。266年,司马炎(武帝)篡魏,建立晋朝,史称西晋(公元266—316年)。280年,晋灭吴,重新建立起统一国家。

西晋之初,承多年战乱之后,户口大减,很多土地荒芜。所以当时统治者不得不对人民占田和纳税的制度做一些改革，使更多的农民回到土地上，恢复生产。这些措施也曾收到一定的成效。当时边疆上许多少数民族也纷纷要求内迁，归附于晋。晋统治者为了增加人口，也接纳了他们。

司马炎看到，曹魏政权被司马氏所篡夺是由于皇帝孤立无援。因此，他就大封宗室，共封王27人。每个王都可以任用本国的文武官员，还按王国的大小不同而各有一支大小不等的军队。这样非司马氏的大臣的确难以篡位了，可是又恰好为晋宗室诸王的自行其是和互相争夺准备了条件。

公元290年，晋武帝司马炎死。继位的惠帝（衷）是一个白痴。太后杨氏之父垄断了政权。皇后贾氏利用晋宗室的力量消灭了外戚杨氏，然后又杀宗室。晋宗室起兵杀了贾后，然后又自相残杀。他们在混战中还要求内迁的少数民族助战，这就使问题进一步复杂化。公元304年，匈奴贵族刘渊据左国城（今山西离石）自立，四年后称帝，国号为汉，建都平阳（今山西临汾）。晋宗室诸王间仍混战不已。公元306年，晋惠帝被毒死，怀帝（炽）继位。公元311年，晋宗室"八王之乱"中的最后一个王病死，同年首都洛阳被汉军攻占，怀帝被俘至平阳。313年，怀帝在平阳被杀，晋宗室司马邺在长安即位，是为愍帝。316年，汉军入关中，愍帝降，西晋亡。

公元317年，晋宗室司马睿在建康（今江苏南京）称帝，是为元帝，东晋（公元317—420年）开始。"八王之乱"中，中原遭到严重破坏，北方大族纷纷南迁。东晋就是在南迁的北方大族和南方本地大族支持下建立起来的。东晋建立后，曾有祖逖这样的杰出将领，坚持北伐，收复中原，并且也取得初步胜利。但是东晋的皇帝只想苟安，尤其怕将军兵力强大之后夺取政权，所以不支持北伐，甚至设法阻挠。公元383年淝水之战以后，东晋乘机收复了中原一些地方。可是宗室内部以及宗室与大族之间矛盾又激化，发生内战。不堪晋统治者压迫与剥削的农民也发动了起义。刘裕在结束内战与镇压农民起义中崭露头角，终于在公元420年废晋帝而自立。刘裕建立宋朝，是为宋武帝。东晋至此亡，南朝开始。

"八王之乱"期间，刘渊建立了汉（以后改国号为赵，史称前赵）；与刘渊自立同年，氐族人李雄在成都称王，国号成（以后改称汉，史称成汉）。西晋亡后，原为刘渊部将的羯族人石勒建立了后赵（公元319年），汉族人张茂建立了前凉（公元320年），鲜卑族人慕容皝建立了前燕（公元337年），氐族人苻健建立了前秦（公元351年）。中原分裂。前秦君主苻坚（公元357—385年在位）任用汉族大臣王猛，整顿内政，并灭前燕、前凉，统一了北方大部分地区。王猛死后，苻坚于公元383年大举进攻东晋，在淝水之战中大败，北方再次大分裂，先后建立了十个割据性的国家。加上前面提到过的六个国家，先后共有十六国。公元386年，鲜卑族人拓跋珪建立北魏，都盛乐（今内蒙古呼和浩特西南），398年，迁都平城（今山西大同），称帝。公元439年，北魏太武帝拓跋焘再次统一北方，结束十六国时代，北朝时期开始。东晋和十六国时代是中国历史上少数混乱的时期之一。

民族的冲突与融合

西晋初期大量少数民族迁居内地。由游牧逐渐转而从事农业，这本是有利于民族交融的事。可是西晋的官僚地主对少数民族实行了残酷的奴役和压迫。例如石勒早年就为汉族地主种过田，以后又被晋朝的官僚捉了卖为奴隶。这些情况自然激起少数民族的反抗情绪。石勒成了君主以后，把他自己的民族羯人称为国人，而称中原人为汉人，纵容羯人压迫汉人。石虎即位以后，比石勒更加残暴。石虎死后，汉人冉闵就联合汉人进行报复。他们不仅杀了石氏全家，而且杀了很多羯人。这种汉人与少数民族的互相屠杀，成了中国历史上民族冲突的悲剧。

但是也有少数民族和汉人联合起来反对西晋的残暴的官吏的事例。公元3世纪末，关中发生饥荒，汉、氐各族人民被迫流亡，到了汉中地区，又要求到巴蜀（今四川）就食。在得到允许后，10余万流民进入了巴蜀。西晋益州（州治在今四川成都）刺史正谋割据自立，利用流民力量，又杀了流民首领。流民在首领李特（氐族）率领下攻入成都，阴谋割据者败死。晋又派罗尚为益州刺史。罗尚下令遣返流民，限七月上路。流民在蜀大都当雇工（"为人佣力"）糊口，听说州郡逼遣，"人人愁怨，不知所为"。李特向罗尚要求待秋收以后，获得一些食物再走。可是罗尚部下已准备对流民进行镇压。流民被迫起义，推李特为领袖。"时罗尚贪残，为百姓患，而特与蜀人约法三章，施舍振贷，礼贤拔滞，军政肃然。百姓为之谣曰：'李特尚可，罗尚杀我。'"（《晋书·李特载记》）李特之子李雄在父亲牺牲后，继续领导流民与罗尚斗争，终于攻下成都，建立成（汉）国。蜀人范长生在起义军困难时期曾以粮食资助，李雄胜利后曾拟迎范氏为君，范氏固辞。李雄在部下拥戴下称成都王，又在范长生劝告下称皇帝。"雄于是下宽大之令，降附者皆假复除。虚己爱人，授用皆得其才，益州遂定。""由是夷夏安之，威震西土。时海内大乱，而蜀独无事，故归之者相寻。"（《晋书·李雄载记》）从李特、李雄父子的经历来看，在饥民流亡过程中，各族流民之间是亲密无间的，各族流民与少数民族出身的领袖之间也是互相支持的；在反对西晋官僚的过程中，蜀地汉族和其他民族的人与李氏父子领导的各族流民之间是互相支持的，而成汉国的建立正是各族人民共同奋斗的结果，李雄的政策也体现了各民族的团结。唐代人修《晋书》时竟用"夷夏安之"作为对李雄的评语，可见当时民族融合之一斑。

当时民族趋同的倾向还表现在人们的观念上。当时人认为，匈奴族是夏王朝的后裔，鲜卑族是黄帝的后裔，羯族是匈奴族的一支，也就是夏王朝的后裔，氐族是曾经与夏禹的儿子启争夺过王位的有扈氏的后裔，羌族是虞舜的后裔。不论这些看法是否符合历史的真实，这种看法本身说明一个事实，即各族人民自认为有共同的祖先，汉族与匈奴、鲜卑、羯、氐、羌都是黄帝的子孙。为什么会这样呢？一方面，先秦时的华夏族和汉以后的汉族都有把少数民族当作自己的兄弟的传统，例如先秦时把楚当作祝融氏的后裔，把吴当作太伯的后裔，把越当作夏禹的后裔，视蛮夷为华夏的兄弟，汉代又把匈奴当作夏的后裔，也是视匈奴为汉人的兄弟。另一方面，由于历史上关系的悠久，各少数民族也不把汉族完全当作外人。例如，刘渊是匈奴人，可是他的祖先早已姓了汉朝皇帝的姓。有偏见的历史家说他们冒姓刘。他们说自己是汉朝公主的后裔，也就是汉朝皇帝的后裔，应当姓刘。他们说的是历史事实，从母系说姓刘也确有理由。刘渊即位为汉王时又宣布汉高帝刘邦、东汉光武帝刘秀、蜀汉昭烈帝刘备为"三祖"，说曹氏的魏和司马氏的晋都是汉代天下的篡夺者。而他自己则是汉朝的恢复者和正统的继承人。刘渊说这些话，当然有其政治动机，但是这件事至少说明，刘渊已经发现这种民族的趋同是合乎潮流而能得人心的。

儒学和佛教

在魏晋大动荡时期，儒学和佛教都曾经起了不小的作用。

汉代的儒家之学已不是诸子百家中的一家，而是成为独受尊崇的经学。经学在汉代大有发展，到东汉末年郑玄的手里已经集其大成（郑氏汲取综合前人成果，几乎遍注了各经）。魏晋的学者认为汉人经学过于烦琐支离，于是对经书重新作注。如魏王弼注了《周易》上下篇，晋韩康伯又对《系辞传》以下诸篇作了注；魏何晏重新注了《论语》，晋杜预重新注了《春秋左氏传》等。魏晋人注经往往简明而有新意。但是，魏晋时期以老庄思想为主体的玄学已经兴起，王弼、何晏都是玄学家，他们已经在用老庄的思路来解释儒家经典了。玄学发展到了极点，西晋大臣如王衍之流竟清谈而不理政事。最后西晋灭亡，王衍之流玄学家被杀不少。东晋偏安南方，对于经书，除郑玄所注《毛诗》《仪礼》《周礼》《礼记》以外，其余都用魏晋人的注本，维持了魏晋风气，继续兼用玄学。

北方十六国的情况与东晋则不相同，那里的学者仍笃守汉代经学，许多少数民族出身的统治者也支持这种经学。刘渊自幼从经学家学习《毛诗》《京氏易》《马氏尚书》《春秋左氏传》，深通汉代经学，而且博通子、史。他的族侄刘曜在位时在首都建立太学和小学，选百姓年13至25中可教者1500人，让通经宿儒加以教育。慕容皝也建立学校，招收学生千余人，他还亲自"每月临观，考试优劣"。苻坚自幼好学，即位后兴太学，选通经学者为博士。"坚亲临太学，考学生经义优劣，品而第之。问难五经。博士多不能对。"他还明确坚持儒学的正统，"禁老、庄、图谶之学"（《晋书·苻坚载记上》）。苻坚对博士说，他的目标就是要继承汉武帝、汉光武帝尊崇儒学的传统。羌族出身的后秦君主姚兴也在首都长安立太学，请通经的名儒教授经学，从各地远来的学生数目达到一万几千人。有一个时期，洛阳有一位名儒讲学，很受学生欢迎。关中的一些学生也要去洛阳学习。可是当时洛阳还不属于姚兴统治，进出关是有限制的。姚兴给守关的军官下了命令说："诸生咨访道艺，修己砺身，往来出入，勿拘常限。"（《晋书·姚兴载记上》）于是学者们都受了他的鼓励，后秦的儒学更加兴盛了。甚至以残暴闻名而又不识字的石勒，在即位后也建立了太学、小学，亲自去主持考试，对于经义学得好的学生都给以奖赏。

北方少数民族出身的君主们奖赏儒家经学，当然是为了巩固他们自己的统治。他们为什么要用儒学来巩固自己的统治呢？因为他们对儒学有不同程度的接触和了解，并且对之产生了一种信心。也可以说，他们已经在不同程度上受了儒学的影响。他们设立太学和小学，所教的学生不仅有汉族学生，而且有他们本族的贵族公卿的子弟。这也就是说，他们在继续扩大并加深儒学在各族人中的影响。以上所说的匈奴、鲜卑、羯、氐、羌各族出身的君主对于儒学的推广，在客观上起了促进民族融合的作用。晋代北方的民族迁徙和混战，在许多方面都与日耳曼各族在西罗马帝国境内的情形相似。但是，在日耳曼人中，没有刘渊、慕容皝、苻坚、姚兴这一类的人物，也没有与儒学类似的学术的传播。以后中国历史与罗马历史发展中的差异，看来与上述情况是不无关系的。

佛教最初传入中国，约在两汉之际，即公元1世纪初。到东汉晚期，随着社会矛盾的尖锐化与人民苦难的加深，佛教作为一种精神的麻醉剂开始广泛传播。汉末三国时期，一些从西方来的僧人开始翻译出一批佛经。到两晋时期，佛教流传更为广泛。当时长期不断的混战不仅使所有的人民都不堪重负，而且造成了大量的人家破人亡、流离失所。寄望于佛法的保佑，幻想修一个好的来生，人们因此大量皈依了佛教。就社会上层来说，南方的高门士族喜欢谈玄，常常用玄学来理解佛学，用佛学来解释玄学。佛学说"空"，玄学说"无"，南方的名士们就以"空"说"无"、以"无"解"空"，沟通或混同佛学与玄学。北方的少数民族出身的统治者们既想用佛法保佑他们国运昌隆，又想用佛教缓和严重失望的人民的情绪。所以，苻坚虽然重在崇儒，但是对佛教给予了相当的重视；姚兴一方面大兴儒学，同时也十分重视佛经的翻译和传播。

这时期出现了中国佛教史上一些著名的高僧。从西域来的高僧佛图澄以法术博得石勒、石虎的崇信，既帮他们做一些出谋划策的事，也劝阻或减少了他们对人民的残杀。佛图澄的大弟子道安兼通儒释之学，在南北方的威望都很高；苻坚很尊重他，有大事总要问他的意见。可惜苻坚未能接受他劝阻伐晋的意见，因而有淝水之战的大败。道安的弟子慧远也兼通儒佛之学，在庐山修行讲经；他虽从不下山，但是对东晋的统治者也有一定的影响。从西域来的名僧鸠摩罗什提得到了姚兴的大力赞助,译出了很多重要的佛经。佛教成了当时南北方各民族的一个共同的宗教信仰,这在一定程度上也使民族的融合多了一种共同的精神因素。

佛教的传入还促进了中国与印度的文化交流。晋代高僧法显西行求法,前后经历15年。他不仅从印度带回了大批佛经并加以翻译,还把他的游学所见写为《佛国记》一书。这部书成了研究古印度史的珍贵文献,也成为世界文化交流史上一部不朽的名著。

(原载吴于廑、齐世荣主编:《世界史·古代史编》,
上卷,第十四章第三节)

中国与世界

一、中国历史的特点

中国历史的连续性

中国史毕竟是世界史的一个重要部分，我们不能离开世界史而简单地研究中国史。在世界各文明古国中，中国文明发展的连续性是十分突出的。这主要表现在两个方面：其一，中国作为一个政治实体在其发展过程中未曾为外来因素所中断。其二，中国文明在文化发展史上也未曾有断裂现象。以下让我们分别地做一些比较的考察。

文明在历史上是和国家同时发生的。在人类历史的上古时期，在东亚的黄河流域和长江流域，在南亚的印度河流域和恒河流域，在西亚的伊朗高原、幼发拉底和底格里斯两河流域、地中海东岸，在北非的尼罗河流域，在南欧的克里特岛、希腊半岛、意大利半岛，出现了许多古老的文明国家。其中第一批出现于公元前4000年代后期至公元前3000年代后期。这就是埃及文明、两河流域文明（均发生于公元前4000年代后期）、印度河流域文明（发生于公元前3000年代中期）、中国古代文明和克里特岛上的爱琴文明（约发生于公元前3000年代后期）。

公元前2000年代，在埃及文明和两河流域文明的影响下，叙利亚、小亚细亚一带出现了腓尼基文明和赫梯文明。在克里特文明的影响下，希腊半岛上的迈锡尼等地又形成了迈锡尼文明。

迈锡尼文明是爱琴文明的一个重要组成部分。公元前2000年代是青铜时代的盛世，也是埃及（中王国和新王国）和两河流域（古巴比伦王国）文明繁盛时期。但是就在这一时期，印度河流域文明灭亡了（约公元前1750年），克里特－迈锡尼文明也先后灭亡了（约公元前15世纪、公元前12世纪）。

公元前1000年代，铁器时代开始，文明也在更广阔的天地中展开了。公元前1000年代前半期，在印度河流域和恒河流域重新出现了雅利安人的国家，在伊朗高原出现了波斯国家，在爱琴地区出现了希腊诸邦，在意大利出现了罗马国家。在人类上古史上起过重要历史作用的国家这时都出现了。也正是在这个时期，最古老的埃及和两河流域的文明开始失去政治上的独立，从属于波斯帝国的统治之下。在埃及文明和两河流域文明影响下发生的小亚细亚（赫梯）、叙利亚（腓尼基）、巴勒斯坦诸文明也经历了同样的命运。世界历史表明，金石并用时代和青铜时代产生的古老文明，除了中国以外，到了铁器时代的早期就都已经不再作为独立的政治实体而存在了。

在公元前1000年代产生的古国，大多数也没有能直接存留到现在，它们作为政治实体的连续性遭到了外力的中断。波斯征服了整个西亚、北非的最古老的文明地区，以至印度河流域，以祆教（拜火教）为其特征的古波斯文明成了更古老的文明的继承者和代替者。但是，公元前4世纪后期，波斯为马其顿的亚历山大所灭亡。在辽阔的波斯帝国故土上后来建立起许多希腊化的国家。

公元前3世纪中叶至公元3世纪初期，安息（帕提亚）统治了伊朗和两河流域。公元3世纪中叶至7世纪中叶，萨珊王朝的波斯一度复兴。但是它在公元7世纪中叶为阿拉伯人所征服。从此，伊朗和西亚、北非其他古老文明地区一样，成为伊斯兰文明的地区。

公元前8—前6世纪间，在希腊地区重新形成了很多城邦，经过公元前5世纪的繁荣，到公元前4世纪后期落入马其顿势力的支配之下。到公元前2世纪，马其顿和希腊又先后落入罗马人统治之下。罗马于公元前1世纪后期扩展成为一个庞大的帝国，埃及、叙利亚、巴勒斯坦、小亚细亚、希腊等古老的文明地区都属于它的统治之下。但是，到公元3世纪，罗马帝国发生危机。公元4世纪后期日耳曼人大举侵入，帝国分裂。公元5世纪西罗马灭亡。作为上古时期在地中海地区出现最晚、影响最大的罗马文明，也在历史上中断了。

在中古时期，日耳曼人、斯拉夫人、阿拉伯人、突厥人曾运动于广大的欧亚非地区，引起了传统文明的巨大变化。这一广大地区里的很多国家，都是在这些运动之中或其后逐渐产生的。因此，它们与当地的上古文明的联系不是直接的。

与其他古代文明相比，中国古代文明的连续性就十分引人注目了。中国文明产生于金石并用时代和青铜时代。[1]经过夏、商、周三代的连续发展，到春秋时期进入铁器时代。与埃及文明、两河流域文明、印度河流域文明、爱琴文明不同，中国古文明没有为外力所中断。中国古代国家经过春秋战国之后，继续向秦汉时期的更高阶段发展着。

公元4—5世纪，中原地区也发生过民族的移动，还建立过不少由少数民族任最高统治者的政权。但是这些变化在本质上都是朝代的分合或更替的问题。以后，在元代和清代，两度出现过少数民族成为全国最高统治者的王朝，但这些王朝和以汉族为最高统治者的王朝一样，在本质

---

[1] "夏文化二里头型晚期出现了形体较大的青铜兵器和工具——戈、钺、凿等，尤其是还出现了青铜礼器——爵。"（邹衡：《夏商周考古学论文集》，文物出版社，1980年，第141页）虽然目前学术界对二里头文化的归属尚有争论，但青铜器出现之早是可以肯定的。

上都是各族上层统治者的联合政权，只不过是具体结构有所不同而已。所以，中国作为政治实体在历史上从未被外力所中断。

中国文明在文化史上的发展连续性，在整个世界史上尤其显得突出。这里需要说明的是，文化史上发展的连续性与文化遗产的流传是既有联系又有区别的两回事。在文化连续发展的文明中，前代文化自然地作为遗产流传给后代，所以有文化史发展的连续即有文化遗产的流传，但是，有文化遗产的流传却未必有文化史发展的连续。例如，现在世界流行的阳历，其渊源可以追溯到古代埃及的历法。日、月、火、水、木、金、土七曜日为一星期，圆周分为360度，可以溯源于巴比伦。现代许多国家都使用的拉丁字母，源出于希腊字母，希腊字母源出于腓尼基字母，腓尼基字母又可以上溯于上古埃及和两河流域文字中的表音符号。诸如此类的事例很多，可以说明现在许多国家都在继承和沿袭上古埃及文明和两河流域文明的文化遗产，但是，人们绝对不能由此得出结论说：这些现代国家都与上古埃及文明和两河流域文明有文化发展史上的连续性。因为，现代很多国家虽然接受了上古埃及文明和两河流域文明的文化遗产，但是它们作为一个系统的文化，却主要源自自身先前的文化系统的发展和继承，而上古埃及文明和两河流域文明的那些文化遗产只是作为某些因素（而并非有机的系统）被继承下来。

所以，一个文明在文化史上的连续性必须有以下两个方面的体现：一方面是，语言文字发展的连续性，这是一种文化赖以流传的工具或形式的连续性；另一方面是，学术传统（尤其是其中直接反映历史连续性的史学传统）的连续性，这是一种文化的精神内容的连续性。如果我们以这两个标准来衡量世界上的各文明古国，其中大多数在文化发展史上不是已经中断了连续性，就是只有不完全意义上的连续性。

让我们从事实来看。古代埃及和两河流域有自己的独特文字系统，有相当丰富的历史文献。可是当她们失去独立以后，文字的使用范围逐渐限于神庙祭司之间，最后终于被人遗忘。对于上古埃及和两河流域的历史，希腊史学家希罗多德（约公元前485—前425年）游历波斯帝国时所听到的已经是很不完备的传说，这从其所著《历史》一书记载的内容可以得知。

在马其顿-希腊人统治时期，埃及祭司马涅托（Manetho，鼎盛年约在公元前280年）、巴比伦祭司贝洛苏斯（Berosus，鼎盛年约在公元前290年）曾分别以希腊文字著埃及史及巴比伦史。这两部书现在虽已不存，但从他书所引佚文可知，基本上不过是各王朝的王表而已。在此以后，就不见古代学者有关于埃及和两河流域历史的著述。这两个世界上最古老的文明的文字和历史逐渐从人们记忆中消失，所余不过是金字塔之类的遗迹和若干神话及历史传说而已。

曾经强盛一时的赫梯国家，到公元前13世纪末已经四分五裂，公元前8世纪最终灭亡。赫梯的文字和历史也逐渐被人们遗忘了。印度河流域文明到公元前2000年代中叶以前即已灭亡，继之而来的是还处于原始社会晚期的雅利安人部落，文明发生中断现象。克里特文明于公元前2000年代中叶中断，迈锡尼文明在公元前12世纪也灭亡了。希腊大多数地区又暂时回到原始社会后期，克里特文明的线形文字A和迈锡尼文明的线形文字B都已被人遗忘。整个爱琴文明只不过在荷马史诗之类的希腊古籍中留下了某些片断的神话传说而已。

只是由于近代学者在考古学和文字解读方面的成就，许多曾被遗忘的古文明才得以重新为人们所知。可是至今印度河流域文明的文字和克里特文明的线形文字A尚未被成功解读，因而连这两个文明的创造者到底是谁，现在都无法最后确定。在铁器时代开始后产生的古国中，波斯的楔形文字也曾被遗忘，波斯古史的很多原始资料只是在近代古文字学者将其文字解读以后才重新为人所知。希腊文、拉丁文没有被人遗忘，但是最后仍坚持用希腊文的只有为数不多的希腊人，而拉丁文到中世纪的西欧已经不是人们口头使用的活生生的语言文字，而成为基督教士读经和表述经院哲学的工具。15世纪从意大利开始的西欧"文艺复兴"，在形式上似乎是古代希腊、罗马文化艺术的再生。"文艺复兴"（Renaissance）的词义本来也就是"再生"。但是，正如恩格斯所指出，"从15世纪中叶起的整个文艺复兴时代，在本质上是城市的从而是市民阶级的产物"[1]。文艺复兴所开创的是西欧资本主义文明，它从社会性质上与希腊、罗马的古典文明有着本质的不同。当然，从文艺复兴开始的近代西欧文明与希腊、罗马古典文明并不止于有历史阶段上的差别。近代西欧文明是随着各个民族国家的形成而形成的民族文明。各国民族语言文字的出现和以这种文字著述的开始，可以被认为是民族文明发生的一个明显标志。意大利诗人但丁（1265—1321），曾经被恩格斯称为"中世纪的最后一位诗人，同时又是新时代的最初一位诗人"[2]。他已经开始用意大利文作诗了。到了16—17世纪，马基雅维利（1469—1527）、拉伯雷（1495—1553）、塞万提斯（1547—1616）、莎士比亚（1564—1616）、弥尔顿（1608—1674）、莫里哀（1622—1673）等名家辈出，标志了西欧各国民族文明的兴起。因此，希腊、罗马古典文明并不是近代西欧各国文明的母体，而是前者的遗产在客观上为后者的孕育和生成提供了重要的养分。

诚然，我们也看到国外一些学者谈到其他古国文化的连续性。例如，印度史学家高善必（D. D. Kosambi）认为印度文化有3000多年的连续性，非埃及文化可比。[3] 他说印度文化有3000多年的连续性，实际也就表明更古老的印度河流域文明与以后的印度文化之间是不连续的。当然，吠陀

---

1 《路德维希·费尔巴哈和德国古典哲学的总结》，《马克思恩格斯选集》第四卷，人民出版社，1972年，第249—250页。
2 《〈共产党宣言〉1893年意大利文版序言》，《马克思恩格斯选集》第一卷，第249页。
3 D. D. Kosambi, "The Culture and Civilisation of Ancient Indian Historical Outline", *Man*, 1965, p. 9.

以下的印度文化具有明显的连续性，婆罗门教的典籍不仅在思想内容上有着前后相连的发展轨迹，而且在后代对前代典籍的注释中也能反映文化相沿不断的关系。例如著名的《摩奴法论》在公元9世纪、11世纪、13世纪、15世纪间几乎每二百年即有一次注释。印度文化史上一个不足之处是缺乏赖以反映历史的史学的连续性。又如，英国学者汤姆生（G. Thomson）说："如果我们以希腊史与中国史比较，就会看到某些明显的相似之处。这两种语言的书面文献都始于公元前2000年代（引者按，中国未曾发生爱琴文明那样文字被遗忘并且至今仍有很大部分未能解读成功的现象）。这两种语言都存留至今，变化较小。近代希腊语不同于古典希腊语，但希腊人仍认为柏拉图的语言是自己的语言。近代汉语不同于古典汉语，但中国人也仍然认为孔子的语言是自己的语言。因此，希腊语可说是欧洲最古老的语言，汉语是亚洲最古老的语言。这种语言上的连续性反映了两国文化的连续性。自古迄今，希腊的历史是单一民族的历史（引者按，中国情况不同），这个民族从未失去过它自身的同一性或者对于自己往事的回忆；对于中国人来说，情况同样如此。"汤姆生也注意到了中国与希腊的不同。他指出：第一，当前（此书初版于1955年）说汉语的人口约有6亿，而说希腊语者仅800万人口。第二，希腊文化的许多内容并非自己独创，而是从更早的近东文明借来的；而中国文化则是自己独创的。[1] 汤姆生的话有其道理，不过，希腊同样缺乏反映历史的史学的连续性。

中国文明的连续性，最明显地表现在以下两点上。第一，中国古代的语言文字在发展过程中未曾发生突发性的断裂现象。现代汉字与甲骨文、金文的确相去甚远，要求只识简体汉字的人去认甲骨文或金文当然

---

[1] George Thomson, *Studies in Ancient Greek Society*, Vol. 2, *The First Philosophers*, Lawrence & Wishart, 1955, p. 61.

是十分困难的。但是，由甲骨文到金文，由金文到小篆，由小篆到隶书，由隶书到楷书，由繁体楷书到简体楷书，整个发展过程十分清楚、完整。了解到这样连续发展的过程及其规律，也就掌握了认识甲骨文、金文的钥匙。而且，从甲骨文到现代汉字，不管字形发生了多大的变化，字的构造总是以象形、指事、会意、形声为共同原则的；这些原则好像一座联系古今汉字的桥梁，今人通过它可以辨识古代文字。至于语言，古今差别的确不小。因此现代人，甚至现代的专门学者，对于甲骨卜辞、金器铭刻、《诗》《书》之文，也有不少难以理解的地方。但是，古今语言的差异主要表现在语音、词汇及专门术语上，语法结构没有发生根本性的变化，而且所有的变化都是在长期的历史过程中逐渐发生的。因此，其中仍有梯道可寻。譬如，先秦一部古籍，汉魏时期的人已觉难解，于是学者做了注释。到了唐宋时期，汉魏人的注释已显得不足以解决疑难，于是学者又做了疏解。今人考释古籍，经常都要通过这条前人注疏的梯道。这个梯道也是文明源流未断的一个明显证据。

第二，中国历史和文化的传统从未中断。历史记录和著作是客观历史发展过程的文字反映。中国文明的连续性在历代的历史记录和历史著作中也有反映。甲骨卜辞、金器铭刻都是有关史事的记录，《尚书》《诗经》中有史事的记录，也有后人关于前代史事的表述。《春秋》《左传》《国语》《战国策》等书记载了大量的先秦史事。司马迁作《史记》，创为通史，上起黄帝，下迄汉武，尤其反映了中国古代文明的连续性的特点。在《史记》中，《三代世表》谱列了自夏以下三代君主的世系。从此以后，中国历代君主世系直至清溥仪止迄未中断。在《史记》中，《十二诸侯年表》自共和元年（公元前841年）始；从此中国史书纪年迄无中断。自《史记》以下，历代均有断代的纪传体正史，它们首尾相衔，形成一条史的长龙。黑格尔说："中国'历史作家'的层出不穷、继续不断,实在是任何民族所比不上的。"[1]洵非虚语。其实,中国历史著作的可贵之处还不限于时间上的前后衔接,而且中国历代史书从体裁到内容都有内在的发展脉络可寻。除了史学以外,其他学术的情况也大体如此。例如文学,从《诗经》到汉魏古诗,到唐代律诗,到宋词,到元曲;从楚辞到汉赋,到骈体文,其间都有着相当清楚的沿革关系。

黑格尔在肯定中国"'历史作家的层出不穷、继续不断'"的同时,又说"中国很早就已经进展到了它今日的情状;但是因为它客观的存在和主观运动之间仍然缺少一种对峙,所以无从发生任何变化,一种终古如此的固定的东西代替了一种真正的历史的东西"[2]。这样,他就把中国历史的连续性和停滞性混为一谈。黑格尔有一种偏见,认为东方的文明是古老的,同时也是停滞的。我们不想否认,在黑格尔的这一偏见里也显出了他对当时历史的某种卓越的见解。因为,当时在西方已经开始了资本主义的时代,而东方还被束缚于传统的封建制度之下。马克思和恩格斯曾经科学地指出:"资产阶级除非使生产工具,从而使生产关系,从而使全部社会关系不断地革命化,否则就不能生存下去。反之,原封不动地保持旧的生产方式,却是过去的一切工业阶级生存的首要条件。生产的不断变革,一切社会状况不停的动荡,永远的不安定和变动,这就是资产阶级时代不同于过去一切时代的地方。"[3]黑格尔不能对当时东西方历史的区别做出唯物史观的解释,于是以臆造的"历史哲学"的形式把它归因于不同民族的精神上的"区别"。到了封建社会后期,尤其是明清时期,中国在许多方面的发展都比西欧显得迟缓,以致从历史上的先进地位转而落后下来。原先落后于中国的西方人,现在跑到中国前面去了,于是他以为中国在停步不动。这在一定程度上是可以理解的。但是,必

---

[1] 黑格尔:《历史哲学》,王造时译,生活·读书·新知三联书店,1956年,第161页。
[2] 黑格尔:《历史哲学》,第161页。
[3] 《共产党宣言》,《马克思恩格斯选集》第一卷,第254页。

须指出的是，黑格尔作为一位对于辩证法的发展具有杰出贡献的大师，他关于中国历史无变化的说法却是直接违反辩证法本身的。

我们认为，中华文明发展的连续性的实质，绝对不在于什么凝固不变性或停滞性，而恰恰在于中华文明具有的不断的自我更新、自我代谢的能力。任何一个文明的发生，都必然是对于非文明的否定或克服，一切文明的存在和发展，也都必然是对于非文明的不断否定或克服。一切文明发生和发展的过程都是这样的对立统一的运动过程或新陈代谢过程。就以上述各古代文明来说，埃及和两河流域地区的先民在人类历史上最先否定非文明而进入文明，它们的文明的自我代谢到公元前1000年代中期由盛而衰，随后也就失去了生机。爱琴文明到公元前12世纪不再能自我代谢，也就失去了自己的生存条件。希腊文明的自我代谢到公元前5—前4世纪由极盛而转衰，它本身随后也就失去了独立存在的地位。罗马文明在公元前后一两个世纪里盛极一时，其后失去自我调节、自我代谢的能力，以后也就由苟延残喘而终至消亡。历史上其他文明发生、发展与灭亡的历程莫不如此。

我们论述中国文明发展的连续性，绝对不是也不能把中国的历史写成一部田园诗，把几千年的岁月都说成是在安闲和恬静中度过的。中国文明在其发展过程中曾经历了无数惊涛骇浪，穿越了无数深峡险滩，其间有过许多光辉灿烂的时期，也有过不少风雨如晦的朝夕。中国文明发展的连续性的真正特点，在于它历尽危机而未消残壮志，在于它屡经考验而能活泼泼地生存下来。黑格尔《历史哲学》是在19世纪20—30年代讲演的，那是鸦片战争的前夕，的确是中国封建社会危机深重的时期。但是，中国文明并未在这次危机中失去自己的独立存在。百余年来的历史证明，中国文明经过反帝反封建的革命，终于在中国共产党领导下走向复兴。"天行健，君子以自强不息。"（《周易·乾卦·象辞》）这大体可以表明中国文明发展连续性的基本特色。

国家统一的发展和巩固

纵观世界历史，古国文明源远者未必流长，中国文明源远而流长，这是极为难得的。文明恰似江河，如果渊源深远，那么只有在前进的流程中得到足够的川流的汇注，才有可能越来越宽阔、丰富，形成不竭的长流。中国文明之所以没有中断，与国家统一的发展和巩固是有密切关系的。

从世界历史的一般情况来看，文明的发生和发展都是和不同程度的统一相关联的。文明最初发生之际，都有一个由部落共同体联合为国家的过程。在古代希腊，人们把这种"统一"称为"塞诺西辛"（Synoikismos）。经过这样统一过程形成的还只是一种以某一城为中心的、小国寡民的邦。随着文明的发展和地区性的经济联系的出现，小邦往往又合并成一些地区性的王国。随着各地区之间文明联系的出现，在上古和中古时期，又先后出现过许多跨地区性的帝国。各个文明在这种横向的分合过程中具体处境不同，它们在自身的纵向发展中的连续性程度也有着很大的差异。

中国以外的其他古老文明缺乏纵向发展中的连续性，一般都与其在横向分合关系中的具体状况有关。公元前4000年代晚期，埃及和两河流域南部开始出现许多小邦，是世界上最早发生的文明。公元前3000年代，埃及形成古王国各朝的统一国家，出现了以金字塔为表征的文明；两河流域南部也先后出现了阿卡德王朝和乌尔第三王朝的统一国家。在公元前3000年代中期以后出现的印度河流域文明、中国夏文明、爱琴文明，都是小邦林立的文明。公元前2000年代，埃及出现了中王国、新王国诸朝的统一国家，两河流域出现了古巴比伦的统一国家；这两个最古老的文明至此达到极盛阶段。印度河流域文明、爱琴文明，尚未形成统一的地区性王国，就在公元前2000年代消亡了。公元前1000年代前期，埃及和两河流域南部（巴比伦尼亚）的古老文明中心开始发生危机，于是亚述人建立了包括埃及、叙利亚、巴勒斯坦和两河流域的帝国，这时，在印度河流域和恒河流域，在希腊，重新产生了许多小邦。公元前7世纪末叶，亚述帝国解体，公元前6世纪中叶以后又形成了包括伊朗高原、两河流域、叙利亚、巴勒斯坦、埃及和小亚细亚的波斯帝国。公元前6—前4世纪间，印度河流域和恒河流域开始形成一些地区性的王国，希腊城邦文明达到繁盛时期，罗马国家形成。公元前4世纪后期，马其顿征服希腊，随后又征服波斯帝国，建立起地跨欧、亚、非三洲的亚历山大帝国。但是这个帝国在亚历山大本人死后不久就瓦解了，分裂成许多小国。公元前3世纪，在南亚次大陆一度出现孔雀帝国，但这个帝国很快也解体了；罗马统一了意大利。公元前1世纪末叶，罗马形成雄霸于地中海地区的帝国。公元前3世纪中叶以后，在伊朗和两河流域逐渐形成了安息帝国。综观公元前1000年代，人类社会铁器时代开始后的第一个千年代，我们可以称之为古代帝国不断涌现的时期。当然，每一个帝国都是在征服了许多地区性的王国的条件下产生的，但是，这些帝国中的任何一个都不能被认为是对于先前的地区性王国的统一。正如斯大林所说："这些帝国没有自己的经济基础，而是暂时的、不巩固的军事行政的联合。这些帝国不仅没有，而且也不可能有对于整个帝国统一的、为帝国一切成员都懂得的语言。这些帝国是一些各有各的生活方式、各有各的语言的部落和民族的集合体。"[1]所以，这些帝国的先后出现，足以发生打断古老文明的历史连续性的作用，而不能维护或巩固那种连续性。

公元以后直到中世纪晚期以前，情况也基本如此。在西方，西罗马帝国在公元5世纪灭亡以后，出现的是日耳曼人诸王国林立的局面。公元800年，查理曼（Charlemagne，742—814）被加冕为"罗马人的皇帝"，但是查理曼帝国不仅与罗马帝国无关，而且存在不到半个世纪就分裂

---

1 斯大林：《马克思主义与语言学问题》，人民出版社，1950年，第8—9页。

了。公元962年，奥托一世（Otto I，公元936—973年在位）再次被加冕为"罗马人的皇帝"，而这个正式命名为"神圣罗马帝国"的国家实际上连德意志和意大利都没有真正统一过。虽然这个帝国的名称直到1806年才在拿破仑兵威之下取消，但它恰如伏尔泰所说的，"既非神圣，亦非罗马，又非帝国"，在历史上算不了什么。现代西方的民族国家，是在中古后期随着资本主义萌生逐渐形成的。在东方，公元1—3世纪间有安息帝国、贵霜帝国，公元3—7世纪间有萨珊朝波斯帝国，公元7—11世纪间有阿拉伯帝国（公元8世纪中叶已开始分裂），公元11—12世纪间有塞尔柱土耳其帝国，公元13世纪有蒙古帝国，公元14世纪以后又有奥斯曼土耳其帝国（至第一次世界大战后正式崩溃）等。但是这些帝国都是军事征服的产物，因此在不同时期里领土范围的变化很大，最终的结果仍是分裂而不是统一。现代东方的多数国家都是在反对西方殖民统治的斗争中形成的。

在世界历史上，只有中国在发展中长期保持着统一的趋势。像其他国家一样，中国最初也是有许许多多的部落，然后由部落合并为许多小邦，再逐渐统一为地区性的国家。相传，"当禹之时，天下万国，至于汤而三千余国"（《吕氏春秋·离俗览·用民》）[1]。至周武王准备伐纣的时候，诸侯会于盟津（孟津）者有八百之多（《史记·周本纪》）。相传，周初分封，"凡一千八百国，布列于五千里内"；"春秋之初，尚有千二百国，迄获麟之末，二百四十二年，弑君三十六，亡国五十二，诸侯奔走不得保其社稷者不可胜数，而见于《春秋》经传者百有七十国焉"（《晋书·地理志上》）。[2] 今按，春秋以前的传说数字虽未必可靠，但总可说明当时的确有很多小邦。这些小邦实际上是各自独立存在的，周武王在牧野誓师，称同盟各邦君长为"友邦冢君"（《尚书·牧誓》）；周公东征武

---

[1] 禹时有万国说，亦见于《左传·哀公七年》《墨子·非攻下》《荀子·富国》等。
[2] 按，见于《春秋》经传的百有七十国，不是春秋末年存在的数目。

庚，仍称诸侯为"友邦君"（《尚书·大诰》）。不过，就是在这样小邦林立的情况下，也存在某种程度的统一的中心的观念。在许许多多小邦之中，夏、商、周是依次出现的三个中心。如果把夏、商、周理解为秦汉以后那般的帝国，那当然不对。不过，从《尚书·周书》看，周人确实有一种殷革夏命、周革殷命的三代相承的观念。周人自认在从前周是"小国"，而殷则是"大国殷""天邑商"。1979年在岐山凤雏村发现的周原甲骨中也有"䎽周方伯"（见H11，82；H11，84）的记载，尤可证明传统文献中周为殷之西伯的说法。《诗·商颂·玄鸟》说商"邦畿千里，维民所止，肇域彼（被）四海"，颇为有理。商作为一个大邦，其民所居不过千里；但作为各邦共戴的一个王朝，它就"肇域彼（被）四海"了。所以，在夏、商、周三代小邦林立的时候，其中就有着一个统一的方面。

从春秋以至战国，诸侯之间相互并吞，大国争霸激烈。这看起来像是由于周室衰微而出现的一种分裂局面，其实正是在这个过程中并小邦为大国，由封国而郡县，形成了地区性的统一王国。战国七雄进一步兼并的结果，是在中国历史上出现了首次统一的秦汉王朝。两汉的统治持续了400余年，为中国以后进一步的统一打下了稳固的基础。

东汉以后，出现了50年的三国鼎立局面。西晋以后，出现了200多年的南北分裂时期。可是魏、蜀、吴三国都是在克服地方割据局面中建立起来的，它们都在为统一全国做准备。就是在西晋灭亡以后的一个较长的分裂时期中，也一直存在一种统一的趋势。前秦苻坚一度统一了北方。淝水之战以后，北方再度出现分裂局面，但是在公元439年，北魏又完成了北方的统一。

经过南北朝以后，又出现了隋唐时期300年的统一。这一次的统一的规模，又超过了两汉时期。唐以后，虽然有过辽宋和宋金之间的南北对立，但统一仍是发展的总趋势。经过元明两代，到清朝的时候，中国的统一得到进一步的巩固和发展。

中国的统一之所以能够得到巩固和发展,在很大程度上是与民族关系的具体发展特点密切有关的。自从有文字记载以来,中国就进入了多民族统一的过程,大致经历了各民族内部的统一、地区性的多民族的统一,而达到全国性的多民族的统一。全国性的多民族的统一,也经历了多次的曲折而终于达到稳定的多民族的统一,并且建立了多民族统一的社会主义中华人民共和国。

二、中国史和世界史

中国史有结合世界背景考察之必要

中国史作为一门国别史,作为一门如此源远流长而又内容丰富的国别史,自然有必要不断地进行深入的专门研究。同时,中国是世界的一部分,是在世界的总环境中发展的,所以,中国史又有结合世界背景考察的必要。这就是说,既要把中国史放在与外部世界的比较中来考察,又要把中国史放在与外部世界的联系中来考察。

当然,要认识到一个国家的历史必须放在与外部世界的比较中来考察,这在客观上必然要有一个长期的发展过程。在自人类开始进入文明以来的约5000年中,新航路的开通在15世纪末16世纪初,至今不足500年;如果说世界作为一个有机的经济的和政治的整体的形成,那就是更晚的事了。古代人注意到从比较中认识自己国家的历史,总是从与邻近的国家或民族比较开始的。然后,随着接触和了解范围的扩大,比较的范围也逐渐扩大。在中国,注意到以他邦的历史来与本邦做比较的情况是出现得很早的。《尚书·周书》中有若干周人与商人做历史比较的文字。例如《酒诰》记:"王曰:封(康叔),我西土棐徂,邦君御事小子尚克用文王教,不腆于酒,故我至于今,克受殷之命。王曰:封,我闻惟曰:在昔殷先哲王迪畏天显小民,经德秉哲,自成汤咸至于帝乙,成王畏相惟御事，厥棐有恭，不敢自暇自逸，矧曰其敢崇饮？"这里不仅有商周两代的纵向的比较，而且有商周两邦之间的横向的比较。春秋战国时期，由于争霸和兼并斗争的激化，邦君谋臣在分析天下大势时亦往往兼有对不同的邦的历史比较分析。西周晚期，周王室势力将衰，周宣王之弟郑桓公友曾"问于史伯曰：王室多故，余惧及焉。其何所可以逃死？"史伯回答了一大篇话，这就是《国语·郑语》的基本内容。这篇话既分析了当时形势，也比较了有关诸邦的历史（且不论其观点见解如何）。郑桓公听了这番分析后很高兴，"乃东寄帑与贿，虢、郐受之，十邑皆有寄地"。这样就为春秋时期的郑国安下了立足点。

在古代西方，注意从与外国比较中认识本国历史，也是有很古老的传统的。在希罗多德所著《历史》一书中，不仅有很多篇幅用于追述埃及、巴比伦等东方古国的历史，而且从比较中认识到希腊文化的许多因素是从东方学来的。例如，他知道希腊文字是从腓尼基人那里学来的（《历史》，V，58）。又如，他说："（埃及）国王阿玛西斯还规定出一条法律，即每一个埃及人每年要到他的诺姆的首长那里去报告他的生活情况，而如果他不这样做或是不来证明他在过着忠诚老实的生活时，他便要被处以死刑。雅典人梭伦从埃及那里学了这条法律而将之施行于他的国人中间，他们直到今天还遵守这条法律。"（《历史》，II，177）当然，希罗多德也说到了希腊与其他国家传统的不同。例如，他曾引用一个被放逐的斯巴达王和波斯皇帝的对话，以寓论于史的方法说明波斯传统重视王的权威，而希腊传统则重视法的权威（《历史》，VII，102）。以后，希腊、罗马的许多史学家、哲学家在其著作中都有比较的探索。亚里士多德的名著《政治学》一书中充满了对希腊各邦之间以及对希腊与其他国家的比较研究。普鲁塔克著《希腊罗马名人传》，更是有意识地在做比较的研究。

西方在西罗马帝国灭亡以后，文化衰落，史学不振，直至文艺复兴以前没有多少成就可言。但是，随着西方资本主义的兴起和新航路的开通，尤其是18世纪的启蒙运动以后，西方学者在其学术活动中开始在更广阔的范围里进行比较的研究。例如，法国的孟德斯鸠所著《论法的精神》（严复旧译称《法意》）一书，不仅是一部表示作者政治思想的巨著，而且在很大程度上也是一部对多国法制做了历史比较研究的书。到19世纪，西方学者在这方面更有所进展。例如，毛勒（Georg Ludwig Maurer，1790—1872）对于古代公社土地所有制的研究，摩尔根（Lewis Henry Morgan，1818—1881）对于古代氏族制度的研究，都是具有重大启发意义的。

马克思和恩格斯随时分析研究当代学术研究的新成果，同时亲自做了许多历史的比较研究。我们从马克思的《资本主义生产以前各形态》《摩尔根〈古代社会〉一书摘要》《科瓦列夫斯基〈公社土地占有制，其解体的原因、进程和结果〉一书摘要》、恩格斯的《家庭、私有制和国家的起源》等书中可以看出，伟大的导师在这方面做了大量的工作。也正是在比较的研究中，马克思主义经典作家为我们阐明了世界历史发展的基本规律，使史学发展成为科学。

在我国传统史学中，自司马迁《史记》以下，大部分纪传体史书多记边区少数民族，也有关于外国的记载。这些记载作为历史资料，是十分宝贵的，但其中做比较研究的意思不多，也可以说比较研究做得不够。出现这种情况的原因是相当复杂的，值得做深入的探讨。明中叶以后，世界形势迅速变化，而中国人于外国历史之认识仍裹足不前。于是中国人失去了对自己在世界上的实际处境的了解，到清中叶以后，我们的国家因此而饱经苦难。

严重的外来威胁使中国人逐渐清醒过来。于是乃有林则徐、魏源的《四洲志》《海国图志》之作。近代的许多学者和政治家都开始注意比较中外历史了。戊戌变法时期，康有为、梁启超、谭嗣同等都很注意从世界看中国，注意中国历史与外国历史之比较。梁启超在《变法通议·论不变法之害》中说："印度，大地最古之国也。守旧不变，夷为英藩矣。突厥（土耳其）地跨三洲，立国历千年，而守旧不变，为六大国执其权，分其地矣。……今夫俄宅苦寒之地，受蒙古钤辖，前皇残暴，民气凋丧，岌岌不可终日；自大彼得游历诸国，学习工艺，归而变政；后王受其方略，国势日盛，辟地数万里也。今夫德，列国分治，无所统纪，为法所役，有若奴隶；普人发愤，兴学练兵，遂蹶强法，霸中原也。今夫日本，幕府专政，诸藩力征，受俄、德、美大创，国几不国；自明治维新，改弦更张，不三十年，而夺我琉球，割我台湾也。……记曰：不知来，视诸往。又曰：前车覆，后车戒。大地万国，上下百年间，强盛弱亡之故，不爽累黍。盖其几之可畏如此也！"梁氏所述史事容有未确之处，但是他的话道出了中国人必须把自己的历史置于世界变化的历史中自省的迫切心情。

近代中国史学家注意结合世界历史之背景来研究中国历史，在多方面都比前代有所进步，但其中也有各种各样的问题。问题大体在于两端：一则以为中国历史文化为世界之冠，为国粹派；一则以为中国百事不如人，为民族虚无主义派。

随着马克思主义的传入和马克思主义史学在中国的产生，以世界史为背景对中国史的研究进入了一个崭新的阶段，即从世界历史发展的一般规律来研究中国历史具体发展规律的阶段。郭沫若、范文澜、吕振羽、翦伯赞、侯外庐等老一辈马克思主义史学家已经在这方面做出了许多卓越的贡献。我们将永远不忘老一辈马克思主义史学家筚路蓝缕之功，当然也不能永远以他们的成就为满足，从此裹足不前。

现在我们要结合世界背景来考察中国历史，显然有大量工作有待进行。这是因为：第一，要作为中国史背景来考察的世界史，正在不断地而且相当迅速地发展着，我们必须结合世界史的最新科学研究成果来比较研究中国史。第二，从事中国历史研究所需的资料和条件也在不断地而且相当迅速地发展着，我们的研究不论在深度还是广度上都必须有所进展。前进是必须的。

以上论述中国史有置于中外比较中考察的必要，考虑的是中外历史间客观存在的逻辑联系。那么，现在可进一步讨论中国史有必要置于中外历史的现实联系中考察的问题。

中国与外部世界的联系，因世界联系发生、发展的情况而分为两大阶段。马克思说："世界史不是过去一直存在的；作为世界史的历史是结果。"[1] 马克思和恩格斯又说："各个相互影响的活动范围在这个（引者按：指历史）发展进程中愈来愈扩大，各民族的原始闭关自守状态则由于日益完善的生产方式、交往以及因此自发地发展起来的各民族之间的分工而消灭得愈来愈彻底，历史也就在愈来愈大的程度上成为全世界的历史。"[2] 这就是说，全世界范围的有机联系有一个长期的发生过程，随着近代大工业的出现和世界市场的形成，世界才作为一个有机联系的整体出现。大体说来，上古和中古时期是世界的有机联系发生的时期，近代以后是世界的有机联系形成和发展的时期。

在上古和中古时期，中国与外部世界之间的联系有一个漫长的发生、发展过程。先秦时期的情况，由于史料不足，诸多待考。秦汉以后，尤其"张骞凿空"以后，中国与外部世界的联系已成为中国史书中一项经常保有的内容。当然，从秦汉以至近代以前，中国与外部世界的联系还不具有经常和必然的性质。关于这一时期中国史的世界背景，主要也应该从中外历史比较的角度来考虑。联系是客观存在的，而且总趋势是由近而远、由疏而密，其影响也是不容忽视的。西汉时，张骞西行，从

---

[1] 《〈政治经济学批判〉导言》，《马克思恩格斯选集》第二卷，第112页。
[2] 《德意志意识形态》，《马克思恩格斯选集》第一卷，第51页。

此打通陆上丝绸之路。东汉时，班超副使甘英历安息，抵条支，临西海以望大秦（罗马），虽未能直接与罗马建立联系，但汉与罗马都已互相知道对方的存在，间接的商业联系也已发生。《后汉书》载，大秦"与安息、天竺交市于海中"。"至桓帝延熹九年，大秦王安敦遣使自日南徼外献象牙、犀角、玳瑁，始乃一通焉。"这说明东汉时与西方的海上联系也开始了。虽然这两条通路由于各种历史原因时通时断，但是通过这两条路而给中国带来的影响是很大的。世界三大宗教——佛教、基督教、伊斯兰教以及与之相应的文化艺术由此传入中国。三大宗教对于中国历史影响不小。佛教不仅在民间曾广泛流传，而且影响了中国的正统思想——儒学。伊斯兰教对于回族、维吾尔族等民族的影响也是非常明显的。世界三大宗教以外，还有一些其他宗教也经由这两条路传入中国。如伊朗的祆教、摩尼教，以色列的犹太教（又称一赐乐业教）、印度的婆罗门教等都曾传入中国。这些宗教对中国也有或多或少的影响。例如，摩尼教（又称末尼教、牟尼教、吃菜事魔等）就曾经被起义农民用作号召和组织群众的工具。此外，波斯、印度、阿拉伯及西方的许多物品也由此传入中国，其中矿物、植物、动物皆有，而且不少植物逐渐在中国培植和繁衍起来。这些不大容易被人注意的事情，对于中国历史实际是有其相当深远的影响的。如果我们浏览一下唐宋以来的药物记载，就可以看到其中有很多药物是从国外传来的。当然也有多种物品由此传往外国，对外国做了贡献，《中国-伊朗编》[1]对此考订颇详。唐宋以后，中国与波斯、阿拉伯及西方的贸易日益发展，这种往来对于中国历史的影响也日益重要。南宋偏居一隅，财政负担十分沉重，因而重视大量的市舶之利对政府收入所起的作用。

近代以后的情况与以前又有了很大不同。首先，中国近代史是从鸦

---

[1] B. Laufer, *Sino-Iranica: Chinese Contributions to the History of Civilization in Ancient Iran*, Chicago, 1919.

片战争开始的。在西方资本主义武装力量的压迫下，封建的中国门户被打开，中国由封建社会逐渐变成了半殖民地半封建社会。西方资本主义势力在东方，甚至在全世界范围的扩张，恰恰是中国跨入近代的总的历史环境或世界背景。如果离开这个背景来考虑中国近代史上的开端问题，那么我们对于当时中国历史处境的认识，将不会超过道光皇帝之流的清代统治者的水平。

中国在近代一步步地沦为半殖民地半封建的国家，在政治上和经济上实际都从属于资本主义的世界体系。中国人民头上压了三座大山——帝国主义、封建主义和官僚资本主义，不管三者之间存在多少各种各样的矛盾，他们在压迫剥削中国人民的罪恶活动中总是狼狈为奸，勾结在一起的，而帝国主义者就是他们的总支柱。因此，要研究中国近代社会的政治结构、经济结构、阶级结构，都完全离不开世界的总背景。在这种历史条件下，中国人民反对帝国主义和封建主义的斗争，同样也必然地带有世界的性质。

"第一次帝国主义世界大战和第一次胜利的社会主义十月革命，改变了整个世界历史的方向，划分了整个世界历史的时代。"[1] 同时，"十月革命一声炮响，给我们送来了马克思列宁主义。十月革命帮助了全世界的也帮助了中国的先进分子，用无产阶级的宇宙观作为观察国家命运的工具，重新考虑自己的问题。走俄国人的路——这就是结论。1919年，中国发生了五四运动。1921年，中国共产党成立"[2]。从此，中国历史进入了新民主主义革命的阶段。因此，研究中国近现代史离不开世界的历史环境。不然，中国人民在中国共产党的领导下所取得的新民主主义革命胜利，也是不能真正被理解的。

---

[1]《新民主主义论》，《毛泽东选集》合订本，人民出版社，1964年，第628页。
[2]《论人民民主专政》，《毛泽东选集》合订本，第1360页。

现在，中国人民正在中国共产党的领导下向四个现代化的宏伟目标前进。现代化是当前不可遏制的世界潮流。中国为实现社会主义现代化而奋斗的伟大历史意义，也只有结合世界历史的总背景才能得到充分的理解。

中国史在世界史中的重要性

以上，着重谈世界史对中国史的意义。现在谈谈中国史对世界史的意义。

这不需经过详细论证，人们也能直观地发现，如果忽略了历史如此悠久、幅员如此辽阔、人口如此众多、文明如此灿烂的中国，任何以世界史命名的著作都将不成其为世界史。过去，某些名为世界史的著作没有恰当地反映出中国历史应有的地位。这如果不是出于知识不足，便是出于偏见，也许二者兼而有之。

世界史虽由各国史综合而成，但又高于各个国别史的简单总和，其原因就在于世界史能在各国历史发展的具体规律之上，显示出人类社会发展的一般规律。这种社会发展的一般规律既寓于各个国别史中，又不能从国别史中直接地、自然地显现出来。只有通过比较研究，人们才能找到某种典型，并透过对典型的分析而对一般规律有所了解。恩格斯在分析国家在民族制度废墟上兴起的问题时指出："雅典是最纯粹、最典型的形式：在这里，国家是直接地和主要地从氏族社会本身内部发展起来的阶级对立中产生的。"[1] 恩格斯找到了雅典国家产生的典型形式，是在将它与罗马和德意志人国家的产生做了比较研究之后得出的科学结论。恩格斯在说明马克思为什么特别注重对法国史的研究时指出："法国是这样一个国家，在那里历史上的阶级斗争，比起其他各国来每一次都达到更

---

[1]《家庭、私有制和国家的起源》，《马克思恩格斯选集》第四卷，第165页。

加彻底的结局；因而阶级斗争借以进行、阶级斗争的结果借以表现出来的变换不已的政治形式，在那里也表现得最为鲜明。法国在中世纪是封建制度的中心，从文艺复兴时代起是统一的等级君主制的典型国家，它在大革命时期粉碎了封建制度，建立了纯粹的资产阶级统治，这种统治所具有的典型性是欧洲任何其他国家所没有的。而奋起向上的无产阶级反对占统治地位的资产阶级的斗争在这里也以其他各国所没有的尖锐形式表现出来。"[1]马克思和恩格斯也是在对欧洲各国历史做了比较研究以后才发现了法国这样一个典型。

为了从比较研究中寻求典型并揭示人类社会一般发展规律，用以进行比较的国家或地区自然是愈广泛而愈有代表性。马克思和恩格斯在自己的革命和科学的实践中不仅对欧洲国家的历史做了比较研究，而且也对东西方的历史进行过比较研究。恩格斯在对东西方历史做了比较的基础上指出："在亚细亚古代和古典古代，阶级压迫的主要形式是奴隶制，即与其说是群众被剥夺了土地，不如说他们的人身被占有。"[2]这就是通过广泛的比较研究而阐明古代社会阶级关系的一般规律。

应当承认，在迄今的比较研究和选取典型的过程中，中国史还没有得到世界史的研究者的充分注意。且不论造成这种现象的各种原因，这里只需指出，这样会使人们在选取典型时限于片面，从而对历史发展的一般规律的探讨也难以深入。世界史里长期存在一种以西方为中心的倾向，不仅在近代史上把西欧资本主义国家视为时代的中心，而且在上古和中古史上也自觉或不自觉地把西欧当作衡量其他地区或国家的一把标尺。不少人惯于把雅典和罗马的社会视为奴隶制社会的典型，于是对于其他古代国家不是夸大奴隶人数以与罗马附和，就是把它视为变种。可

---

[1] 恩格斯为《路易·波拿巴的雾月十八日》写的德文第三版序言，《马克思恩格斯选集》第一卷，第601—602页。
[2] 《美国工人运动》，《马克思恩格斯选集》第四卷，第258—259页。

是随着研究的进展，人们愈来愈清楚，即使在雅典和罗马的极盛时期，奴隶也未能占人口的多数。于是关于古代社会的性质问题又发生了很大的震荡。现在研究有待于深入，简单地以雅典、罗马为标准的办法肯定行不通，需要有广泛的比较研究。古代中国的社会具有系统的结构和层次，在不同的方国中还有多样的特点，又具有他国少有的丰富典籍和出土资料。所以，我们应当也必须充分结合中国古代的历史来研究和解决问题。不少人惯于把中古西欧作为封建社会的典型，实际上，这与马克思和恩格斯以法国作为西欧的典型有原则上的不同。他们对其他中古国家，或是任意把非农奴说成农奴，或是说那里根本没有封建社会。从前论法兰克王国封建化的完成，的确曾强调其大多数农民的农奴化。但是随着研究的进展，人们逐渐看出并不是简单的、一例的农奴化，而是有各种程度不同的复杂的封建依附关系。简单地以中古西欧作为衡量其他国家封建制度的标准的办法也行不通了，现在需要更广泛和充分的比较研究。如果实事求是地考虑问题，中国史上的封建制度比西欧封建制度在许多方面都具有更为典型的意义。中国由上古到中古的过渡是在历史的正常连续进程中实现的，不像日耳曼人在西罗马帝国废墟上建立封建制度，从而也没有经济和文化的中衰和复兴等带有特殊性的现象。中国在中古时期在经济、政治、文化等方面都有高度的发展，阶级结构和阶级矛盾也比欧洲更为复杂，充分解析这样高度发展和结构复杂的封建社会，将会加深我们对于发展较低和结构较简的封建社会的了解，也会帮助我们更好地认识封建社会的一般发展规律。中国境内许多少数民族在封建制度方面也有许多特色，这对我们进行比较研究也是十分有意义的。尤其值得一提的是，中国中古时期文物、典籍的繁富为其他国家所少有。要多方面深入地了解封建社会，这个史料宝库是至为珍贵的。所以只要在比较研究中充分运用了中国史，我们对于其他国家历史的了解，对于世界历史发展的一般规律的了解都无疑会大为提高。

中国史对于世界史的重要性还在于，中国在与外部世界联系的过程中对其他国家，对整个世界的发展都发挥了重要的作用。

在近代以前，世界作为一个有机整体有一个逐渐发展的过程。中国在这个过程中曾经起了十分重要的作用。世界上最古老的文明出现在尼罗河流域、两河流域、印度河流域、黄河流域、克里特岛等几个孤立的点上。以后这些点逐渐联结或扩展为片，然后再逐渐连结为整体。公元前6—前4世纪，古代文明大体已联结成三片：从地中海东部到印度河一片，从印度河到恒河一片，中国一片。印度和它以西的一片在印度河流域发生接触和交叉，相互间开始有了联系和了解。由于喜马拉雅山脉和帕米尔高原所造成的交通困难，这时中国和以西两片有无联系尚待确证。[1] 不过，中国形成为三大片文明地区之一，这对进一步联系的形成极为重要。公元前139年，张骞奉汉武帝命出使，在匈奴中稽留10余年后到达大夏等地，从此开通了"丝绸之路"，三片古文明之间的联系开始发生。以后千余年间，这条路在东西方交通中一直起着重要作用。在古代要走通这一条路，自然是十分困难的。中国人首先开通了这一条路，为东西方经济和文化的交流做出了重大的贡献，具有世界性的历史意义。中国与西方的海上交通，在汉代大约已到印度[2]，这样也就开始接通了经波斯湾或红海而到达西方的航路。当然这条路在古代的艰难危险程度也不在陆路以下。东晋高僧法显从陆路经中亚到印度，以后经斯里兰卡由海路回中国，往返途中经历了许多艰险。随着陆海两路的开通，东西方经济文化交流日益发展。中国古代的四大发明——造纸术、指南针、印刷术、火药也先后传往西方。造纸术于公元8世纪中叶传到阿拉伯人手中，到12

---

[1] 公元前2世纪，张骞至大夏，见邛竹杖、蜀布来自印度，他认为中国西南部与印度可能早有往来。印度《摩诃婆罗多》《政事论》等书中也说到Cina，可能是指中国。确实联系待考。

[2] 在印度迈索尔发现了中国古钱，年代很可能属公元前138年（即汉武帝建元三年）。有的学者以此作为公元前2世纪中印海上交通的证据。

世纪才传入欧洲。印刷术约于12世纪传到埃及，14世纪末传入欧洲。这两项技术传到欧洲的时候，正是文艺复兴即将开始的前夜。它们为欧洲科学文化的传播和资产阶级人文主义战胜封建主义创造了有利的条件。中国人很早就发现磁石可以指南，11世纪中叶，曾公亮等所著《武经总要·前集》，在第十五卷中已说到以指南针为交通辨向工具。12世纪初，朱彧所著《萍洲可谈》第二卷中，已明确说到指南针用于航海事业。约12世纪，指南针传入阿拉伯人手中，以后又传往西方。欧洲人学会以指南针航海，为以后新航路的开辟做了准备，从而也为资本的原始积累准备了条件。火药于14世纪传入欧洲，成了"城市和以城市为依靠的新兴君主政体反对封建贵族的武器"[1]。总之，四大发明的西传，对欧洲的历史起了重要的影响。

  在近代以前，游牧民族的迁徙对于农耕地区民族有很大的影响，甚至影响到广大地区的政治局面。中国北部的游牧民族和中原以南的农耕地区的关系就往往影响到民族的迁徙。从历史上看，规模大、影响大的迁徙有三次。战国、秦汉时期，中国北方最主要的游牧民族是匈奴人。经过两汉时期汉与匈奴的搏斗与和解，公元1世纪中期，南匈奴内附于汉，北匈奴败逃。公元1世纪末，北匈奴逾葱岭西去。至公元4世纪，他们到达欧洲，引起了日耳曼各族的大迁徙和西罗马帝国的灭亡。这是第一次。南北朝后期、隋唐时期，中国北方最主要的游牧民族是突厥人。经过隋唐两朝与突厥的反复争战，公元8世纪中叶，突厥汗国最终灭亡，很多突厥人内附于唐，也有许多突厥人分布于葱岭以西、中亚一带。公元11世纪，居于阿姆河流域的塞尔柱土耳其人向西移动，征服伊朗、两河流域、叙利亚直至小亚细亚。这是第二次。公元13世纪初，金与南宋、西夏处于对峙局面，北面蒙古兴起。在短短的几十年间，蒙古人征服了

---

[1] 《反杜林论》，《马克思恩格斯选集》第三卷，第207页。

欧亚广大地区，形成了历史上空前庞大的帝国。这是第三次。匈奴人在西方建立的帝国、塞尔柱土耳其帝国和蒙古帝国，对于世界历史的影响是很大的。如要了解这些游牧民族的活动，中国史正是必不可少的背景。

在长期与外部世界交往的过程中，中国人曾留下大量关于外国历史的记载。自《史记·大宛列传》以下，几乎历代纪传体史书都有关于外国的传记。它们不仅涉及邻近国家朝鲜、日本、中印半岛诸国、南亚诸国及中亚地区，而且对西亚、欧、非的一些国家也有所记载。此外，中国历代还有许多私人著述，它们专门记述或涉及外国史事，其中有不少还是旅行家亲自记录的所见所闻。汉文《大藏经》中就包含了丰富的外国历史资料，主要是关于南亚、中亚地区的资料。中国典籍对于许多国家的历史，对于长期作为东西方交通要道的中亚地区的历史，具有十分重要的意义。可以毫不夸大地说，如要研究世界各地区联系形成的历史，中国的历史典籍是不可缺少的珍贵资料。总的说来，中国典籍在世界交往史上的意义与中国在世界客观联系形成中的作用是大体相当的。

15世纪末叶至18世纪末叶，世界各地区间海上航道逐渐开通。工业革命于18世纪后期从英国开始，19世纪又在欧洲大陆和美国逐步展开，同时世界经济也逐渐形成一个相互关联的整体。在这个时期，西方社会由封建主义而资本主义，而帝国主义，西方国家在世界范围内进行了残酷的殖民活动。在同一时期，中国逐渐落后了。19世纪中叶以后的百年中又沦为半殖民地。这是中国历史上最暗淡的时期。就是在这样的时期里，中国对于世界历史的作用也是不能忽视的。17世纪末至18世纪，东方的奥斯曼土耳其帝国、印度莫卧儿帝国都迅速衰落，而中国的清王朝却在这时基本上保持了祖国的领土范围。中国作为一个统一的东方大国的存在，给西方殖民者的侵略扩张造成了巨大的障碍。

19世纪中叶以后，中国逐渐沦为半殖民地。但是，中国人民的斗争坚持不断。在鸦片战争、中法战争、中日战争、义和团运动这些多次反对帝国主义的斗争中，不可计量的、无名的民族英雄为保卫祖国做出了多少可歌可泣的事迹。

孙中山领导的辛亥革命不仅在中国推翻了几千年的君主政体，而且在亚洲和世界上也有重要的意义。列宁说："孙中山纲领的每一行动都渗透了战斗的、真诚的民主主义。它充分认识到'种族'革命的不足，丝毫没有对政治表示冷淡，甚至丝毫没有忽视政治自由或容许中国专制制度与中国'社会改革'、中国立宪改革等等并存的思想。这是带有建立共和制度要求的完整的民主主义。它直接提出群众生活状况及群众斗争问题，热烈地同情被剥削劳动者，相信他们是正义的和有力量的。我们接触到的是真正伟大的人民的真正伟大的思想；这样的人民不仅会为自己历来的奴隶地位而痛心，不仅会向往自由和平等，而且会同中国历来的压迫者作斗争。"列宁还以孙中山先生与西方的总统相比，说西方国家的总统是已经腐朽的资产阶级的走狗或傀儡，而"这里的亚洲的共和国临时大总统是充满着崇高精神和英雄气概的革命的民主主义者"。[1] 辛亥革命没有能够完成反帝、反封建的历史任务。以民主和科学为号召的五四运动又进一步展开了反帝、反封建的斗争。毛泽东同志说："中国人民，百年以来，不屈不挠、再接再厉的英勇斗争，使得帝国主义至今不能灭亡中国，也永远不能灭亡中国。"[2] 经历了19世纪末20世纪初帝国主义在世界范围内瓜分殖民地的狂潮，中国作为一个古老的大国能够生存下来，这对帝国主义的侵略来说是一个挫折，对世界被压迫民族的斗争来说则是一个鼓舞。

从20世纪20年代初开始，中国人民在中国共产党领导下走上了新民主主义革命的道路。经过了28年的艰苦斗争，中国人民打败了日本帝国

---

[1] 《中国的民主主义和民粹主义》，《列宁选集》第二卷，人民出版社，1962年，第424页。
[2] 《中国革命和中国共产党》，《毛泽东选集》合订本，第595页。

主义的侵略，推翻了国民党的统治，1949年中华人民共和国成立了。中国革命是在历史悠久、地域广大、人口众多的国家取得胜利的。这就沉重地打击了帝国主义的世界殖民体系，鼓舞了全世界被压迫民族和人民的革命斗争。从此，中国人民站起来了，中国在世界历史上发挥日益重要的作用。

（原载白寿彝主编：《中国通史》，上海人民出版社，1989年，第一卷，第九章）

关于中国古代民族关系特点的几点思考

在世界各个文明古国中，都曾或多或少发生族群或民族的交流与分合过程。在此过程中，一些国家形成了一个或一些比较大的、起主导作用的民族，而另一些则没有。不过，像中国这样形成了一个人数众多的汉族以及以此为主体的多民族的统一国家的情况，则在世界各国中尚属仅见的特例。为什么在中国会出现这样的特点呢？以下谈谈个人的几点思考，尚祈有关专家及读者不吝赐教。

一、民族认同标准上的特色及其影响

在世界古代史上，我们可以到处看到各个族群或民族不同程度的以自我为中心的观念。说起来，这在一定程度上也是自然的。人作为认识的主体，其认识总要有一个起点，这个自然的起点通常就是自我。然而，值得注意的是，以自我为起点以后又如何对待他人的问题。

在中国古代，是有"华夷"之别的。"裔不谋夏，夷不乱华"（《左传·定公十年》），这就是所谓的夷夏大防。为何有此大防？因为"史佚之〈志〉有之，曰：'非我族类，其心必异'"（《左传·成公四年》）。

尊华夏，贬夷狄，此类言辞在中国古籍中实不少见。在古代印度，外来的"雅利安人"（其意思也是华族）称当地土著民族为"蔑戾车"（Mlecchas，意思是"异教徒""野蛮人"）。在古代希腊，希腊人称非希腊人为"蛮族"（barbaroi）。这些称呼都具有蔑视的意思，与中国的"夷狄"大体相似。

可是，区别也是存在的。古印度雅利安人认为，蔑戾车的子女被卖为奴隶是合法的。古代希腊人认为蛮族是"天生的奴隶"。这样的看法，不仅十分严厉，而且具有强调天然的种族区分的鲜明色彩。因此，在古代印度，雅利安人与非雅利安人的鸿沟长期难以解决，它表现在种姓制度里的一生族（非雅利安人）与再生族（雅利安人）的严格界限上。古代希腊人一直没有能够解决与蛮族的区分问题，甚至到了罗马时期，与蛮族的区分问题也未能解决。这一点上，古代中国人的看法却明显不同，其结果也就不同。

古代中国人也讲究民族区分，讲究文明与野蛮的区分，不过其重点并不在于天然的种族或血缘的区分，而在于文化水平的高下。在古代中国，夷与夏是可以互相转化的。据孟子说："舜生于诸冯，迁于负夏，卒于鸣条，东夷之人也。文王生于岐周，卒于毕郢，西夷之人也。"（《孟子·离娄下》）尽管大舜和周文王一是东夷、一是西夷，可是在《孟子》书中，他们却是受到真正顶礼膜拜的华夏大圣人。这是夷可以变为夏的典范。又如《左传·襄公二十九年》里说："杞，夏余也，而即东夷。"杜预注云："行夷礼。"杞是夏朝的后代，按血统是真正的华夏族，可是，就因为"行夷礼"，便当作夷来看待了。唐代韩愈说："孔子之作《春秋》也，诸侯用夷礼，则夷之；进于中国，则中国之。"（《韩昌黎全集》卷十一《原道》）且不论学术界对于《春秋》是否为孔子所作还有争论，也不论《春秋》如何大讲"尊王攘夷"，《春秋》所攘的是文化之夷，而不是种族之夷。韩愈的说法基本是符合《春秋》之义的。

汉代春秋公羊学家说,《春秋》中有三世,即"所传闻世"(衰乱世)、"所闻世"(升平世)、"所见世"(太平世)。三世是春秋历史的三个发展阶段。汉代公羊学殿军大师何休认为,《春秋》的"书法"在"所传闻世"(衰乱世)是"内本国而外诸夏",在"所闻世"(升平世)是"内诸夏而外夷狄",在"所见世"(太平世)则是"夷狄进至于爵,天下远近小大若一"。这样,经过三世的进展,华夷或夷夏的区分就不复存在了。且不论何休所说的这些是否为《春秋》原意,但是颇符合从春秋战国到秦汉的历史大体进程。先秦时期的华夏与夷狄的区分在汉代已经不复存在,他们都汇合成了"汉人"。这在一定程度上也是一种远近大小若一。其所以能够如此,很大程度上要归功于夷夏之分的标准不是定在种族血缘上,而是定在文化进展的高下上。

二、族群血缘关系的相反相成的传统

前文说到,中国古代讲到华夷之辨时有一个立论根据,即"非我族类,其心必异"。还有一些意思类似的话:"异姓则异德,异德则异类","同姓则同德,同德则同心,同心则同志","同姓为兄弟"。看起来,一则为兄弟,近得很;一则为异类,远得很。二者之间似乎泾渭分明,有着一条无法弥缝的鸿沟。如果真是这样,那么华夷可通的途径也就不复存在了。

现在再让我们阅读一下以上所引那段文字的全文:"异姓则异德,异德则异类,异类虽近,男女相及,以生民也。同姓则同德,同德则同心,同心则同志,同志虽远,男女不相及,畏黩故也。黩则生怨,怨乱毓灾,灾毓灭姓[1],是故娶妻避其同姓,畏乱灾也。故异德合姓[2],同德合义,义

---

[1] 按,徐元浩改"姓"为"性",非是,不可从。
[2] 韦昭注:"合姓,合二姓为婚姻。"

以道利，利以阜姓，姓利相更，成而不迁，乃能摄固，保其土房。"[1] 这段话看起来有点神秘，其实就是说，同姓不能结婚，结了婚就会在同姓内部产生矛盾，从而引发灾害，灾害就要引起一姓的灭亡。这大概是由于古人模糊地认识到近亲结婚不利繁殖的结果。

本来异姓即异类，在关系上是互相排斥的；同姓为兄弟，形成一家。推而衍之于族群，异族群为异类，是互相排斥的；同族群为兄弟，亲如一家。可是，由于外婚制作为天经地义性的原则的存在，所以只有依赖"异德合姓"，一个姓才有可能生存并延续下去。譬如，甲姓内部为兄弟，本与乙姓互相排斥；可是只有与乙姓"合德"（通婚），它才能存在并延续。这就是说，没有异姓的存在就没有同姓的存在，异姓乃是同姓存在的必要条件。同时，同姓关系的存在也是必不可少的。只有同姓才能同心同德（"同德合义"），只有同心同德才能创造有利条件，只有有了有利条件才能使一个姓繁荣昌盛起来，只有一个个同姓繁荣昌盛起来才能使异姓之间更好地结合，从而才能"姓利相更，成而不迁"。这也就是说，没有一个个同姓的良好发展，即没有异姓的发展。于是，同姓的发展又成了异姓发展的必要条件。所以，同姓与异姓之间存在的是一种互为充分必要条件的关系。

同姓不婚的结果必然是异姓通婚。而异姓通婚的原则不仅可以通行于不同家族之间，而且可以实行于不同族群或民族之间。当然，把异姓通婚的原则推广于异族之间通婚，其间不是没有经过争议的。例如，周襄王娶狄族（隗姓）之女为后，大臣富辰就曾进谏说："狄，豺狼之德也"，"狄，封豕豺狼，不可厌也"（《国语·周语中》）。周襄王没有接受。因为，这毕竟仍然是异姓通婚。又如，晋献公伐骊戎，娶其女骊姬为夫人，群臣多有谏言，大抵皆强调所谓"女祸"之危害，而未强调戎

---

[1] 徐元诰：《国语集解》，王树民、沈长云点校，中华书局，2002年，第337—338页。

狄、华夏之分（《国语·晋语一》）。晋献公所娶戎狄女子非止一人，公子重耳（文公）、夷吾（惠公）也都是戎狄之女所生。不同族群之间的婚姻，在中国古代史上屡见不鲜，兹不赘述。

总之，我们可以把异族通婚的习惯归结为异姓通婚的延伸或推广。而异族通婚则正是族群间沟通与融合的自然而必需的条件。这一习俗，也正是不同而和或和而不同精神的体现。

三、族群间交流、融合的特色

异姓或异族之间的通婚，为族群间的交流与融合提供了条件。不过，异姓或异族之间的通婚，这本身也需要有便于实行的条件。

在世界古代史上，文明古国的外围都是有着不同文化水平的异族的，因此，总要发生与异族交往的问题。这是中国与其他古国相似的地方。不过，其他文明古国大抵都先后遇到民族流徙的冲击，轻则文明陷于衰落，重则发生文明中断的现象。而古代中国的情况则有所不同。

当上古中国从野蛮走向文明之时，在中原出现的都是一些小邦，而在这些小邦的周围和之间则往往居住着许多不同族群的部落。稍后，在城邑及城郊居住的人民自称为华夏，而在野外的人则被称为夷狄、戎狄或蛮夷。华夏与夷狄之间有和平交往，也有暴力冲突。在长期相互往来的过程中，华夏族群转入夷狄，后又由夷狄转回华夏的事例，在历史上屡见不鲜。例如，相传周人之始祖名弃，善农作，在尧舜时受命为后稷（农官），其后代世任此职，至夏代动乱中放弃了后稷官职，逃窜于夷狄之中（《国语·周语上》）。后来，周人长期默默无闻地生活于戎狄之中，在公刘做首领时，振兴农业，但仍在戎狄包围之中。其子庆节率部迁于幽，至古公（太王）时再迁至岐山下的周原，经过王季、文王的努力，才建立起城邑邦国，打败了混夷（亦称串夷、昆夷、獯鬻、猃狁、犬戎），至武王伐商纣成功，周王乃成为诸夏共主（天子）(《诗经》,《绵》《皇矣》《大明》)。又如，楚国君主本来出于华夏，为重黎（祝融）之后，后来迁入江汉荆蛮地区，到西周中后期便自谓"我蛮夷也"(《史记·楚世家》)，在兼并了许多华夏与蛮夷小邦之后，到春秋中期楚庄王时，已经有很高的文化水平，成为颇有华夏之风的中原霸主。又如，周太王（古公）之长子太伯，为了让位给其弟王季，逃窜到了今江苏南部，在那里从当地蛮夷"文身断发"之俗，春秋前期中原诸夏还以蛮夷视之；到春秋晚期，吴也成为诸夏一员，并一度成为中原盟主。中国先秦时期的这种夷夏互转的现象，在其他文明古国里是很难看到的。

其实，这种夷夏互转的过程，从本质上来看，就是华夏化发展的过程。最初，夏王朝的核心疆域仅限于今山西南部与河南中西部，以东为东夷，以西为西夷，所以到战国时，孟子还据传统称舜为"东夷之人"（舜生于诸冯，在今山东），文王为"西夷之人"（文王生于岐周，在今陕西）。傅孟真（斯年）作《夷夏东西说》，认为中国先秦以至于秦汉，主要民族交往与冲突皆在东西之间。东为夷，西为夏。夏商之间、商周之间、秦与六国之间以至于楚汉相争皆为东西之争。东西之争的结果是中原的扩大与诸族群在中原的融合为一。[1]此说的确富有卓见。不过，南北之争也并非不存在，春秋时期，楚与齐、晋争霸中原，吴、越先后争霸中原，是南北之争；战国中后期起，匈奴（亦称"胡"，传统以为即獯鬻/猃狁北迁之后裔）南下与秦、赵北击胡也是南北之争。到了汉代，汉与匈奴之间既和亲亦征战，汉人之入匈奴，匈奴人之入汉，屡见不鲜。南北之争的结果还是中原的扩大与诸族群在中原的融合为一。

至此可看出，在东西、南北间的交往过程中，逐渐形成了一个中心，即中原。以此为中心，既有向外的发散性活动，又有向内的收敛性活动，

---

[1] 傅斯年：《民族与古代中国史》，河北教育出版社，2002年，第3—60页。

合而言之，是一种以中原为中心的对流活动。在古代，这种对流活动有效地推进了以华夏族为主体的多民族共同体的形成。应该说，这种情况在其他文明古国也是很难见到的。

在古代中国出现这样的对流活动的条件是什么呢？这首先与地形及交通条件有关。中国的地形特点是，东南沿海，西北多山，不像其他某些文明古国那样处于地区间的交通大道上，而是形成了一个大体以中原为中心的交通网络体系[1]。春秋晚期，吴王夫差开邗沟，连接了江淮两个水系。战国初期，魏惠王又开鸿沟，连接了黄河与淮河两个水系。司马迁说："荥阳下引河，东南为鸿沟，以通宋、郑、陈、蔡、曹、卫，与济、汝、淮、泗会；于楚，西方则通渠汉水、云梦之野，东方则通鸿沟江淮之间；于吴，则通渠三江五湖；于齐，则通淄济之间；于蜀，蜀守冰凿离碓，辟沫水之害，穿二江成都之中；此渠皆可行舟，有余则用溉浸，百姓飨其利。"（《史记·河渠书》）到秦始皇凿灵渠，则又沟通了长江和珠江两个水系。

河渠的沟通，有军事价值和灌溉水利价值，还有更为重要的商业运输价值。而且，沿河渠的水路运输，比之陆路节费而省力。司马迁说："夫山西饶材、竹、谷、纑、旄、玉石；山东多鱼、盐、漆、丝、声色；江南出柟、梓、姜、桂、金、锡、连、丹砂、犀、玳瑁、珠玑、齿革；龙门、碣石北多马、牛、羊、旃裘、筋角；铜、铁则千里往往山出棋置；此其大较也。皆中国人民所喜好，谣俗被服饮食奉生送死之具也。"（《史记·货殖列传》）经济生活的需要不仅使中原与东、西、南三方构成相互连接的关系，而且与北方地区也有了商品沟通交流的必要。塞外牧区与

---

[1] 《尚书·禹贡》中所描述的贡道就是以水路为主、偶尔济以陆路的交通网络体系。"网络"概念是受了许倬云教授的启发而采用的。参见许氏《试论网络》《体系网络与中国的分合》（《许倬云自选集》，上海教育出版社，2002年，第30—40页）。不过，这里未严格按照他的三重网络结构的思路来分析问题》。

塞内农区之间，本来就具有经济上互通有无的需求关系。这种经济上互通有无的需求，正是中原与四方产生相当稳定的对流关系的深层基础。

中国古代民族关系问题涉及的方面很多，这里未能展开论述，仅就主要之点谈一些个人想法。

（原载《河北学刊》2006年第3期）

第二辑
中西古史比较

试说中外历史比较研究的理论与方法
——《史苑学步——史学与理论探研》自序

呈现在诸位读者面前的是我的又一部文集。其中有一部分文章是比较早的时候撰写并在从前某个文集里收录过,又有许多是近年才陆续写出发表而未曾收入文集的。为什么会产生这样的有些奇特的现象呢?这里,我必须首先做一个简要的交代。

十多年前,有几位研究史学理论的专家朋友建议我出一本关于史学理论的文集,并且主动热情地帮我从以往文章中选集了约20篇,让我斟酌增删,还约好了由北京大学出版社出版。

对于这些友人的好意,我自当心存感激。不过,同时又心存惶恐。因为,我自知在史学理论方面不过是一个业余爱好者,既未经过严格的史学理论方面的规范训练,更未能有自己的一套思想系统。所以,我说目前的内容明显不足,要等我逐渐补充一些新的论文。于是一拖就是十多年。不过,我的拖并非敢于怠慢,而是我的研究速度快不了,许多文章在最初的口头讲演之后经过十年以上时间才正式写出发表,例如关于回应黑格尔对于中国文明的挑战的几篇(包括关于老子历史观的文章)实际上都经过了几十年的时间。可是,自己对于这样磨出来的东西事后仍然不敢满意。所以,本书拖延时间太久,责任不在出版社方面,而在于我自己。

十年时间,"驽马十驾",终于多少有了一些新的内容,勉强可以拿出来向同行专家和读者朋友请教了。丑媳妇也得见公婆,所以现在决定印行,再拖也对不起出版社了。

以下对于全书分为四辑的缘由略做说明。

首先,以下四个分辑并非关于史学理论问题的逻辑分类,而是根据个人研究历史与理论的过程中实际面对过的问题来谈的。因此,这只能反映个人研究进路的一些特色,而不具有更多的意义。

关于第一辑,"中国古代史学与经学"。这样的立题,的确受过早年就读过的张之洞在《书目答问》附录中说的"由经学入史学者,其史学可信"的影响。不过,这样的说法并非张氏的独创,而是来自中国史学传统。司马迁在《史记·伯夷列传》中说:"夫学者载籍极博,犹考信于六艺。"近代疑古派先驱、清代疑古学者崔述(东壁)的诸篇考信录就是这样做的。当然,顾颉刚先生把崔氏这一迷信也破了。至于我个人,则因为从少年时期读古书就是经、史、子不分的,所以略知经史内容互相交叉、渗透、印证之处甚多。在《汉书·艺文志》里,《太史公书》(即《史记》)就列于六艺略春秋类之中。这是我早年对于经史关系的认知。

上了大学,学了一些西方历史与哲学知识以后,我又发现,古希腊头等的学问是哲学,其地位堪与中国古代之经学旗鼓相当。可是在西方,与哲学相须而行的是数学(几何学)与逻辑学,那是一套由抽象而概念,而判断,而推理的演绎的路数构成的,史学却与哲学关系遥远。亚里士多德在其《诗学》中把哲学列为一等学问,以为它能证明永恒的真知;诗为二等,因它能说明一般情况;历史则为三等,以其变化无常,难以确切把握。由此我又想到,史学与经学的密切关系原来是中国古代学术的一个特点。那么,这个特点有无其价值或存在的理由呢?

这个问题又引起我长期的学习与思考。

我逐渐发现，历史进程本身是一条日新又新的长江大河，时时在变，不断变化之流是永恒的。所以其变中有常，常中有变。至于经学，经有二义：其一，经，作为名词，常道也；其二，作为动词，即为经世致用之经，例如《庄子·齐物论》所谓"春秋经世，先王之志"。经作为常道又如何能够致用于不断变化中的"世"呢？这就必须把"世"放在既变又常的历史里来考察。所以，经学要致用就离不开史学。就像西方哲学要从永恒中把握真理，那就离不开几何学与逻辑学一样。

那么，历史学为何不能走西方哲学那样的把握真理的路数呢？因为历史是人类社会发展的轨迹，而人类社会是有不同的发展阶段的，后一阶段对于前一阶段，既是继承，又是取代，所以二者之间的关系是变与常的统一，而非断裂。其实中国人很早就懂得这个道理。孔子答弟子子张问"十世"是否可知的时候说："殷因于夏礼，所损益，可知也；周因于殷礼，所损益，可知也；其或继周者，虽百世可知也。"（《论语·为政》）孔子从三代礼制嬗变中看出了因循与损益二者兼有，变中亦有其常，因此说百世可知。这就是从变与常的统一中把握真理。因为对于完全变化无常的对象，那的确是无法从中把握真理的。

正是由于从古今之变中看到了常，中国古代史学超越了古代希腊史学局限于当代史的局面，而开创出通史的传统。司马迁撰《史记》，记载自黄帝至汉武帝太初时期的历史，是中国第一部通史。他在致友人任安书中说明自己的著书目的是要"究天人之际，通古今之变，成一家之言"（《汉书·司马迁传》）。古今之变可以通，是因为变中有常。当然，他的"通"思想还有一个来源，即《易·系辞下》："易，穷则变，变则通，通则久。"通史之所以为通，就是因为变则通，而非变则断。

其实通史与断代史的本质区分并不在于所述时段之长短。《史记》无疑属于通史，可是神农以上、汉武以下，仍然不能记载。那么，通史的本质属性是什么呢？在易传，叫"穷变通久"；在董仲舒的春秋公羊学，将夏、商、周三代列为三统，通三统，就经过"承敝通变"的过程，把三代解释为既有变又有常的连续体。司马迁曾从董仲舒问学，从中受到了启发，所以强调"通古今之变"。东汉末，何休倡言春秋"张三世"，是把《公羊传》中的"所见世、所闻世、所传闻世"解说为"所传闻世"为衰乱世、"所闻世"为升平世、"所见世"则为太平世。何休从历时仅242年的《春秋》也解释出兼有常变三阶段的通史精神来了。这不能不说是中国史学思想传统的一大特色。

关于第二辑，"比较研究与世界历史"。这一立题也与我个人治学历程有关。我在做学生的时代还是以中国史为研读的主体的。大学毕业留校工作，系领导却把我分配作世界古代中世纪史助教。对此我也欣然接受了。因为原来想研习中国史，也是打算以世界史为背景来比较着做的，现在改为以中国史为背景比较着研习世界史就可以了。

从20世纪50年代初到70年代末，我在北京师范大学历史系从事世界古代史教学与研究工作。刚开始工作的两三年里，我不得不参看一些西方的世界古代史书籍，可是譬如美国著名埃及学家布勒斯特德（J. H. Breasted）1935年再版的《世界古代史》（*Ancient Times: A History of the Early World*），其中除了加进史前文化以外，还是古代近东、希腊、罗马，根本没有古代中国与印度的内容，我怀疑，这能叫作"世界古代史"吗？这只能说是西方中心论的一种典型表现。1955年秋至1957年夏，到东北师范大学参加由苏联专家格拉德舍夫斯基和林志纯先生主持的世界古代史教师进修班学习。这时候，我们先已看过林先生译出的苏联师范学院《世界古代史》教科书部分油印本稿，随后又看到了苏联教科书的修订版原文本。其基本大纲仍然是原始社会、古代东方、希腊、罗马四大编，编下共分65章，古代东方编仅占15章，不过在其古代东方编里终于列出了内容极其简略的古代印度和古代中国各一章；其实在此书古代东方编的总序里还给东方各国戴上了"奴隶制不发达""土地私有制不发达""东方专制主义"三顶帽子。[1] 一言以蔽之，东方落后而西方先进，东方野蛮而西方文明，东方专制而西方民主，自古而然，其将万劫不复？！这些教条仍然反映出西方中心主义的深深烙印。这又怎能令人满意呢？当时我写的毕业论文是关于古希腊史的，不过心里已经暗暗设想以古希腊文明、古印度文明与古代中国文明做比较研究，这样来试探思考中国人如何从自己的视角出发来认识古代世界，并在将来撰写富有中国特色的世界古代史方面的论著。

从1957年夏回到北京到1979年末，我的工作岗位都是世界古代史的教学与研究。在这一时期，我又开始了对印度古史的研究，逐步践行自己进行中国、印度、希腊的比较研究的设想。可是实际上我在课堂上讲的只是外国古代史。因为根据专业分工，中国古代史已经有专门课程全面详细讲授，不必在世界史里简单重复。这个"世界史"里并无中国的内容。这样的教学效果往往是，在学生的心里，中国史与外国史是两张皮，譬如曾经有人连亚历山大与秦始皇的时代孰先孰后都弄颠倒了。

在我的心目中，世界史不可能由中国史与外国史简单相加或拼凑而成。如果说中国史作为一个有机整体，是一，那么，世界史也应该是一个有机整体，也是一。不过，包含了中国史在内的世界史是大一，而中国史则是其中一个有机成分，即小一；当然，作为在世界文明史中发挥了重大作用的中国史，乃是世界史得以形成的必要条件之一。如何解决这样的问题？我总想在这方面做一些努力。

其实有此想法的岂止是我，林志纯先生是在世界古代史学界引领我们这些青年人学习苏联的先导，可是他对苏联教材里的西方中心主义思想也早有疑义。他老人家努力学习马克思主义经典著作，辨明马克思所说的"亚细亚生产方式"的本质是原始公社，而非指古代东方国家的社

---

[1] 季雅科诺夫、尼科尔斯基主编：《世界古代史》，1956年俄文本，第70页。

会制度，从而批判了从黑格尔到魏特夫的"东方专制主义"说。[1]他竭力了解西方考古学与史学研究的新成果，逐渐提出了古代东西方历史的一个同一性，就是都经历了从城邦到帝国的过程，而城邦阶段并非专制主义的。他没有忘记我们这些早期的学生，从"文革"后期就找我们一同商讨撰写一部中国人自己写的世界上古史。这种努力的结果就是《世界上古史纲》。[2]

不过，这是一部学术专著，直接作为大学教材不太适宜。所以，"文革"刚一结束，北京师大和东北师大的世界上古史、中古史的教师就开始筹划合作编写教材，随后也邀请了杭州大学（今浙江大学）、北京大学以及北京师院（今首都师范大学）一些教师参加；分工是上古卷由我主持，中古卷由朱寰先生主持。林先生曾参加过上古史部分的大纲讨论，并发表了指导性的建议。《世界上古史》1980年由吉林人民出版社初版，1983年出修订版。此书沿袭了林先生的城邦—帝国说，而且在章节安排上也是分地区叙述的。我在此书正文之末写了一篇余论。其中分为：（1）"上古诸文明的发展和联系"，这是为了贯通诸文明之间的横向关系，并在其中提到了中国；（2）"上古世界史上的中国"，这是为了说明中国在世界上古史上的特色与重要作用。附录的"大事年表"中也以中国与其他地区的古文明同时并列，以便读者比较研究。

从20世纪80年代开始，我从历史系调到史学研究所，工作重心转变为在中西文化比较中研究中国古史。不过，80年代和90年代的前期，我的一项很基本的工作还是编写世界上古史的教材。当时，国家教委决定由吴于廑、齐世荣两位教授作为总主编，编写一套6卷的《世界史》。1986年秋，总主编召开了分卷主编的研讨会。此书第一、二卷为古代史，即第

---

[1] 《世界上古史纲》编写组：《世界上古史纲》（下册）第八章，人民出版社，1981年。
[2] 人民出版社1979年出版上册，1981年出版下册。当时未标明主编和参编人姓名，直至2007年初天津教育出版社再版时才标明林志纯先生主编。

一卷为上古史，第二卷为中古史。上古史卷由我和王敦书教授为主编。第一次开会时，王先生正在国外访问讲学，所以由我提交了一份上古史卷的编写大纲草稿，此稿得到了吴先生的首肯，并在会上原则上通过。以后就是延聘专家分头撰稿，中经讨论修改，到1993年11月定稿，1994年出版。

吴先生作为第一总主编，有一个主要的指导思想，即要写出由分散走向一体的世界史，重视诸文明之间的横向交往以及横向发展与社会的纵向发展之间的关系，并强调世界史不同于外国史，世界史中不可无中国史。我为上古史分卷拟定的编写大纲，就是按吴先生的意见做的。如何具体贯彻吴先生的主张呢？我的办法是，将上古史大体分为几个发展阶段来叙述，每阶段并列叙述诸文明之历史，而每阶段之末，都撰写一节中外历史的比较论述，既为供读者思考，也希望有助于说明中国在世界历史中的地位与特点。比较研究始终是我心中的一件大事。

在实践的基础上，继续思考，到1996年，我发表了《历史的比较研究与世界历史》一文，开始涉及一些关于比较研究的理论问题。在2004年6月上海召开的一次史学理论研讨会上，我结合对于库恩的"范式"之间有不可公度性的见解的批判性发言中，谈到了历史比较的逻辑基础的问题。随后在此基础上，和一位朋友合作写成《历史比较初论：比较研究的一般逻辑》[1]，次年发表。这篇文章开始涉及比较研究所必须思考的逻辑问题。当时，我意识到，这是把比较研究从史学实践向理论探讨推进了一步。可是当自己再向前走的时候，就逐步发现有许多短板需要补齐，直到现在仍有知识结构上的待补之处。我真的认识到自己作为一个具体的史学工作者涉及理论之不易，我还是理论研究的一个学步者。不过，我并未放弃努力，希望今后能有一些进展，再向史学理论专家请教。

关于第三辑，"史学的求真与致用"这一立题，同样与个人治史历

---

1 为了简化标题，在此辑中改作《历史比较的逻辑思考》。

程有关。少时读四书,见到孔子对子张说"虽百世可知也"(《论语·为政》),初步感到了历史值得学习。读《孟子》,见其中讲历史的内容更多了,如孟子在回答弟子万章问时所讲尧舜及三代故事(《孟子·万章上》)。他又曾就三代兴亡做出总结:"三代之得天下也以仁,其失天下也以不仁。"并引《诗经》云:"殷鉴不远,在夏后之世。"(《孟子·离娄上》,引诗见《大雅·荡》)这些都让我初步意识到历史的变迁是有规则的,也是可以为鉴的,所以是有用的。

孟子又说:"王者之迹息而诗亡,诗亡然后春秋作。晋之《乘》,楚之《梼杌》,鲁之《春秋》,一也。其事则齐桓、晋文,其文则史。孔子曰:'其义则丘窃取之矣。'"(《孟子·离娄下》)那么,什么是孔子所取的"义"呢?孟子曾有许多说明,此处恕不备引,"寓褒贬,别善恶"(《三字经》)就是最简要的说明。中国史学传统就是讲究求真与致用并重的。我考大学时选定学习历史,就与这一点认识有关。以后在从事历史教学与研究的过程中,对于孟子的这一段话有些进一步的理解。其实,孟子这一段话告示我们,《春秋》里包含了三个组成部分:其事、其文与其义。这里试举一例以为说明。《春秋》宣公二年经云:"秋,九月乙丑,晋赵盾弑其君夷皋。"《左传》则叙事甚详,大意是:晋灵公(夷皋)为君无道,赵盾屡谏不从,反而几度被其谋害,赵盾逃亡而未出境。赵盾族弟赵穿在桃园攻杀了夷皋。赵盾回朝。太史就记录为"赵盾弑其君",公布于朝。赵盾申辩说杀国君的不是他。太史说:"子为正卿,亡不越竟,反不讨贼,非子而谁?"赵盾不再争辩。孔子曰:"董狐,古之良史也,书法不隐;赵宣子(盾),古之良大夫也,为法受恶。惜也,越竟乃免。"在这一项历史叙述中,所谓的"其事",就是赵穿杀死了晋灵公夷皋,即客观的历史过程,正如德文里的 Geschichte(来自动词 geschehen,意思是"发生"),主要指已发生的历史过程。所谓的"其文",就是太史董狐所做的文字记载("赵盾弑其君");为什么记载与事实之间会有差异呢？因为太史记事应该根据"书法"，大概亡不越境，返不讨贼，就有幕后操纵弑君之罪责。孔子所谓他取的"其义"，则在于他既承认赵盾为良大夫（因为事实上他本人并非杀人凶手，而能尊重书法），又承认董狐为良史（因为他能不避风险，而坚持书法）。承认前者，意在求历史过程之真实；承认后者，则意在恪守书法的褒贬以致用。这样就形成了二者之间的张力，似乎也可以说，这就是史学与经学之间的张力。在这一辑里，有两篇文章谈到这个问题，看来只能说对此有了初步探讨，尚未能够深入展开，抛砖引玉而已。

至于史学可以致用，这本是中国《尚书》《诗经》以来深信不疑的传统，可是黑格尔在其《历史哲学》中，却否认历史对人的垂训的作用。很多年前我就意识到这是对于中国文化的一种挑战，经过数十年的学习和思考，写出了《关于"以史为鉴"的对话》，随后又写了一篇补充说明。为什么这样困难呢？因为黑格尔的论述自有其一套理论上的逻辑系统，不深入其中，是很难与他对话的；我们传统的办法摆事实讲道理，对此作用不大。所以我必须先学习他，而学习亦非易事，花几十年时间，不能算多。如今我写了《对话》，觉得自己尽了一份努力。我的见解、方法和论述是否有当？收入此辑，也算是抛砖引玉，希望得到学界同人批评指正。

关于第四辑，"历史理性与逻辑理性"。这样的立题，也与我个人的求学与治史的过程有关。在上大学以前，尤其在抗战时期的沦陷区，我为了不忘中华文化，提高古文的阅读与写作能力，多年时间中都是经、史、子书并读的。对于先秦诸子虽然未能读全，而且也未能深入，可是我对中国传统的思想文化已经有了浓厚的兴趣。又因为在沦陷区里的正式中学里都必须学日文，而我对此十分厌恶，所以大多数时间是在私办的补习馆里学中国古文、数学和英文三门课。学英文时读过《伊索寓言》《泰西五十轶事》，发现西方人所关注的知识内容与我们中国文化颇有不同，觉得有新鲜感。关于数学，我对数字缺乏敏感，学算术时计算常出错；学代数，开始有了一些感觉，觉得有兴趣；到学平面几何时，精神上颇有触电之感，原来还有一种与我所学的中国传统之学大异其趣的学术路数。因此，到上大学的时候，我选修过微积分、逻辑、哲学概论。由此我对逻辑学、西方哲学形成了历久不衰的兴趣，对黑格尔的兴趣也是从这时开始的。可惜的是，迄今我只是一个史学工作者，对于逻辑和哲学始终只是一个业余爱好者。

逻辑理性或纯粹理性，是自柏拉图、亚里士多德以来西方传统哲学中最为关键的研讨内容，也是不可或缺的思维工具。形而上学与逻辑学的关系密不可分。而在中国传统学术中，虽然随处可见逻辑思维的应用，却不曾有自己的严密而系统的逻辑学说。不过，如果转换一个视角来看，古代西方的逻辑理性却没有促成历史理性的发生。相反地，正如柯林武德所说，希腊人的思想有一种"反历史倾向"，希腊罗马的史学具有一种"实质主义"的特点。[1] 中国古代史学既具有相同之点，即人文主义，又具有相异之点，即历史主义。在此辑中，我的多数文章皆为个人对中国古代历史理性的探索之作。

到了近代西方，首先对于历史做认真理性思考的人应当是意大利的维柯（G. Vico，1668—1744），其代表作是《新科学》。其后达到高峰的是康德（I. Kant，1724—1804）和黑格尔（G. W. F. Hegel，1770—1831）。前者的主要代表作是《世界公民观点之下的普遍历史观念》，后者的主要代表作是《历史哲学》。这三位西方先哲都为从逻辑理性向历史理性推进做出了重大贡献，不过这种历史理性仍然是建立在唯心主义的目的论基础之上的。我从20世纪50年代末开始读黑格尔的《历史哲学》，最初读的是王造时先生的中译本，觉得有收获，也有疑问。60—70年代被迫中断。80年代又找到王氏据以汉译的约翰·西布利（J. Sibree）的英文译

---

[1] 请参考柯林武德：《历史的观念》第一编，中国社会科学出版社，1986年。

本来对读，理解深了一些，可是同时又感到了黑格尔对于中国历史文化的无知与曲解。对于他的无知，可以理解且不论；对于他的曲解，那是一种严重的西方中心论的挑战，是不能不予以回应的。于是，再找西布利所据以英译的德文原本，几经辗转，最后从国家图书馆找到了格奥尔格·拉松（G. Lasson）编辑出版的《黑格尔全集》原文本，其中第八卷（1920，莱比锡）题为《世界史哲学》，包括拉松所作的编者引言《作为历史哲学家的黑格尔》以及据黑格尔遗留手稿整理成的《历史中的理性》（世界史哲学引论）；第九卷（1923，莱比锡），也题为《世界史哲学》，包括（1）东方世界，（2）希腊罗马世界，（3）日耳曼世界。这样就涵括了西布利所据以英译的原文本的基本内容。在所有感到疑义的地方，我都做了英译与原文的对照。最后写出的就是收在此辑中的《关于历史发展的连续性与统一性问题——对黑格尔曲解中国历史特点的驳论》。对于黑格尔的挑战，我只能说自己已经尽了一份努力，是否准当，且待批评指教。这里只想补充一点说明，即《历史哲学》的汉译书名，似乎作《世界史哲学》更好。[1] 因为黑格尔不是泛泛地讲历史中的理性，而是在讲理性或"世界精神"从最东方的中国开始，经过印度、波斯，而西行到希腊、罗马，到日耳曼世界而终结。中国被永远地钉死在最原始、落后的十字架上，而他们的日耳曼世界则成为全世界最辉煌的巅峰。他说中国的历史是非历史的历史，中国的统一只是抽象的统一。这分明是在削中国历史之足以适黑格尔"世界精神"之履。因此，我们可以说，黑格尔的历史理性恰好是非历史的"理性"，或者说，他是在不惜肢解活生生的历史，任意取来作为他的"世界精神"的注脚而已。

（原载《淮阴师范学院学报》[哲学社会科学版] 2018年第5期）

1　商务印书馆于2014年出版的《黑格尔全集》第27卷第1分册，汉译本已经这样改了。

试谈中国的世界史研究

第一个问题

在讲"世界史"之前,我们首先会问,什么是"世界"?

从词源学的意义上来讲,英文的world和德文的die Welt是同一个字根,都来自于条顿语,这个词的词源义为"世代"或"人生",其首列义项为"人类存在:人类存在之时期"。由此词源义引申出不同方面与层次的引申、次引申义,或表人类之全体,或表其中之部分,等等。这个词在法语、俄语、拉丁语和希腊语中的情况与英文相似,同样具有多方面、多层次之引申义。

中文的"世界"最初叫作"天下","世界"这个词是从佛经翻译过来的,"世"是讲时间的,"界"是讲空间的,仍然具有上述的特点。所以,"世界"这个词是个极广泛的概念,可以广到"人类的存在",甚至到"存在",几乎是包罗一切的。最高一层的"世界"就是现在讲的"全球"。另一方面,"世界"又可以指整体之部分,小可以小到一个圈子,比如工商界、学术界。

讲"世界史",实际上就是讲"小世界"如何形成"大世界"的这样一种过程。因为,我们认识的世界都是从离我们最近的世界开始的,逐渐认识到远的世界，人类的世界之所以能够形成共同的世界，就是"小世界"和"大世界"相交融的结果。所以，"世界"这个词从内涵上讲是多层次的，从"整体的世界"到"分层的世界"，一直到我们所看到的"小的世界"。

第二个问题

第二个问题讲中国的"世界史"，是一个名与实的问题。

现在，我们中国的"世界史"是名不副实的，"世界史"中不包含中国史，我们已经习惯了"外国史"就是"世界史"的看法。从这个概念的外延来讲，"世界史"缺少中国是不完全的，不符合"世界史"的这个定义。

接下来的问题是，"世界史"的外延假如说就是指全世界，那真正的"世界史"能够做到全世界吗，包括每个国家，可能吗？这是不可能的。包括麦克尼尔的著作在内的"世界史"都没有包括每个国家。因为，要包罗一切国家，既无可能，又非必要。无可能，不难理解；非必要，还是需要从"世界史"概念内涵的角度予以考察。

"世界史"的下面是"国别史"或者"文明史"，而"世界史"跟"国别史"的区别，除掉概念的外延之外，很重要的一个问题就是内涵。"世界史"必须是一个统一体，一个整体的存在，必然是有其内在结构之"大一"。"世界"如果是一个个国家的话，每一个国家或者每一个文明都是一个"小一"，它有自身的内部结构，如果把每个国家自身的小的结构加在一起，是加不出一个"大一"来的，还是"小一"，一堆杂乱无章的"小一"。诸"小一"自身结构的简单相加，得出的必然是"多"，用康德的话来说，只能是茫然无序的"杂多"。

所以，不能把"国别史"简单地相加就成为"世界史"，必须是国别的历史在相互的交往中，由"小一"到"大一"，世界才会成为一个最高一级的有机整体，也就是超乎诸"小一"之上的"大一"。所以，真正的"世界史"应该从交往中看，从联系中看，从融合中看。

一位合格的世界史家，在写"世界史"的时候，不是把每个国家都写出来，他要从这个国家对全世界的贡献的角度来看，而不是从一个国家的角度来看，从世界史的发展进程来看，永远会在一定时间和地方把那些对于世界最起作用的国家写在最显著的位置上，把其次的国家写在不同历史"景深"的不同层次上，以致把某些未起重要作用的国家放到昏暗的地平线以下。这里用的"景深"是照相的术语，就是通过透视的方法把各个国家放在不同的层次上。从这个角度来看，中国史也是不能不写入"世界史"的。

第三个问题

再谈第三个问题。刚才说到，"世界史"是可以以"国家"为单位的，除了"国家"，这个单位也可以是"文化"或"文明"。在这种情况下，中国是不是可以不要？我个人的答案是应该有或必须有。其理由如下：

第一，如果"世界史"是以国别为基础来架构的，那么其研究取向就必然是跨国的和国际的。中国历史在形成的过程中，内部不断有着跨区的和区际的沟通与一体化的进程；对外也一直有着跨国的和国际的沟通与关联的进程。中国在由"小世界"到"中世界"再到"大世界"的进程中一直在发挥着作用。

第二，如果"世界史"以文明为基础来架构，那么，借用雅斯贝斯的话来讲，中国既有"古历史文明"，又有"轴心期文明"，而且已经在以往的人类文明的交流与发展中起了重要的作用。如果忽略中国文明史，则无法研究世界文明史。

第三，每一个国家都必然有其观察"世界史"的视角或出发点。各国有自己看世界的出发点，不仅是不可避免的，而且是有其独特价值的。

因为,"世界史"在经验的层面上存在于交往和连贯的过程中,而在理性的层面上则存在于逻辑的比较研究中。没有比较研究,就不可能在"异"中见"同",也不可能在"同"中见"异",从而也无从在"多"中见"一"、"一"中见"多"。而比较必有其自身的出发点,各国皆有其自身的特色。多重的以至竞争的各具特色的比较视角,有可能成为人们丰富自己对于"世界史"认识的可贵资源。

(原载《光明日报》2015年1月10日第11版)

中西古史比较研究漫谈

本文为2015年4月2日在中国社会科学院历史研究所举办的"上古文明论坛"第一次会议上的发言。

各位同仁、各位同道,

早上好。

今天我来参加这个会,是因为诸位讲的比较研究这个问题,使我感觉到很兴奋。受到诸位热情的感召,你们把我对学术的热情也激发出来了。为什么?我觉得,我们做中国古史研究的人,要把我们的学问真正做到世界上去,用世界多元性眼光、经验来给我们的中国传统文化做一些洗礼,让中国人的研究能够开拓到世界范围去,能够让外国人更好地了解中国文化。同样道理,我们做外国史研究的人,要把我们的世界史做成什么样呢?我们的世界史研究首先是给中国人看的;在世界上、在国际上,我们的世界史研究,也要拿出一个我们中国人对世界史的看法来。

这涉及一个最根本的问题,就是今后这个世界,我们需要不需要互相理解;如果互相不理解会是什么样子。例如,我们天天看报、看电视新闻,都能看到中东的一些情况,看起来是当代的问题,可是所有问题的根，恐怕在古代都已经埋下了。所以，要是不了解历史，我们怎么能够理解现实？我们怎么能够认识这个世界？我们不敢说，做到互相了解、理解就能化解一切矛盾，因为各国之间实际上还有各种利益交叉以至于矛盾的方面。不过，如果能够充分互相了解、理解，那么就可以减少各种不必要的误解与误判，避免零和游戏，使得问题能在和平的环境下不断化解，这也是人类之福。

对于我们这些做古史研究的人来说，以上的话似乎说得有些远了。不过，大概还不能算跑题了。亨廷顿把当代的问题用文明的冲突来解释，是有其道理的。文明的冲突说到根子上就到了古代轴心文明的问题上来了。所以讲当代而涉及古代像是话说远了，其实在某种意义上也是把问题探讨得更深了。我们做学问最好能保持一定的古今之间的张力。

做中西古代比较研究的前辈先生，如今大都已经作古了，我们这一代人也在逐渐衰老中，而诸位富于春秋，正是奋发有为的时候。要做这件事，有比较研究的愿望，是既有重大学术意义又具有现实意义的。这就是让我感觉到激动、兴奋的原因。由于个人学术水平和时间都有限，今天只能粗浅地略谈以下几点，敬请诸位指教。

一、中西比较研究的历史回顾

中国的中西历史文化比较研究，在清朝晚期到民国初年就开始了。严格地说，在明朝晚期，当西方传教士东来的时候，中西文化之间的异同就逐渐展现到人们的眼前，不过认识到这些的只是少数中国学者。利玛窦和徐光启一同翻译了《几何原本》以后，徐氏感受的震动很大，他认为此书"有四不必：不必疑，不必揣，不必试，不必改。有四不可得：欲脱之不可得，欲驳之不可得，欲减之不可得，欲前后更置之不可得。有三至三能：似至晦，实至明，故能以其明明他物之至晦；似至繁，实至简,故能以其简简他物之至繁;似至难,实至易,故能以其易易他物之至难"[1]。这些话表明,徐氏看到了在中国传统学术之外还有另外一种非常有价值的传统,这就是古希腊流传下来的严格的逻辑推导方法和数学中的公理方法。他也敏锐地感到了这一学术传统的威力。不过,与徐光启(1562—1633)基本同时,在英国出现了培根(1561—1626),在意大利出现了伽利略(1564—1642),在法国出现了笛卡尔(1596—1650)。西方科学革命开始了,其成就远远超越前代。而当时大多数中国人没有认识到,还处在昏睡中,总以为我们中国是了不起的。到1793年,英国使者马戛尔尼来华,正在庆八十大寿的乾隆才会说出那句荒唐的话来,好像我们什么都有,我们在文明程度上也更高。其实那时人家工业革命都开始了。乾隆说出这么荒唐的话,那么结果是什么?结果是半个世纪之后,中国人就遭受了百年灾难。一方面,固然是帝国主义侵略我们造成的;可另一方面,谁让你落后呢。当时我们甚至都不知道英国、法国在地球的什么具体地方。

我为什么会对这个问题敏感。因为从我懂事起,正值日本侵略。从"九一八"事变到抗日战争,对我是剧烈的刺激。那时候我能读的学校只有两类,一个是私塾,是读中国古书,这为我学习中国历史文化提供了初始的准备。另外一个是教会学校,我上的学校是美国贵格会(Quakers)办的。在这"半封建半殖民"的教育下,我的幼稚的心灵对于二者之间的巨大反差,最初简直不知所措。最初入私塾时,要点起香烛向孔子牌位和先生行跪拜大礼。上教会学校,则引导我们上教堂做礼拜。两者间的差别不是当时的我所能确知的,可是我看到,太平洋战争爆发以前,我上的学校的校长是美国人,教师有中国人,也有美国人,学校挂美国国旗,日本兵是不能进来的,就好像租界似的,这再一

---

[1] 郭书春主编:《中国科学技术史·数学卷》,科学出版社,2010年,第615页。

次刺激我。日本兵为什么对美国人和对我们中国人的态度竟如此天差地别呢？

那个时候刺激我的有两点。第一，中国历史文化是重要的，如果我们亡国了，我们再不能学中国文化，就如同都德《最后一课》讲的那样子。那时候学英文有《最后一课》，它最后写的"法兰西万岁"，同学听了都流眼泪。所以就感觉到学中国文化是极其必要的。第二，同时也感觉到只学中国文化是不行的，假如中国文化真的那么完美无缺，我们何必遭受这么多苦难呢。

我讲这些，是希望给诸位分享一下过去的痛苦能引起的一种活力或一种激情。中国今天正在迅速复兴中，谁想再占领中国大陆都不可能了。诸位生长在承平时代，认识到比较研究的重要意义，太难得了。

前辈们在比较研究方面已经做了很多工作。广义地说，林则徐、魏源开启了近代中西比较研究的先河。如果仅从史学的领域说，清末民初，梁任公（启超）、刘申叔（师培），曾起重要作用，当时研讨的重点在于中西政治体制之异同。以后，胡适之、冯友兰开启了中西哲学思想的比较领域。20世纪30年代前后还出现了几次中国社会性质论战和社会史论战，这是与中国下一步的革命如何进行的问题密切相关的。

所谓比较，学者们当然是从学术角度出发，可是过去的比较都是从现实问题出发。我不知道我讲的是对还是不对。

到了中华人民共和国成立之后，当时比较研究的重点在哪里？就是历史分期问题、社会性质问题。研究的是古代，实际上关注的仍然是当代。其实，从古至今，不论中外，人类历史上曾经有过各种各样的历史分期法，大体皆为不同时代的人立足于当时而反思历史之结果。今后的历史分期法亦将随时代发展而变化。所以，历史分期问题，既是一个永恒的问题，又是一个应时而变的问题。上一个世纪的古史分期问题，已经是在中外比较的视野下进行的。既然中西历史有异有同，这里面就有公约数，自然可以也应该进行比较。只要我们不为自己的比较研究先预下一个结论，然后千方百计地去自圆其说，而是按照严格的史学工作纪律去做，一番比较研究的成果总会或多或少地做出一些实际的进展的。

20世纪50—60年代的中国古史分期问题讨论，我没有写过一篇文章，因为我当时正在为了给自己打下一个坚实的世界古代史的基础而艰苦努力中。1955—1957学年，我以北京师范大学青年教师的身份，考到东北师范大学组织的世界古代史进修班学习。林志纯先生和我的师生关系就是此时建立的。林先生参加过有关中国古史分期问题的讨论。

我个人虽然早有从事中西古史比较研究的设想，但真正的起点应该说是在东北进修时开始的，或者说是在林先生影响下开始的。所以，就切身体验来谈，自然会从林先生说起。

林先生在东北从事教学和科研的漫长时期的学术观点，大概可以分为前后两期。前期是按照当时学习苏联的号召，以介绍、学习苏联史学成就为主。我也跟着他向苏联学习，北师大派我去东北进修的目的也就是上苏联专家格拉德舍夫斯基主讲的进修班。当时我们学苏联，首先就是听好专家的课，记好笔记，当然也要看苏联部颁的师范学院教本等。1956年苏联出了新订《世界古代史》师院教本，我们赶快买来认真读。那本书是按原始社会、古代东方、希腊、罗马四个部分编写的。在其古代东方部分的引论里，此书认为古代东方的一般特点大体是：（1）奴隶制尚不发达；（2）土地私有制尚不发达，公社长期存在；（3）存在君主集权即"东方专制主义"。（见该书原本第70页）。而希腊古典时期却达到奴隶制的发达阶段（同上书第247页）。苏联专家格拉德舍夫斯基上课这么说，林先生当然也这么说。可是，这不过是苏联的一家之言，基本是斯特鲁威之说；还有秋梅涅夫认为的古代东方存在的是"普遍奴隶制"之说（按，这几乎就是黑格尔说法的变种）。记得有一次和林先生一同走在路上，我私下问他，如依苏联教材之说，古代东方永远是在奴隶制不发达阶段，那么东方又怎样才能过渡到封建制呢？林先生听了之后，沉吟了一会儿，然后对我讲了一些话，大意是学苏联是为了通过它学马克思主义，问题并不简单，他正在努力研读马克思主义经典著作。这些话当时我理解得不怎么清楚，直到改革开放后，才从他的笔记和著作中看明白了。还有一次，林先生告诫我，不要学了俄文忘了英文，学外文要多多益善。他也经常提醒我尽量多看西文新书。他筹建的资料室，买进了大量西文书刊。所以一到改革开放以后，林先生就变了。人能变是了不起的。

值得一提的是，林先生的变，其来有自。他从来努力学习并翻译马克思主义经典著作，而且注意西方考古学与史学的新研究成果，例如《剑桥古代史》修订过程中不断出版的各分册等。只要一读他所主编的《世界上古史纲》，即可知我所说的是实际情况。

林先生后期的比较研究重要成果在哪儿呢？我觉得应该是他提出的古史城邦—帝国二阶段说。林先生根据雅各布森的研究成果，说明早期西亚（苏美尔）有城邦制，进而把公元前6—前4世纪的印度列国时代也解释为城邦时期，进而又把中国春秋战国时期（尤其是春秋时期）解释为城邦时期。比如像他所撰《从〈春秋〉"称人"之例再论亚洲古代民主制》一文，就是其代表作之一。他明确地对我们说，这一转变是根据史学发展新成果而来，而理论的对象就是要批判魏特夫的《东方专制主义》。

对于林先生的关于"《春秋》'称人'之例"的文章，当时我听到几位治中国古史的老前辈都不以为然，说林先生怎么能这么说呢？其实，刘师培的《中国民约精义》、梁启超的《先秦政治思想史》都早有所论述。看来问题还可以进一步深入研究。当时有些治外国史的先生则问，林先生这个城邦是不是扩大化了呢？等等。所以谈比较，问题的提出看来多与现实有关，而研究本身还是有实际的学术内容的。我们做比较研究，不可避免地要注意到古今之间的张力关系问题。这是我讲的第一个问题。

二、比较研究的可行性

因为今天的会是漫谈会，所以以上漫谈了一些过去中外历史比较研究的概况，以供诸位参考，未必切合诸位的实际。以下想稍稍切近一点实际问题。谈比较研究的可行性问题。

如果从最广泛的意义来说，人类的历史，同时异地者可以比较，异地同时者可以比较；而且时地皆异而有共同论题者亦可比较，例如，中国周代的封建制与西欧中古的封建制亦可比较。

现在想结合中国先秦史和世界古代史，亦即诸位所从事的研究领域谈些想法。

就我所知，今天与会的有两部分专家，即中国先秦史专家和世界古代史专家，来自社科院历史所、世界史所，清华大学、北京大学、首都师大等学术单位。我还知道，在这些专家中，一部分是从事古文字、文献研究的专家，一部分是应用文献来研究历史的专家。这使我想到张之洞的一种说法，中国学术以小学（文字、音韵、训诂）为基础，再由小学而经学，由经学而史学。张氏所说小学、经学，大体相当于今天古文字、文献研究，而史学即相当于今天的史学。张氏以为，经过这样三个台阶的研究最可信。当然他也十分清楚，有清一代，经学家基本都通小学，这犹如现在做文字与做文献往往相通；可是，经学家而非史学家者并非少数（如段、王等），而史学家非经学家者又岂乏其人（如章学诚等），这与现在做文字、文献者和做历史者未必兼行一样。因为专家不一定要通治多科。如果治中国古史者与治世界古史者再各自一分为二，那么在座诸位中就有可能是只占中西古史四分之一内容的专家。如果进一步把治世界古史的门类再分为埃及学、亚述学、赫梯学、古典学等，那么我们的专家所治学术则越发专门。

专家聚在一起做比较研究，有其优长之处，也有其困难之处。优长处是问题做到深处时能有底气，困难处就是不易在深处进行沟通。我征得世界历史研究所刘健研究员同意，以她从林先生学习时的事情为例，看看这方面的困难。她在本科生和硕士生阶段从外国赫梯学专家学赫梯学，到博士生阶段又从亚述学专家学亚述学。她的博士论文写的是关于古代用动物内脏进行占卜的问题，而内容则是根据亚述学文献和赫梯学文献对两个不同地方的占卜进行比较研究。我也作为中国世界古代史专家之一参加了她的论文答辩会，可是既不会亚述学，又不会赫梯学，只能在一些细枝末节上提一点问题。所以当时在会下我就对她说，我这个专家是冒充的。其实，林先生这样为刘健设计的学习路线是有其深意的，甚至可以说是从欧洲的开创埃及学、亚述学、赫梯学等的先驱们那里得到启发的。（在19世纪学者们破译了楔形文字以后，又有人想走这一条路破译同为楔形文字的一种小亚古文字，可是没有成功，因为二者所采用的语言不属同一语系。到20世纪初，学者们才终于以印欧语把这种文字破译了。）林老先生让她先学赫梯学，理由有二：其一，赫梯学与亚述学同用楔形文字，其间相似处便于沟通，可是赫梯学与亚述学在语言上不同（前者为印欧语，后者为闪含语）；其二，赫梯学的语言属印欧语系，因此也是一条进入古典学的进路。同时，林先生还要带刘健他们研读《尚书》《诗经》，我曾在私下对老先生说，这样做可能难度太大了，老人家对我的话不置可否。林先生作为中外古典学比较研究的开拓者，不仅其理想、精神和魄力值得我们继承，而且他在培养我国埃及学、亚述学、赫梯学、古典学人才等方面都做出了很好的成绩，也值得我们崇敬。可是，我们中国在19世纪到20世纪前半期的情况无法与英法等国相比，林先生想奋起直追，实在让人感动，要想立即就能培养出商博良、罗林森那样的人，却是不太切合实际的。我们现在还是要结合实际情况、条件来考虑。

所以，诸位如果从各自专业出发来共同搞比较研究，首先得找到一个共同的论题或共同的领域,这个领域是大家都能够进来的。如果一边做的是另一边完全不了解的,是成不了比较的。

因此,要做比较,各自都需要在专精方面先退一步,才能在比较的可能性方面进一步。从研究深度上,从很专门的地方,要退一步。退一步,到我们能够互相了解、交流的地方。

在长期治学的过程中,我们往往会发现关于"精"与"博"二者关系的复杂情况。在一种情况下,即在起步阶段,二者是相互排斥的;在另一种情况下,即在炉火纯青阶段,却又是相通的,甚至是相得益彰的。

所以诸位假使想要做交流的话,要有退一步这样一个认识。解读甲骨文古文献,和解读西方的哪一种古文献,这两者之间的距离太远了。王懿荣看到"龙骨"上的契刻能判断出那是古文字,因为中国古文字有小篆和金文这一条知识链没有断,所以我们前辈做的都是考释工作。而埃及学、亚述学家们却完全不知眼前那堆符号如何读、所用语言为何,所以他们的工作是破译,就像破译密码一样。学西方古文献的,想直接理解甲骨文,几乎也不可能。所以只有退一步,才可能有进步。这是我讲的第一个方面。

第二个方面,就是我们往哪儿退。可能双方都需要互相了解一个基本的历史框架。搞中国史的需要理解世界史的基本框架,搞世界史的需要了解中国史的基本框架。我这样说绝对不敢有任何小看诸位的意思。诸位都是学历史出身,哪有不曾学过中外两个古代史的呢?我的意思是说,现在治中国古史者要以专家的眼光再读外国古史,治世界古史者也要以自己的专家眼光来重读中国古史。在大学阶段,我们学中外古代史,主要学的是基础知识。而今天作为专家,要细心关注的是两方面不同的历史进展道路与史学传统的不同路数。尤其是在双方有意对接的情况下,是能比较有效地发现共同领域的。

要从文献源头上互相了解彼此的框架,这是不现实的。前面说过,当年林先生指导学生，一方面要他们在外国专家的指导下学习外国古文献；另一方面，林先生非常愿意的，要带他们读《尚书》《诗经》。当时我就觉得这非常不现实。怎么能够读，压力大得不得了，《尚书》《诗经》那么好读懂啊？《尚书》，到现在我们不理解的地方还有多少？断句都断不好的地方还有多少？那么多的异说。能够说通解《尚书》的，恐怕就是蔡沈的《书集传》（其中也有一些未详之处），而蔡沈的书只是一家之言。他对《尚书》的理解，到现在不知道被推翻了多少。所以，王国维讲，我们看《尚书》，还有好多问题没有解决。

所以，要找一个共同的基础，必须在一个切实的基础上，我们才能够建立一个切实的比较研究的框架。在这样的情况下，我们的语言才能够互相理解。这个语言不是指外文或中文，而是指共同的学术话语。假如说现在直接把甲骨文的那一套术语讲在这儿，搞亚述学的、埃及学的、古典学的，都不能理解。所以，至少就我们现有的水平，对两方面的历史，要有个基本的了解。在这方面，开始不难，越深越难，也越有兴趣。

这样做比较研究的好处，是我们能够真正地走上那条路。如果能够真正建立起来这样的比较研究，就会促进我们中国人在思考中国历史的时候，认识到，原来楼外有楼，山外有山，天外有天。搞世界史的学者也是如此。这样，我们的世界史，才能够同外国学者交流。如果完全依中国人治中国古史的标准来讲，我们中国人搞外国古典学，是会很困难的。但是不要气馁。第一，我们的语言系统与他们不同，欧洲人就是那个语系的，他们有天然的优势，我们没有这个文化优势。第二，是我们的环境造成的，历史造成的，这不是一代人能够克服的。我们现在的世界史研究，谁也做不到从文献上、从根儿上和别人比，包括考古学，很难比。但是，我们也不能就无所作为呀！

外国人在了解中国这一点上，怎么说也不如我们。我尝试做过一些研究。我看过理雅各（James Legge）在王韬的协助下翻译的中国经书，我很钦佩他。但他的翻译有各种各样的问题，我的文章中举了各种例子，他哪些地方翻译错了，怎么错了。我对前辈学者当然是抱有敬意的，不歧视。我分析他产生的错误的原因所在，就是缺乏中国文化的底蕴。这是天生的问题。包括日本人，如泷川资言，也因此犯了一些低级的标点错误，我给你们讲过。现在要讲的话，还可以举出一些例子来。要说他的学问比我大多了，可是会犯一些低级错误。所以，外国人了解中国史，有很多天然的困难，就像我们了解西方有困难一样，丝毫不差。

在这样的情况下，我们中国人看待中国与世界，从总体上看，能够提供一个视角。从中国人的角度看，世界史是什么样子的。这样的世界史研究，是尝试，会不成熟的，会不断修改的。在比较的过程中、深入的过程中，我们会做出出色的研究。这可能不是一代人能够实现的，但我们应该开始，不能无所作为啊！

我们搞中国史的学者，要搞专家之学，绝不是说要放弃专家之学。专家之学，外国人也在搞。但我也讲实话，外国人搞中国史研究，比19世纪的时候，比20世纪初的时候，已经有很大的落差。像高本汉这样的学者，还是很出色的，看到我们中国人很多没看懂的东西，尤其是科学的语音学。他的研究帮我们解决好多问题，但是也存在问题，就是文化隔阂问题。现在许多国外的学者对中国、对汉学的了解，水平看来大不如前了。

这是一个时代问题。在商品经济大潮中，人都趋利，所以凡是研究古代的人，都是"傻子"，为一个理想的目标，把自己的一切都放弃。我们到这里来，就是"上修道院"，就是准备"下地狱"。为了什么？为了把中国史贡献给世界，让世界能理解我们，我们能理解世界。

三、比较研究一般必经的认识发展阶段

现在再讲关于比较本身的问题。什么是比较，比较的条件是什么？

说起比较，好像很神秘，其实又很普通，谁不知道比较啊？货比三家不吃亏，生活中天天都有。萝卜白菜都是蔬菜，各有所爱，这不是比较吗？所以在这个层次上不难理解。

可是，比较研究就不是那么简单了。严格地说，作为比较的项呈现的都是表示事物的概念，而所有的概念皆有其本质性的定义，那是由属概念加种差形成的。这几句话说得距离史学稍微远了一点，还是举例说吧。我们到超市买"菜"，那么首先就要问什么是"菜"？答案是："菜"属于"食物"（"食物"在此是"菜"的上位概念或属概念），是辅助性的食物即副食（副食非主食，与主食之差即种差）。如果把"菜"作为属概念，那么在"菜"的下位，还有蔬菜与荤菜之种差，依此还可以继续下推。所以，我们在属概念的层次上看到的是同（同为菜），在种概念层次上看到的是异（蔬菜与荤菜异）。从这个例子就可以看出，比较研究的认识是有层次的。

现在再从经验层面举一个例子。

假如我是一个完全陌生的外人，今天应邀来到这个会场，那么我第一眼看到的是一群人，年龄性别不同，面貌更是各异。这样，我是看到了，但是并不真正了解诸位。如用康德的话讲，那就是只见到"杂多"（Mannigfaltigkeit）。当然实际不是如此，我和你们两个研究所，应该算是几十年的老朋友了，但也有很多不认识的新面孔，因为年纪不同，这也是自然的。

当我们初看各国古代史的时候，第一印象也会是各不相同，情况就和刚才说的比喻类似。这是第一阶段。

话再说回今天会场的比喻。经过了第一个阶段看到诸位的各异，我不能不想到今天开的是什么会，要谈的是什么题目，这样就一下明白过来（其实是经过抽象），原来诸位都是史学专家，而且都是治古代史的专家。于是从异中就看到了同，这样就到了认识的第二阶段。

从第一个阶段到第二个阶段不容易，在杂多中，能够找到其间的共性不容易。这点看起来容易，其实很不容易，因为在此时必须经过思维的抽象过程。抽象就是抽出不同对象中的共相，其实这也就是舍弃殊相的过程。简单地说，抽象就是要从诸异中看到其中共同的本质。

话再说回我们所研究的各国古代史。如果初看各国古史，印象的确会是杂多。然后，我们把问题集中到某一方面，以这个领域为目标，舍弃次要的异，抽出主要的同，这样就会出现一个共同论题。譬如历史分期问题、文明特点比较问题等。林志纯先生把世界古代文明史分为城邦——帝国两个阶段，就是从异中见同的结果。我个人认为，林先生这一分期法，是有历史意义的，但不会是我们认识的终结。

由多中看到一，由异中看到同，认识确实进了一步，但认识的过程尚未完成。

譬如，我在这里知道诸位都是古代史专家以后，并不意味着真的了解到诸位作为一个群体是如何结构起来的。所以，我必须进一步了解，诸位各自在专业领域中是怎样形成一个具体分工合作，互相取长补短，从而形成一个有机整体的。只有到了这个层次，即在同中再次见异，这样才完成了一个认识周期。套用黑格尔的术语，这就是一次正、反、合。

比如古代的中国和欧洲，最初看，两者没有相同的地方。林志纯先生提出，都由城邦到帝国是同。他这样说，不是没有根据的。如果直观地从国家的领土广袤来看，那么，我们甚至可以说，许多地方最初是城市国家，然后是区域性的王国，后来又扩展为跨地区的帝国。最初我也受这种思想影响，看来顺理成章。这就是从认识的第一阶段到了第二阶段。不过，仔细想来，林先生也没有停滞在这个限度以内，老人家还是力图在内容上也有所突破的。他不仅从国家领土的规模考察，而且注意到了其政治结构的问题。他讲中国先秦的诸侯国是城邦，也注意到其中是否有君主、贵族会议、公民大会三种权力存在的问题。现在看来，林先生在探讨这些问题时，实际上已经开始从比较研究的第二阶段向第三阶段迈进。大概由于年事日高，加之学术兴趣略有转移，林先生未能在第三阶段有大进展。我曾经写过一篇题为《三朝制新探》的文章，试图从传统经学的礼学文献中与春秋学文献寻求外朝、治朝、内朝的制度，可以说是与林先生的主张相应和的。拙文发表后，自觉无力再向前进，而且想到仍需解决的问题甚多，如中国的秦汉帝国与波斯帝国、亚历山大帝国、罗马帝国，自规模而言同为帝国，其间的异同则需要做大量深入的研究了。古代的这些大帝国果然完全相同吗？所以第一阶段到第二阶段难，第二阶段到第三阶段更难。

我在上面讲比较研究的认识三阶段，主要举了城邦—帝国说的例子。其实，从政治、经济、文化到各种具体专门领域的比较研究大体都要经过这样三个阶段。经过三个阶段也不意味着比较研究的终结，正如《周易》卦序所列，"既济"之后仍有"未济"。"贞"下还要起"元"。

所以，诸位，我们要进行历史的比较研究，有比较的意愿是非常重要的。没有这个意愿就不必提了。比较研究肯定会遇到困难。遇到困难后是持积极态度还是消极态度？到这个时候，最需要的是什么？能顶过去。我们人的成长道路、学术的成长道路，是一个不断超越的过程。我们不要被过去的自我束缚，我们的知识永远是有限的，能看到的问题的深度永远是有限的。能够超越一次，就能找到一次共同点，再超越一次，就能从同中发现新异（更深层之异，结构之异）。这样就能在克服一次困难中提高一次学术兴趣和自觉性。提高学术兴趣和自觉性，其本身就会变为动力。这种动力要比外在的动力美好得多、强大得多。

我粗略地就讲这些，自己做了一次反省，更希望诸位批评指教。

（原载《理论与史学》2015年第1期，第1—12页；
王泽文、牛海茹记录整理，经本人审核并略有改动）

历史、史学与社会三者关系之思考

历史、史学与社会三者之间关系密切，其相互可构成历史与社会、历史与史学、史学与社会三组明确的对应关系。在新的时代背景下，笔者对其相互关系做简明的讨论。

一、历史与社会

历史，英文作history（源自希腊语词根），既可指作为过程的历史，也可指作为书写的历史。德文作Geschichte（源自条顿语词根），来自动词geschehen（意思是发生、出现），故严格地说系指作为发生或出现了的过程之历史。历史有两大特点：其一，在时间中已为过去，具有非当下性；其二，其存在方式既是纵向的（vertical），也是历时的（diachronical）。

社会，英文作society（源自拉丁语词根societas，动词作socio，意思是参与、联合等），德文作Gesellschaft（源自条顿语词根，动词作gesellen，意思也是联合、结伴）。社会也有两大特点：其一，在时间上属于现在，具有当下性；其二，其存在方式既是横向的（horizontal），又是共时性的（synchronical）。

　　由上可知，历史与社会之间，在概念上既有差异性也有相斥性。但问题还有另一方面。一则，在没有特殊说明的情况下，历史从来都指人类的历史而不是个人的历史，是作为人类社会生成、发展的历史过程，所以历史实际上总以社会的方方面面的内容作为自己的内容。可以说，若无社会，又何来历史？这是历史与社会同一性与相通性的内在根据之一。

　　二则，一切社会中并存的各种群体、各种关系，都是由以前的历史给定的。每一代人都只能在既定的历史条件下行动。因此，不妨说无历史即无社会存在的前提条件，或无历史即无社会。这是历史与社会同一性与相通性的内在根据之二。

　　三则，当我们把社会看为横向的、共时的关系的时候，实际上这种预设只是相对的。如果从深层来追问，难道社会上有一件具体的事、一次具体的交往关系不是在时间中进行的吗？比如一次交易过程中，要有售者报价、购者还价方可达成交易。这里的关系不是逻辑上的关系，而是实际的关系。这种实际的关系的本身就是纵向的、历时性的。这是历史与社会同一性与相通性的内在根据之三。

　　四则，从更深层次上追问，什么是严格的当下、严格的共时？有绝对的当下吗？当我们说"当"的时候，"下"还是将来，但是到说"下"的时候，"当"已经成为过去。绝对的当下其实只是在纵向的时间轴上的一个背向过去而面向未来的在值上接近于零的点。相应地，在横向的空间轴上也有一个点（即交往中的瞬间所在）与纵向轴上的此点重合。正是这个矛盾统一着的点是历史与社会交集之所在，亦即交互作用之所在。所以，正是社会的不同层次与方面的交往或关系，不仅构成了历史的内容，而且导出了历史延续的方向。我们不妨说，社会就是正在形成中的历史（history in making）。历史与社会，原来是内在地相通的。这是历史与社会同一性与相通性的内在根据之四。

二、历史与史学

历史，以上已有说明。史学，即英文之history，德文之Historie（皆源自希腊语词根），英文或作historiography，亦即书写之历史。

作为已经发生之过程的历史，它自然是给定的、客观的；而书写成文的史书，却是历史过程的记录者或史书撰写者主观的产物。因此，二者之间在性质上是不同的，不能将二者简单地混而为一。

不过问题也还有另一面。

其一，尽管由于史学理论家们的观点不同，作为书写的历史与作为过程的历史之间的关系实际上存在着种种不同的说法，如"实录""再现""涉及"或仅仅"关于"，等等。不过，只要说自己的书是史书，那就无人能够否认它与历史过程之间是有关系的。因为无历史即无所谓史书，历史最终总是史书的必要条件（虽然并非充分条件）。关于历史演义，不论其中史实的可靠性如何，甚至如《三国演义》等书含有的史料的可靠程度颇高，但终究是演义，是文学名著，而非严格意义上的史书。这是历史与史学的同一性与相通性的内在根据之一。

其二，历史既然是过去之事，因而与其他学科的对象不同，即它并不直接地呈现在研究者的眼前，亦无法对之做重复性的实验。较近的历史还可以凭借口耳相传有所知悉，而古代遥远的历史，就非自史书而无从得知。有文字以前的史前史，则只能靠考古学、人类学等学科去发掘，而且始终不能如用文字书写的史书之过程具体、人事清晰、层次分明。所以，除史前史外，也不妨说，无史书即无历史之流传。因此，在一定限度内，无史书即无我们可知之历史。史书或文字记录是我们历史知识的必要条件。这是历史与史学的同一性与相通性的内在根据之二。

其三，历史过程先于历史书写，这就决定了书写必定是对于过程的记忆、回忆与反思。只经记忆或回忆而书写的记录，为"记注"，其经由反思而有作者见解者，则为"撰述"（此种称谓见章学诚《文史通义·书教上》)。

不过，人们对于往事的记忆或回忆，绝对不可能也无必要把一切都记下来，记忆或回忆从来都是因其意义之不同而有所区分取舍的。那么，如何又据什么来决定区分取舍的标准呢？看来这又取决于书写者当时的处境与关注，而书写者的处境与关注尽管是现时的，但最终是由他前此的历史条件决定的。至于历史学家采取何种观点、做出何种评判从而成一家之言，那就更必须具有自己的"先见"（prejudice，vorurteilung），因而也更离不开他的历史经历了。史家的记注与撰述都是以其对于以往历史的了解为必要（但非充分）条件的。这是历史与史学的同一性与相通性的内在根据之三。

其四，史家的记注与撰述是一种活动，直接是学术活动，但也可能具有其他某些动机或目的。这种活动本身就是历史性的活动，而且除非其著作本身毫无价值，这种活动还是具有历史意义的活动。史学活动一方面是纵向的、历时的、古今交往的活动，另一方面又是横向的、共时的交往活动。它本身自然是历史过程的一部分，一个重要的有机部分。这是历史与史学的同一性与相通性的内在根据之四。

三、史学与社会

如前文所述，社会通常是被设定为具横向的、共时性的关系的，社会学也被设定为具有同样特点的学问。史学既以纵向的、历时性的历史过程为研究对象，而其自身则具有纵向的、历时性的特点。须知，任何具体的史学著作都始终处于史学史的长河之中，不理解史学史，几乎难以理解任何时期的具体史学著作。因此史学就如同作为过程的历史一样，与横向的、共时性的社会具有了性质和特点上的差异。

不过问题仍旧还有另一面。

其一，史学所研究的直接是历史。如前所述，历史本身就是社会发展、流变之过程或社会的连续性，而且严格地说，瞬时的社会交往都具有历时的性质，因此也可以说史学的研究对象间接的也就是社会。从研究对象的角度看，无对于过去社会的了解，即无以了解史学。只有具有对于以往社会流变的通识，史书才可能具有通史精神。这是史学与社会的同一性与相通性的内在根据之一。

其二，史家作为史书的记注者或撰述者，都必然是一个具体时代、具体社会中的一员，因此他不可能超越时空地了解、评判既往的历史过程，而必然有其自己的时代的立足点。这个立足点又非可以凭空存在，它只能也必能存在于当时的社会之中。从史学研究者的主观角度来看，不知当代社会即难以知古。尽管以今拟古可能犯古史现代化的错误，不过如果能够自觉地区分古今，那么以当今社会史学发展所提供的思维方法来研究既往的历史，恰恰可以使自己的史学著作具有时代的精神，即新社会的精神。甚至可以说，不具有时代精神的史学著作在史学史上是不可能占有一席之地的。史学与当代社会竟然有如此密切的关系，这是史学与社会的同一性与相通性的内在根据之二。

其三，史学家的史学活动本身就是社会活动的一种，而且这种活动本身对于社会也会有其影响或作用。为什么？其原因即在于史家研究与书写的基本使命是"述往事，思来者"。史家力求从对历史的追述与思考中，察出历史的趋势，从而供当下社会借鉴。当然，史家的这种努力可能产生两种不同的社会后果：如果研究的成果是成功的，那么就是对于史学正确的应用，就会产生积极的社会效果；如果研究的成果是失败的，那么就是对于史学错误的滥用，就会产生消极的社会后果。历史上的实例不胜枚举，恕不赘述。这是史学与社会的同一性与相通性的内在根据之三。

（原载《郑州大学学报》［哲学社会科学版］2013年第3期）

孝与仁在原理上矛盾吗？

本文为2003年5月上旬与何元国、蒋重跃讨论稿。何元国、蒋重跃问，刘家和答。

何：我最近拜读了周予同先生在1927年写的一篇文章，题目是《"孝"与"生殖器崇拜"》，其中有个论点：曾子之所以把"孝"泛化，使它的概念外延与"仁"相等，是为了克服"孝"与"仁"之间的矛盾。我觉得在所见过的同类文章里好像没有其他文章达到了这篇文章的深度，周先生把问题提到了这样的深度，使我感到震撼。不过，我对这个问题没有把握，所以想向您请教。

答：许多年前，当我浏览《古史辨》的时候，也曾经读过这篇文章。当时感到周先生的这一篇写于"五四"以后不久的大作富有破除圣经贤传神圣光环的启蒙作用，也感受过震动；不过，那时我还没有注意到你现在所看到的这一点。现在你把问题提出来，能看到周先生所提问题的分量，我很高兴。听你一说，我也觉得周先生的确提出了前人不曾提出的问题，把研究推进到一个新的深度。既然你又感到对问题还没有把握，我想那就让我们来探讨一下，也请重跃参加。当然，我们必须从理解周先生文章的原文开始，让我们一同看一下周先生是怎样具体论证的。

何：周先生是这样论证的，具体如下：

> 孔子或其他儒者的思想，以为"孝"固然很重要，但究竟不过是"仁"的小部分，如果不幸"仁""孝"发生冲突而不能两全的时候，则应该舍"孝"而取"仁"。再详细些说，儒家以毁伤父母所给与的肢体为不孝，就是所谓"身体发肤，受之父母，不敢毁伤"；又以自杀被杀或独身而断绝祖先的血统为不孝，就是所谓"不孝有三，无后为大"；所以孔子主张"敬身"；孟子主张"守身"。但当本体或大血统根本发生危险的时候，即"仁"德根本动摇的时候，那我们只得牺牲个己或小血统以维持本体或大血统的生命，即孔子所谓"杀身成仁"，孟子所谓"舍生取义"。本来"杀身""舍生"是不孝，但为"仁"的缘故，"杀身""舍生"不仅不是不孝，而且自有其特殊的价值。这种说法，在实际的社会上，固自有其必要；但就仁孝关系的原理说，不免相矛盾而欠圆满。所以曾子一派为求"仁""孝"关系的妥帖起见，竭力扩充"孝"的范围，以与"仁"相一致，使"仁""孝"根本上不发生冲突。[1]

其实，我还有这样一种感觉，那就是儒家有许多说法似乎并无一定之规。不知我这种感觉是否有道理。

答：我们读儒家书，常会发现其中的概念或说法并无一定之规。譬如，孔子说"仁"，就有许多不同的表述，不像希腊人那样总要先给出定义。

---

[1] 周予同：《"孝"与"生殖器崇拜"》，载顾颉刚编著《古史辨》第二册中编，上海古籍出版社，1982年，第250页。

为什么会这样呢？请看《论语·先进》："子路问：'闻斯行诸？'子曰：'有父兄在，如之何其闻斯行之？'冉有问：'闻斯行诸？'子曰：'闻斯行之。'公西华曰：'由也问闻斯行诸，子曰有父兄在。求也问闻斯行诸，子曰闻斯行之。赤也惑，敢问。'子曰：'求也退，故进之；由也兼人，故退之。'"同一个问题，在孔子那里竟然有两个截然相反的答案。这就是公西华疑惑之所在。难道对子路（由）来说有父兄在就要尽孝悌的义务，不可以实行该做即做的原则（因有危险），而对冉有（求）来说有父兄在也可以不尽孝悌的义务，实行该做即做的原则？当然不是。为什么？孔子是在因材施教，而不是据定义施教；答案之截然相反，是因为提问者的具体情况截然相反。他并没有先给出通用于一般人的放之四海而皆准的答案。孔子不用定义法，可能是他坚持具体问题具体处理的原则。

从以上所引《论语》的例子看，如果说其中有矛盾，那么，这种矛盾是在什么层面上的？

蒋、何：应该是实际层面上的，而非理论（原理）层面上的。

答：说上述那个例子里的矛盾是实际层面上的，是正确的；不过，是否就不是理论层面上的？那还需要具体的论证。因为，在实际层面上矛盾着的东西在理论层面上还有两种可能：是矛盾的，或者是不矛盾的。现在想请你们二位看看，周先生说孝与仁在原理（理论）上是矛盾的，而在实际的社会上有其必要（大概有不矛盾的意思），那么他所举例证明的到底是社会实际的矛盾还是理论（原理）上的矛盾？

蒋、何：好像也是实际层面上的，而非理论层面上的。

答：你们说"好像"是一种严谨的态度，只有经过论证才能取消"好像"这样的推测之词。

蒋、何：那么应该怎样论证呢？

答：我看，恐怕还得从"孝"的定义开始。

何：孔子并未曾给"孝"下定义，我们可以"替天行道"吗？

答：我想是可以的。只要我们抓住"孝"字的本义，并且用孔子对它的基本解释来理解之。"孝"字的本义是什么呢？

何：您在《儒家孝道与家庭伦理的社会化》一文中曾引《尔雅·释训》《释名·释言语》《孝经说》等，说明"孝"、"好"、"畜"（即养）相通，以证明"孝"字本有爱且养的意思。[1]

答：是的，"孝"字的本义原是爱且养，这也可以说是"孝"的原初的语词定义。不过在孔子看来，爱和养固然是构成孝的必要条件，但还不是充分条件。对吗？

蒋：《论语·为政》记载了孔子针对几个弟子问"孝"的回答：

> 孟懿子问孝。子曰："无违。"樊迟御，子告之曰："孟孙问孝于我，我对曰：'无违。'"樊迟曰："何谓也？"子曰："生，事之以礼；死，葬之以礼，祭之以礼。"孟武伯问孝。子曰："父母唯其疾之忧。"子游问孝，子曰："今之孝者，是谓能养。至于犬马，皆能有养。不敬，何以别乎？"子夏问孝，子曰："色难。有事，弟子服其劳。有酒食，先生馔，曾是以为孝乎？"

可见，孝不仅要爱养父母，还要敬顺父母。

---

[1] 刘家和：《儒家孝道与家庭伦理的社会化》，载《史学论衡：庆祝北京师范大学一百周年校庆历史系论文集》下编，北京师范大学出版社，2002年，第284—297页。

答：这就是说，孔子对"孝"的内容（从而定义）做了新的发展，这就是：爱养作为属概念，其下还可以分为两个互相排斥的种概念，即有敬顺之心的（对父母）与无敬顺之心的（对宠物）。孝是前者，即有敬顺之心的爱养。请看以下的示意表：

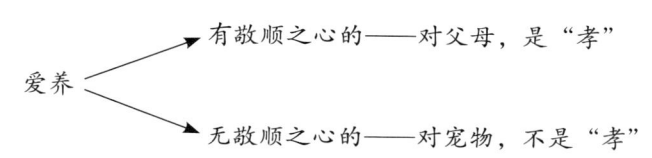

```
         ┌─ 有敬顺之心的 ── 对父母，是"孝"
爱养 ────┤
         └─ 无敬顺之心的 ── 对宠物，不是"孝"
```

现在我们以属概念加种差的方法获得了"孝"的定义，而且这个属概念加种差是孔子本人为我们提供的。

蒋、何：那么，爱养和敬顺二者是否具有同样重要的意义呢？
答：在孔子的思想里，后者（即敬顺）毋宁是更重要的；因为正是这个种差，才使"孝"的特性明白起来。

何：得出"孝"的定义，我们将如何做进一步的分析？
答：现在我们既然有了"孝"的定义，那么自然要按照这个定义来衡量一个人的具体行为是否符合孝的标准了。例如，一个人在面临因外敌入侵而有国破家亡危险的时候，也就是周先生所说的"当本体或大血统根本发生危险"的时候，他可以有一些什么样的选择呢？

何：从周先生的大作里就可以看出，有两种不同的选择：其一是，坚守"身体发肤，受之父母，不敢毁伤"的孝道，躲在家里养父母；其二是，遵循"志士仁人，无求生以害仁，有杀身以成仁"原则，勇敢地走上抗敌的前线，为国捐躯。

这里还有两个问题要请教，其一是，周先生说："本来'杀身''舍生'是不孝，但为'仁'的缘故，'杀身''舍生'不仅不是不孝，而且自有其特殊的价值。"这里的"特殊价值"是什么？其二是，周先生说："这种说法（杀身成仁、舍生取义），在实际的社会上，固自有其必要；但就仁孝关系的原理说，不免相矛盾而欠圆满。"为什么说对实际社会有其必要，而在仁孝关系原理上相矛盾？这第二个问题，实际就是开始时提的问题，现在希望结合上下文加以分析。

答：最好还是先从两种具体选择谈起，因为那是具体的事，易于了解。假如那个人做了第一种选择，即躲在家里养父母。如果他的父母是很自私的人，那么这个人的确是敬顺了父母的意志。按照"孝"的定义，他算是尽了孝道。如果他的父母是知大义、识大体的人，自己的孩子为国献身为莫大的光荣，那么这个人就违背了父母的意志。按照"孝"的定义，他就算是不孝。这里出现了真正的矛盾，孝与不孝的矛盾。

蒋：那么这样的矛盾是怎样产生的？

答：我们不能说这是孝和仁在理论上的矛盾，而只能说，这是由持两类道德理念的父母引发的矛盾。或者说，在这两类父母里，一类是仁者，另一类是不仁者。在父母是仁者的具体条件下，杀身成仁就与孝不矛盾；在父母是不仁者的具体条件下，杀身成仁就似乎与孝相矛盾了。所以，矛盾发生于所处的具体条件之不同（且矛盾），而非孝与仁在理论（原理）上的矛盾。

何：您在这里强调了"孝"概念里的对父母敬顺的因素，可是还有孝养父母的问题呢？

答：如果人民都躲在家里，结果因为抵抗乏力，国破家亡，那么人们都成了亡国奴，还有什么孝养父母可言？如果人民都奋不顾身地抵抗入侵之敌，结果取得胜利，那么尽管个人已经英勇牺牲，胜利了的同胞怎么能不敬养他遗留下来父母呢？"皮之不存，毛将焉附"？周先生所说的杀身成仁的"特殊价值"即在于此。不过周先生的话说得有一些曲折,"不仅不是不孝"的下半句比较顺当的说法应当是"而且是大孝"。他所说的"特殊价值"就是大孝。

何：那么周先生为什么要曲折地说呢？

答：如果不曲折地说,即直接地说,那么孝（尤其是大孝）就不论在实际层面还是理论层面都不矛盾了。这是否也就回答了你的问题之二了？

何：周先生还说,"孔子或其他儒者的思想,以为'孝'固然很重要,但究竟不过是'仁'的小部分",那么部分与整体之间是什么关系呢？

答：让我们先来做一个图（如下）,图中外面大圈是"仁"的外延,里面小圈是"孝"的外延。如果以"孝"为主词来作命题,那就是"所有的'孝'都是'仁'"（A命题）；如果以"仁"为主词来作命题,那就是"一些'仁'是'孝'"（I命题）。"仁"包含"孝","孝"摄于"仁"。

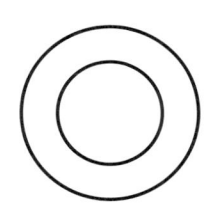

如果说"仁"与"孝"在理论（原理）上构成矛盾,那么就必须"仁"是"不孝","孝"是"不仁"。因为"仁"与（而且只与）"不仁"构成矛盾,其间排中。所以只有"孝"等同于"不仁","孝"才能与"仁"在逻辑上相矛盾。可是,在这里"孝"不是等同于"不仁",而是包含于"仁"之中。这样,二者之间就不存在逻辑上的矛盾,也就不存在理论上矛盾的问题了。

蒋：只说"孝是仁的小部分"够不够？仁与孝是简单的整体与部分的关系吗？

答：问题提得很好。二者之间是整体与部分的关系，但又不是简单的整体与部分的关系，其间还有其内在的有机的关系。《论语·学而》所记"孝悌"为"仁"之本说，就是最好的说明。"孝"不仅是"仁"的一部分，而且是"仁"的根本部分。所以，从现实的层面看，"孝"只是"仁"的一部分；而从潜能的层面看，"孝"就展延在全部"仁"中，或者说"仁"就是"孝"的潜能的展现。好比一棵树，根是树的一部分，但又不是简单地与枝叶并列的一部分；整棵树都是从根部发育而来的。

蒋：周先生还做了这样一个示意图（见下），说明"仁"源于天地，而"孝"源于祖先，只是"孝"又被引向了"仁"。这个示意图与上面所说的情况又有所不同。

生殖器崇拜──→生殖崇拜──→天地──→仁
　　　　　　　　　　　　　　　　　　↑
　　　　　　　　　　　　　　　└→祖先──→孝

答："仁"是源于天地吗？如果承认儒家的"仁"源于天地，那将会得出什么结论呢？

蒋：我记得您曾在《论中国古代轴心时期的文明与原始传统的关系》一文中谈到这个问题，简单说，是这样论证的：《说文》认为，"仁"字由"人"和"二"组成，表达了人和人的相亲相爱。在孔子和孟子所下的定义中，"仁就是人们互相把别人当作和自己同类的伙伴"，就是要"互相把别人当作人来对待"。怎样把人当作人呢？他们认为必须做到"仁者爱人"，爱人的主体是人，途径是从己出发，推己及人，己立立人，己达达人，直至全体人类。[1]这样看来，仁应当源于人自身，而不应源于天地。

---

[1] 刘家和：《古代中国与世界——一个古史研究者的思考》，武汉出版社，1995年，第461页。

答：是的。不过，这里还有一个问题，或许更值得思考，那就是儒家的仁与天地有没有关系呢？如果有，是什么样的关系？这种关系和墨家的兼爱与天的关系有没有区别呢？

蒋：先生，为什么要思考这个问题呢？

答：周先生是从仁与天地的关系这个角度提出问题的，我们不能把老先生提出的见解放在一边，当作没有看见，而应该认真地接着他提出的问题继续讨论，这既符合学术规范的要求，也是对前辈学者的尊重。请你继续谈你的见解。

蒋：我们知道，儒家也是讲天的，不但讲天，还在天人关系的思想上有重要贡献。《召诰》把殷周递嬗说成是"皇天上帝，改厥元子"，《正义》引郑玄云："言首（通元）子者，凡人皆云天之子，天子为之首耳。"也就是说：人类都是天之子，天子是长子。《荀子》和《大戴礼记》有礼三本之说，认为天地是万物人生之本。西汉董仲舒也认为："天地者，万物之本，先祖之所出也。"[1]北宋张载提出"民胞物与"之说，与此一脉相承。可见，儒家不但把天当作人类的最高祖先，还把它当作人与万物的共同祖先。

何：那么，按照这个逻辑，人不但对人可以爱，对物不是也可以爱了么？

答：是的。孟子不是说过"亲亲而仁民，仁民而爱物"（《孟子·尽心上》）的话吗？

何：可是，这样一来，又怎么与墨家相区别呢？

---

[1] 苏舆撰、钟哲点校：《春秋繁露义证·观德第三十三》，中华书局，1992年，第269页。《顺命第七十》篇认为：父亲是儿子的天，天是父亲的天，不仅如此，"天者，万物之祖"，第410页。

答：还是请重跃继续谈。

蒋：儒家虽然承认对天下之人都可以博爱，对天下之物也要博爱，但博爱却是有差别的。在上面引的那句话的前面，孟子是这样说的："君子之于物也，爱之而弗仁；于民也，仁之而弗亲。"就是说，对物，只能爱，不能仁；对民（普通人）只能仁，不能亲；亲（孝）只能是对亲（父母）的。按照这个逻辑，由自身而父母，由父母而祖先，由祖先而天地，越是近的，越亲，越是远的，越疏。横向的亲疏，决定于纵向的远近，丧服制、宗法制，莫不如此。《论语》记载："樊迟问仁。子曰：'爱人。'"（《论语·颜渊》）仁是对人的爱。如果把天当作人类的祖先（即人类的一部分）来看待的话，那么，仁可以说与天是有关的；如果把天单纯当作物的本原来看待的话，那么，仁与天又是没有关系的了。当然，即使承认仁与天有关，那也不能说明仁来源于天，恰恰相反，它是从身出发，从孝悌开始，逐层向外推出去，由爱有差等这一条线贯穿起来的，它的源头在人而不在天。这就是儒家的思想。那么，墨家又是怎样的呢？

在墨家看来，天显然不是人类情感外推的最后一个客体，而是兼爱由以向外辐射的本原，即第一个主体。墨家首先设定天或天鬼的至高无上的地位，然后又赋予天或天鬼以兼爱的品格，并把它说成是"天志"或"天鬼之志"。在天看来，人类是没有区别的，那么天志的兼爱天下，也就是不分远近亲疏，一律相同的了。可见，兼爱是来源于天的。儒家的仁爱如果不是本于孝悌，不是从亲亲开始，而是源于天地，从天地开始，那就很可能与墨家的天志和兼爱混同起来。我这样理解，不知对否？

答：的确，由墨子的天志推导出来的只能是兼爱，那是人间的无区别的爱，与儒家的由亲亲开始的、"老吾老以及人之老、幼吾幼以及人之幼"的仁（或称博爱）是不同的，因为博爱是有差等的。

何：这样理解儒墨仁爱和兼爱的异同，我觉得清楚多了。顺便问一下，曾子把爱物也说为"孝"的扩充，是否过分了？

答：看来他在这里是把"孝"的解释扩大化了。

何：那么仁爱的外推，就是这么一个现实的伦理过程还是可以做进一步的逻辑推导呢？

答：我觉得，是应该有进一步的逻辑推导的，不过这得从"孝"的性质分析做起。你们看，"孝"是出于自然还是出于自觉？

蒋、何：似乎有自然的因素，也有自觉的因素。

答：你们说得对，我们的分析就应当从这里开始。在许多高等动物群里都有这种现象：老动物好像很爱护它们的幼崽，而幼崽对母亲也很亲切。这当然是自然现象，客观上是种群延续所需要的动物本能。动物的这种亲子之间的爱，一到了哺乳期结束或幼崽自立期开始就结束了。人类亲子之间的爱，不能否认其中有自然的爱，不过哺乳期过后母亲始终爱其子女，子女成人成家之后也继续爱其父母，甚至大舜"五十而慕（父母）"，这显然不是出于动物的本能需要了。孟子说大舜是大孝，也正因为如此。这就是亲亲之道。

非常有趣的是，亲亲之道本身有其内在的矛盾。

蒋、何：愿闻其详。

答：亲亲总是爱自己的亲，有其从自我出发或为己的一面；不过，为了亲亲，个人就不能不克己以奉亲，克己奉亲就是"孝"。为己与克己，这就是一对矛盾。

何：对，如果为己的一面占了优势，那么就会"亲亲而爱私"，只有克己的一面占了优势,那才会"亲亲而仁民"。这样说来,由"孝"而"仁"还有一个斗争过程呢!

蒋:你说得很生动。我也赞成"孝"的为己与克己两面说,但是我认为二者之中应该有一个主导的方面,是吧?

答:对,是应该对这两个方面做进一步的说明。为己出于自发的激情,而克己出于自觉的理性。所以这二者之间的矛盾,本质上是激情与理性的矛盾。在人类历史的整个过程中,应该说理性是起了主导作用的。当然,相反的情况也经常出现,这也是历史事实。正是在这样的矛盾过程里,人类的历史才逐渐发展起来。作为充满克己与为己张力的"孝",其所以能够逐步外推而为仁,就是张力两极相互作用的结果。

蒋:我记得您在《先秦儒家仁礼学说新探》里说到"仁"的内在张力也是任己与克己两个方面,[1]这正好与"孝"的内在张力在原则上是一致的。

答:你说得是。"孝"的为己的一面永远会存在的,因为己是一个无法回避的出发点,而且如果没有己,克己也就失去了自己的对象,于是也就不能存在。而克己的每一步进展,就是"孝"的每一步外推,其终极目标就是"仁"——从爱己出发的爱一切人,从尊重自己出发的尊重一切人。说到这里,还是要借用孔子的话来说:"孝"的外推的根本原则仍然是"己欲立而立人,己欲达而达人"和"己所不欲,勿施于人"。儒家讲修身、齐家、治国、平天下,这既有从效果角度出发的外推,也有从逻辑角度出发的外推。后一种外推在《礼记·大学》里未曾明白地说出来,这也许是中国儒家的习惯;经过我们这一番讨论,是否就可以看得比较清楚一些了?

---

[1] 载氏著《古代中国与世界》,第377—398页。

蒋、何： 对，为己与克己的矛盾是"孝"之所以能够外推的根据，也是从小我向大我逐步外推的根据，修齐治平就是沿着这一矛盾规定的道路推展开来的。这次讨论的收获还不小。

答： 如果说我们的这一次讨论还有一些收获，那么首先还得感谢我们的前辈周予同先生，是他经过几年的深思，早在76年以前就发人深省地提出了仁与孝之间的矛盾问题，从而把问题思考深度空前地加深了。现在我们作为晚辈，对于周先生的具体结论发表了一些不同的意见，但是我们也是从矛盾的角度思考问题、讨论问题的，这又是继承了周先生的路数在逐步前进。甚至还可以说，如果没有周先生提出这个问题，那么我们大概还不会有这一次的讨论呢。

蒋、何： 我们的确应该感谢周先生的启发。

答： 讨论至此结束。谢谢二位一同讨论。再见！

蒋、何： 谢谢您，再见！

（原载《中国哲学史》2004年第1期）

走向新的经学研究

本文为2005年11月，清华大学"首届中国经学学术研讨会"所撰笔谈。

中国经学，在某种意义上，乃是我们中国传统文化的核心，也是两岸四地以及海外华人的文化自我认同的核心。文化可以分为不同的层次和方面，有些属于表层的，如衣裳服饰、饮食习惯等，华人与外人不同，但是华人很容易习惯于着西服、用西餐，外人也不难着唐装、用中膳。可见，在浅层次上，文化认同的转变并不为难。学术属于文化的深层次，不过在不同方面认同转变的情况就很不相同，例如，自然科学与技术，中国古代的四大发明外国人接受起来毫不困难，西方的科学技术华人接受起来也毫无困难。困难在于人文学科方面。而在人文学科中，对于华人来说，经学看来尤为处于核心地位。因为它在深层次、多方面影响着我们的价值观，而且常常起作用于人们于不知不觉之中。所以，严格地（也许有些夸张地）说来，我们只有越是深入地研究经学，才能越是自觉地了解我们的自我文化认同之所在。

问题在于，这样一门学问在100多年里所经历的风风雨雨。1840年以后，列强侵略中国日亟，中国人民陷入水深火热之中，面临国破家亡的危险。在这样的情况下，人们自然会反思自己文化传统中的缺陷与问题。经学既然作为文化认同的核心，自然也就逐渐被认为乃问题核心之所在。在五四时期，我们的一些受过经学训练的前辈们却大声疾呼要摧毁经学，这绝对不是偶然的，也是完全能够历史地予以理解的。严格地说，由于种种原因，彻底否定经学甚至整个中华文化传统的倾向，"五四"以后一再出现，直至今日，此种倾向仍然在相当大的范围里存在着。由于各种原因，人们对于经学有不同的见解，这是很自然的事，可以继续讨论。不过，重新体悟到经学重要意义的学者现在正在快速增加，而且见解也颇有进展，否则就不会有今天的盛会的召开。刚才林庆彰先生说到，在台湾，学者们已经为经学研究做了很多工作。这是事实，是值得尊重的事实。其实，在大陆也有很多人在做，不过做得相对地说还很不够。今天又开这样一个盛会，实在是一件很了不起的事。

我们今天恢复经学研究，把它当作一门学问来认真研究，这是非常好的。可是经学研究这条路怎么走？在新的历史条件下如何迈出新的脚步？这还是值得思考的问题。那么我今天就想来谈谈这个问题。

看来需要温故而知新。中国经学发展到有清一代，可以说是达到了高潮或极致。这样说，包含了两重意思：一则，清儒在传统文献之学方面，尤其是文字、音韵、训诂方面，已经做到了前无古人的程度。今人要在同样范围、同样标准里对他们的成就有所突破，也绝非易事。二则，清儒的经学研究在思想境界与水平上，总体来说，已经趋于保守定型，越来越失去了自我超越的可能性。现在我们要研究经学，自然不能不从清儒工作的经验教训入手。

第一，先看清儒经学研究的经验。清儒总结了很多经验，到最后由张之洞说了这么一句话："由小学入经学者，其经学可信；由经学入史学者，其史学可信。"这一句话说得很精到。离开小学（即文字音韵训诂之学），就难以真正读懂经书，也就难以真正研究经学。

离开史学，就无法知晓经书形成之历史背景与所指涉之内容，小自名物度数，大至义理精微，一路都是拦路虎，自然也就难以真正研究经学。所以研治经学的真功夫，恐怕还要一边下在小学（philology）一边下在史学上。如果没有这两方面的功夫，我们的经学可能就是建立在沙滩上。80年前，清华大学国学研究院的前辈在做经学研究时就很好地继承了清儒的这一传统，而且能结合地下出土新资料做出新贡献；现在，清华大学历史系的教授们在做经学研究时，又继承了自己前辈的传统。我觉得，要做经学研究还是要走这一条路。

第二，再看清儒经学研究的教训。清儒经学研究中的教训，大体可以分两类说，一类是具体层面的，这里不能也不必缕述；另一类是原则性的，现在就谈这后一个问题。清儒的经学研究不能说做得不深、不细，因此他们对中华文化的自我认同也不能说不深不细，甚至可以说他们的文化自我认同不能说不执着。可是，他们毕竟对自己还是"不识庐山真面目，只缘身在此山中"。他们知己而不知彼，知中而不知外，于是误以为自己就是一切。凡西方科学技术之最新成果，他们皆以为中国古已有之；凡西方思想文化之进展，他们皆以为背离古圣先王之遗训。于是乃有其后中国百余年之不振，从而也导致了后来经学自身之被怀疑与否定。问题出在何处？依愚见，问题就出在：清儒只知道我是我，而不知道我是我的有限性，不知我是到何种程度以内还是我，到了某种程度以外就不再是我。斯宾诺莎有一个很有名的警句被黑格尔所欣赏和引用，这就是"规定即否定"（all determination is negation）。这一句话的翻译，看来要在开头加上"一切"（原文所有）以示并无例外。这一句话的原文（拉丁文、英文基本相同）在字源上和逻辑上都是无可驳难的。Determination的词冠是De，意思是"下"，词根是terminus，意思是"终点"，在终点处划下一个界，这就是"规定"，此界之内，是肯定，此界之外，就是否定。所以，"一切规定即否定"就整个命题来说即就界内与界外两端兼而言之，在思想上是无可怀疑的。其实，也可以这样说，清儒不自知经学的有限性，正是一种缺乏与外界的比较或反思，从而不能认识自身本质的表现。黑格尔在其《小逻辑》中说："我们常认为哲学的任务或目的在于认识事物的本质，这意思只是说，不应当让事物停留在它的直接性里，而须指出它是以别的事物为中介或根据的。"[1] 这就是说，事物的本质必须通过以别的事物为中介才能反映出来。只知自身是难以认识自身的本质的。这一点看来在我们今天的经学研究中也是值得注意的。

今天的经学研究的目的大概不外两点：一是，深入认识中华文化传统的核心，研究越深自我认识的程度也就有越深的可能，当然也还要有对于外国文化的了解或研究作为参照，比较越深，对我们自身文化本质的认识也就越深；二是，我们海内外的华人实在负有对世界文化做出自己贡献的义务，在世界日益全球化的历史条件下，我们越能让其他文化的传承者了解并理解中华文化，我们对世界文化的发展、对民族之间的和谐，就越能做出我们自己的贡献。

要做到以上两点，看来需要大家的共同努力。每一位学者的研究范围总是有其限度的，即使研究范围比较广泛的学者，其研究的中心领域也总会是有限的。这样，我就想起了19世纪英国传教士学者理雅各，他在鸦片战争后来到香港，学了中文，在友人王韬协助下，几乎遍译中国群经。如果没有两人的合作，那么这项工作几乎完全无法完成。可是，在他们的合作中，两个人的差异仍然是十分明显的。理雅各在对西方介绍中国经学方面做出了巨大贡献，但是，他对中国经学的理解仍然有很大的局限性，有些地方可以说几乎无法理解（比如对中国的《春秋》就很难理解，尤其对《春秋》公羊学简直无法理解）。这里面当然有其民

---

[1] 黑格尔：《小逻辑》，贺麟译，商务印书馆，1980年，第242页。

族歧视的原因，而其更深层次的原因还是文化深层的隔阂。所以，尽管他长期从事中国经学研究，但很难说他能由此对其本民族的文化本质有了多少更深刻的认识。

我们今天做经学，总是说中国思想要走向世界，经学也要走向世界。所以我们觉得，现在，海内外的学者，尤其是华语界的学者，来共同做这个事，不知道是对还是错。我觉得，21世纪的经学应该是新经学，这个新经学就是要深入地了解对方，主要是西方，西方的理性特点是什么？我的体会是逻辑理性的传统。中国的理性传统是什么？因为跟西方相比，中国没有哲学。包括刚去世的德里达也认为中国没有哲学。为什么？他认为中国没有理性。其实很简单，康德就说过有历史理性，在中国，所有的历史理性都体现在中国经学。我觉得必须要通过这样一些途径，使得我们的经学从微观到宏观，上穷碧落下黄泉，下黄泉就是要渗透到语言学、史学、文献学的各方面基础；上穷碧落就是要在理论上找到前途。所以，需要我们海内外有志的学者联合起来，共同奋斗，把中国的经学变成21世纪的新经学。这样，随着中国的逐渐复兴、中华文化的复兴，我们就可以出现新的局面，我们的中国文化、中华文化，就会既能够同国外交流，同时，也能在国际上做出我们中国人的贡献。

（原载《中国文化研究》2006年第1期）

史学・史学理论及史学史・比较史学
——访刘家和教授

本文为2007年的采访。张越、何佳岭问，刘家和答。

问：您长期以来兼治中国史和世界史，形成了自己独特的学术研究路径和治学方法，取得了丰厚的学术研究成就。这必然伴随着坚持不懈的努力和持之以恒的信念，同时，您早年的求学经历也一定会在您的学术道路上起到重要的作用。可否请您先回顾一下这方面的情况？

答：我的研究领域涉及中国史和世界史，的确与我求学时和参加工作后的一些实际情况有关系。上小学前，我先在私塾读了几年旧书，后因抗战爆发，上学校读书就变得断断续续了，但是跟从老先生读旧书一直没有中断。先生指点我要读《说文解字》，有时就会打开《说文》，对照着书给我讲解。这是我接触《说文》的开始。抗战胜利时我上了高中。那时，在我的头脑里没有什么文史哲的区别，床头案边放着《国语》《春秋三传》《老子》《庄子》《韩非子》等书，随时浏览。高中毕业后，我上了荣家在无锡兴办的江南大学史地系，以历史为主攻方向。除了中外通史两门课、中外近代史两门课，以及国文、英文、地理学等必修课外，还选修了商周史、秦汉史、哲学概论、理则学（即逻辑学）、伦理学、古文字学、政治学、经济学、微积分等课程。我最有兴趣的是先秦和两汉的历史。我在江南大学只读了两年，因史地系停办，便转到南京大学历史系，后来又转到北京的辅仁大学历史系。1952年大学毕业，正赶上院系调整，辅仁大学并入北京师范大学，我被留在北京师范大学历史系工作。

在大学学习期间，我遇到过许多位好的老师，感受到太多老师教诲的恩泽。例如我学外文就遇到过几位非常好又非常令人难忘的老师。特别是在专业学习上，有幸受教于钱穆先生、唐君毅先生、牟宗三先生等著名学者。几位老师都是在我茅塞即开而未开之际，适逢其会地给了我一生受用的影响。他们教我的时间并不很长，也就一至二年，可是我从他们那里得到的却是对于这些学科的终身学习的浓烈愿望。我觉得这是最宝贵的。钱穆先生教过我中国通史和秦汉史，他对中国历史发展的整体把握和对具体历史问题的精到论辩，都使我受到前所未有的震动和影响。钱先生让我读他和梁任公分别撰写的同名书《中国近三百年学术史》，目的是了解一个治学门径。以后，我在治中国古史时始终坚持治史必重考证，治先秦史必自清人研究入手的原则。唐君毅先生教过我哲学概论和伦理学，他的课让我强烈感受到他在辨析前代哲学家思想时所表现出的哲学智慧，这引起了我对西方哲学和哲学史的浓厚兴趣。尤其唐先生很欣赏并喜爱讲黑格尔的辩证法，使我对黑格尔哲学从最初的难以理解到后来的欲罢不能，见到黑格尔的书，只要有时间，看不懂也肯硬着头皮看下去，几十年来对黑格尔的兴趣一直不减。牟宗三先生教过我们逻辑学，他以西方的古典逻辑为主，也涉及一些因明学和墨家逻辑，使我了解了一种西方人所习惯使用而中国人不常用的思考方法，我听了也非常有兴趣，并从此养成了在研究中遇到逻辑问题的时候一定要找逻辑书查清才罢手的习惯。我提到这几位老师，并非说我能继承他们的学术，够做他们的入室弟子，而仅仅是因为在我的求知欲极为旺盛的时候得遇他们的指导和教育，在我的治学之路上打下了深刻的烙印，使我受到终身的影响。

毕业留校后，按照我自己的愿望，当然是想继续研治中国史，但是却被安排从事世界古代、中世纪史专业的教学和研究。我心里知道这很难，但只好硬着头皮去做。经过大约两年时间，对课程内容有了基本了解之后，我考虑应该找一个点进行深入研究，于是决定从研究希腊开始，因为希腊的思想文化非常丰富，还可以和中国的思想如诸子比较。我在侯外庐先生的著作中受到启发，认为研究思想史应先从社会经济史入手。有一点我心里很清楚，就是不管从哪里入手，必须要与中国史有所比较才行。当时学术界正在讨论中国古史分期问题，有些先生在讨论中涉及了与斯巴达的黑劳士（Helot）制度的比较。我就把注意力集中在斯巴达的黑劳士问题上。随后有两年（1955年秋至1957年夏）时间，我到东北师范大学参加一个青年教师进修班，从一位教世界古代史的苏联专家进修世界古代史，写了一篇8万字的论文《论黑劳士制度》（后来发表的只是论文主体部分），可算是我这一阶段的研究成果。从东北进修回来，我发现印度与中国的关系很密切，也有着十分悠久的文明传统，我们国内又有大量汉译佛经可以作为研究资料。借助梁启超的《佛学研究十八篇》中《佛典之翻译》一文的附录《佛教典籍谱录考》，我首先从研究佛经目录开始，也还是从社会经济史入手，写了《印度早期佛教的种姓制度观》《古代印度的土地关系》等论文。在使用重要资料方面，我尽可能以汉译文献与英译彼方文献相对照，为了进一步研究印度史，我还想学梵文和巴利文，但是这时社会条件已不允许了，先是"四清"，接着是"文革"，运动一个接着一个，我的古印度研究被打断，学习梵文也就无从说起。"文革"后，白青彝先生要我到史学所工作，就又正式研究中国史，主要是先秦史。我始终不能忘情于中国史研究，也一直没有放下，我研究世界史的方法，在一定程度上也是从研究中国史的方法中移植过来的。无论是研究中国史还是世界史，均需从史料入手，要懂目录之学和文字训诂之学。我看到乔治·格罗特（George Grote）的《希腊史》，就发现西方史家治史也是讲目录之学和文字训诂之学，要弄懂原始材料，要搞清学术发展脉络。对于我来说，中国史和世界史并不是两张皮，而是互相联系着的。我做世界史的研究工作，同时也在为比较研究做准备，选取希腊和印度古代史做深入研究，就是想寻找比较的点。这使我近年来有可能做一些比较研究方面的工作。

问：我们想就史学理论和史学史方面的一些问题向您请教。现在是把"史学理论"和"史学史"合在一起作为"历史学"下的一个二级学科，即"史学理论及史学史"，那么，史学理论和史学史二者之间有什么区别和联系？

答：首先谈谈个人的想法。要谈"史学理论"和"史学史"，首先应该明确一点，史学理论是史学的，史学史也是史学的，所以应该从史学说起。史学来源于"史"，对于"史"，王国维先生等前辈学者已经讨论很多了。可以肯定地说，"史"最早的含义不是指书，而是指人，是掌管某种文书的人，即史家。现在我们所指的"史"不是指人，而是指历史和历史典籍。分析这个变化过程，最好从中西比较的角度来看。

《孟子·离娄下》中说："孟子曰：王者之迹息而诗亡，诗亡然后春秋作。晋之《乘》，楚之《梼杌》，鲁之《春秋》，一也。其事则齐桓、晋文，其文则史。孔子曰：'其义则丘窃取之矣。'"有人把这里的"史"误解为史书。"其事则齐桓、晋文"应该理解为"其事则齐桓、晋文之事"，"其文则史"则应该理解为"其文则史之文"。理雅各翻译《孟子》的英译文是不太准确的。原文是："The subject of the Chún Chíu was the affairs of Hwan of Chíand Wan of Tsin, and its style was the historical. Coufucius said, its righteous decisions I ventured to make." "其文"，它翻译成"style"，文风；这个"style"是"historical"，这个文风是历史的，有误。"其文"应当是指史官记载的文字。可见在孟子的时候，"史"还是指人。中国在春秋时期就已经出现了《春秋》《左传》这样的史书，有文献记载时间是很长的。中国人要整理材料、记载历史的时候，就要查前代史官的记录。《尚书·多士》中记周公之言"惟尔知，惟殷先人有册有典"。古代的文书都是一片片的龟甲或者竹简，用线穿起来，这就是"册"，在"册"底下是两只手，这就是"典"。100年来发现的甲骨文文献证明周公的话是有根据的。可见从周人开始，从《诗》《书》开始，要想了解历史，就要看"册"和"典"，即前人的记载。这些"册"和"典"就是史官所记。所以中国最早讲"史"是指史官。

中国的二十四史，前边的主要称"书"，后边的改称"史"了，这个现象可以说明一些问题。《史记》原名《太史公书》，后来怎么变成《史记》了呢？《史记》里边多次谈到"史记"这个词，如司马迁自己写的"太史公读史记"，等等。那么"史记"就是历史材料，即史之所记。《史记》第一次出现"史记"两个字是在《史记·周本纪》里："周太史伯阳读史记曰：周亡矣。"这里的"史记"，张守节《史记正义》注："诸侯皆有史以记事，故曰史记。"也就是说"史记"不是历史的记载，而是史官的记载。《史记》的英文翻译 Records of the Historian 是准确的。《史记》原来称作"书"，今天的"史"是从"史之所记"来的。从《太史公书》下来，《汉书》《旧唐书》《新唐书》等都是"书"，意味着那时"史"的含义是人，而不是史书。

在西方，"史"字"History"是从拉丁文来的，拉丁文中的"史"又是从希腊文来的，意思是 inquire，表示追问。所以西方的"历史"这个词是从"追问"来的，希腊文就是这个意思，但是希腊文写成"historia"，欧洲所有国家的文字都写成"historia"，包括俄文、德文也是。"history"这个词有两重意思，一个是指历史的过程，一个是指历史的记载。希罗多德第一次用"历史"这个词的时候，本来"history"它作动词用的时候就是inquire，变成名词就是inquirement。希罗多德不查前人的记录的原因有二：第一，在希腊，原来的克里特、迈锡尼文字是线形文字，早就被希腊人忘了。对希腊人来说，以前没有"册""典"，有的只是一部荷马史诗，但这只是一部神话。即无"册""典"可查。第二，希罗多德写的《历史》，主要讲的是希罗多德时期的希波战争，是他同时代的事。他在书中也写了一些古史或者远古的传说，不是看文献典册，而是要听说，要追问（inquire）。即使是希波战争的内容，他也不可能事事都知道和参与，仍然要去调查，要inquire。

孔子在《论语》中讲："夏礼，吾能言之，杞不足征也。殷礼，吾能言之，宋不足征也。文献不足故也。足，则吾能征之矣。"孔子在这里讲夏礼、殷礼文献不足。文献含有两个内容，一个是"文"，一个是"献"。所以，中国人也不是只查"册"或"典"。"文"是指"史之文"；"献"，"贤（人）"也，是指人。即也要找人询问当时的事。司马迁就是一边查存留的文献"典""册"，另一边要到处问人、问父老。所以中国人不仅是查"文"，也"追问"。总之，"其文则史"包括两个意思：一个是通过文字记载的事情，一个是史官所记之文。这不就恰恰和西方的"history"有两个意思是一样的吗？一个是讲历史之文，一个是讲历史之事。历史记载这个"史"在形式和内容上是不可分的，通过"文"可以了解事情，"事"就表现在文上。

过去是文史不分，经史也是不分的。史学大概在汉代的时候慢慢才分出来的。关于"史学"这个词，金毓黻先生在《中国史学史》里讲到"史学一辞，创于十六国之石勒"。根据是《晋书·载记·石勒下》中记载："署从事中郎裴宪、参军傅畅、杜嘏并领经学祭酒，参军续咸、庾景为律学祭酒，任播、崔濬为史学祭酒。"这里的祭酒相当于太学的学长，就像现在大学的校长或者院长。当时有经学祭酒、律学祭酒、史学祭酒，经学早在汉代就有了，并非东晋才有，史学也同样如此。这里的经学、律学、史学也不是指学问，而是指这些学问的教育机构。学问本身是不能有祭酒的，只有这门学问的教育机构才有祭酒。我讲这个是为了能把历史上的这些概念分清楚。真正的史学在汉代就已经有了。

有了史学以后，为了把史学的发展过程记载下来，就出现了史学史。史学史是对史学的回顾和反思，用英文说就是reflection。史学史作为一门学科，真正形成是近代的事。同时，史学理论也是对史学的反思。史学理论和史学史都是对史学的反思，这是二者的相同点。不同点在于，史学理论是对史学从理论的角度进行反思，史学史是对史学从历史的角度来回顾和反思。先有了史学，然后有史学史，史学理论的反思要比史学史的反思层次更高一些。但这两者是不可分的。中国最早对史学的系统的反思就是刘知几的《史通》。在这以前也有很多反思，如王充的《论衡》、应劭的《风俗通义》等，但是不系统。《史通》既可以说是史学史的书又可以说是史学理论的书，其中的《直书》《曲笔》《疑古》《惑经》等篇，就是对史学在理论方面的反思，《古今正史》等篇则是史学史。因此这两种反思在早期是没有截然分开的，直到章学诚写《文史通义》，基本还在一起，但是理论方面更多一些。真正把史学理论和史学史分开是近代以后的事了。将二者分开有好处，有利于提高；可是因为反思的是同一个材料，也不能完全分开。现在把他们合在一起，我是赞成的。这样合起来，明确了是史学理论和史学史，他们既是一个整体，又区分为两层，所以合在一起是比较合理的。

问：在中国史学发展过程中，史学与经学的关系曾经是密不可分的。您在20年前就撰写发表了论文《史学和经学》，2005年出版的您的新著是以《史学、经学与思想——在世界史背景下对于中国古代历史文化的思考》而命名的。经史关系这个问题已经为越来越多的人所重视，您一直以来是如何认识这个问题的？

答：《史学经学》这篇文章成文是在20年前，我思考这个问题则不止40年。对这个问题的重视，最早是跟我小时候读经书有关系，真正意识到这个问题的重要性，是我开始研究西方和印度史以后。比较之下，我逐渐发现中国的史学如果与经学分开了，中国史学的特点就看不出来了。汉代以后，经学占有了统治地位。可是仔细分析一下，其实经学的内容和史学是一样的。可是经学有它的特殊地位。经学是讲中国的一些义理之学，从某种程度上说，它就相当于西方的哲学，相当于印度的宗教学的宗教经典。经学和西方的哲学、印度的宗教经典相同的地方是讲的都是"常道"。"经"就是常的意思。王阳明说过："经，常道也。"经讲的是永恒不变的道理，印度的宗教经典和希腊的哲学也是讲永恒不变的道理。在印度人看来，可变的东西没有价值，所以印度没有史学。印度过去的重要的年代，到穆斯林进入印度以前都没有记载。为什么会这样？因为他们主要想知道的是生死轮回的问题，人生活的目标不在现实世界，而是为了以后上天国。史学记载的是现实发生过的事，不涉及来世，所以印度没有史学。但是希腊有相当发达的史学，发达的程度绝不亚于中国先秦时代，可以说二者是旗鼓相当的。正如柯林武德所说，希腊的史学是受实质主义（substantialism）的影响。sub是指底下，stance是stand，就是说在底下的是根本的不变的东西，在上面的表层的是变化的，就像大海，不管它的表面多么波涛汹涌，在它的深处安静极了。希腊的历史哲学有个基本的观念，就是要有知识。这个知识不是我们现今通常意义上的那个知识，它的意思是：我一旦知道这件事情以后，就永远知道。柏拉图解释知识："对于有的东西，我们能有知识；对于没有的东西，我们没有知识；对于又有又没有的东西，我们没有知识；对于又有又没有的东西，我们只能有意见。"这里所谓有的东西，就是不变的真理，比如一加一等于二、三角形的内角和等于180度。这个很清楚。唯独那个又有又没有的东西，今天不存在，明天又存在，后天又不存在了，这是什么？就是历史，就是我们人。过去存在，今天已经没有了；今天存在，以后没有了；以后存在，但是我们现在也看不到。所以柏拉图认为这些东西是不可靠的，我们只能有意见，不能有知识。虽然意见也有一定的用处，但是意见毕竟不是知识。所以在希腊，历史学就降为二、三等的学问。希腊之所以史学发达，是因为希腊人认为，真理要在常之中去把握。希腊人写的历史都是当代史，希罗多德的《历史》写的是希波战争史，修昔底德的《伯罗奔尼撒战争史》只写到战争发生的一半，色诺芬继续写后一半。他们写看得见的，问得着的，可以 inquire 的。这种影响一直持续到罗马时代，罗马人也重视写短时期的当代历史，即使写长时期的历史，如李维的《建城以来的罗马史》，有将近800年的历史，实际上写的也是一个没有发展的历史。所以柯林武德说希腊人受实质主义影响，它把历史分成这一段，那一段，时间太长，历史就变了，他看不到的就没法写了。我在《论通史》这篇文章中，强调通史的观念是中国人的，希腊人只写看得到的历史，以此比较二者的不同。

史学在不同的学术传统中，其地位是不同的。希腊的哲学是不讲用处的，最高层的学问是不讲用处的，它就是知识。中国的经学的"经"有两个意思。刚才讲了第一个意思，就是"常道"；"经"还有第二个意思，即"经世之学"。"经"是常道而又不能经世的话，就没有意义。这个世界是在不断变化的，一个常，一个变，常道怎么用到变化上呢？经学的内容不是像希腊的哲学一样是从逻辑推导出来的，经学的内容讲的都是历史事实，经学是用历史事实来论证的。所以经学和史学在内容上有很多相通的，研究方法也是文献考证的方法。另外，经学既然是常道，它讲的一般道理怎样才能体现出来？经学要能够经世，就必须要和一个学问结合起来才能用，这个学问既要有常道又要有运动，就是史学。经学必须和史学结合起来。史学讲的是不断变动的历史，中国人能从史学中看到常。孟子总结说，三代所以兴，是因为得民心，失天下是失民心。夏、商、周三代是不同的，是变的，但是他发现了不变。这个在变之中又有不变的只有史学。所以经学只有和史学结合起来才能发挥它的作用。这是中国学问的特点。我写的《史学和经学》，主要是从史料角度来讲史学和经学的关系，后来写的《史学在中国传统学术中的地位》，才讲到这些问题。我之所以要讲史学和经学的关系，是为了讲中国史学的特点。如果不做比较研究，这个问题就不存在。

问：那么，又应该如何理解史学与哲学的关系？中西之间在历史哲学上的不同特点是什么？

答：要讲史学和哲学的关系问题，首先要讲什么是哲学？一些西方学者如黑格尔认为中国没有哲学。从胡适到冯友兰，他们都认为中国是有哲学的。中国的哲学和西方的哲学不同。西方的哲学总有个唯物主义和唯心主义的问题，中国则不明显。你说王夫之是唯物的，却可以举出许多唯心的例子，唯物主义和唯心主义分不开。要是以西方的哲学观点来看，中国就没有哲学。Philosophy是怎么来的？ Philo的意思是爱、喜欢，sophia是智慧。希腊讲的哲学就是爱智慧之学。他们的智慧有多种多样的，最高层的就是最抽象的，如亚里士多德在《形而上学》里讲到的。他们的哲学要逻辑思辨推理。思辨的英文是speculation，spec是看的意思，就是逻辑的分析、思辨、推导。柏拉图、亚里士多德认为这是最高级的智慧之学。西方人要在可变中找出不变，怎样能做到呢？就是抽象化。譬如，这里有大小不一、各种各样的杯子，有了杯子的概念，有了概念就有了判断，杯子是可以盛水喝的，有了判断就有了推理，它要脱离具体的事实。中国人就不是这样了，中国人认为生活在现实里，"道不离器，器不离道"，道理不能脱离实际。西方人认为道理要在永恒中去把握，中国人认为要在运动变化中去把握，因为中国人讲运动中总是常和变的统一。一种是关于永恒的智慧，一种是运动中的智慧。运动中的智慧就要结合历史来看了。中国人首先重视的是历史理性，希腊人首先重视的是逻辑理性。我具体讲一个例子：西方人认为，那个东西是真的，它必须永远是真的；它是合理的就必须永远是合理的；中国人认为一个东西是真的，现在是真的，将来就不一定是真的；现在是合理的，过去未必是合理的；现在不是合理的，将来又可能合理。历史主义和实质主义是对立的。中国传统的"五行说""三统观"等都包含有变化的因素，此时是合理的，彼时就不一定合理。

总结起来，可以归结为"逻辑理性"和"历史理性"这两方面。"逻辑理性"和"历史理性"都是理性，但是二者之间有一个根本的不同，就是"逻辑理性"要从变与常中重视其常的方面，以为真理要从常的方面去把握；而"历史理性"是讲真理只能从运动变化中去把握。希腊人走的理性发展道路是一种"逻辑理性"，把"存在"看成是永恒的、不变的，这就决定了他们看历史只能是提"意见"。他们的"逻辑理性"（而不是"历史理性"）居于主导地位，得到了相当充分的发展，相应地是逻辑理性在与自然理性、道德理性的相互作用中的发展。古代中国人恰恰与希腊人相反，以为真理只能从变化、运动的存在中去把握，中国人的历史经过了不同的发展过程，但都是"历史理性"占据主要地位。

问：还想请您简略谈一下中国史学理论的特点。

答：中国的史学理论的主要特点之一是"道不离器"，其中许多内容都是经学的，如讲历史的动力问题等。中国的史书中讲各代的成败兴亡，有各种各样的解释，这就是理论问题了。中国的史学理论问题在抽象方面不发达。中国的史学理论大多都是史学家讲的，西方的史学理论主要是哲学家讲的。西方的史学理论撇开了具体的历史。可以阅读何兆武先生翻译的康德《历史理性批判文集》中《世界公民观点之下的普遍历史观念》等文章。中国史学不能说没有理论，如唐君毅先生讲王夫之的《读通鉴论》时就强调过，贺麟先生也在一篇文章里谈到过。《史通》里讲太史公写《魏世家》时说，信陵君窃虎符救赵以后，打败了秦兵。可是魏王不信任信陵君，很快秦灭了魏。司马迁说："说者皆曰魏以不用信陵君故，国削弱至于亡，余以为不然。天方令秦平海内，其业未成，魏虽得阿衡之佐，曷益乎？"刘知几批评了司马迁的观点，认为历史要讲人事，讲天意就是错的。实际情况呢？司马迁已经讲得很清楚，据《六国年表序》可知，六国为了各自的利益，相互之间战斗不休，结果不是实现了六国的利益，而是在客观上为秦灭六国扫清了道路，这正合了孟子所说的"莫之为而为者，天也；莫之致而至者，命也"。"岂非天哉，岂非天哉！"秦灭六国，废诸侯，本是为了巩固自己的统治，结果却为后来者扫清了道路，这也是莫之为而为、莫之致而至的天命啊！这正是对历史的理论总结。

问：您近来对历史比较研究的理论做了较深入的思考，2005年您与陈新博士合写的《历史比较初论：比较研究的一般逻辑》一文，反映了您对历史比较研究的可能性问题的探讨。

答：比较研究的基本功能在于明同异，包括共时性的比较，即不同国家、民族、社会集团等之间在同一历史时期中的同异，和历时性的比较，即一个国家、民族、社会集团等在不同历史时期中的同异。同异是历史的比较研究赖以实现的前提。因为，很明显，历史时期相同，不同的国家、民族、社会集团等之间的比较才是有意义的，而同一个国家、民族、社会集团与其自身没有比较的价值。这就是说，无异之同不具有比较研究的条件。历史时期不同，同一个国家、民族、社会集团的前后比较是有意义的，而不同的国家、民族、社会集团之间就没有比较的价值。这就是说，无同之异也不具有比较研究的条件。总之，有相同，才能比其异；

有相异，才能比其同。根据这个道理，可以推断，不同时期的不同国家之间，虽然一般说来不具有可比性，但是，只要从一个相同的角度去看，其间仍然是可以比较的。还应当看到，历史比较研究也是有其局限性的，它的局限性就在于其自身离不开有意识的角度选择。既有角度的选择，就必然有视阈的规定性，而规定即否定，在选定视阈以外的，自然就是被忽略了的。因此，如果不是清醒地认识到这种局限性的存在，就必然会把自己一时的比较研究所得视为绝对真理，从而陷于一种盲目自信的状态。世界历史可以选择的比较研究的角度是难以限定的。随着条件的变化和发展，人们会不断发现新的比较视角，所以，历史的比较研究不是可以一次完成的，世界历史也不是可以一次写定的。

20世纪60年代以后，西方科学哲学领域内出现了有关不可公度性的讨论。美国的库恩提出，"范式"（paradigm）之间存在"不可公度性"（incommensurability）。"不可公度性"是否就等同于"不可比较性"？经过长期争论，库恩本人也承认，"不可公度性"并非完全等同于"不可比较性"。这一争论至今尚未终结。我们说比较是不可公度性与可公度性的统一，就是对于这一讨论提出我们自己的见解。这个说法可能理解起来比较抽象，我想打个通俗的比方。例如数字3、3、3……它们之间有同无异，这种比较毫无意义；再如字母A、B、C……它们之间有异无同，也没有比较的意义。假若是3A、6A、9A……一系列比较项中，3是公约数，A也是公约数，以3A公约以后，1、2、3……就不可公约了。这当然是最简单的比喻。法国年鉴学派学者布洛赫的比较研究经典之作《封建社会》中对于"封建主义"进行了讨论，在他看来，欧洲不同地域的"封建社会"能够比较的原因，就在于它们有一些共同的特征，即依附农民，附有役务的佃领地也就是采邑等，这些似乎就是欧洲封建主义的基本特征。但是，欧洲封建化的程度并不是全部一致的，节奏也不完全相同，最重要的是，任何地方都不是完全封建化的。由此可以看出，研究中世纪欧洲范围的封建主义，必须同时揭示其中的异与同，而研究本身是从现象之异中抽象出同，没有对异的感知，就不可能有对同的抽象。所以，比较研究中，如果可公度性意味着"相同"的话，不能由比较对象之间局部要素的可公度性推导出整体的可公度性。同时，比较研究中，比较对象的可公度性与不可公度性会随着比较者设定的比较范围或概念层次而发生变化。可见，历史的比较研究正是在可公度性与不可公度性之间的结构张力关系中进行的。

问：目前，史学理论研究受到史学界的重视，您正在主持一项关于"中外史学理论比较研究"的项目，该项目研究的进行，其实正是我国史学理论研究不断走向深入的具体表现，当然，这项研究也是极具难度和挑战性的。请您谈谈您对"中外史学理论比较研究"这一研究课题的总体考虑。

答："中外史学理论比较研究"的确是一个具有相当难度的课题，但是这个课题对于我们的史学理论及史学史研究具有十分重要的意义。经过一段时期的准备和思考，对于如何进行中外史学理论比较研究，我们初步有了一个基本的认识。首先，考虑到历史理论实际上可以分为三个理论层面，即历史哲学层面、历史编纂学层面和历史学与其他学科交叉而生的方法论层面。历史哲学层面包括历史作为"是／存在（Sein/being）"是属于什么性质的、是怎样存在的、其中有无规律可循，以及历史作为"知识（episteme/Wissenschaft/science）"属于何种性质、史学是否或何以可能等问题，即本体论与认识论范围的问题。历史编纂学（historiography）层面在这里作广义的理解，包括历史的趋势、历史的动力、历史的评价、历史的功能、史学求真、史学致用、史家与史学的关系、史学批评、治史途径等方面的理论，并非狭义地指"史书编纂学"。方法论层面包括以政治学、伦理学、民族学、经济学、心理学、人类学、社会学等的观点与方法研究史学的专门理论。在不同时期、不同比较对象间史学理论分布层面并不相同，要具体问题具体分析。例如，历史哲学层面的深层可比性，主要存在于中西之间，二者因文化深层间异多于同而形成鲜明的反差；而在中日韩之间因其文化深层间同多于异，形成的反差不大。同样的原因，在历史方法论层面，宏观的可比性主要存在于中西之间，微观的可比性主要存在于中日韩之间；在历史编纂学层面，则中西、中日韩之间各有异同，因为他们都有其历史编纂传统。因此，中外史学理论比较不宜强求一致，可以在各不同层面展开。其次，中外史学理论比较研究在叙述方式上，不宜是齐唱或齐奏式的，而应该是合唱或合奏式的。如果过多强调比较双方的并列，即有些像是齐唱或齐奏式的，而具体分析较少，则研究的难度较大且效果未必好。我们主张在实际研究中应包括对比双方有具体可比之处和无直接可比之处的两部分内容。有具体可比之处的内容可以直接比较；双方无直接可比之处的两部分可分别论述其各自特点；一方有而另一方无者，则径直论述一方之所有及此方之所以有、彼方之所以无。正像交响乐式的合唱与合奏，第一主题出现时第二主题并不出现，第二主题出现时第一主题已经过去，但是两个主题交相辉映、臻于化境。即使彼此同时演唱或演奏，也能将不同声部合在一起，相得益彰。对称比较和不对称比较结合起来，可以避免生硬比附的被动和尴尬局面。再者，由于我们是以历史学专业的研究者（非哲学家）进行该项研究的，为了在我们既有的基础和条件下展现我们能够做出的最好成果，自应在史学理论的第二层面较为深入地展开，但是切不可忽视对第一层面理论的探讨与关注，这在很大程度上决定着我们的研究质量和研究水平。希望通过这一项目的实施，史学理论与史学史能够真正地融为一体，并逐渐兼容中西地融为一体，从而做出我们自己的贡献。

问：您认为今后的中国史学史研究应该在哪些方面得到进一步加强？

答：第一，必须要重视对史学理论的研究，只有在理论层面得到加强，才能够真正促进中国史学史研究的深入发展；第二，应加强中外史学的比较研究，只有有了比较研究的同中见异，才能够完成对中外史学的一次完整的认识过程，这样的认识过程是需要不断深入进行的，而全部这样的认识过程都必须也必然是在比较的研究中实现的。

问：您所谈的这些对我们有很大启发，非常值得我们认真记取和深入思考。感谢您接受我们的访问！

答：以上我所说的，只是个人一管之见，请你们和同行友人批评指正。谢谢你们的来访以及为此付出的宝贵时间。辛苦了，再见。

（原载《山东社会科学》2007年第5期）

在中外历史文化长河中徜徉

本文为2007年的采访。邹兆辰问,刘家和答。

一

问:刘先生,您好!您是我国著名的世界古代史方面的专家,多少大学生都是读您主编的教材学习世界古代史的;另一方面,您又对中国古代的思想文化特别是先秦的史学、经学有精深的研究。您善于运用历史比较方法,在中外古代历史文化间,进行相互比照。您的第一部著作是《古代中国与世界——一个古史研究者的思考》,出版于1995年;2005年您又推出了第二部著作《史学、经学与思想——在世界史背景下对于中国古代历史文化的思考》。两部书都体现了中外历史比较的思想。我还几次听到您在学术会议上讲历史比较问题,这使我对您的学术思想的内涵和特点产生了极大兴趣,所以想趁这个机会向您请教一些问题。

答：好，欢迎您提出问题来我们一起讨论。

问：现在的一般学者，特别是中华人民共和国成立以后才开始学历史的学者，他们的知识领域往往限于某一个方面，或搞中国史或搞世界史，很难做到中西兼通。而您却能做到这一点，这是不是与您所受到的教育和工作的经历有关呢？

答：我首先绝对不敢说中西兼通，如果说在两方面皆有所涉及，想来与小时候的某些具体条件有些关系。我在没上小学之前，先上私塾读了几年旧书，然后才读小学。上了不到三年就赶上抗战爆发，由于逃难，上学读书断断续续。但是跟从老先生读旧书却一直没有中断。老先生给我讲古文，对于一些关键的字，就会讲这个字怎么来的，它的篆体怎样写，并能说出它的古音。这使我感到很奇怪。到了十四五岁时，先生就告诉我要读《说文解字》，以后讲字，就会打开《说文》指着书给我讲，这是我接触《说文》的开始。先生不但讲书解字，还教我读书和写文。他先让你按音调朗读和背诵古文，而且让你把已经背得的古文默写出来。我们在反复朗读的过程中，就要揣摩人家的文章是怎样写的。这样读书和作文结合得比较紧密，写作古文的能力也就有了提高。当我上高中的时候，抗战胜利了，我对中国的国学也有了浓厚的兴趣。

问：那么您这时是否确定要学历史了呢？

答：当时在我的头脑里没有什么文史哲的区别，凡是关于中国历史文化方面的书我都爱读。《国语》《春秋三传》《老子》《庄子》《韩非子》等书常常放在案头随时浏览。高中毕业后，我上了荣家在无锡兴办的江南大学史地系。虽然上的是史地系，但主攻的仍是历史。兴趣最大的所在是先秦和两汉的历史。不过，我的兴趣远远没有限制在这个范围里。在江南大学期间，除了中外两门通史、中外两门近代史、大一国文、英文及两门地理学方面的必修课外，我还选修了商周史、秦汉史、哲学概论、逻辑学（当时称理则学）、伦理学、中国文学史、古文字学、政治学、经济学、微积分等课程。

　　作为一个年不满二十但已遭受过日寇八年统治的青年，当时我渴望深入认识中国文化同时也渴望了解世界。从最初上私塾到大学毕业，我深感受到老师教诲的恩泽实在太多了。比如，钱穆先生教过我中国通史和秦汉史，他对历史发展大体的提纲挈领和对历史问题的精到论辩，都使我在课堂上感受过精神的震动。当时我在读《庄子》，知道钱先生正在写一本关于《庄子》的书，所以几次请教他一些关于庄子的问题。他看我幼稚而好辩，就嘱咐我好好地看看他的《先秦诸子系年》。我费了好大气力读了这部书，心里的幼稚浮躁之气逐渐平了下来，知道学问实在太大了。我开始认识到，学历史即使治诸子也不能不懂考证，学先秦文史不能不懂清儒研究成果。钱先生点了点头，他要我们读梁任公和他自己的两部同名之书《中国近三百年学术史》，目的就是要告诉我们一个治学门径。治史必重考证，治先秦史必自清人研究入手，这成了我半个世纪以来治古史时所信守的基本原则。

　　唐君毅先生教过我哲学概论和伦理学，给我打开了了解西方思想的窗户。刚开始听哲学概论时，对大量的西方哲学词汇都一无所知，颇有腾云驾雾之感；但是，并非什么都听不懂，也能感到他在辨析前代哲学家思想时所流露出来的哲学智慧，使我的好奇心逐渐向一个更深的层次发展。特别是唐先生很欣赏黑格尔的辩证法，这就引起了我几十年如一日的对黑格尔的兴趣。牟宗三先生教过我们逻辑学，讲的基本是西方的古典逻辑，但也偶尔夹讲一些因明学和墨家逻辑。这门课在开始听时对我也很陌生，不过因其内在联系清晰而紧密，认真地听下去就不觉得有困难；而且，我发现，它和我很喜欢的几何学是同一个路数，是一种西方人所习用而我们中国人不常用的思考方法。另外，我还从冯振先生学了文字学。他上课实际是讲《说文解字》,我自幼喜爱文字训诂之学的兴趣得到很大的满足。冯先生虽然没有讲完《说文》,但他让我知道了段玉裁、王念孙、王引之等清儒在文字训诂研究上的丰硕成果。此后几十年里,我和《说文》《尔雅》等书结下了不解之缘。我在读古书时遇到问题,不查这些书籍,心里总是放心不下。

这些老师都是在我茅塞要开未开之际,适逢其会地给了我一生受用的影响。虽然他们只教了我一二年,可是我从他们那里得到的,则是我对这些学科终身学习的浓烈愿望。所以他们给予我的影响几乎是终生难忘的。我很幸运,我在一个适逢其会的阶段遇到了他们。当时我的求知欲极为旺盛,就像一株刚要从泥土里向外冒出头来的幼芽,恰好遇上了他们所施与的智慧的阳光雨露。如果早一点遇到他们,那么我对他们的施与会一切茫然无知,接受不了;如果再晚一点遇到他们,那也许我习惯已成,他们的施与也许就改变不了我已成的积习,同样归于无效。

问:这真是很好的机遇。他们对您的影响是长远的甚至是终身的,在他们的教育和启示下您应该对中国传统思想文化继续学习、研究下去,为什么又搞了世界古代史呢?

答:我在江南大学只读了两年,史地系就停办了,我转到南京大学历史系,后来又转到北京辅仁大学历史系。1952年,我大学毕业,正赶上院系调整,我被留在北京师范大学历史系工作。按照我自己的愿望,自然是应该搞中国史的教学和研究,但是因工作的需要,安排我从事世界史而且是世界古代、中世纪史专业。我心里知道这个专业很难,但只好硬着头皮去做。

问:让您搞世界史可能是因为您外语比较好吧?

答:我当时只是会一点英文,能看一般英文历史书籍,但是阅读速度与理解深度都很不够。好在我对外文不仅无反感，而且有兴趣。既然要我搞世界史那就横下一条心学呗。正在加紧提高英文水平中，又遇到了必须学而且迅速学会俄文的要求。参加了突击式的俄文速成班，班上老师要求学过一种外文的人尽可能联系已学的语文来学俄文。这给了我一个大启发。英文还未及加深，又来了俄文，搞不好就会"鸡飞蛋打"两头空。怎么办？只好联系英文学俄文。我的办法是，准备一本英文本《共产党宣言》和一本俄文本《共产党宣言》，两个本子一字一句地对照看，每一句都用在中学学英文时学过的图解法（diagram）来做文法分析，用不同颜色的铅笔轻轻地划在书上。每天不求多，但必坚持。经过一段时间，这本书读完了，自己觉得效果还不错。又用同样的方法读《家庭、私有制和国家的起源》，到这本书读完，不仅没有了"鸡飞蛋打"的顾虑，而且感到这样做能够使英文与俄文的学习互相促进；特别是在对读过程中发现了印欧语言词汇、语法中的一些有趣的异同，很开自己的眼界。以后，我学德文，在自学阶段时还是用这个方法，用德文原本对照英文和俄文译本每句都表解分析地读。由于德文和英文关系更近，在比较对读中可以迅速发现二者在词汇和语法方面的异同，大大加快德文学习进度，而且对三种文字的学习也大有互相促进的作用。

问：有这样的精神，您会很快地胜任世界古代史的教学，并且开始进行研究工作的。能够说一下您最初的学术研究经历吗？

答：经过两年，对课程基本内容有了一个大体的轮廓；知道全面平推不会有好效果，所以就想如何找一个点深入。我研究世界古代史是从希腊开始的。因为希腊的思想文化非常丰富，还可以和中国古代思想如先秦诸子比较。那时候正在读侯外庐先生的书，看到他搞思想史先从社会经济史入手；由此得到启示，自己也就从社会经济史开始。不管从哪里入手，有一点我心里明白：总必须和中国史有所比较。当时中国古史分期问题讨论正热，有些先生涉及了与斯巴达的黑劳士制度的比较。我想，要研究希腊社会经济问题，斯巴达和雅典总是不可缺的。于是就开始准备做黑劳士制度的问题研究。先看了伯里（J. B. Bury）的希腊史打一个底，再细读格罗特希腊史中涉及斯巴达历史的部分，这样对问题的原委和基本材料之所在也就有了一个底数，并且开始拟论文大纲，也做了部分卡片。这时东北师大来了一位教世界古代史的苏联专家，要开青年教师进修班。我考上了那个班，从1955年深秋到1957年夏，在那里学了两年世界古代史。这两年里，除专家讲的本专业课外，还有俄文及理论课，其余时间就是做论文。我就选定了《论黑劳士制度》为题，一面尽可能地阅读能够找到的有关英文和俄文专著，包括两本1952年新出的英文的论斯巴达史的专书及新出的俄文论文；另一面就从"Loeb古典丛书"的英译文阅读并查核史料。结果写出一篇约8万字的论文，其中涉及了与中国史对比的问题。论文在一个规模不小的答辩会上通过答辩，并得到了当时认为的最好的评价。一位老先生把此文推荐给了一家出版社，他们看了稿子答应出版，但是提了一些修改意见。多数文字加工意见我都能接受，就是有一处我不赞成一位苏联大学者的意见的地方，他们要我必须改；我想我的苏联专家老师都没有要我改，宁可不出也不改。这样就没有再把稿子寄回给他们。我觉得我算做对了一件事，因为没有把不成熟的东西随便发出去。"文革"以后，我把这篇论文删了一半还多发表了，把不成熟的与中国对比的部分全都省略了。

问：在当时条件下，中国学者搞古希腊的历史研究是比较困难的，您这篇论文都利用了哪些资料呢？

答：我写这篇论文是运用我在学习研究中国古史时所用的方法，它是进入实证层次的世界上古史的论文。它所依据的史料首先是古希腊典籍，即古典作家提尔泰、希罗多德、修昔底德、色诺芬、柏拉图、亚里士多德、斯特拉波、波桑尼阿、普鲁塔克、雅典尼乌斯等人的作品；其次是当时以专著形式出现的国外代表性的研究成果，如格罗特、格罗兹、米切尔等人的论述。这样就使得论文所依托的史料同国外学者处于同一水准上。

问：那么在《论黑劳士制度》这篇文章里，您都论述了什么问题呢？您如何看待这篇文章的学术价值？

答：在这篇文章里我谈到了黑劳士制度的发生、黑劳士制度的形成、形成黑劳士制度的原因、黑劳士的地位和性质以及黑劳士制度的演变和衰落。我根据对斯巴达历史的具体分析，认为黑劳士制度是一种与城邦土地所有制相对应、与斯巴达城邦命运共始终的奴隶制度。黑劳士制度是城邦所有的奴隶制度，是城邦形成时期由于征服的作用而形成的制度。我觉得在当时的条件下，这篇文章是对黑劳士制度所做的最深入的分析和探讨，达到了相当的水平的，对于中国学者认识这种制度是很有帮助的。

问：您在做黑劳士制度研究的前后，又写了三篇研究古代印度的论文，您的研究方向为什么从欧洲的希腊跳到亚洲的印度呢？

答：因为我从20世纪50年代开始进行学术研究的时候，就明确打算进行比较研究，认为这样才能推动自己对整个世界古代史研究水平的提高。我觉得要想很好地理解黑劳士问题，没有深入的比较研究不行，我想选择两三个点来比较是必要的。古代中国一直是我的兴趣所在，作为一个点不成问题；另一个点落在哪？我经过再三考虑，选定为印度。因为古代印度也是文明古国之一，文化有自己的特色，完全可以和中国以及西方历史进行比较。同时，中国历史上有研究印度的传统，积累了大量的汉文文献，如果结合西方学者的研究成果及有关印度史的外文资料和翻译资料，就可以对古代印度的历史做出有自己特色的研究。

　　既要认真治古印度史，就不能不认真读书；要认真读书，目录学的知识是第一要义。我开始时看明代智旭的《阅藏知津》看了许久，略知佛经分部，但对佛经复杂的译本原委仍不清楚。我就从现代学者已取得的成果出发，转而先看《剑桥印度史》(第一卷)、《印度人民的历史和文化》(前三卷)，经过一段时间，终于对国外学者研究印度古史的成果有了大体的认识，也知道了古印度原始文献有了哪些英文译本，都有哪些单行本(如佛本生经等)或收在哪些丛书之中(如"东方圣书""佛教圣书"等)；不做这一步，就不能与国外学者对话。接着又看现代中国学者治佛学的著作，建立对佛学大体的认识。梁启超的《佛学研究十八篇》中《佛典之翻译》一文的附录《佛教典籍谱录考》，我见了简直如获至宝，觉得得到最有益的指点。多谢梁先生这个再简单不过的附录的指引，我开始了从梁代僧祐的《出三藏记集》到唐代智升的《开元释教录》的阅读。读了一段时间，对千门万户的《大藏经》总算有了一个粗略的总门径的了解；于是转而集中注意于小乘诸经，即"阿含部"诸经和诸小乘律。这时，我的眼前放着的就不再是乱糟糟的一堆文书，而是大体知道它们哪些都是哪些经的同本异译，必要时一查还可知道其传译的源流。于是，我对做出有中国人特色的古印度史研究又增强了信心。当然，我具体做专题研究时，凡是引用重要资料，都是经过以汉译文献与英译彼方文献相对校读的。就是用这样的方法，我写了《印度早期佛教的种姓制度观》《古代印度的土地关系》等论文。研究的路数，仍然是由社会经济史而思想文化史；同时，我做古印度史研究也是在心里有一个不出台的做比较的参照系。譬如，我在研究印度种姓制度时，心里总是会想到以印度之首陀罗与希腊之黑劳士及中国古代社会里的某些人身不自由的劳动者相比较，以便把它们各自的特点认识得更为清楚一些。我知道，真要做古印度史，不能不学梵文和巴利文，系里领导也曾经答应送我去跟季羡林先生学几年梵文。可是，先是"四清"，接着就是"文革"风暴，我的古印度史研究都被打断，更无论去从师学梵文了。

二

问：最近看到您新的文集《史学、经学与思想》，副标题是"在世界史背景下对于中国古代历史文化的思考"。我觉得这个题目很恰当地反映了您几十年治学的旨趣。既然您教学和科研的主要方向是在世界古代史方面，为什么又发表了那么多关于中国古代历史文化的文章呢？

答：我考虑到中国是世界文明古国之一，可是在外国人写的世界古代史中没有得到应有的地位。我想，要改变祖国历史在世界史上的不合理地位，不能依赖别人，只有靠我们自己把中国史放到世界史中去研究。所以，我在从事世界古代史教学和研究的过程中，从来没有间断过对于中国古史的研究。中国古史实际上早就成为我的选点之一。在我以世界古代史作为主要工作对象的20多年里，中国史只能是当作业余爱好来抓。当时我家住在离西单商场不远的一条小胡同里，每天工作到黄昏时总不免有些疲乏，没有特殊事情我就到商场的旧书店逛上个把小时，作为一种休息。一般我先到外文书店看看，然后大部分时间看中文书。进书店我先是广泛地看看，边看边考验自己的目录知识。对于眼生的书，每次挑一种，翻开看看序言、体例等，回到家里再查目录书，作为印证。如此日积月累，不了解的书逐渐减少，书目的眼界日益展开。这样做了几年以后我的兴趣逐渐集中到清代的汉学家的著作上。只要见到他们的年谱之类，一般都要略看一遍，对其中一些，有机会还会再仔细地看看，这样逛旧书店的过程也就可以大体区分为求博和求精的两个部分。从20世纪50年代初到60年代中，这十几年不停地逛旧书店，本来没有当一回事，可是竟然为我以后研究中国古史提供了一个有用的目录学知识基础，使我的研究有可能进入较深的层次。

问：我看到您的很多论述中国古史的文章都是从世界史的背景来谈的。比如您的《关于中国古代文明特点的分析》一文，就不是就中国论中国，这里面包括了许多世界历史大环境的分析。

答：您这个观察是对的。在这篇文章中我谈到了中国古代文明的三个特点：首先是中国古代文明在时间中发展的特点，即中国古代文明的连续性；其次是中国古代文明在空间中展延的特点，即中国古代文明的统一性；最后是中国古代文明的主要精神特点，即四海一家、天人相应思想。我们就以第一个特点来简单地说一下，可以从政治和文化两方面来看。

从政治史来看，文明大体是和国家同时发生的。世界上最古老的文明发生于公元前4000年代后期和公元前3000年代。其中以尼罗河流域的埃及与两河流域南部的苏美尔地区文明发生最早，大约始于公元前4000年代后期。印度河流域文明发生于公元前3000年代中期。两河流域北部和腓尼基地区的文明与克里特岛上的爱琴文明，发生于公元前3000年代晚期，黄河流域的夏文明也是发生在这个时期。到公元前2000年代，小亚细亚产生了赫梯文明，希腊半岛上产生了迈锡尼文明。这个时代是青铜时代的盛世，是埃及和两河流域古代文明的繁荣时期。但是就在这一时期里，印度河流域文明灭亡了，克里特文明和迈锡尼文明也先后灭亡了。

公元前1000年代前半期，在印度河流域和恒河流域出现了雅利安人的国家，在伊朗高原出现了波斯国家，在爱琴海地区出现了希腊诸邦，在意大利出现了罗马国家。可以说在古代世界起过重要作用的国家，这时都出现了。但是，也就在这个时期里，最古老的埃及文明和两河流域文明开始失去政治上的独立，从属于波斯帝国的统治。世界历史表明，在青铜时代产生的古老文明，除中国外，到了铁器时代的早期都已经失去政治史上的连续性。在公元前1000年代产生的古文明，大多数也没有保持政治史上的连续性。波斯虽然征服了整个西亚、北非的最古老的文明地区，甚至到达印度河流域，但是到公元前4世纪后期，波斯为马其顿的亚历山大所征服。到公元前2世纪，马其顿和希腊又先后落入罗马人统治之下。罗马在公元前1世纪后扩展成为一个庞大的帝国，包括了埃及、叙利亚、巴勒斯坦、小亚细亚、希腊等更古老的文明地区，但是到公元4世纪后期，日耳曼人大举入侵，帝国分裂，公元5世纪西罗马帝国灭亡。这样，罗马文明即古代地中海地区产生最晚、影响最大的文明，也中断了政治史上的连续性。当然，这些古代文明在政治上的断裂，各有其不同的具体原因，有的是内部的原因，有的是外在的原因，有的是由于自身的衰朽的情况而被外力所征服。

当我们再来看这个时期的中国古代政治史的时候，我们也可以发现中国在类似的时期也有类似的危机。中国的夏、商、周三代，从实质上说也是青铜时代的小邦林立时期，三代的王不过是不同规模的邦的联盟的首领。但是，当商征服夏、周征服商的时候，并没有发生政治史上的断裂现象。拿周征服商来说，商本来是先进的国家，《尚书》有"大邦殷""天邑商"之说，由于它"沈酗于酒"，"乱败厥德"，以致被原来落后的"小邦周"乘机征服了。周在征服商以后，没有打断商的政治传统，而在很大程度上继承它。

西周晚期的统治逐渐腐朽，结果犬戎入侵，周从镐京迁至洛邑，开始了东周。东周仍面临着内外的危机，但是靠诸侯的力量东周王朝还是维持住了。当时的形势是："南夷与北狄交，中国不绝若线"。当时黄河流域的中原文明受到落后的部落和后起的文明的威胁，但是这一次危机也没有导致中国古代文明的中断。

我们从西晋以后的南北朝时期来看，当时南方是东晋和随后的南朝，但是在北方却出现了十六国的局面。少数民族在北方占了优势，大多数国家的君主都是少数民族，他们屠杀了许多汉人。但是他们不能打断汉魏以来的政治传统，也不能不吸收汉族豪门参加他们的统治集团。所以说，从十六国到北朝时期，北方的政权仍然是少数民族统治阶层和汉族统治阶层的联合政权，遵循的仍然是以前的政治传统，不同的只是最高统治者的民族身份而已。因此，我们在西晋灭亡后的北方看到了西罗马灭亡后的欧洲所不能看到的现象，就是中国的政治史上的连续性甚至在北朝时期也没有中断。这对于中国古代文明的连续生存可以说是至关重要的。

问：您在谈到中国古代文明的连续性的时候是从两个方面来说的：一方面是在政治史上的连续性，另一方面是在文化史上的连续性。您认为中国古代文明在文化史上的连续性更具有完整的意义。您可以就这一点说明一下吗？

答：确实是这样，中国古代文明在文化史上发展的连续性，在整个世界史上尤其显得突出。这里我所说的一个文明在文化史上的连续性应该包括两个方面：一是语言文字发展的连续性，也就是文化赖以流传的工具或重要表现形式的连续性；另一方面是学术本身发展的连续性，也就是文化的精神内容主要是哲学和史学的连续性。

这里，我们也还是从世界史的背景来看这一点。比如，世界最古老的埃及文明和两河流域文明都有自己独特的文字系统，也有相当丰富的历史文献。可是当它们失去独立以后，文字使用的范围逐渐限于神庙祭司之间，以后终于被人遗忘了。它们的历史也就被淹没了。在以后很长时间里，人们只能从希腊历史学家的著作里得知一些残缺不全的消息。另外，像印度河流域文明、赫梯文明、克里特－迈锡尼文明都发生了文字被遗忘的现象，现在我们对于这些文明的了解，要靠近代考古学家的发现和研究，或者靠古文字学家对于那些死文字的解读成果。可是印度河流域文明的文字和克里特文明的某些文字至今尚未解读成功,这两个文明的许多问题至今也无从确定。以后,波斯的楔形文字也曾被遗忘,波斯的许多重要历史资料只是在近代学者解读它的文字以后才为人们所知。希腊文、拉丁文没有被人遗忘,但是最后仍坚持用希腊文的只是为数不多的希腊人,而拉丁文到中世纪的西欧已经不是人们口头的活生生的语言文字,仅仅在宗教和学术领域里保存着。

但是,中国古代的语言文字在发展过程中从没有发生断裂的现象。当然现代的汉字与甲骨文、金文的差别的确很大,要求只认识简体汉字的人去认甲骨文、金文,那是非常困难的事。不过,从甲骨文到现代简化汉字间的巨大差别是逐渐形成的。因为我们可以看到,从甲骨文到金文,从金文到篆字,从篆书到隶书,从隶书到楷书,从繁体楷书到简体楷书,全部发展过程基本上是清楚的。

中国古代学术传统的连续发展,脉络也是很清楚的,这种连续是从三代开始的。孔子说过"殷因于夏礼","周因于殷礼"。周代沿袭了夏、商两代的文化,又进一步加以发展。孔子作为商人的后裔,对周人文化表示高度的赞美。孔子整理了周代的典籍,修订了鲁史《春秋》,创立了儒家学说。他自己没有另编一套儒家的典籍,他所编订的周代典籍就是儒家的经典。孔子是哲学家,也是史学家,或者说他是一位哲学和史学尚未分离时的思想家。到汉代以后,以经学形式出现的哲学和史学正式分开了。董仲舒继承《春秋》,研究的是经学;司马迁继承《春秋》,研究的是史学。从此,经学和史学作为中国古代传统学术的主要支柱,一直没有中断。即使在西晋以后的南北朝分裂时期,中国的学术传统也没有中断。经学在分裂时分为南北两支,北方经学仍然遵循汉儒传统,相对南方来说比较兴盛;而南方的经学受到了魏晋玄学的影响,与北方有所不同。在北方最混乱的十六国时期,史学不仅没有中断,而且还相当繁盛。在那样混乱的政治局面下,史学的传统还能够连续不断,不仅公元4—6世纪的西欧不能比，就是在世界古代史中也是很少见的。

问：您上面所谈的这些问题，特别是中国文化发展的连续性的问题，是很有说服力的，中国的历史文化总是在继承前代遗产的基础上不断向前发展的。但是我们在世界历史的范畴内，是否也可以看到这种继承前代文化遗产的现象？

答：这个问题您提得很好。但是我要跟您说明一下：文化遗产的继承和文化史上发展的连续性是既有联系又有区别的两回事。就是说，在文化连续发展的文明中，前代文化自然地作为遗产被后代所继承；但是，有文化遗产的继承却未必有文化史发展的连续性。我可以举两个例子：现在世界流行的阳历，可以溯源于古代埃及的历法；七天为一个星期，圆周分为360°，可以溯源到巴比伦。类似的例子还有许多。很多国家都继承了古代埃及和两河流域的某些文化遗产，但是接受这些文化遗产的国家都是各自国家先前文化系统的继承者，它们各自有文化史上的连续性。它们虽然继承了古代埃及和两河流域的某些文化遗产，但是和它们并没有文化史上的连续性，这与前面我所说的中国的情况是不同的。

　　文化史上的连续性需要有政治史上的连续性的保证。中国古代文化史上的连续性与政治史上的连续性是密切相关的。这不是说一个文明在失去政治独立以后立即就会发生文化史上的断裂，埃及文明和两河流域文明在波斯统治时期，以至于希腊化时期，其文化史上的连续性并没有中断，不过这种情况不能永久地保持下去。即使像希腊人那样没有忘记本民族的语言文字，他们在长期失去政治独立以后文化史上也发生了断裂性的变化。罗马统治时期，那些希腊史学家的史学著作已经不像希罗多德和修昔底德的著作那样充满了活生生的希腊人的精神。到罗马帝国晚期，希腊文明的文化传统逐渐中断，奥林匹克运动会的废止也许算是一个标志吧。

问：我发现您所发表的论述中国古代历史文化的文章，都是从世界史的背景来对中国古代历史文化的现象进行分析的，这样就能凸显这种现象的特点。比如您对中国古代王权发展中的神化问题是否就包括这样一种思考？

答：可以说是这样的情况。我在阅读世界古代史的过程中，发现神化王权是一种常见的现象。比如，古代埃及、两河流域、印度、波斯等国的君主，马其顿的亚历山大及其后继者希腊化诸国的君主，罗马帝国的皇帝，都有过神化王权的思考和表现。这种情况在古代中国自然也不会例外。不过，古代各国神化王权的具体思想和表现也不完全一样，甚至同一个国家或地区在古代的不同时期也有不同的特点。我觉得这是一个很值得具体研究和分析的现象。我们看到，在中国古代王权发展中的神化过程，有比较丰富的资料，也有很多可注意的特点，所以我对中国古代王权神化问题的研究，是为了使我们对于世界古代史中的王权神化问题能够进一步地深入理解。

当时我的研究，大体上从商周时期开始到秦汉帝国为止。中国专制王权的历史发展得那么长久，为什么我的研究截止到这里呢？因为在这一段时间里，中国古代的王权由初生而逐渐成熟，王权神化的思想也由低级发展到高级。这一时期的第一阶段，是商和西周时期，这时期王权表现为诸侯或各小邦的共主，王权神化思想在这一阶段有了很重要的进展；第二阶段是春秋战国时期，这是共主性王权衰落和专制王权萌生的过渡阶段，王权神化问题成为百家争鸣的热点问题之一；第三阶段就是秦汉帝国，是专制王权确立时期，王权神化思想又经过一次发展而达到成熟。汉代的王权神化思想已经作为一种独特的政治理论出现在世界史上了。

在考察王权神化思想的发展过程后，我们可以概括地说，天命观一直是王权神化的重要手段。以人心解释天命和以五德终始解释天命曾经体现为王权神化思想中的两种合于理性的因素。在古代世界其他各国历史中，我们也很容易发现王权神化的现象，但是很不容易发现如此精致的含有理性成分的王权神化思想。因此，这些思想很值得我们关注。

问：我觉得在古代人类精神觉醒问题的研究中，您更清楚地显示了这样一种世界史的视角。在这里您所借用的理论指导是德国哲学家雅斯贝斯的理论，所研究的对象是中国、印度和希腊。也可以说，您是在世界史的背景下来看中国，同时也是以对中国历史的观察来看世界。
答：我是力图这样做的。

问：雅斯贝斯的理论主要是什么观点呢？
答：德国哲学家雅斯贝斯在他的《历史的起源与目标》一书中提出了一个"轴心时代"的理论。大家知道，我国历史上的春秋战国时期，是一个学术思想十分活跃、文化成就焕发异彩的时期。而大体同时，在印度，在希腊，也有一个类似的文化空前繁荣的时代。那么怎么认识这样一个异地同时发生的文化飞跃或突破的现象呢？雅斯贝斯认为，这时在中国、印度、希腊等地首次出现了许多哲学家，人类开始了对自身的反省，其精神的潜力得以充分展开，因而给人类的历史带来了一次突破性的进展。由于这一时期在人类历史上关键性的转捩作用，雅斯贝斯把它称为"轴心时代"。人们对于他的见解可以有自己的分析、评价，不过他所提出的问题，确实对人们有启发作用，我们不能不看到，人类的精神觉醒确实是当时历史的一项十分重要的内容，而且对于以后的中国历史和世界历史都具有十分深远的影响。

问：那么您对于这个"轴心时代"是如何认识的呢？
答：我首先综合地分析了三个文明古国当时共同具有的一些基本条件，并且力图说明这些背景与人类精神觉醒的关系。我感到有这样几个值得注意的问题：一是铁器的使用引起了社会经济的新发展。铁器的使用在各个地区早晚有不同，但是与铁器使用相应的是经济的迅速发展，因此扩大了人类对自然的开发深度和广度，扩大了人们在地区内和地区间的来往，从而能够从原先的狭小的活动范围和狭窄眼界中解脱出来。二是血缘关系在政体中的主导作用在印度、希腊、中国都经历了一个削弱或解体的过程。早期国家通常由部落联合而成，所以在相当长的时间内政治体制存在血缘关系的影响。血缘组织既给了人们保护或依靠，同时又是对人的一种束缚。社会政治中血缘关系的削弱，使人发现个人存在的价值，对人的精神觉醒无疑是一种促进。三是在这一时期，印度、希腊和中国都曾有过小邦林立的状态，存在种种尖锐复杂的矛盾和斗争。社会变动中巨大而深刻的矛盾渗入人的心中，打破了先前精神的稳定平衡状态，人人都要加以思考，这也是能够引发人的潜力的内在条件。

问：这三个文明在人类精神觉醒的表现上也有它们各自的特点吧？

答：那是必然的。比如说，在人与天或自然的关系问题上，人类精神的觉醒在三个文明中都有表现，但又有各自的特点。在印度，宗教势力的影响最大，对人类精神觉醒也有影响。例如"佛陀"这个称呼本身的意思就是"觉者"。佛陀认为，不能靠神、靠祭祀来求解脱，只有靠自己的觉醒来救自己。但佛陀觉醒的最大特点是把一切都看成虚幻，看成空。所以，曾经反映过人类精神觉醒的佛教，最后还是引导人们进入了宗教的迷信。希腊出现了许多哲学家，他们认为传统神话中的精神不能使人在理性的追求中感到满足，他们不再甘心作为从属于自然或神化的自然的驯服物，而开始把自然当作外在的对象加以研究。这无疑是人类精神觉醒的表现，在希腊逐渐形成了研究宇宙论和自然哲学的道路。在中国自周代开始，就自发地把民心看成是天命的依据，到春秋战国时期这个传统又有所发展。孔子几乎不离开人事而言天，孟子进一步把天意和民心结合起来，荀子也反对迷信，主张人定胜天。所以，先秦诸子所理解的天道，大多是从人事中悟出来的，不完全是宇宙论和自然哲学，主要是人文研究的传统。

再比如，三个文明的人类精神觉醒也体现在人与人的关系问题上。印度的佛教主张"众生"平等，它要用种种事实证明人和人在自然属性上是无差别的或平等的。而希腊的哲学家不讲无差别的平等，而是对平等进行具体的分析，从理论高度揭示出平等中的矛盾。中国古代人与人关系上的精神觉醒突出反映在孔子的仁和墨子的兼爱的主张上。仁，就是把人当成人来看，把人当成人来爱。这与佛教无差别的众生平等是不同的。儒家的仁和礼是联系的。礼是讲区别、讲层次的。儒家是以具有礼的形式的仁使现实的有差别的人同一起来。至于在人性的问题上，三个文明也有不同，印度人把人理解为宗教的动物，希腊人把人理解为政治的或城邦的动物，而中国人把人理解为伦理的动物。这就是它们各自的特点。

问：在您的第二本书里，有几篇文章是评论外国学者的《尚书》《春秋》《左传》研究文章的。您为什么要关注这些国外学者对于中国历史文献的研究呢？是不是也要把这些中国历史文献放在外国人的视野下，考察他们的见解与我们有何异同？

答：是这样的。我一直非常关注经学与史学关系的研究，在五经中的《尚书》、《春秋》（包括《左传》），可以称为史学，我的许多文章都是研究这些史书，或者是从这些书中选取资料的。作为中国人，看本国典籍时可能会有"不识庐山真面目，只缘身在此山中"之弊，所以我先后写了四篇评论外国学者的《尚书》《春秋》《左传》研究的文章。其中有两篇是论19世纪英国汉学家理雅各译注的《书经》一书，同时也探讨了他所译的《竹书纪年》，后一本书的研究是我与邵东方合作的。第三篇是论理雅各译注的《春秋》《左传》的。第四篇是将理雅各的《左传》研究与19世纪日本学者安井衡的《左传》研究做了一番对比的探讨。理雅各当时在王韬的协助下翻译了许多中国经典，而且每译一本书就要发表一个长篇引论阐明自己的看法。他的翻译和研究在当时来说不愧为一流之作，就是在今天，他的一些见解对于中国学者仍然是很有启发的。由于时代和文化背景的限制，他的译文和理解都有可商榷之处。但是，他要帮助中国人打破对于儒家经典的迷信，而他自己对于儒家思想的一些积极方面也无法理解。所以，我的文章主要是从文献根据、文字训诂、译文正误、思想见解等方面对理雅各的成果进行了分析并提出一些自己的看法。日本学者安井衡也是博通中国古代文化的学者，他曾注释多种经书、子书，特别是他对《左传》很有研究。他对于《左传》中所蕴含的民本思想有敏锐的理解和把握，认为这体现的正是孔子作《春秋》的精神。我对他们两位学者的研究进行了一些比较，认为他们的见解对我们很有启发。一方面，中国历史上的统治阶级神化儒家经典，制造迷信来愚民，这是必须彻底摒弃的；但另一方面，这些经典中的民本思想仍不失为我们民族宝贵的文化资源，是应该有分析地加以发扬光大的。

三

问：从您对中外古代历史所做的这些比较研究来看，进行比较研究是相当困难的事情，需要对进行比较的每一方面都要进行深入的研究，才能进行比较。

答：确实是这样的，进行比较研究是很困难的事情。就拿写古代印度的论文来说，我在选定印度史作为一个点以后，做了许多打基础的工作，主要是在关于古代印度史的文献上下功夫。这种文献大体分为三个部分：一为古代西方人的撰述，二为古代印度人的典籍，三为古代中国人的撰述和大量汉译佛教经典。这里面第一类数量有限,难度不大。但古代印度人的典籍不但数量多,而且充满教派的分歧,成书年代漫长不易确定,文字又很艰深复杂,可以说难度极大。幸好19、20世纪一些西方学者和印度学者已经做了很有效的工作,有的重要文献有了现代西文译本,有些还有相当详细的学术性注释,甚至还有一些在考证文献基础上写成的学术著作。所以,在实际工作中感到入门并不难,掌握到一定程度比如说能够充分运用人家的已有成果也不十分难,但是要达到对文献的考证就很难了。至于汉文的佛教经典如《大藏经》,卷帙浩繁,内容复杂,如果只准备从里面摘抄一些有用的史料还不算太难,但如果想使这类文献得到合理而充分的运用并用出一定的水平来,那就非常不容易了。

问:您不但在史学实践中运用比较方法,而且还经常从方法论的角度来研究这个问题。我们看到在您的第二部著作中,第一篇文章就是《历史的比较研究与世界历史》,那么您认为两者之间究竟有什么关系呢?

答:好吧,我只能很简单地谈谈这个问题。所谓比较研究,就是对于不同的对象进行互为参照的研究,一般情况是指同时并列的不同对象的研究。但是它一旦作为一种方法用于历史研究之中,就在原有的横向的共时性比较之外,又加上了纵向的历时性的比较。所以,历史比较研究的功能就在于明同异。同异也是历史比较研究赖以实现的前提。无异之同不具备比较研究的条件;而无同之异也不具备比较研究的条件。总之,有相同,才能比其异;有相异,才能比其同。不同时期的不同国家和地区,一般说来不具备可比性,但只要从一个相同的角度去看,仍然是可以比较的。

再来看历史的比较与世界历史的关系,也是从两个方面来看。首先,历史比较研究对世界历史来说可以起到"辨一多"的作用。世界历史首先是由多而一的历史。世界历史作为全世界的历史,它必须是一个整体,必须是"一"。世界各个国家和地区的历史也是"一",但那是"小一",把"小一"集合起来就成为多,那只是一种量变。由诸多的"小一"经过否定才能达到"大一"的过程,在逻辑上说就是抽象的过程。进行抽象,就要辨异同,而不进行比较就不能明辨异同。所以,比较研究的"明异同",就在方法上构成了世界历史所需的"辨一多"的必要条件。

另一方面,历史比较研究对世界历史又可以起到"明一多"的作用。世界历史又是一个一中涵多的历史。我们把世界历史理解为"一",是从各个地区、国别的历史中抽象出同而加以概括的结果。如果要把世界历史看成是有机的"一",而不是一大口袋马铃薯,就必须把认识再深入一个层次,从抽象再上升到具体,就是从同中再看出异来,看出那些各异的部分是怎样既互相拒斥又互相渗透地构成一个有机的一体的。这就要在比较研究中达到同中见异,才会有世界历史的多样统一的活生生的"一"。这就是历史比较研究的"明一多"的意思。

上面我说了历史比较研究对于世界历史的重要性,但这不意味着比较研究能解决全部历史问题,其实比较研究也是有局限性的。它的局限性就在于它的运用离不开有意识的角度选择,在所选定视域之外的往往就是被忽略的。不认识这种局限性,就会把自己的比较研究视为绝对真理,从而陷入盲目自信状态。

问:您在2005年的学术会议上和当年所发表的文章中,谈到了"比较研究的一般逻辑"问题,其中有一些新的概念、新的提法,比如说"比较是不可公度性与可公度性的统一"。这个观点很新颖,但我还感到比较困惑,您能简单地解释一下吗?

答:现在我们可以看到许多历史比较研究的作品,这些研究主要是期待揭示比较对象之间的异同与本质特征,人们把比较看作一种现代意义上的专业历史研究法。但是,历史比较研究作为人文学科内比较研究的一种，也应该遵循一般比较研究的逻辑。或者说，历史的比较研究在逻辑上是如何成为可能的？过去，人们有一种乐观的信念，认为比较研究自然就是可能的，所以对此没有提出问题。20世纪60年代以后，西方科学哲学领域内有关于不可公度性的讨论。美国的库恩提出，"范式"之间存在"不可公度性"。"不可公度性"是否就等同于"不可比较性"？经过长期争论，库恩本人也承认，"不可公度性"并非完全等同于"不可比较性"。此问题争论至今尚未终结。我们说比较是不可公度性与可公度性的统一，就是对于这一讨论提出我们自己的见解。这个说法可能理解起来比较抽象。我想打个通俗的比方您就可以理解了。比如我们比较的对象完全相同，例如数字3、3、3……它们之间有同无异，这种比较毫无意义；再如比较字母A、B、C……它们之间有异无同，也没有比较的意义；假若是3A、6A、9A……一系列比较项，3是公约数，A也是公约数，以3A公约以后，1、2、3……就不可公约了。这当然是最简单的比喻，如果我们以法国年鉴学派学者布洛赫的比较研究经典之作《封建社会》中对于"封建主义"的讨论为例来说明一下，也可以帮助我们对这个问题的理解。在布洛赫看来，欧洲不同地域的"封建社会"能够比较的原因，就在于它们有一些共同的特征，即依附农民，附有役务的佃领地也就是采邑等，这些似乎就是欧洲封建主义的基本特征。但是，欧洲封建化的程度并不是全部一致的，节奏也不完全相同，而且最重要的是，任何地方都不是完全封建化的。由此我们可以看出，研究中世纪欧洲范围的封建主义，必须同时揭示其中的异与同，而研究本身是从现象之异中抽象出同，没有对异的感知，就不可能有对同的抽象。所以，比较研究中，如果可公度性意味着"相同"的话，不能由比较对象之间局部要素的可公度性推导出整体的可公度性。同时，比较研究中，比较对象的可公度性与不可公度性会随着比较者设定的比较范围或概念层次而发生变化（关于这一问题的详细论证，如有兴趣，可参看《历史比较初论：比较研究的一般逻辑》,《北京师范大学学报》(社会科学版)2005年第5期)。

问：我发现您不仅注重对客观的中外历史实际的比较,而且还重视反映客观历史的史学的比较。您曾经就史学在古代中国、印度、希腊学术中处于不同地位的原因进行过比较,这也是个比较有趣的问题。

答：是的,我是在这方面进行过比较性的探讨。主要目的在于说明史学在中国传统学术中长期占有仅次于经学的地位,这种情况是与古代印度和古代希腊很不相同的。在古代印度,史学没有真正从其他学术中分离并独立起来。印度学者也承认古代印度缺乏史学文献,也没有出现过像希腊的希罗多德、罗马的李维、塔西佗那样的史学家。我觉得这种情况还是要从印度宗教的情况来解释。在印度,不论是婆罗门教、耆那教还是佛教,都认为现实世界的一切都是变化无常的、虚幻的。这些宗教所追求的最终境界是长住永恒的彼岸世界,而历史永远属于此岸世界,史学所能体现的变中之常或某种法则也是属于此岸世界的。因此,史学不能成为这些宗教的有效的论证手段。在古代希腊,史学有了相当高度的发展,其发展程度绝不能说在中国古代以下。但是在古代希腊的学术里,史学所居的地位却无法与中国古代史学所居的地位相比。在古代希腊人那里哲学处于最高地位,大体与中国的经学地位相似,诗有助于提供一般真理,更接近哲学,所以比史学地位也要高。在希腊人的观念里,史学难以成为高级的学问,他们很难写出一部包罗万象、贯彻古今的通史,不可能孕育出《史记》这样的通史巨著。而中国古代的史学富有人文主义的传统,早在西周的文献中就有了人文主义思想,而后形成了中国史学的长期传统。另外,中国的儒家经典对于问题的论述,都是以历史为论证手段的,先秦诸子的思想也是以历史为主要论证手段的。郭象所说的"承百代之流,而会乎当今之变"这句话表明了古代中国人观照一切现实问题的一个最基本的思路。它意味着历史上的每一当今之变都不是出于一朝一夕的缘故，而是源于百代之流。一个人要了解今天之变，就不能不考百代之流。由于古代学者对于历史的这样一种见解，所以它促使了古代中国史学的发展。

问：半个世纪以来，您在中外古代历史文化的长河中徜徉，在史学这个园地中留下了您的足迹，而今天您仍然为中国史学的新发展乐此不疲。现在，您还在承担着很繁重的工作任务，能够谈一下您对中国史学的期盼和今后的打算吗？

答：我希望在中外古史比较研究方面不断有新的专家和专著出现，我更希望这种研究是潜心的、踏实的、真正的研究。我常想，学贯中西的前辈大家为什么能达到那么高的学术境界？有一点至少是明白的：他们都在自己本国的文化领域里具有深厚的基础和功力，因而他们在探研外国历史文化的时候也就能自其大者、自其高处观察它们，理解和把握它们。他们学外国学问的时候，在精神境界上不是作为一个初学者趴在地上一点一滴地拾人遗唾，而是在本国学问上与外国学者站在平等的地位上的。当然，由于各种条件的限制，不能在中国历史文化方面先奠定基础就开始学外国历史文化的现象也常会发生。但重要的是，当一个人在外国文化方面有一定造诣以后，不宜忘记学习本国文化；因为不管自觉与否，这总是我们的精神植根最深的土壤。离开这块土壤，我们的成就是不可避免地要受到很大的限制。我深深景仰前辈大家的那种风范，愿意景行行止，也愿意与有志于中外古史比较研究的青年朋友们共勉。

至于我个人，虽然说过去研究了一些问题，写了一些东西；但我从来不觉得我写的那些有多么重要。这些并不是我所要达到的最终目的，当年我曾经有过许多梦想，今天我还有许多的"残梦"没有实现，我还要继续努力。另一方面，我对于世界范围内所出现的新理论、新概念、新问题都抱着热切关注的心情去对待。这一点和我年轻时的心态是一样的，我不能停止不前，还要继续去学习、去探索。近年来，我在北京师范大学史学理论与史学史研究中心里，负责两个重要课题的研究：一是古代中西历史、史学与理论的比较研究；二是中外史学理论比较研究。这两个项目都是很艰难的工程，在思考这两个课题的过程中，我学习了很多的东西。我想，只有不断学习新的东西，才能适应当今学术发展的趋势，才有可能把中外历史的比较研究推进一步。

问： 从与您的谈话中我确实学到了很多东西，并且对您的学术追求和人格特点有了更深切的了解。您所谈的这些，一定会对年轻的学者们有很大启发。谢谢您的谈话！

答： 多谢您为了和我谈话以及为此而做细心准备付出了那么多的宝贵时间。

（原载《史学月刊》2007年第2期）

再谈挑战

本文为2016年的采访。邹兆辰问，刘家和答。

一、应对挑战是学术创新的关键所在

问：刘先生，您好！时隔几年，再次来与您探讨学术问题，这是非常难得的学习机会。此前读到您的文章《关于"以史为鉴"的对话》(《北京师范大学学报》[社会科学版] 2010年第1期) 和蒋重跃教授对您的访谈文章《在挑战与回应中前进——刘家和先生谈学术工作的基础》(《北京师范大学学报》[社会科学版] 2015年第2期)，今天想向您再次请教一下中国学者如何应对挑战的问题。

答：多谢您多年以前，为了对我的访谈所做的充分的准备工作，至今我还未能忘。现在，您又做了充分的准备，来进行这次访谈。说实话，我真有点于心不忍。当然，为了学术您也就只能辛苦一点了！

问：从这两篇文章中看出，您认为回应挑战是与学术创新有关的。

答：确实是这样。学术创新问题实在太重要了，这实际是学术能否真正传承和发扬光大的关键所在。人类历史就是不断回应各种各样的挑战，而逐渐在创新中发展起来的。学术研究是人类生活中的一个重要部分，也需要积极发现并回应挑战，在克服困难中前进。

问：为什么要把回应挑战看得那么重要呢？
答：我是把回应挑战当作学术能否创新的关键问题。蒋重跃教授在上次对我的访谈中曾经问我：这样说是否太被动了？我们的学术工作难道就是为了回应别人对我们提出的挑战么？我们就不能向人家发起挑战么？我回答他说：这里我所说的挑战，是就其深层意义而言的，不仅是指人家向我们发起的挑战，而且更为重要或者说更深层次的，是我们必须能够自己向自己提出挑战。

问：这个提法很新奇，为什么我们要向自己提出挑战呢？
答：这个问题提得很好。我们之所以要向自己提出挑战，是因为当他人提出挑战的时候，我们自己是被挑战的对象；需要我们回应时，我们自己就转变为主体。作为主体时，你自己是否有能力发现或意识到这是一种挑战，这很重要。发现了或者意识到了，自己又是否有能力来面对并且回应这种挑战呢？如果一时没有能力，那么是否能积极准备以求今后能加以回应呢？这些就属于自己对于自己的挑战了。概括地说，这包括对自我能力极限的挑战和自我选择的挑战。

应该说，每一位学者都有他自身能力的极限。如专业的选择就往往规定了我们能力极限的范围。当然这也不是绝对的。我们选择的学科是史学的研究领域，这就包括人类生活的历程以及所能给予我们的经验教训。这里选择的挑战是明显存在的，在具体进行选择的时候，又不可避免地有着两种相互区分而又联系着的问题，即学术使命的理想目的与学者个人的功利目的。就像孔子所说："古之学者为己，今之学者为人。"

在孔子所说的"为人"与"为己"两种可能的面前，怎么办？这就是自我选择的挑战。如果不能认真挑战自己，严格要求自己，从而学风不振甚至不正，怎么能严肃面对并切实回应他人的挑战呢？所以严格地说，能够切实挑战自己才是回应外来挑战的必要条件。其实，这样的严肃挑战自己的历程，往往是与回应外来挑战的历程相一致的，这样才有可能一步一步切实回应他人的挑战。

问：您这里所说的自我挑战的问题，确实对我们很有启发。要想在学术上有所进步，就必须不断地对自己提出挑战。那么我们怎样才能实现这种自我挑战呢？

答：我觉得最简单的办法，就是要不断地、严格地质疑、追问自己。比如，每引一条材料，就要考问自己：材料的出处是否可靠？材料的内容是否可信？自己真弄懂它的意义了吗？再如，每提出一个见解，就要质问自己：思维的逻辑是什么？自己真正弄清楚了吗？这样一步一个脚印地对自己追问下去，在不断的自我否定、自我超越中前进。这也就是自我挑战。

问：您说得很有道理。那么您这种自我挑战的意识是从哪里来的呢？

答：这种自我挑战的理性自觉，我是从前贤那里学来的。老子曾说过："知人者智，自知者明。胜人者有力，自胜者强。"这几句话不难读懂，好像是在给"智""明""有力"和"强"下定义似的。其实，老子告诉我们的是：知人的"智"和胜人的"力"，对于每一个人来说都是有限度的，因为到底是否能知、能胜，那要看对象的条件。而自知的"明"和自胜的"强"，对于每一个人都是无限度的。只要我有自知、自胜的志愿和理想，那就是谁也阻挡不住的。所以，人必先自知，然后才可能知人；必先自胜，然后才可能胜人。这种自知与自胜，实际上是人的一种高度自觉、高度专注的精神状态。我对于自我挑战的理性自觉，应该说是从前贤那里学来的。

问：您说的自我挑战的意思我明白了，您能够把如何应对挑战的问题说得再具体一点吗？

答：挑战一般用来指较为严肃的问题，有时会指生死攸关的问题。既然有挑战，那就不能不具有清醒、积极的回应意识与意志。人一旦意识到自己面临挑战，而且要回应这种挑战，那就不应该昏昏欲睡了，就应该全神贯注地、全力以赴地去回应。就是说，必须要有一种清醒的状态。有了这种状态，才会想方设法回应挑战。学术研究当然也需要有这样的清醒状态。我们的问题，要在挑战和应战中去发现；我们的方法，要在挑战和应战中来锻炼；我们学术工作的基础，也要在挑战和应战中不断加以调整。对于学术研究来说，最重要的是能发现问题，然后是能找到解决问题的办法。但是要做到这两点，离不开知识结构的调整，也离不开学术工作基础的改善。

问：您能不能从您自身回应挑战的事例给我们一个更具体的认识呢？

答：好！那就请您关注一下《关于"以史为鉴"的对话》那篇访谈吧！

二、从黑格尔关于"以史为鉴"的一段话说起

问：我已经看过了《关于"以史为鉴"的对话》这篇文章。我看您所说的回应挑战的问题，主要是从黑格尔《历史哲学》中关于"以史为鉴"的一段话引起的。这句话为什么会引起您这样特别的注意？

答：确实如此。我曾经说过，我自己对"以史为鉴"的问题总有一种"放心不下"的情结。这是由于我不只是读中国史学、经学方面的著作，

如果那样就不会发现这个问题。西方的历史文化使我的思考常常面临一种挑战。这里我难以忘怀的就是黑格尔所说的那段"以史为鉴"的话。

问： 您说的是哪一段话呢？

答： 您看，这是我1959年读过的黑格尔的《历史哲学》。我画红线的这句话说："人们惯以历史上经验的教训，特别介绍给各君主、各政治家、各民族国家。但是经验和历史所昭示我们的，却是各民族和各政府没有从历史方面学到什么，也没有依据历史上演绎出来的法则行事。"这段话不知您看了有何想法。这是不是对于"以史为鉴"说的直接挑战呢？我想他的话并非不值一驳，而是不理不行。问题在于如何回应。黑格尔的那段话，使我不能不深思的是他的那一套思想体系与深远的哲学史的背景。我觉得黑格尔那一段话里有合理之处，也有其自身的问题。

问： 我确实看不出这段话有什么问题，您认为他的这段话就是一种挑战吗？

答： 他的那一段话虽然说得机警锋利，但是仔细分析是有问题的。黑格尔说，历史的经验可以给人以教训，但又说从来没有人从中得到过任何教训。这句话看起来好像谈得很深刻，但其实它本身就是一个悖论。如果肯定前面的主句，即历史经验给了我们教训，这样的话，断言从来就没有人从中学到任何教训的后一句就不能成立了。反过来说，如果副句的判断成立，那么主句就不能成立。这是一种自我矛盾。另外，黑格尔在后面接着说，即使历史经验真给人们留下了教训，那也是没有人会接受这种教训的。为什么呢？他在那段引文之后接着解释说："每个时代都有它特殊的环境，都具有一种个别的情况，使它的举动行事，不得不全由自己来考虑、自己来决定。当重大事变纷乘交迫的时候，一般的笼统的法则，毫无裨益。回忆过去的同样情形，也是徒劳无功。一个灰色的回忆不能抗衡'现在'的生动和自由。"

黑格尔的这段话可以从两方面解读：一是历史经验教训与人们的自由选择之间的关系问题，二是在古今变易中究竟有没有相同或相通的经验教训。

首先看历史的经验教训与人们的自由选择是什么关系。我觉得，黑格尔如果是在依据经验说话，那他的话大体就不会离谱太远。他说，对于历史教训人们有自己的选择自由，这话的确不错；对历史教训持不接受态度的事例在历史上确实太多了。所以，他的话里有正确的地方。中国人很早就坚信：以民为本从而得民心者得天下，残民以逞从而失民心者失天下。这就是一条很重要的历史教训。可是在殷商、秦、隋三个朝代的末世都拒不接受这个教训。所以，历史教训的确是值得重视的问题。不过，黑格尔这里只说了有不肯接受历史经验教训的人，那么还有没有肯接受历史经验教训的人呢？既然他承认，人们对于历史经验教训是有接受与否的自由的，那么人们选择接受历史经验教训在逻辑上就是不能被排除的。因为，如果没有两种以上的选择出路的话，那就谈不上有选择的自由。逻辑上既然不能排除，那么在历史事实上是否曾经存在呢？

黑格尔的回答是否定的，至少是存疑的。这样的结论不符合历史事实。大家知道，在殷、秦、隋等王朝拒不接受历史教训而灭亡的同时，还有周、汉、唐等王朝因乐于接受历史教训而兴起。怎么能说没有人接受历史的经验教训呢？所以，黑格尔在这里犯了以偏概全的错误。因为讨论还在经验的层面，黑格尔是在经验分析论证中犯了片面性的错误。

问：这是您要谈的第一个问题。现在您能否谈谈第二个问题，在古今的变易中有没有相同或相通的经验教训？
答：我对这一个问题的答案十分明确，那就是没有。为什么呢？因为历史的经验教训既然是在历史中产生的，那么它就必然离不开它所产生的历史条件，换句话说就是具有历史性。它是依据具体的历史条件而产生的，也必然随历史条件的变化而变化。以中国历史为例，在三代时期，王朝必须分封诸侯才能维持统治，不论是名义上的还是事实上的分封，所以诸侯之国往往能长期存在；而汉初分封的功臣侯者到汉武帝时就没有什么了。那么汉朝为什么不接受三代的历史经验教训呢？司马迁在《史记·高祖功臣侯者年表》序中有一句话说得很好："居今之世，志古之道，所以自镜也，未必尽同。帝王者各殊礼而异务，要以成功为统纪，岂可绲乎？"这说明他已经清楚地认识到有些历史经验教训是会随着历史条件的变化而变化的。

问：我们从中国的历史事实中可以看到，人们对于历史的经验教训采取什么态度，是有选择的自由的。

答：确实是这样。通过以上我们所举殷、秦、隋之所以亡而周、汉、唐之所以兴的事例，恰好证明了这样的道理：人们对于历史经验教训的取舍是有选择的自由的；可是，人们对这一自由选择的结果，就不再有选择的自由，也就不能随心所欲了。所以，我们看到殷商、秦朝、隋朝先后都因拒不接受历史的教训而"无可奈何花落去"；而周、汉、唐等王朝，却因为能够虚心地接受历史教训而勃然兴起，并在中国历史长河中熠熠生辉。因此，我们承认黑格尔所说的，人们对历史经验教训是有取舍选择的自由，但是不能因此就看轻历史经验教训的存在与意义。同时，这样的事例还告诉我们：殷商、秦、隋等王朝的末世拒之而亡亦即周、汉、唐等王朝受之而兴的历史经验教训，在选择自由的背后却有着结果的必然性；这种结果的必然性正好说明，上述历史经验的教训的本身有其固有的稳定的特质。

问：我想追问一下：为什么不同朝代的统治者会有不同的选择呢？

答：我想不论我们怎么说结果的必然性，人们在历史面前选择意向的自由总是有的。对于同一个历史经验教训,殷商、秦、隋与周、汉、唐会采取截然对立的选择,是什么原因呢?我想对于这样的国家大计,一个统治者恐怕是不会完全掉以轻心的。但在考虑是否接受历史经验教训的时候,他们总会给自己的决策找出理由,他们的根本依据恐怕只能是自身或阶级的最大利益。在同一个历史时代并且面对同一个历史经验教训,殷、秦、隋等王朝采取拒不接受历史教训的态度,而周、汉、唐等王朝却采取了乐于接受历史教训的态度。为什么会有这样对立的选择呢?这是因为他们的现实利益本身是对立的。如果要问他们的现实利益为什么是对立的?这就不是他们自己能够自由选择的了。因为他们各自处于不同的历史前提条件,而历史的前提条件对于他们来说就不是可以自由选择的了。因为这些条件是既定的。也就是说,他们各自的自由选择中存在着历史前提的不自由,因此他们各自的选择自由只不过是不自由中的自由而已。

问: 您在《关于"以史为鉴"的对话》中有很大一部分是谈怎样理解"以史为鉴"的。我们应该怎样理解呢?

答: 我想,既然谈到"以史为鉴",这里首先要涉及历史经验教训的有无及其是否有用;然而这只是"以史为鉴"包含的内容的一部分,并非其全体。所以,我们要搞清楚什么是"以史为鉴",还要从确切把握它的真实含义着手。

"鉴"是什么?是镜子。所以"以史为鉴"就应该是用历史来做镜子反照自己。不过要注意一点,当我们拿镜子来照自己的时候,在镜子里出现的是我们自己;而当我们以史为鉴的时候,从作为镜子的史书里看到的却没有自己,而是前人或前人的事。这就会让人怀疑"以史为鉴"这个比喻性说法的确切性与可能性。再一点,"以史为鉴"的"鉴"字原来是写作"监"字。《十三经注疏》本里,《诗经》说周人以殷为鉴的时候是写作"鉴"字；而在《尚书》里却一般都作"监"。孔子也说："周监于二代，郁郁乎文哉。"(《论语·八佾》)这里的"监"字还是作"鉴"来用的。"监"的繁体字"監"，其左上角的"臣"字本是眼睛的象形，右上角是"人"，下面是"皿"字上面加这个"一"表示皿中的水。这样整个字形就表示人用眼睛看器皿中的水，也就意味着是对照盆里的水来照见自己。因为止水的表面是光滑平静的，可以代替镜子。至于流水，它就没有止水的上述特点，大概没有人站在江河边上临水照自己。而历史恰恰是一条后浪推前浪的不断奔腾前进着的长江大河，这样看来，历史又怎么可以为"鉴"呢？

问：是啊，您这里说的意思是流水不可以为鉴，那么怎样才能从历史中汲取经验教训呢？

答：我的意思是说，如果您的意向是要知道自己的历史处境，那就不能用本质是静态的镜子来作为中介，而只能用本质是动态的历史来作为中介了。我想举一个历史上的例子：当周公协助武王伐纣的时候，他们从作为中介的历史中所得的反映是革夏命时的商汤，到了他们推翻了殷商并取而代之的时候，情况已经发生了翻天覆地的变化，原来的"小邦周"变成了"赫赫宗周"，原来的"天邑商""大邦殷"变成了"殷小腆"。这一种历史的变位，使周登上了殷商当初的天子地位。这时周公从自己的新处境出发，再把意向投向历史时，他得出了两类反映。一类是尚未被推翻前的纣，他处于"天子"之位却残民以逞，结果就是灭亡的下场；另一类是所谓的"殷哲王"，他们因勤政爱民而能享国长久。就是说，周公看到当时已经成为天子的周王能够从殷人典册里看到正负两类影像：哲王或暴君。这两类相对立的影像导向两类相对立的结果。这样，周公面临着作为镜子的史书中提供的两种可能选择，他选择殷哲王作为典范。从《尚书》的多个篇章里，我们可以看到他反复申述必须以民为本、"保民"而王。从这个例子里可以看出，主体总处在变化中，其意向性也就会在变化之中；而变化了的意向投向历史的时候，其反映也就必然发生变化。这就是说，止水或镜子在这时已经不能充作中介了，只有流动着的历史才能起到反映动态的作用。这里，我们是否可以对"以史为鉴"做这样的理解：临流水不能照面部；而情同流水的历史却能作为历史人物的中介，从中反映出一种动态的历史趋向。

三、如何才能具有应对挑战的条件

问：您这里对"以史为鉴"的解释使我们有茅塞顿开之感。有了这两层意思，才让我们弄明白，究竟什么是"以史为鉴"。从您上面谈的情况来看，您对黑格尔的有关问题的思考已经历了很长的时间，您是一直在思考着回应挑战的问题。问题是您为什么能够回应这种挑战？换句话说，回应挑战需要具有什么样的条件呢？

答：我觉得回应这种挑战需要有一个长期的思考过程，并且把问题本身弄清楚。今天，我把我看到的《历史哲学》的各种版本都找了出来。我要跟您面对面地把我对这个问题的思考过程讲一讲。我1959年看到的黑格尔《历史哲学》，是1956年三联书店出版的王造时译本。我看到了这段话，就是我画了红线的这段。他说："人们惯以历史上经验的教训，特别介绍给各君主、各政治家、各民族国家。但是经验和历史所昭示我们的，却是各民族和各政府没有从历史方面学到什么，也没有依据历史上演绎出来的法则行事。"这里他强调各君主、各政治家没有"学到什么"，也就是没有学到"历史上经验的教训"。我觉得这个观点与我们习惯的《资治通鉴》的思想是对立的。这里有两个问题：一是历史有没有教训？黑格尔说"没有从历史方面学到什么"。那么历史有没有经验教训呢？历史告诉我们，历史是有教训的。而他的意思是说谁也没有得到教训，谁也没有按照历史的法则办事，原话是说"没有依据历史上演绎出来的法则行事"。

1959年我读到这里时就有所怀疑。我想是不是翻译的问题造成的，于是就找英文版的《历史哲学》来对照，同时又看了黑格尔的《小逻辑》。因为只有读懂《小逻辑》才能读懂《历史哲学》。这是在1960年读的。后来我又读了黑格尔的哲学史。读了这些，还是有些问题不懂。我当时为什么要自我挑战呢？首先，是要挑战我自己的极限。以后，就是"四清""文革"了，这种书就不能再读了，于是就读马克思的书。以后，又重新读了黑格尔的《历史哲学》《小逻辑》，但只能看中文版的了。

20世纪80年代中期以后，我开始重新考虑史学理论问题。于是，我就复印了《历史哲学》的英文版，发现英文版中我所怀疑的那句话和王造时的中文译本是一致的。对此我还是放心不下，觉得这里还是有问题。到90年代时我就下决心找德文版来看一看。当时，找不到德文版的《历史哲学》，于是就到北图去找德文版的《黑格尔全集》，从第八卷中找到了这部分，也找到了这句话。我根据德文版的文字来校对英文版的这句话，发现英文版有的地方译错了。为什么说译错了呢？英文版说"也没有依据历史上演绎出来的法则行事"，从这里看黑格尔是承认历史中能够演绎出法则或规律的。但在德文版中，黑格尔使用的是虚拟语气：就算是有演绎出来的规律，也没有按照其行事。我反复地对照了几遍。我还把这句话放到他的书的整个一章来看，以及用《小逻辑》提供的思想背景来看这个问题。原来黑格尔认为，历史的规律没有逻辑规律那么严格。比如A大于B，B大于C，则A大于C，这是永远正确的。但历史有没有这种规律？历史的规律永远是历史的。原始社会的规律只能说明原始社会，但人心的向背决定政权的得失存亡这种规律也永远是正确的。所以，要以人为本，否则迟早会垮台。我们承认历史规律和逻辑规律是不一样的。人本身就是历史的。

问：这就是说，您是在读了黑格尔《历史哲学》的德文版以后，对于他的这句话的问题才有了进一步的认识，才坚定了您应对挑战的信心。这样看来您的德文水平也是比较高的。

答：我没有那么高的德文水平，我在这句话的翻译中发现的问题是请教了德文专家的，他认为我的思考是对的。经过这一番研究，我才把我的意见拿出来。我是从1959年开始读黑格尔的著作的，并且开始思考这个问题，到2010年才正式发表出来。这中间经过了50年。如果我不确信我的观点是正确的，我就不发表出来。花了这么长的时间代价，我觉得这个结果的性价比还是很值得的。

黑格尔认为历史是有规律的，但这个规律是精神的规律，是历史的理性。他是按照自由的发展来讲规律的。黑格尔讲这些话大约是在1821—1830年，即鸦片战争前的10年，这期间他谈过五次，到今天快200年了。但这种挑战我们不知道，不知道就无法去回应。我们只能对自己进行挑战，才能发现别人的挑战。

问：从以上您所谈的情况来看，原来您对黑格尔关于"以史为鉴"的问题的观瞻早就有自己的看法，就是还没有找到回应的机会。您一直对此耿耿于怀，于是才有了2010年的这篇《关于"以史为鉴"的对话》。我看蒋重跃教授对您的文章评价说：您的论证实在是给"以史为鉴"这个千年命题做了充分的理论说明。您在这篇文章里的论证让我由衷地感到自豪：中国人完全可以站在理论思维的高度上与西方学术大师进行对话。这种对话是平等的、理论性的，富有启发意义和建设意义。我觉得您的这篇文章真正在理论上回应了黑格尔对于"以史为鉴"的挑战。蒋教授的话恐怕是代表了晚辈们对您的这种精神的评价。

答：首先我绝对不敢以为自己已经很好地完成了对这一挑战的回应。我相信自己的论证肯定还会有不足之处，希望自己在将来也更属望于来者能够进一步克服我的缺陷，能够对于"以史为鉴"的问题做出更好的论证。

回应黑格尔的这个挑战究竟有多大意义呢？我可以说，如果不回应，"以史为鉴"的理论就会彻底被颠覆，我们中华民族的文明史也就这样被颠覆了。回应这个挑战应该是我们中国史学工作者担负的神圣使命！当然了，黑格尔本人早已去世，他不可能自己来回应。现在我提出来可以让大家来评评理，如果我问错了，你也可以代表黑格尔来反驳我呀！我要问的问题是：即使是充分表现了鲜明的逻辑理性特征的黑格尔哲学，难道不是以康德的哲学为鉴才产生的吗？难道康德的哲学不是以莱布尼茨和休谟的哲学为鉴才产生的吗？如果再往上推，难道亚里士多德的哲学不是以柏拉图和希腊哲学史为鉴才产生的吗？黑格尔的哲学也应该是产生于历史之中，它的价值也在历史中，没有终结。哪有终结呢？如果不是"以史为鉴"，哪有他的哲学啊！

我想我今天思考这个问题，也是为了在黑格尔面前讨一个公道，给"以史为鉴"一个生存的权利。给史学一个存在的理由！我们也不能不公正地肯定黑格尔哲学在人类文化史上的崇高地位。比如他的《精神现象学》《逻辑学》《小逻辑》等，都是充满了发展的历史意识的。他努力地把人类意识的发生发展以及逻辑的发生发展解说成历史的，提出了逻辑与历史统一的观念。这真是了不起！可是，他把现实的历史又套在了他所设定的"世界精神"的牢笼里，因此就把问题弄颠倒了。今天我们挑战他，批评他，也正是以他为鉴啊！看来迎接挑战是永无止境的，我毕竟已经是88岁的老人，人一老，锐气就差了，所以我还要向中青年学者朋友学习！

问：您虽然已经是88岁的老人了，但是您应对挑战的精神，绝对是值得年轻人学习的。

答：我还要补充说一点的是，今天我们谈了很久"挑战与回应"，早年常译为"应战"。把这一对概念最广泛地运用于解释人类文明历史的应该是英国著名史家汤因比（1889—1975）。大家知道在他所著的《历史研究》一书中，他曾把人类历史分为若干"文明"。他以文明为单位，认为每一种文明都有自己的起源、生长、衰落、解体的过程。他认为，在文明发展的全部进程中，回应挑战的成败就是一个文明成败兴衰的关键所在。不可否认，他的"历史形态"学说，具有鲜明的意识形态色彩，同时对历史结构的解说也有些牵强附会之处。不过，他对于挑战与应战的见解对于今天的人们却很有启发作用。比如他曾说过：历史证明，对于一次挑战胜利地进行了应战的集团很难在第二次挑战中再取得胜利；凡是在第一次取得胜利的人们很容易在第二次时"坐下来休息"。他引用了大量古今历史实例来证明他的观点。我们中华文明曾经在古代历史上成功地回应了挑战，从而取得过辉煌成就，可是后来逐渐困倦了，到近代也曾面临无力回应西方挑战的悲惨局面。所以，现在中华文明要复兴，我们实在不能再"坐下来休息"了。对于学者个人来说，也是如此啊！任何一点成绩都有可能立即转化为一种安慰剂，使人昏昏欲睡。只有不断真切地自我反思，从而不断地自我超越，才能保持自己的精神处于清醒状态。尤其是人到中年以后，由于已经做过一些事情，有了不同程度的成绩，就很容易吃老本，很容易在不断简单地复制自己的过程中衰老下去。这是一种没有前途的"前途"，我的内心深处充满了惶恐，生怕自己逐渐昏昏欲睡，怎么办？那就坚持每天温故而研新，这就能不断发现自己的不足与无知，就像天天都用凉水洗脸，从而保持一定的清醒状态。

问：您说的这些话不仅仅是对自己的鞭策，而且对每一个史学工作者都有警示作用。我个人觉得能不能应对挑战，特别是自觉地、理性地应对挑战，虽然与年龄、学历有关，但更重要的还是知识结构、思维习惯以及对于史学工作者使命感的认识问题。您的这种深入探研、富于思考的精神，是值得我们学习的。

  谢谢您的谈话！祝您健康长寿，学术之树常青！

答：谢谢您！谈得有不合适的地方请您和读者朋友们指正。

（原载《中国史研究动态》2016年第3期）

第三辑
怀念师友

忆钱穆先生

42年以前,钱穆先生在江南大学任教。我听过他开的中国通史和秦汉史两门课,课下也向他请教过不少问题。钱先生教学生很热心,讲课和回答问题又都富有启发性,因此当时的同学都觉得获益不少。现在40多年过去了,钱先生亦已于去年(1990年)归道山,回想往事,我从钱先生那里获得的教益,到底是什么呢?这里谈一点回忆和体会,权且作为对先生的纪念。

当时,我对先秦诸子很有兴趣,宿舍床头总有几部子书,有空就打开读一些。知道钱先生对先秦诸子很有研究,那时又正在写一本关于庄子的书,所以有时就向先生请教一些读子书时遇到的问题。有一次,我问《庄子》中的问题,涉及《老子》。先生在回答问题时,顺便问我,是先有《老子》,还是先有《庄子》?我说,《庄子》中有老聃,《老子》中没有庄周,似是先有《老子》。于是,先生颇有感慨地说了一番话,大意是先秦诸子从人物到书,都有那么多的问题,不弄清楚,又怎能弄清他们的思想呢?最后,先生问我是否真想探讨先秦诸子思想,并说如有此意,可读《先秦诸子系年》,有助入门。

我到图书馆把先生所著《先秦诸子系年》借来一读,才知道不仅

《老子》《庄子》先后的问题不能随意信从传统说法，而且还有那样多的问题在前人都未解决，而先生都做了考证。先生平时讲课，宏论甚多，但他又常告诫说，义理、考据不可偏废。上课时听这些，以为属于常谈，不太经意。看了《先秦诸子系年》，我对先生在课上讲的这个道理，就有了另一般的感受和体会。

以后又有一次，我问先生，学先秦史，既然少不了考据，那么考据又怎样才能入门？先生说，他在课堂上曾讲到过梁任公的《中国近三百年学术史》和他自己的《中国近三百年学术史》，并曾让我们比照一读，所以就问我读过没有。我说，想读，尚未读。随后先生就借给我一部他所著的《中国近三百年学术史》，并说读时有问题可以问他。

书借回后，先是比较集中精神地读了一些，后来因为其他事情，断断续续拖了好长时间才初读了一遍，也就未能向先生请教问题。后来，先生说要去广州，我去看先生，同时还书。先生问我，书看得怎样了。我如实回答，还未及细读。先生说："书就送给你了，以后再细读。"此后，我就未再见到过先生。

50年代初，我开始在北京师范大学历史系工作，专业领域是世界古代史。在随后的20多年中，我一直从事世界史的教学和研究工作，不过对于中国古代史的兴趣始终不衰，业余可用时间的很大一部分，都用于阅读中国史方面的书籍。从70年代末开始，我又同时兼做中国古代史的教学与研究工作。几十年来，我一直未见钱先生，亦无缘向先生请教。但是，我觉得，在自己的中国古代史研究工作中，仍有深受先生之赐之处。具体有以下两点：第一，我比较注意微观研究与宏观研究的结合，在讨论较大的历史问题时，不忘考据的重要性。例如，《先秦儒家仁礼学说新探》(《孔子研究》1990年第1期)一文，讨论的是先秦儒家仁礼学说这样的大问题，而讨论本身却是以考证开始的。同样，在考据时，也不忘必须说明历史问题，例如《〈书·梓材〉入历、入宥试释》(《中国史研究》1981年第4期）这样的考释性文章，实际所讨论的也是周代社会结构中的一个问题。第二，我在研究先秦史时，从未忘记参考清代学者对于经学与诸子之学的研究成果。长期以来，我养成一种习惯，平时注意浏览清代学术史、《清史稿·儒林传》、学案以及重要学者年谱之类的书，了解清人对先秦诸子研究的发展概略和他们的著作目录。到专读某一先秦典籍或探讨某一专门问题的时候，则结合问题，具体参考、比较清代各家之说，在此基础上再做进一步的质疑或探讨。我的关于先秦史的专题论文，大都是经过这样的程序写出来的。总之，在探讨宏观历史问题时，注意微观研究的基础；在研究先秦史时，注意清代学者的研究成果。我觉得，这是自己因受到先生的教诲而学会的治学方法。这种方法，使我在治学过程中减少了许多由粗疏而发生的错误，并尽量避免无根之谈，从而步子迈得比较踏实一些。至于自己在学术上的成绩不大，那是个人做得不够、不好的问题。

回忆往事，纪念先生，怀着对先生的教泽的感激之情。

（原载中国人民政治协商会议江苏省无锡县委员会编：《钱穆纪念文集》，上海人民出版社，1992年，原题为《纪念与回忆》）

为我学世界古代史引路的老师
——怀念日知林先生

林志纯先生去世了。我们失去了一位好的老师。

林先生的一生，像是一炉精神的活火，在长近一个世纪的时间里发光、发热，不断给予他的学生和后辈们以启发和激励；现在先生安息了，然而火尽薪传，先生的志业且将不朽。

我知道日知先生，大约是从1953年秋天开始的。那时候，我正在北京师范大学历史系当世界古代史的助教。当时的教学改革要求学习苏联，可是我们的主要参考书还是英文的或中国学者据英文书编写的书。因为当时北师大教世界古代史的老先生不会俄文，我自己刚刚经过"俄文突击班"的学习，读俄文书的速度和水平都不能立即满足教学工作的需要，这时候教育部分批陆续发下"交流教材资料"，那就是日知所译的苏联师范学院历史系使用的由季雅科诺夫和尼科尔斯基编撰的《世界古代史》。这在当时无异于及时雨。这样我就知道了日知先生，但是还不知道他就是林先生。

1954年春季，先是听说东北师范大学有一位教世界古代史的先生要来我们系和世界史的教师们座谈，说是要来"取经"。等到这位先生来时，才知道是林志纯先生，也就是日知先生。他很谦逊，说自己过去教的是中国史，现在教世界古代史是接受新任务，所以要向北京同行学习先进经验。座谈会中，我们得知，他正在开一个世界古代史研究生班，一边指导学生学习，一边翻译苏联教材，所以这个会很自然地开成了我们向林先生请教有关苏联世界古代史教学和研究情况的会。但是，林先生在会上始终认为，他的工作还仅仅是开始。这是我第一次当面受到他的教益。

1955年深秋，东北师范大学历史系开办了世界古代史教师进修班，由苏联专家格拉德舍夫斯基主讲，林先生则协同苏联专家指导全班学员。我有幸在这个班里学习了两年，逐渐对林先生的治学与教学特点有了较深入的了解，也从林先生的榜样和直接指导中受到很多教益，从而逐渐明确了自己学世界古代史的路数。

林先生翻译俄文教材给学生读，还指导我们阅读苏联《古史通报》中的有关专题学术论文，了解苏联史学进展新情况。待我们俄文水平有所提高以后（在进修班，俄文是分量相当重的必修课，由张正元先生教授。张先生为人和善，学养很深，教学得法，帮我们较快较好地提高了俄文水平），他又从《古史通报》中选出俄文翻译的原始史料（如《中期亚述法典》《赫梯法典》等），组织我们分工翻译，互相校改，有问题处可请教他和张先生。这样我们就不仅是在课堂上听苏联专家所讲的作为历史过程的世界古代史，而且是在研读和翻译实践中逐步深入到世界古代史的史料和史学。这就不仅限于帮助受教者掌握历史资料的量的增多，而且关系到培养他们的研究能力的质的发展。

在北京第一次见到林先生以后，最初我以为他只是因为会俄文而偶然地适应了当时教世界古代史的需要。到了东北师大以后，我逐渐发现，这样设想林先生，还是既对又不对。说对，是因为，林先生的确因为会俄文而成为当时所急需的人才；说不对，是因为，林先生绝对不是仅仅会俄文，而且他的英文功力也很深厚；不仅俄、英两种语文，他对德文、拉丁文以至于希腊文，都曾下过不同程度的功夫。在实际的科学研究中，林先生对于英文文献使用的情况绝对不少于（甚至远远多于）俄文文献。我们班的不少同学（包括我自己）在撰写毕业论文时，情况也是如此。东北师大历史系原藏英文书籍不多，可是就在进修班举办的两年间，由于林先生的策划，英文工具书、大型史料集（如"Loeb古典丛书"等）、专著、期刊迅速大量增多，在一些方面在国内处于前沿状态。在当时，迈锡尼的线形文字B刚刚释读成功不久，因为释读者文特里斯是英国人，所以前沿文献主要是英文的。林先生立即在这方面投入了大量精力，极力赶上学科前沿。林先生把大量精力投入外文，还为了学习马克思主义。马克思的《资本主义生产以前各形态》无疑是非常艰深难读的经典文献，林先生找到了俄文译本，就以极大的毅力与艰苦的努力把它译为汉文。这种榜样，真令人钦佩。

　　林先生对外文的确有其个人的爱好和兴趣，但是，他治外文、外国史可以说是为了更好地治中国史，治中国史也可以说是为了更好地治世界史。当我看到他发表关于黑劳士制度的文章、关于汉代社会制度性质的文章等以后，这才明白了他原来是要做中西古代历史的比较研究。在他的视野中，不仅中西历史本身的研究是可以相通的，而且其间的研究方法和路数也是可以相通的。他常对我们说："要用治中国史的办法治外国史。"初听时没有太留意其内在含义，后来看到他自己的研究路数以及要求我们的研究路数，才知道，那就是不能再把外国史的研究建立在二、三手材料的基础上了；现在我们治外国史，要像治中国史一样，扎根于原始资料，而视野必须达到学术前沿。这也就是顾炎武所主张的"采铜于山"、制作精品的治学路数。这当然是很艰难的工作，但是在林先生看来，必须下定决心，一步一步地做下去。

　　过去可能有人有这样一种印象：在50年代的中国世界古代史学界，林先生是学习苏联的领军人物。其实，这个印象也是既对又不对。说对，是因为，他对苏联的世界古代史研究成果做了那么多的翻译和介绍工作，的确无愧于这一称号；说不对，那是因为，他只是把学习苏联当作一个重要参考，而非一切皆以苏联史家之是非为是非。我有一个亲身经历可以说明这一点。在我写作进修班毕业论文的时候，对斯巴达晚期的社会运动的性质有与塞尔格耶夫《古希腊史》中的说法不同的见解，并且对那种说法提出了驳难。林先生在审读我的论文稿时，认为我的说法有一定的道理，可以争鸣；他和苏联专家谈了对此事处理的意见（即不要求我删改），苏联专家也表示同意，后论文答辩顺利通过。可是，当时的确曾有人批评我与苏联学者争辩为不妥，这在当时也是可以理解的。而林先生却不如此，他真正要达到的目标是，在马克思主义理论指导下，经过中外古史的比较研究，最终形成中国人自己理解和认识的世界古代史。

　　林先生是一位充满理想和使命感的学者和老师。他对自己、对工作要求极严。在进修班举办的两年里，他承担着超乎寻常的工作负担。进修班的主讲人是苏联专家格拉德舍夫斯基，应该说，他是一位很好也很认真负责的老师。他讲课前都写出讲义，每周都要上课和答疑，而且兼任东北师大校长顾问，十分忙碌。他没有太多关注学员的研究与论文写作，除了时间紧张的问题以外，还有一个重大困难，就是语言问题。苏联专家不通汉语，也不会许多学员会的英文，而学员们又不能说俄语，因此很难直接就论文问题对话。所以，进修班二十几位学员的毕业论文，从选题、计划、写作中的答疑到文稿审阅，都是林先生一人负责的，当然有重要问题时他要和苏联专家商量。这样进修班的课堂教学和论文指导实际上就分了工，苏联专家和林先生各自承担一半。如果从对于学员的科研发展前程的影响来说，林先生对于进修班的作用可以说更为重要。

　　我在进修班受到林先生的指导，主要也是通过论文指导实现的。最初，他分别找我们谈论文选题意向。第一次找我谈时，他先问我研究重点兴趣所在。我说,在希腊。他说,说具体一点。我说,斯巴达。他说,再具体一点。我说,黑劳士制度。他看我毫不犹豫地选择这样一个在当时讨论得很热的问题,大概有些担心我想凑热闹而无准备,就微笑着问我,主要看了哪些书?看过他不久前发表的关于这个问题的文章没有?选题的初步设想是什么?等等。我告诉他,想法已经酝酿了两三年,看过了几本希腊史(主要是伯里的《希腊史》和格罗特的《希腊史》里关于斯巴达的篇章),看过他的文章很受启发,不过不想急于参加当时的历史分期问题大讨论,而是想在希腊(尤其是斯巴达)的历史背景下探讨这种制度的发展和性质,已经有了一些卡片和初步想法。他认真地听了以后,立即就说,可以做,但是有两个要求:一是,史料要尽量求全,凡是"Loeb古典丛书"中能看到的有关材料,都要看过;二是,原来的准备不到前沿,既要查看苏联的新书和《古史通报》中的有关论文,也要查看西方新的英文书籍和论文。选题一次就定下来了,可是当时进口西方书籍并不容易。好在有林先生的主持,系资料室里"Loeb古典丛书"进得很快,连1952年出版的两本关于斯巴达史的专著也很快买到了。在1956年就能看到1952年出版的西方新书,在当时真是感到爽快极了。在林先生的指导下,我写出了《论黑劳士制度》的毕业论文,全篇论文都被译为俄文请苏联专家审阅,并且在得到苏联专家的较高评价下顺利通过答辩。林先生感到很欣慰。我很感谢林先生,尽管我知道自己做的并不能真正到位,但是我从做论文的过程中所获得的收获是巨大的。这次经验也可以说对于我终身有益。

1957年夏,我从东北师大世界古代史进修班毕业,离开林先生回到北京。从那以后到林先生逝世,又经过了半个世纪。虽然人不在林先生的身边了,不过先后还是参加了他所主持的一些学术工作,继续以前的学习。我远不能达到老师的希望和要求,更无从达到他的学术境界。但是,我学习世界古代史的路是林先生指引的,我的重视中外古史比较研究的取向，也是从林先生那里学来的。

大约是在1962年，我在给林先生的一封信里写了一首赠先生的诗，诗云：

> 始基贫白常无路，发愤批荆自有心；
> 笔署日知深意在，三余为学忆斯箴。

后来从刘文鹏兄来信得知，林先生看了以后很高兴。不幸文鹏兄竟然先于老师也作古了。我现在重新引用拙诗来结束这篇纪念短文，心里还是记着林先生所垂示的榜样。

（原载《古代文明》2008年第2期）

白先生的教诲和启迪令我终身受益

今天来参加白寿彝（字肇伦）先生百年诞辰的学术研讨会，我有很深的感想。我从辅仁大学历史系毕业，正值院系调整，于是到师大历史系担任助教，在世界史教研室。白先生是中国古代史教授，我是世界史的助教。在做学生的时候，我没有能系统听白先生的课。之后，世界史与中国史虽然同是历史，但因为工作很忙，我也无缘听他的课。所以，我没有成为白先生的及门弟子，这点对我来说，是件遗憾的事。不过，我受白先生的教诲和启迪，自己感觉是很深的，而且是终身有益的。

我想起孟子说的一句话，就是"大匠诲人，必以规矩"。这个"匠"就是工匠的"匠"，大匠就是大师了。大匠教育人，一定要用规矩。规矩不是我们今天讲的规矩，而是人规之尺。我无缘做白先生的及门弟子，所以听不到他系统的历史知识教育。但是我的确觉得白先生有一种很特殊的教育人的方法，这使我终身受益。这就是教育要有规矩。规和矩，就是几何学上用的圆规和直尺。我也可以附带说一下，就是我跟白先生学习，也有偶然的原因。白先生住在西单，我也住西单，只差一两个胡同，不管师大是在和平门外，还是在定阜大街，我们上班下班，开会或者上课，经常在一起坐车。所以我是在"道上"听的，白先生也多是在

"道上"说的，这可不是一般的"道"听途说。我觉得这里面，他讲了很多道理。我讲三点吧，很简单。

第一点，我做世界史助教的时候。第一年做世界中古史的辅导、助教，辅导没做完，老先生病了，上医院了，大概讲农民战争吧，就由我来讲。我觉得很疲乏。我想第二年再做一做吧，不行。第二年，我又成了世界上古史的助教。第二年又变了。当时在和平门外，北师大附中教高中一年级的世界近代史的老先生也病了，我便教高中世界近代史。在这种情况下，我心里就很不乐意，我好像是一个"打杂"的。白先生是很关心年轻人的。我对白先生讲这件事。白先生说你别这样看。他给我现身说法。他说，你今天不愁吃不愁穿，工作叫你做，有什么了不得呢。他说，你知道我打过多少杂？我说，你打过多少杂？他说，抗日战争期间，那么困难，我家人口又多，我不到处兼课，行吗？只要有课教，什么课都教。我教过的课，比你现在的课还多。问题不同的是，我那是被迫的，今天是给你个机会。我说，怎么是给我个机会呢？他说，你看我正是打了那么多杂，教了那么多的书，有什么课教什么课，我才把中国历史打通了。他又给我讲了孔夫子的两句话"吾少也贱，故多能鄙事"，我对此感触很深。年轻的时候，我出身于贫困家庭，所以我懂得很多东西。后来，白先生就带了龚书铎等同志讲中国通史。我觉得白先生非常注意对晚辈的贯通教育。你不要急着忙着成为一个专家。

我说我什么时候能够钻下去。他说你着什么急呀，你这么年轻。你现在这样一门心思钻下去，以后想拓展也拓展不开呀。你现在要拓开眼界，拓宽基础。我觉得白先生这几句话对我来讲，是受益终身的，白先生还说，有一条需要记住，你什么都别对付啊。我说，那该怎么做啊？他说，叫你做什么，你就认真做，必须全力以赴地做。我听白先生这话，结果真有好处。我这样一个天资愚鲁的人，从白先生的教诲中得到很多的益处。

第二点，因为那时候我还年轻，总急着写点东西，写点文章。他问我，我就把写的文章让他看。他就推荐我的文章，文章也发表了。那时候我写的是中国史文章，但我搞的是世界史。后来白先生说，你不要着急写文章。我说，怎么回事啊？他说，现在写文章，心里有个想法，然后就去找材料，这样的文章写出来，到底有多大意义？我说，那要怎么写？他说，蚕要吐丝，首先要先吃桑叶，你要会读书啊。说这句话好像很可笑，你都当大学助教了，还不会读书？他说你要善于读书。我说怎么善于读书，他说有两条：第一条，要善于读书，你要懂目录学啊。他问我，你知道不知道目录学，我说，还是知道一点的。因为大学毕业了嘛，《书目答问》《四库全书总目提要》，我还是知道一些的。他说，你知道目录了，才能知道多少的书，什么书是该读的，什么是有价值的。他讲陈垣先生之所以能做出这样的成就，与陈老的目录学功夫绝对是分不开的。他说你读什么，我说了几本书。白先生说，这还是不够的。我从白先生那里才知道搞目录，《汉书·艺文志》《隋书·经籍志》，这是两个基本的东西。真要做下去以后，章宗源的《隋书经籍志考证》、姚振宗的《快阁师石山房丛书》要读。听白先生讲这些东西，我有点震动。说实话，最初我觉得白先生是在理论上发挥，我忽然觉得白先生在目录学上，也精细到了那样的程度。特别是他跟我讲章宗源、姚振宗的事。由于我们同住西单，总爱在西单逛旧书店，在那里见面的机会非常多。有一次，我问，白先生你来干什么？他说，我来查书啊，师大的图书馆很远，到旧书店查书很方便。他问，你来干什么啊？我说来看书。他说，有一点很重要，你光看目录学不看书是不行的。你看了目录学，到这里来看书；在这里看书以后，不明白的，回去再看目录学。我觉得这也让我终身受用。他说知道这一点后，哪些书是该这样看的，哪些书是该那样看的，哪些书有什么用处，你才心里明白。我也写过关于这方面的文章，受到白先生的启发，强调读书不光是搜集材料。有一些外地研究生到北京找我，我告诉他们搜集材料不是把材料当成一块一块的，而是要真正地读一些书，比较贯通地理解，要知人论世。这方面的认识最初也是受白先生启发。不要把历史书，尤其是史学名著，看成取得材料的对象，而应该将其看成与古人、与古代史学家的对话的媒介。

第三点，白先生跟我说，搞历史研究还要注意到史学的发展。他曾经讲过，1958年以后他想做两件事：一件是想做中西交通史，一件是做中国史学史。白先生曾经想把我调到他的中国史学史那边去，做他的学术秘书。但是，我是世界史教研室过来的，后来还是没有进入白先生史学史的队伍，但白先生告诉我一条，你要做一个称职的历史工作者，你要不了解司马迁其人，你怎么能读透他的书呢？你读不透他的书，你怎么知道他的为人呢？你在《史记》中抄写几条材料，就算你读过《史记》？我想，从这里感觉到一点，白先生给我的教育是，原来历史和史学史是互为表里的，没有历史的基础，史学史做起来是有困难的，或者说是有问题的。做史学史是为了提高历史，对史学的进一步反省。而做历史也是为了史学史。齐世荣先生对我说，白先生这么大年纪了做通史，你能不能进言，我说我不敢进言，也不能进言。其实，白先生有个想法，就是通史、史学史是两个相得益彰的东西。它不是两个东西，它是一个东西。历史学，如果说是人类对以往过程的第一次反省的话，史学史就是对历史学的反省。它是这么两个层次的。

我很遗憾，没有能够成为白先生的及门弟子，但是我简单讲的这三点，也是白先生对我的教育，让我感觉终身受益。我很感谢白先生，我也感谢今天这个会。谢谢！

（原载《史学史研究》2009年第3期，赵少峰整理）

狷者与狂者的友谊

齐世荣先生去世使我心里有种深深的悲痛。我和齐先生是好朋友，虽然我们二人性格不同，但这并不妨碍我们之间的友谊。齐先生是学术工作的组织者、领导者，这方面我一窍不通。我跟他在学术方面是知交。早在1954年我就认识他了，那时他在北京育英中学当历史老师兼教导主任，我在北师大历史系当助教，跟学生一起在他们学校实习。这是我们第一次接触，彼此都很愉快。他晚年写回忆文章曾提到，在育英中学时认识了一位北师大的青年助教，后来成为好朋友，只是没有说我的名字。

20世纪五六十年代我们各忙各的，他搞世界现代史，我搞世界古代史，彼此做的事对方都知道。1974年我们有一段时间朝夕相处，当时还在"文革"期间，邓小平抓整顿，中学要复课，北京市要编中学历史教材。在北京教育学院，就是展览馆对面的那条街，叫文兴街的那个地方，每天早上我们提着书包上班去，晚上下班一起走，谈教材也谈了许多教材以外的学术话题，交流看书的体会，涉及古今中外，谈得很深。说到搞现代史的难处，他说："家和，你讨个便宜，搞古代史，问题好办多了；搞现代史，真是很为难啊！"有个典型例子，那时的教材要讲亚非拉，因为报纸上曾经说蒙博托是刽子手，杀害了卢蒙巴，因此编教材也得这么说。他就是这样起草的,说蒙博托是刽子手。在稿子打出校样时,蒙博托访问中国,受到毛主席接见。我说:"坏了,老齐啊,你这回又犯错误了,你真是死不悔改。"他冲我苦笑说:"家和,你看,现代史这些东西怎么写啊?"

北师大历史系有位叫朱庆永的老先生,也是清华大学毕业的,乔冠华的同学,留英的,后来又到莫斯科。有一次朱先生问我:"你认识齐世荣吗?"我说:"认识啊。"他说:"他的世界现代史研究不一般哪!"我就问:"怎么不一般?"他说:"齐世荣要从档案中研究世界现代史。"当时我心里一惊,如果不是朱先生告诉我,我没想到中国做世界现代史的人还能想到要看外国档案。后来我跟齐先生讲这个事情,他说:"家和,我跟你讲,第一,我想看档案,但那时不可能;第二,我就是真看了档案也没法做研究。"齐先生有档案意识,但没有条件。他下功夫最大的就是绥靖政策,这个东西很晚才拿出来。那时候世界现代史没法做,我发现他老兄闲着时爱看各种晚清、民国的笔记。我见过他借的两本书,一本是晚清学者平步青的《霞外捃屑》;一本是刘禺生的《世载堂杂忆》。我说:"你还看这些书?"他反问我:"你也注意这类书?"我告诉他,我翻阅过,但只是随便看看。我们交谈的领域广与我们都看杂书有关。不过他看笔记之类的书,是为了扩大治史资料,写文章派上用场。我呢?看了只是为了玩,白看了。我跟齐先生性格不同,但却是好朋友,用孔子的话讲,他是狂者,"狂者进取";我是狷者,"狷者有所不为"。我是个腐儒,说好点是个书生。但是我们两个谈书、聊掌故,很投缘。谈多了我才知道,实际上他的中国史修养是很深的。

第三次共事就是做吴、齐本《世界史》时,吴于廑先生和他主持这个教材。他们二位是总编辑,我是其中一个分卷的主编,我们又在一起工作了,谈的事就更多了。近些年又是搞中学教材,他做咨询委员会的副主任,我是咨询委员,往来又很多。2015年6月23日,当时我老伴儿病了,有个教材的事,他说:"家和,你要来一趟。"我去了,那天吃饭时他跟我说:"家和,我们两个见一面少一面。"7月份又因教材的事见了一次,他还跟我讲这句话。我说:"你别这样说。这多不好,应该见一面高兴一次,又多一面。你是减法,我是加法。"我怎知道,这时他已经知道自己得了癌症,但不愿意让别人知道。

我跟他的关系就是从历史教学、学术交流开始,到历史教学、学术交流终止。他的学问和为人,大家都是知道的,我说说我的感觉。

有人问,齐先生这么大学问,为什么不写专著?这个事我们聊过。他问我:"家和,你说什么是专著?"我说:"你问我什么是专著,一下子把我问住了。"他说:"你我是老朋友,还不说实话?"我说:"什么叫专著?说实话,很难回答。"他说:"你这话讲得对,现在我们很容易把一部书写大了,把东西一拼一凑就是一部专著。你说这个就叫专著吗?"我说:"当然不算,但是在现在这种情况下,也不能轻易地否定这些东西。"他说:"我跟你谈,就是我们两人谈,你说,专著到底应该是什么样子的?"他解释说:"专著应该是以一个问题作为中心,从多方面、多层次,原始材料、二手材料、三手材料……所有关于这个问题的讨论,你都清楚,这样写出来的一个东西叫专著。你说是不是?"我说:"当然是。"他说:"这样的专著太难写了。"他又问:"家和,你怎么不写一部专著?"我说:"我怎么能写专著呢?我写点文章就蛮吃力的了。"他又讲:"你看看陈寅恪先生,有什么专著?都是文章,也不多。再看看陈垣先生,写的也都是文章。这是怎么回事?"我心里明白,要用他们的水平要求现在的专著,不可能也不现实。我觉得有个时代问题,不过他提出的标准是对的。这是他对专著的看法。

齐先生是个"大家",这他还能接受。他跟我说过:"家和,我们现在硬是一再宣称这个是权威,那个是大师,那个是泰斗;我们不要轻易把别人说成是泰斗、大师,绝不要轻易地说。你说呢?"我是个猾者,我不愿意否定别人。于是他讲了清代的很多学者，我很惊讶他知道那么多。最后他说，我们这个时代没有。他对前辈先生包括他的老师，都没有称为泰斗、大师的，没有。他很崇敬的老师，如邓之诚先生，那么渊博，该说什么他也说。他还问我："家和，咱们自己是不是大师？"我说："当然不是。"我问："你呢？你觉得是吗？"他说："你还不知道我？"所以，我在任何场合，从来没有说过他是权威、大师。我如果说了，他会觉得我是在起哄。我觉得在这方面他对自己有更严格的要求，他也严格要求别人。

他做学问非常注意外国的新书，还注意中国的目录学，注意中国的掌故。譬如梁启超先生，有多少个名字？梁启超、梁卓如、梁任公，等等，这些名字在当时很有讲究。从《左传》开始，一个人就有三四个名字，《左传》都有记载。注意这些知识有什么用呢？了解他的求学经历、求学网络。他说，仅仅知道史料的作者还不行，还要知道他是个什么人，做这个书的时候师承是什么？朋友是哪些人？有什么影响？从这些方面了解这个人的特点。这实际就是陈垣先生重视学谱的关键所在。我觉得他是行家，让我从心里尊敬他。他讲，做学问不能薄得像纸一样，读书不能不了解作者，你看《四库提要》哪一个不对作者有详细介绍？的确如此。正如孟子所言："读其书，不知其人，可乎？"（《孟子·万章下》）

他要求真正的学问要做得又宽又厚，不能是直线式的前进。我曾对他说过，你不能那样要求现在的中青年，甚至不能要求我们这一代人。现在搞世界史的还有几个人能兼顾中国学问？按照他的要求去做，不现实。我是个狷者，就这样说。不能怪中青年学者。你没教给人家嘛！怎么打人家屁股？他也认可，说："家和，不用打了，我们所做的事也不如老一辈。那还说什么？是形势造成的。"实际就是这么一个悲剧，中国从清亡至今不过才一百多年，很多好的传统都丢掉了。他提倡做学问要宽、要厚，他自己就是这样。2014年他写《史料五讲》，每写一篇就寄给我一篇，再打电话："家和，你要给我提意见。"他要我给他提意见，我不够资格，因为论掌故我没有他知道的多。他很注意近代，我没有他知道的那么多。

最后我讲他的为人。他性情耿直、急躁，这是一方面，但不是不能听别人的意见。我觉得只要跟他好好地说道理，他能够坦然接受，而且相当平等地对待人。但是你别在他面前耍大牌，他火气来了压不住，跟我们同辈人也会发火。平常开会他总喜欢坐在我旁边，一次开会，有位老朋友发言，没有考虑别人的感受，话说长了。他坐不住了，站起来在座位后面来回走动。我以为他是坐久了，想活动一下，忽然他发火了，说："你的话太长了，拿我们当小孩子了！"说完离开会场。会后我跟那位老朋友解释说，老齐就是这个脾气，你别在乎。那位朋友说："没关系，都是几十年的老熟人了，我不在乎。"他到家后给我打电话说："家和，今天我放炮了。"我说："放心吧，人家说没事。"你看，他发火之后也觉得不妥。他尊重别人，尊重别人的时间，他有这方面的修养。他自己讲话从来不啰唆，去年7月3日最后一次讲话，他还是这样。他是自律的人。

我已经87岁了，上面说的都是心里话，以表示我对他的怀念。

（原载《经济社会史评论》2016年第2期）

培基固本、精益求精
——学习陈援庵先生史学遗产的点滴体会

援庵先生（1880—1971）是北京师范大学历史学科的奠基人，也是20世纪中国的一位蜚声海内外的史学大师和史学教育大家。援庵先生给我们留下的著作，其所涉及方面之渊博及其所穷究程度之高深，往往令读者生高山仰止之感。先生所培育出来的一代史家，也曾在我国做出了许多贡献。先生治学之风及为师之范，洵为宝贵的史学遗产。白寿彝先生在纪念援庵先生100岁（1980）与110岁（1990）诞辰时两度著文提出要继承这份遗产，我们的确应该为此而继续努力。以下略说个人学习中所得的两点体会，以就正于史学界诸君。

一、培基固本

人所周知，治史须从目录学入手。如果不细做分析，如今有借助电脑检索之便，那么这个问题似乎已经不是大问题了。其实，从援庵先生所讲的目录之学来看，问题远远不是如此简单，而且电脑检索也不能代替一切。以往治中国史者在撰文以前通常都会查阅《四库全书总目提要》《四库全书简明目录》或《书目答问》等书，从中了解有哪些人著了哪些书在自己所撰论著范围之内，于是翻阅并用卡片记下自己所需材料，在撰文时加以征引。这样的做法不为不对，可是未必精准，有时征引之文竟为断章取义。

援庵先生的方法与此不同。先生的要求是，读其书且知其人。这样的要求有来由吗？孟子说：

> 一乡之善士，斯友一乡之善士；一国之善士，斯友一国之善士；天下之善士，斯友天下之善士。以友天下之善士为未足，又尚论古之人。诵其诗，读其书，不知其人，可乎？是以论其世也，是尚友也。（《孟子·万章下》）

这就是说，大凡善士或优秀学者，就共时性的层面而言，需要也能够与一乡、一国、天下之善士或学者做对话或交流；就历时性的层面而言，需要也能够与历史上的善士或优秀学者做对话或交流。而与古人做对话或交流，则唯有诵其诗、读其书；诵其诗、读其书，则必论其世而知其人。这样的读书，与翻检个人一时所需材料，完全是两种不同的治学门径，其效果亦必不同。

上述孟子之言，其实孔子亦曾以不同方式论及。孔子说："夏礼吾能言之，杞不足征也；殷礼吾能言之，宋不足征也。文献不足故也。足，则吾能征之矣。"（《论语·八佾》）这里的"文献"，现在一般都当作文书来理解。不过这样解释并不符合孔子所言之本义。"文献"中的"文"表示的是文书典籍，而"献"的意思却是"贤者"。何晏在《论语集解》中引郑玄曰："献，犹贤也。""献"作"贤"解，亦数见于《尚书》。《尚书·益稷》："万邦黎献，共惟帝臣。"《尚书·大诰》："民献有十夫。"又《尚书·酒诰》中也提及"殷献臣""献臣"。伪孔安国注均以"贤""善"释"献"。所以，孟子所说的读其书的"书"就是文，知其人的"人"就是献。

如果认为这样解释仍然不够具体,那么请看马端临《文献通考·自序》的说明:"凡叙事,则本之经史,而参之以历代会要,以及百家传记之书,信而有征者从之,乖异存疑者不录,所谓文也;凡论事,则先取当时臣僚之奏疏,次及近代诸儒之评论,以至名流之燕谈、稗官之纪录,凡一话一言,可以订典故之得失、证史传之是非者,则采而录之,所谓献也。"说到这里,就与援庵先生的历史文献之学很接近了。

援庵先生自1892年开始阅读张之洞撰《书目答问》,次年又系统阅读之,随后再读《四库全书总目提要》。[1] 为什么对《书目答问》这样一本篇幅不大的书,援庵先生不是用作翻检工具,而是当作课本来阅读呢?前一年读了它,下一年还系统地阅读它?愚意以为,这里正显示援庵先生治史入手之门径,其中也有我们应该学习的基本功。

援庵先生读《书目答问》时,年当12—13岁,已经就塾从师读了四书和一些经书,可以说已经具备逐步走向研究之路的条件。下一步如何走?这是一般塾师无力指导的。正在愤悱之际,他发现并购买了张之洞编撰的《书目答问》。他读此书,目的不在于由此查书、找材料、写文章,而在于寻求下一步如何治学研究之道。《书目答问》一书,在当时恰好符合援庵先生的需要。

张氏撰此书时,正在光绪初年提督四川学政任上。他巡视各县诸生学业与考核情况,常有好学的诸生请求他指导进一步读书治学的问题。他觉很难一一作答,于是编撰了此书作为一种指引。张氏未为本书作序,而是写了一篇简要的《书目答问略例》。首先说明此编并非著述,而是对诸生的答问。进而指出"读书不知要领,劳而无功;知某书宜读,而

---

[1] 凡关于先生治学生平年代,皆据《陈垣年谱配图长编》,刘乃和、周少川、王明泽、邓瑞全撰,辽海出版社,2000年,下不备注。

不得精校精注本，事倍功半。"又自注云："此编所录，其原书为修四库书时所未有者，十之三四；四库虽有其书，而校本注本晚出者，十之七八。"按，《答问》中时有此类点睛之语，几句话就说明了此书与《四库提要》的各自特色，故两不可少而各有各用，可以使学者免去多少走弯路、事倍功半之苦。随后再叙述此编体例，作为读者导引。最后说明此编收书二千余部，"疑于浩繁"（对于只想治某一专门之学者而言，其余书似乎过多），但又作小注云"诸生当知其约，勿骇其多"（对于只想治某一专门之学者而言，其专门领域之书又似嫌其不足）。《答问》既为治学入门之书，自然不宜过多，也不能太简，而其要在于博精兼备，使学者循此而知由博返约之道。这就是首先要有面上之广，又能知道要想求精须从何处深入。张之洞身为学政，作《答问》以指导诸生如何自己找书、选书、读书，尽了为师之责。一般人看《答问》，就到此为止，而援庵先生则以为远未到位。

在《答问》的略例与五卷目录正文之后，还有两篇附录。关于附一，张氏本人已认为不太重要；而关于附二，则张氏之立意与设计均有十分值得注意之处，其重要性绝不亚于以上目录正文。这个附录二的题目叫作《国朝著述诸家姓名略》。

《姓名略》前有一篇十分简要之导语，首先说："读书欲知门径，必须有师。师不易得，莫如即以国朝著述诸名家为师。大抵征实之学，今胜于古。"张氏此说，非一般学古而泥古者所能企及。随后张氏又做出举证。譬如，我们看到《答问》中经部"春秋左传之属"里开列了25种书，其中仅有3种非清儒所撰，此3种书的精刻善本还是清人做的。所以，张氏之说的观点容或有可商之处，而其所据事实大体无误。在此段之末，张氏说："知国朝学术之流别，便知历代学术之流别。胸有绳尺，自不为野言谬说所误。其为良师，不已多乎？"这里要对"流别"一词略做说明。所谓"流"者，系就学术纵向发展过程而言；而所谓"别"者，则指学科横向交互关系而言。所以,《姓名略》中各位著述家皆据"别"以做区分,而各"别"之中之学者又皆依先后发展之流而列(如果细看,其中还按小类再分先后之例)。

《姓名略》所载清代(截至光绪元年)著述家之姓名按下述流别分列:经学家(其下又分汉学专门经学家与汉宋兼采经学家两小类)、史学家(张氏自注云"地理为史学要领,国朝史学家皆精于此")、理学家(其下又分陆王兼程朱之学、程朱之学、陆王之学以及清代之兼通释典之理学别派)、经学史学兼理学家、小学家、文选学家、算学家(其下又分中法、西法、兼用中西法)、校勘之学家、金石学家、古文家(其下又分不立宗派古文家、桐城派古文家、阳湖派古文家)、骈体文家、诗家、词家、经济家(论经世致用之学而非现在之经济学)。张氏如此分列各流派学者,其目的在于回应当时诸生各自不同学术专攻方面之需要。

如果说《答问》前半部的目录正文是张氏作为学政向诸生指教的是"文",那么,在其后半部分的附二《姓名略》中向诸生所指教的则是"献"。所以,《书目答问》一书,虽然篇幅不大,但对于志在研究中国传统文献学与史学的学者而言,却是一部既有利于打好学术功底又十分便览的书。

现在要进一步思考的是,过去所有学者都意识到了《答问》后半部的重要意义了吗?事实的回答是,并非如此。这样的答案有何根据?过去曾有出版商在重印《书目答问》时竟然把《姓名略》这一部分删去了。援庵先生的一位重要学术传人柴德赓先生在《重印〈书目答问补正〉序》中对此提出批评说:"那才真正是不认识这个名单的价值的人妄删的。"[1]

也许有人会为删去此《姓名略》的人辩护,其理由是:张氏所开的名单是要为诸生推荐老师,可是,仅标出老师的名字而不对每个人做一

---

[1] 范希曾编:《书目答问补正》,中华书局,1963年,第6页。

番介绍，这有什么用呢？此问似乎有理。殊不知张氏开的这份名单，本来就是前面所讲书目诸篇的附录，其目的不是单行之作，而是让人们对照着前面的目录来读的。不过，张氏的办法，不是前面专列书目，后面专述著作家的简历，而是使人在看前面的目录时，从后面名单中查看其作者属于哪个学术流别，看后面的名单时，往前面查看此人著了、注了、校了、辑了或精印了哪些书。看到了这些著述或注疏的学者后，就需要到后面名单里去查人，看看在哪些学术流别里有他的大名，就知道此人的学术兼跨了哪些领域，他在诸学术流别中的关系与地位，由此读其书而知其人。反之，在后面名单里看到了某人，就要知道前面的书目所录的他的著述，知其人而读其书。这样，从消极的方面说，我们在引其书的时候，就不会随意对其书断章取义或者做出与原作者思想相悖的解释；从积极的方面说，我们就能够更顺利而且更深入地了解、体会作者的原意和精神风貌了。这样才能更好、更精到、更有效地读书。

尤其值得注意的是，这个《姓名略》里所录之人，在前面的目录里还有并未收录其书的。我们切不要以为这是张氏无意间的疏忽，他已在《姓名略》导语中说明："所录诸家，其自著者及所称引者，皆可依据。词章诸家，皆雅正可学。书有诸家序跋，其书必善。牵连钩考，其益无方。诸家著书或一两种，或数十种。间有无传书者，皆有论说见他人书中。"此导语最后有张氏一段小字自注云："此编所录诸家外，其余学术不专一门，而博洽有文，其集中间及考论经史、陈说政事者，不可枚举。然此录诸家著述中，必见其名。自可因缘而知之。"张氏上述的这些话，对于急于查书找资料的人来说，可能是太迂曲、烦琐而不切实用了，因此常被忽视或视而不见，以至于干脆被出版商删去。

援庵先生则不然，他花了两年青春时光阅读《书目答问》，以后再读《四库提要》，这里正向我们开示了先生学术入门之途径。

援庵先生屡次提出，研究史学的人，不论撰述什么问题，在史料上都要尽量"竭泽而渔"。那么我们应当怎样来理解"竭泽而渔"四个字呢？提出几个主题词，上网一查，然后逐条录下。这岂不就是一网打尽、"竭泽而渔"了吗？其实，这是把电脑上的网当成了涵盖一切史料之"泽"。事情真是如此简单而便利吗？恐怕这还是"捷径"，也许有用于一时，不过却妨害了治学者走上看似迂曲而实际最有效的正途。你敢说电脑之网无用？我绝无此意，而是想说，人脑应该先于电脑而动，电脑应该协助人脑为用。千万不能以电脑取代人脑，治史尤其如此。

愚意以为，援庵先生所说的"泽"，就是我们学历史学的人所必需的史料或史源（sources），它们汗牛充栋，像一片望不到边的水泽或海洋呈现在我们的面前。初看时简直无从下手。当然，查看目录著作中的史部目录，或者上网检索，都能帮我们解决一些具体问题。可是，史学研究的发展自然也必须有其横向扩充（博大）与纵向深入（精深）的要求。在这样的情况之下，我们就必须有能力认出或看清自己研究所需的史料或史源之"泽"的内在结构及其与外部水源之间的相互关联。这样的"泽"首先是具体的、明确而有限的，从而是可以"竭"的，当然在此限度以内，就可以"竭泽而渔"；再则，这样的"泽"又并非一潭死水，从而会使在此捕鱼者长期落入这个陷阱而不能自拔，只要能看到它与外部的关联，就可以不断在更广阔的领域中深入发展。愚意以为，援庵先生所提倡的"竭泽而渔"，不是随意说的，而是对于史源学中的"文"与"献"的相互间相辅相成的关系看透彻了，并且在自己的史学研究实践中深有体悟之后，才严肃地提出来的。张之洞氏所说的"牵连钩考，其益无方"与从已知之书、之人寻探未知之人、之书"自可因缘而知之"，这几句话可以说是被援庵先生看透了、用活了。

援庵先生的文献目录之学，为自己一生之学培植了难得的深厚底蕴与博洽潜能。

二、精益求精

从前常听人说，援庵先生是无师自学而成的史学大师。此说有一定道理，因为援庵先生并非某一位大师的直接弟子或传人；但是他又并非没有任何老师，因为张之洞的《书目答问》和《四库全书总目提要》就是他的最初的老师。孔子要求弟子"学而时习之"（《论语·学而》）。俗话说，师傅领进门，修行在个人，的确如此。

1903年，援庵先生23岁，开始研读赵翼《廿二史劄记》。这是先生在目录学上下了十年博览功夫之后，把目光聚焦于史学之始，也是一次由博返约的重要步骤。先生治史，从赵氏《廿二史劄记》入手，可见是经过精准选择的。当年6月，先生所作识语云："赵瓯北札记廿二史，每史先考史法，次论史事。其自序云：'此编多就正史纪、传、表、志中参互勘校，其有抵牾处自见，辄摘出'，所谓史法也。又云：'古今风会之递变，政事之屡更，有关治乱兴衰之故者，亦随所见附著之'，所谓史事也。今将原本史法之属隶于前，史事之属隶于后，各自分卷，以便检阅焉。"[1] 先生很快就理清了赵氏《劄记》内部的两个不同部分：前者为关系于史学文献之校勘、考据之学，即所谓史法；后者为关系于历史事实之归纳、总结与分析评论之学，即所谓史学。此二者互异而相资，实为治史之人必须从事的基础性工作。先生之治史，终身不离此二途。先生选此书入手史学，随后多年反复研究，并以此为"史源学实习"之教本教导学生。这样做，还有许多理由：赵氏《劄记》所论范围实际涵盖全部正史，因此读此书便可首先了解廿二史之梗概；这样就可以使治史者在治断代史或专门史之前，先准备一个通史之基础，此其一。对于已有一般通史基础而欲读廿二史的学者而言，赵氏《劄记》不啻为一种导

---

1 陈智超编注：《陈垣史源学杂文》前言，生活·读书·新知三联书店，2007年。

读，其史法与史学两部分，既含有基础知识内容，又有问题的提出，由读赵氏《劄记》再读正史，其效率必远胜于略无准备、茫然就读廿二史者，此其二。赵氏《劄记》之中，其自身也有许多问题，援庵先生不仅自己发现并解决其问题，而且在"史源学实习"课上引导学生这样做，其目的在于教学生由博而精之道，此其三。不过，《廿二史劄记》之博亦仅限于所谓"正史"，赵氏于《劄记小引》中说明："惟是家少藏书，不能繁征博采，以资参订。间有稗乘脞说与正史歧互者，又不敢遽诧为得间之奇。盖一代修史时，此等记载无不蒐入史局，其所弃而不取者，必有难以征信之处。今或反据以驳正史之讹，不免贻讥有识。"所以，赵氏《劄记》之博中，仍必有其陋处，此其四。治专门之学者，尽管可以在狭小范围内有一时耀眼之作品，但如长期自限或固守此领域，则难免在学术上有落入"中等收入陷阱"之虞。所以，对于我们治史者来说，赵氏《劄记》堪称一条由博而精之津梁；当然，我们仍须看到，赵氏《劄记》本身有其局限性，因此不能为其所限。援庵先生既重视赵氏《劄记》的启发之功能，在史源学眼界方面则远远超乎赵氏《劄记》涉及范围之外。先生以自己的研究成果向我们展示了此项道理。

清末叶，援庵先生曾先后从事新闻业与医药业，不过在从事医学事业时，仍不忘治中国医学史。1912年民国建立。次年先生即因当选国会议员而移居北京。1915年，文津阁《四库全书》从承德移至北京，贮存于京师图书馆。以前援庵先生用功于《四库全书总目提要》多年，读提要，不读其书，可乎？这时条件具备，此后十年时间中，先生就细心研读此书，对于四库所收各书之书名及作者姓名做了索引，又据当时流行的《四库全书简明目录》（赵怀玉本）与文津阁本实际情况相比较，由其中存在的差异，发现了《四库全书》修纂过程中的情况和问题。[1] 研读《四

---

1 参见柴德赓《陈垣先生的学识》、刘乃和《励耘承学录》。

库全书》，是博；而先生这样的研读路数所体现出的却是真正的精。先生治学之路，就是不断博精相济之路。

援庵先生一面博治《四库全书》，一面进入专门史研究领域。1917（丁巳）年，先生37岁，决定研究中国基督教史。他说："春，居京师，发愿著《中国基督教史》，于是搜求明季基督教遗著益亟，更拟仿朱彝尊《经义考》、谢启昆《小学考》之例，为《乾隆基督教录》，以补《四库总目》之阙（家和谨按，这句话的分量何等之重，不读《四库》，敢说补《四库》之阙吗？），未有当也。已而得《言善录》，知野人（英华，字敛之，号万松野人）藏此类书众，狂喜，贻书野人，尽假而读之，野人弗吝也。余极感野人，野人亦喜有人能读其所藏，并盼他日汇刻诸书，以编纂校雠之任相属，此余订交野人之始也。"[1]

在结识英敛之后，援庵先生得知英氏所主持的辅仁社有"元也里可温教考"之研究课题，不久先生即做出同题论文一卷，英氏力主发表，先生则以为尚未完善，但经当时天主教学界耆宿、爱国主义教育大家马相伯老人之钦佩与点定，当年5月即付发表。这是先生第一篇公开发表之史学论文。此文于1920年、1923年、1934年三次修订，最后题为《元也里可温教考》。按，治元代也里可温教所必须参考之重要史料，厥为《元典章》，不了解元代基本典章制度，无法了解历史上各种复杂问题。先生早年即已注意此书，而此书充斥俚言杂语、颠倒误字，一时难以投入，至1930年夏，故宫有影印《元典章》之议，先生乃邀门人那志廉、胡乃庸及姜廷彬、叶德禄参加，先后点校多种版本，至1931年《沈刻元典章校补》完成，并作《元典章校补释例》，为校勘学之发展做出重要贡献。这里也可看出先生之治学是一环扣一环地进行的，他深知其所"竭泽而渔"之"泽"就是如此关联的。

---

[1] 陈垣：《万松野人言善录·跋》，转引自《陈垣年谱配图长编》第71页。

继《元也里可温教考》之后，先生在宗教史方面发表之重要论著有《开封一赐乐业教考》（1920）、《火祆教入中国考》《摩尼教入中国考》（皆撰成于1922，发表于1923）。愚读先生宗教史著作，深感其意不在传播教义，而在研究中西文化之交流。1923年，先生更发表了被蔡元培先生称为"石破天惊"之作的《元西域人华化考》。元代自忽必烈即位至元亡，凡108年，如自灭亡南宋始计，则统一中国不过96年。一般认为，在历代少数民族王朝中，属于华化程度最浅者。而先生此书从儒学、佛老、文学、美术、礼俗、女学诸方面列举其突出代表性人物，叙述其生平，表彰其成就，说明其影响，从而揭示并阐明中华各民族不断相互切磋、交融之大势，在当时军阀割据、外敌交侵的情况下，先生此书之视域诚无愧于蔡元培先生"石破天惊"之推誉。此书征引极博，不仅数量达210种，且其涉及方面、类别尤为惊人，今之学者如能从此书征引书目中做一番分析，定能得到有益之启发。至于此书考证之精，陈寅恪先生于此书1935年刻版序中云："新会陈援庵先生之书，尤为中外学人所推服。盖先生之精思博识，吾国学者自钱晓征以来未之有也。"[1] 此书精思博识之例所在多有，兹姑试举一例。此书卷四文学篇第一目"西域之中国诗人"中记郝天挺云："郝天挺，字继先，号新斋。出于朵鲁别族。父和上拔都鲁，以武功称。天挺幼受业于遗山元好问之门，多所撰述。注《唐诗鼓吹》十卷外，又修《云南实录》五卷，事迹具《元史》本传（卷一七四）。天挺色目人，而《元史》与汉人同列，一时失检也。天挺诗，传者仅一二篇，其《麻姑山》一律，《元风雅》《元交类》[2]并采之。而康熙《御定全金诗》（四二）乃据以补入金人之郝天挺卷中。不知金元之间有两郝天挺：一为元好问师，一为好问弟子。《池北偶谈》（卷六）、《元

---

1 陈垣：《励耘书屋丛刻》，北京师范大学出版社，1982年影印本，第1册，第7页。陈寅恪先生此序极值一读。此处恕不能备引。

2 家和谨按，木刻版如此，据参考书目则应为《元文类》。

诗选》(癸之乙)先后辨之。《四库提要》(总集类三)亦引《池北偶谈》说，释陆贻典之疑。乃《新元史》(一四八)郝天挺传中，又羼入金人郝天挺语。原语见《中州集》(卷九)郝天挺小传，《金史·隐逸传》采之，曰：'读书不为艺文，选官不为利养，唯通人能之。'又曰：'男子生世，不耐饥寒，则虽小事不能成。子试以吾言求之。'此元好问述其师郝天挺语。而《新元史》以为是好问弟子郝天挺之言，亦一时失检也。"[1]原来历史上有两个名叫郝天挺的人，一为金人，为元好问之师，一为元人，为元好问之弟子。此种复杂情况弄得《元史》郝天挺本传错(此元代郝天挺本为色目人，而被误列于汉人中)，康熙皇帝及其词臣们再错(把元郝天挺之诗列入《全金诗》中)，《新元史》又错(在元人郝天挺传中混入金人郝天挺之语)，错得颠颠倒倒，而先生乃能——分辨清楚，精之至矣，非博又何以能成其精哉。

1924年，援庵先生又发表《书内学院新校慈恩传后》，这是一篇就玄奘西游之年与梁任公(启超)的辩论文。梁先生读《慈恩传》中记玄奘西行归来于于阗上唐太宗表中自言"贞观三年出游，今已十七年"之语，发生怀疑，从而进行研究，结论是玄奘于贞观元年(公元627年)开始西行。他对自己这番研究过程叙述得十分详细，也甚为得意。[2]其最为关键之论据，即为玄奘西行之初，曾在西突厥见到叶护可汗，而《新唐书·薛延陀传》中明言："贞观二年，突厥叶护可汗见弑。"如果玄奘三年出游，那么还能见到二年已经被杀的叶护可汗吗？援庵先生对此多方驳难，其最关键之点则为叶护可汗有二人，其老者为统叶护可汗，其少者为统叶护之子肆叶护。贞观元年统叶护为其伯父莫贺咄所杀并取代，其子先逃亡康居，随后又被人拥立为肆叶护；肆叶护与莫贺咄连兵不息，

1　陈垣：《励耘书屋丛刻》，第126—127页。
2　梁启超：《中国历史研究法》，上海古籍出版社，1998年，第84—87页。文长恕不备引。

最后击败莫贺咄而复位。玄奘所见者就是肆叶护可汗。援庵先生的主要根据为杜佑著《通典》卷一九九，边防十五，突厥下。按，杜佑为唐代大政治家、大学者，其《通典》对于研究唐史而言，远比新旧《唐书》具有更大的权威性。梁先生一心着重正史，而未能注意《通典》，以至于把两个叶护可汗混为一人，犯了与康熙皇帝及其词臣同样性质的错误，遂成智者千虑之一失。可见考史亟须谦逊之心态与笃实之学风，一旦满足于一时之见、一端之得，则错误随之而来，要在精益求精、精益求精！

援庵先生的学术成果十分丰富，限于个人学力与本文之篇幅，此处不能备述。那么，援庵先生在已成为名扬中外的史学大师之后，为什么还能一贯地保持谦逊心态与笃实学风呢？愚以为，这也是值得我们作为后学反复思考并自省的问题。

当援庵先生蜚声学界之时，"史料即史学"之说甚嚣尘上，而且这还是从海外留学归来的学者提倡的。先生于抗日战争期间著《通鉴胡注表微》，表彰胡三省难忘故国之情深，亦以自抒爱国之意重。不过此书亦在考证方面多有贡献，然先生在1946年本《通鉴胡注表微·考证篇》之序言中说："考证为史学之门。不由考证入者，其史学每不可信。彼毕生盘旋于门、以为尽史学之能事者固非；不由其门而入者亦非也。"而在1958年之序言中又改为："考证为史学方法之一。欲实事求是，非考证不可。彼毕生从事考证，以为尽史学之能事者固非；薄视考证以为不足道者，亦未必是也。"[1] 按，先生前后二序，其同处在于：历史考证不等于史学，所以不能以历史考证为史学之全体；其不同处在于：前序视考证为史学之门，不入其门则多不可信，后序则说明考据为史学方法或法门之

---

[1] 愚过去仅知1958年序，而不知1946年序，多蒙先生令孙智超教授亲笔书示，并于电话中嘱愚留意其间异同，谨此附谢。

一，并非史学方法全体，不过，如欲实事求是，考证仍不可少。当然后序较前序更为清晰而确切。先生毕生从事考证，由此门而做出许多研究精品，可是他对自己这种治学之路毫无高调夸张之意。且看先生在讲授"史源学实习"课上对学生所说的话："我之学问，小儒之学，如汉章句之学。"[1]先生又说："上古史不从经入手者，尚何求乎？称之为经者，经常不变，尊之也。故虽讲经，亦实讲史。讲史学，讲文学，未读经，岂可成乎？成名难由徼幸。史学家尤难成名。书太多，三十岁以前难成史学家。文学家、哲学家二十五岁以前即可成名，史学不可也。……我明年七十，更觉所见太少，所知太少。既非自馁，亦非自卑。诸君比我聪明，三十五岁时将与我相同。今年我将十三经涉猎一遍。"[2]这些话诚挚感人，先生为什么会如此谦逊低调呢？窃以为，答案只有一句话："他读的书太多了。"只要稍微仔细一点看看上引听课笔记，我们就可以知道，古代典籍之中错误是很多的。谓予不信，可以试查书目，历来以"质疑""志疑""辨疑""辨伪""辨正""补正""正讹""考异""改错""纠谬"等为题名之书哪能算少？当然，书籍中错，有作者本人就错，有传布者传抄或付梓失误以及失校之错，所以读书愈多，知错愈多。一个人自知易错的程度，与他读书之量成正比。反之则成无知故无畏了。譬如，上文曾引先生《元西域人华化考》丛刻本中就有把《元文类》误刻作《元交类》处，这分明是梓人误刻而校者又失检之故，而非先生本人之误，自然无伤于先生之大雅。可见错太容易了。若非如此，校勘学家与校勘之学就不会在历史上出现了。因为错误很容易犯，所以学者必须严于律己，保持良好严谨之学风；同样因为错误很容易犯，先生对于古人之失误，

---

[1] 据李瑚学长1947年听"史源学实习"课笔记之首页，陈垣著，陈智超编：《史源学实习及清代史学考证法》，商务印书馆，2014年，第9页。
[2] 此段在李瑚君1948年听课笔记首页，陈垣著，陈智超编：《史源学实习及清代史学考证法》，第103页。

往往以"失检"一语表述，而非动辄严词训斥，意在宽以待人而又坚持真理，是从另一方面彰显出长者之学术风度。这些都是值得我们学习的地方。

援庵先生的笃实而谨严的学风，是对中国传统文化中的优秀遗产在史学研究领域的继承和发扬。我们常说"自强不息"是中国人精神文化的精华，这见于《周易·乾卦·象辞》："天行健，君子以自强不息。"《老子》第三十三章："知人者智，自知者明；胜人者有力，自胜者强。"又《老子》第七十一章："知不知上，不知知病（王弼注云'不知知之不足任，则病也'）。夫唯病病，是以不病。圣人不病，以其病病，是以不病。"真自强者，必先自知。自知而后始能自省，自省而后始能自胜，自胜而后能以自强。愚窃以为，援庵先生身体力行的就是这样的学者精神。这也就是我们作为晚辈学者所应该念兹在兹，充分继承并发扬之所在。区区一隅之见，尚祈史学界朋友多多指正。

（原载《史学史研究》2018年第1期）

试谈研究史学的一些基本功
——读柴德赓先生《清代学术史讲义》等的一些体会

柴师青峰德赓先生生平著述，在先生逝世后已结集出版者有《史学丛考》《史籍举要》《资治通鉴介绍》等，但收集尚未完全。前年先生女公子令文教授告诉我，先生讲授"清代学术史"时，有手书讲义稿，但残缺甚多，唯先生高足李瑚先生所录笔记，至今尚存全稿，故拟整理以付印行；在先生手稿中仍留有一部分读书笔记，自题为《识小录》，亦拟付梓；此外仍拟附录有关清代史学之重要论文数篇，以资印证。此书已约定将由商务印书馆出版。她嘱我在书出版时写一篇小文做一些介绍或说明。

柴先生此书，由《清代学术史讲义》（8章）、《识小录》（笔记176条）与《附录》（选文4篇）三部分组成，具体情况在书前目录中已有清晰的展示。

在这三个组成部分中，《清代学术史讲义》无疑是主体。这部讲义中的重点在明清之际的学术之演化、清初三大师所开创之新风与夫乾嘉学术之成就，以经史之学为主体。讲义时间下限基本到阮元而止，所以实际并不包括鸦片战争以后的清代学术。中华人民共和国成立以前，大学文科的课程大多数都是讲不完就结束的，柴先生讲到鸦片战争以前，所以已经有了一个相当完整的体系了。

　　柴先生的这一本书，虽然由后人编组而成，不过细读起来，还是能看出柴先生以及他的老师陈援庵先生治史的一贯方法与精神的。所以，我相信青年学人或学生如果能够耐下心来加以研读，那么无疑是会从此书学到一些独特而颇有价值的治史之门径的。尤其是在当前学风中有些难以讳言的功利与浮躁的倾向的情况下，这本书对于我们现在治史之深入仍然是具有重要启发意义的。以下，我将简单地谈三点个人的学习体会，供读者参考并请指教。

一、关于目录与掌故

　　治中国传统学术的人，一般都深知目录之学乃治学的入门要道。因为要做某一方面的学术研究就不能不知道在这方面有哪些最基本的、可以作为典据的材料以及对此的前沿研究成果，研究的目的就是要在前人的基础上有所突破或前进，不然，炒冷饭是没有价值的。所以在做研究之前，人们不得不先了解要读哪些必要的书。怎么办？从前通常总会先看《四库全书简明目录》《书目答问补正》等目录书，这样就会知道有哪些书，作者为谁，有多少卷，有哪些重要版本。于是按图索骥，要读的书就基本可以找到了。

　　这样的方法不为不对，但是不够。柴先生在讲"清代学术史"之前，先讲了一个简要的开场白即叙论。他首先就指出清代学术史难做，因为这一代的学者与学术著作太多，难以穷尽。他也给出了一份主要参考书目，不过他并不以此为满足。他提示我们，要找书，必须了解当时的著述家以及他们活动于其中的学术界。所以就在开场白的第二段，他用今人可能感到意外的郑重态度指出了《书目答问·国朝著述诸家姓名略》原刻本中的一些错误（今本已经改正）。1963年中华书局重新影印范希曾编《书目答问补正》时，柴先生应邀为之写了序，序中曾经指出："《答问》后附清代著述家姓名略，这个姓名略原刻颇有人名错误，字号脱落的毛病，范氏不置一词，是不明了这个名单的重要性呢？还是时间来不及没有做？这就不知道了。昔年商务印书馆曾排印《书目答问》，竟删去著述家姓名略，那才真正是不认识这个名单的价值的人妄删的。"（《重印〈书目答问补正〉序》第5—6页）那么，这个名单的重要性究竟在哪里呢？柴先生在此处并未直接予以回答。不过，在讲义开场白中就有了很好的说明。这就是指出了，读《书目答问》不仅要读前面的书目，还必须读后面的《姓名略》。读《姓名略》，是要从著述家的人来了解他做过哪些方面的研究，其人是经学家（还要知其流派）、史学家抑或兼治多家之学？如果了解这个人的学术全貌，再来读他的某一部书，那么我们就能对这一本书理解得更深刻；如果还能了解这个人的师友、学派，从而对当时学术界之总体概况有所把握，那么我们就能对此人之书从更深得多的层次来领会或把握真义。孟子曾说："诵其诗，读其书，不知其人，可乎？"（《孟子·万章下》）如果不知其人，那么对于所读、所引之书，就可能由于断章取义而误解或曲解其本意，这种现象是应该尽量加以避免的。试读《四库全书总目提要》，在此书对于每一部书的提要中，我们几乎都能发现该书作者还有哪些著作、分属于哪一类、其本人属于哪一学术流派以及处于当时何种学术环境之中等方面的信息。如果对于同一学者多部书的提要做一番综合的了解，那么读其书且知其人的目标是可能达到的。

如何才能读其书且知其人呢？那么必须熟悉掌故。"掌故"这一个词，听起来似乎人人都懂，大概就是"陈年老账"的意思。这样的解说不能算错，不过具体内容总不太清楚。这里试图给它勾画出一些稍稍具体的轮廓。《史记·袁盎晁错列传》记错曾"以文学为太常掌故"。《集解》："应劭曰：掌故，百石吏，主故事。"《索隐》："服虔云'百石卒吏'。《汉旧仪》云'太常博士弟子试射策,中甲科补郎,中乙科补掌故'也。"所以从一种意义上说,"掌故"指的是一种官名。不过,还可以从另一种意义上来说,如《史记·龟策列传》:"至高祖时,因秦太卜官。天下始定,兵革未息。及孝惠,享国日少,吕后女主,孝文、孝景因袭掌故,未遑讲试。"此处"因袭掌故"的"掌故"显然又并非官职,而实际与"故事"或"旧事"通用。由此可见,"掌故"一词,与"史"颇有相似之处。"史"本指"史官",后又兼指史官所记之文即史书。"掌故"本指掌"故事"之官,后又兼指此官所记之"故事"或"旧事"。那么,什么是"故事"或"旧事"呢?其含义与我们今天"讲故事"的"故事"其实不同。现在说的"故事",可以是曾经发生过的真事,可以是在真事的基础上经过夸张想象的演义(如文学名著《三国演义》,其中真事不少,但是也有许多说书人加进去的甚至扭曲事实的楔子),还可以是任意编造出来的文学作品。可是在过去的史书里,故事就是曾经发生过的旧事。范晔《后汉书·蔡邕传》记:"邕前在东观,与卢植、韩说等撰补《后汉记》,会遭事流离,不及得成,因上书自陈,奏其所著十意,分别首目,连置章左。"李贤注"十意"云:"犹'前书'之十志也。[1]《邕别传》曰:'邕昔作《汉记》十意,未及奏上,遭事流离,因上书自陈曰……臣自在布衣,常以为《汉书》十志下尽王莽而止,光武以来唯记纪传,无续志者。臣所事师故太傅胡广,知臣颇识其门户,略以所有旧事与臣。虽未备悉,粗见首尾,积累思惟,二十余年。不在其位,非外史庶人所得擅述。天诱其衷,得备著作郎,建言十志皆当撰录……'"由此可知,所谓"旧事"或"故事"原来就是撰写史书中的《书》《志》的史料,这种史料既包括各种典章制度与专门学术,又包括在各种典制与学术领域中活动的人,以及人与事之间的相互关系。简约

---

[1] 按,桓帝名志,故讳"志"为"意"。

地说，掌故就是历史人物、事件及其时代环境融而为一的有机整体。在这样的整体中呈现的任何人与事都是有其活生生的语境的。在史家与这样的史料打交道时，史料并非可以任意受摆布的一吊大钱或百依百顺任人打扮的小女孩，它是有其客观的历史的独立性的。严肃的史家必须坚持自己的理性，不能不尊重史料中所固有的这种客观性。不然，他就可能演化为文学家或其他学者，而非真正的历史学家。那么，史家还可能有自己的独到见解或成一家之言吗？或者说，史家是否只能作为史料发现者、整理者、考证者出现呢？答案当然应该是否定的。如果一个史家不能有所创见与突破，从而成一家之言，那么他就难以成为一个名副其实的史家。问题的关键在于史家如何才能正确地发挥自己的主观能动性。作为一位真正的历史学家，理应以自己的主观能动的精神深入到既有史料的自身理路中去，从而见到人所未见并说出人所未说的深度与高度，把问题的研究提高到一个新的层次。

所以，与掌故相表里的目录学，在原则上是和不明掌故的目录学有其值得注意的区别的。凭借与掌故相表里的目录学，人们所能得到的史料之本身就是一种活生生的有机整体，具有其自身的个性与独立性，从这样的史料中梳理出来的历史自然也就具有其自身的条理性与客观性。这是历史学的研究道路。凭借不明掌故的目录学，人们所能看到的就是一大堆杂乱无章的陈年烂账，是全无内在有机联系的"杂多"（manyfold；或 Mannigfaltigkeit，借用康德语），从而必须由著作者把由此而得的史料凭个人的思路或设想加以取舍、组织与建构，其结果自然就不再是史学著作而成为文学著作了。可以说，从最初的目录学入手处就有了史学途径与文学途径的区分。这一点看来十分值得注意。

二、关于"识小"与"识大"

柴先生此书的第二部分是《识小录》，内容为读书札记。前人颇有以"识小"题书名者(《识小编》或《识小录》),清代称为《识小录》之书即有王夫之所作一卷,姚莹所作八卷。按,"识(读作志)小"典出子贡之言。《论语·子张》:"卫公孙朝问于子贡曰:仲尼焉学?子贡曰:文武之道,未坠于地,在人。贤者识其大者,不贤者识其小者,莫不有文武之道焉。夫子焉不学?而亦何常师之有?"所以自题"识小",一方面,显然有以不贤者自居的谦逊之意,另一方面,也表明内容为札记之类而不是大块文章。柴先生的《识小录》的确是读书札记。其中所读所引之书多种,引用最多在10—20次之间者,依次为清王鸣盛之《十七史商榷》、清李集撰(李富孙、李遇孙续)之《鹤征录》(此录仅前后两卷,先生所引竟约15次之多)与明王世贞之《弇山堂别集》。引《弇山堂别集》最多之原因在于了解明代历史考据、目录与掌故(《四库提要》虽将此书列在"杂史"类中,但极为重视其对于明史研究的重要价值),引《鹤征录》多则主要由于其中记载有关学者之生平与掌故甚多,引《十七史商榷》多亦着重于历史之考证。柴先生从明清时期的多方面历史演变入手研究清代学术,必须在此广大领域有一个总体上的理解与把握,其读书札记亦与其研究之重点密切相关。可见其"识小"之目标正在于"识大"。这说明他的"识小"及"识大"是有着内在关联的。当然,柴先生的《识小录》还记了许多其他方面的内容,因为札记毕竟不是结构谨严的系统性著作。

据个人体会,学术研究中的"识大"与"识小"既有区别,又有联系,二者不可分离。从具体的学术史上来看,实际上存在四种情况。

第一种是,只见其小而不见其大。研究者孜孜于具体一人一事之考证、一章一句之考释、一名一物之辩证、一版一本之校勘,凡此等等,其用功勤、用力深而确有收获者,当然于史学之研究皆有贡献,甚至重要贡献。清代有过许多精于各种专门之学的专家。他们的成就与贡献在我们治史者看来都在于能为我们的重大问题研究扫清各种具体知识缺陷上之障碍,或者说这有助于为史学宏观研究扫清拦路虎。许多关于历法年代、地理山川、典制沿革、名物制度、训诂是非、目录版本等方面的问题,如果有哪一路不通,那么涉及这一路的大文章就难以开展。在这种意义上,"识小"亦未尝不是"识大"的必要条件,即无"识小"则无以"识大"。所以子贡说,不论"识大"还是"识小","莫不有文武之道焉"。不过,如果有学生做论文选一个偏僻的小问题,专找一些畸零冷僻的材料,以求"出奇制胜"之"创新"或填补空白,从此又养成习惯,那以后其治学道路就可能越走越窄了。

第二种是,只见其大而不管其小。如果对于作为"小"的专门知识不愿问津,甚至不屑一顾,而只注意从宏观角度思考问题,那么这种现象看来也无助于史学之发展。史学是关于人类自身的学问,人是活生生的有血有肉的存在,作为人类自身的学问当然也应该如此。史学与史学史都不能空谈,即使是史学理论或历史哲学,那也从来都要结合哲学史、史学理论史的具体深入钻研来进行的。古希腊哲学家亚里士多德的《形而上学》就是从对哲学史上的各个流派的学说进行批判的过程中来提出自己的哲学的。严格地说,"大"是由众多的"小"有机地组合而成的,所以在逻辑上,它是一个"类",诸"小"就是这个"类"的各个分子,类与分子之间有着密不可分的关系。有没有没有分子的"类"呢?这在逻辑学上是有的,即"空类"。尽管其值为"零",它在逻辑推理中仍然是具有意义的。可是,史学绝对不是纯粹推理的学问,其研究必须有宏观与微观、经验与理性的结合。如果我们的宏观研究建立在"空类"的基础上,那么这种研究本身的基础就空洞化了。在这里,我们就有必要重温孔子的一句话:"思而不学则殆。"

第三种是,既识其大又识其小。如果有人能够做到这种程度,那么就可以毫无夸张地说,他的确是一位博大精深的学者。其实"识大"与"识小"的关系也就是博与精的关系。《荀子·修身》言"多闻曰博",

又言"多而乱曰秏"。这就是说，多闻是博的必要条件，无多闻即无博，但并非其充分条件，只有多闻而不乱才是博的充分必要条件。所以《说文解字·十部》说："博，大通也。""博"就是"既大又通"，"既大又通"也就是"博"，二者互为充分必要条件。具体地说，博就是掌握多种多样知识，而且这些知识必须是能够互相沟通从而形成一体的。当然从来就没有人能够掌握一切的知识，看来将来也很难有人做到这样的程度。博永远是相对的。如果一个人的确掌握了很多具体的知识，可是他对于这些具体知识把握得不精（其实就是对于这些具体知识的内部结构没有把握，也可以说对这些具体知识把握得不深不透），或者在他的多种知识之间缺少一些必要的具体知识来作为其间的沟通环节，那么他的知识虽多，仍然处于多而乱的状态。这就不能真正成其为博。那么，对于具体的或微观层次上的知识，我们如何才能把握得更深更透呢？这当然需要从微观层面上不断地深入，当然，这种精也永远是相对的。不过这种深入不能是盲目的。盲目地乱钻，其结果可能是越钻越出不来，甚至连识小都成了问题。对于这一点，一些青年学者朋友可能需要注意。那么如何才能在微观层面上不断有所深入呢？在这里，宏观上的总体把握能力至关重要。因为宏观上的总体把握能力实际是一种能够从高处俯瞰并把握问题的内在结构的能力。微观知识其实也是有其内部的结构的，如果能够从宏观总体把握问题内在结构中获得一种训练和自觉，那么把握微观问题的努力就会有一个明确的方向。这样看来，似乎也可以说，微观层面上的精深与宏观层面上的博洽实际是互为必要条件（也就互为充分必要条件）的，即无微观层面之精便无宏观层面之博，无宏观层面之博亦便无微观层面之精。于是，博与精之间形成了一种张力，二者之间既有趋大与趋小的方向相反的离心力，又有内在的互为存在前提的不可分离的向心力。"识大"与"识小"之间的这种张力，对于我们学术研究的进展具有极其重大的作用。"上穷碧落下黄泉"，是时常被用来描写治学不怠的境界的一种写照。的确如此，学问的成长犹如一棵大树，根柢越深，枝叶越茂；枝叶越茂，根柢越深。子贡说的"贤者识其大者"，想来是指这种"识大"与"识小"相互为用、相得益彰的良性循环的最佳状态。

第四种是，既不"识大"，又不"识小"。如果发生这种情况，那就说明其为学尚未步入正道，或者说正处于上不着天、下不着地的境地。如果因循下去，那么学术未来的预后可能不好。希望处境如此者好自为之。此处恕不赘论。

在中国学术史上，兼具"识大"与"识小"之长的著作并不少见。这里试举两个较为明显的例子以作证。

其一是宋末元初的学者王应麟（深宁）所作的《困学纪闻》，一部著名的学术札记。札记之文，或长或短；此书中短条（三几句话，二三十字）甚多，甚至有不足十字者。如卷七记读《论语》心得中有一条云："孔门受道，唯颜、曾、子贡。"如除去标点，仅得九字。从形式上看，此条只说了一件事，内容可谓极小。不过它同时又是一个大结论，是作者通读《论语》，经过综合比较，然后才得出的结论。而且此书所记包含经学、天道、地理、诸子、考史、评诗文、杂识（识，记也）等（据《四库全书总目提要》之归类）。如此包罗万象（在当时条件下）的对象，竟以如此短小精悍之文论述之，实在难能可贵。所以，《四库全书总目提要》子部杂家类二关于此书之评议有云："应麟博洽多闻，在宋代罕其伦比。"又云："盖（应麟）学问既深，意气自平，能知汉、唐诸儒，本本原原，具有根柢，未可妄诋以空言。又能知洛、闽诸儒亦非全无心得，未可概视为弇陋。故能兼收并取，绝无党同伐异之私。所考率切实可据，良有由也。"于此可见，古人治学博与精密切结合之范例。

另一个就是明末清初的顾炎武（亭林）的《日知录》。顾氏此书实为王氏书之继续与发展，在形式上也是每条长短不同。虽然《日知录》

中的长条多于《困学纪闻》，但短小精悍者亦不少，甚至也有在十字以下之条。如卷十三中之"召杀"条云："巧召杀，忮召杀，吝召杀。"如除去标点，也仅得九字。不过《日知录》此卷皆论历代风俗之事，此条短文也是综合多方面历史经验得出的大结论。文虽短，而论断却大。顾氏此书的内容所及比王氏之书还要广泛。其文包括论经义、论政事、论世风、论礼制、论科举、论艺文、论名义、论古事真妄、论史法、论注书、论杂事、论兵及外国事、论天象术数、论地理以及杂考证等（据《四库全书总目提要》之归类）。《四库全书总目提要》子部杂家类三关于此书之评议有云："炎武学有本原，博赡而能贯通。每一事必详其始末，参以证佐而后笔之于书。故引据浩繁而抵牾者少。"《提要》只肯定此书博赡与精通，而不赞成顾氏弟子潘耒为此书所作之序中赞扬其书的经世致用的价值。这是清廷对顾氏作为明遗民的思想倾向不予肯定之自然结果。不过，顾氏在此书初刻自序中是颇以"明学术，正人心，拨乱世以兴太平之事"自许的。无论如何，顾氏在做精微考证之同时，心中丝毫没有遗忘人间大事。所以，此书也是前人"识大"而兼"识小"的一个典范。

　　柴先生的《识小录》显然是在前贤此类著作影响下作成的。陈援庵先生和柴先生都十分重视顾氏的《日知录》，看来此书的影响更大。当然，由于各种条件的不同，加之尚属初稿（《日知录》每条之稿皆经多次复审、精改甚至删削而成），柴先生的《识小录》在涉及方面及精致程度上都难以与王深宁、顾亭林二家之作并驾齐驱。但是，如果我们把这一份《识小录》与《清代学术史讲义》以及附录中的前两篇文章相互对照来看，那么仍然是能看出它实际也可以说是为后二者的写作做准备的。事关明清之际学术之巨变，所以这种"识小"其实也是为"识大"做先导的。这是从大处着眼而先从小处着手，庶几不为空论而已。

三、关于"竭泽而渔"

"竭泽而渔",是陈援庵先生做史学考证时对于史料把握程度的严格要求。简言之,也可以说是把能找到的史料都找到。

"竭泽而渔",典出《吕氏春秋·孝行览·义赏》,其文云:"昔晋文公将与楚人战于城濮,召咎犯而问曰:'楚众我寡,奈何而可?'咎犯对曰:'臣闻繁礼之君,不足于文;繁战之君,不足于诈。君亦诈之而已。'文公以咎犯言告雍季,雍季曰:'竭泽而渔,岂不获得?而明年无鱼。焚薮而田,岂不获得?而明年无兽。诈伪之道,虽今偷可,后将无复,非长术也。'文公用咎犯之言,而败楚人于城濮。反而为赏,雍季在上。左右谏曰:'城濮之功,咎犯之谋也。君用其言而赏后其身,或者不可乎?'文公曰:'雍季之言,百世之利也。咎犯之言,一时之务也。焉有以一时之务先百世之利者乎?'"这里借用此典,当然并非用其本意,而是一种比喻。

或许有人会说,做考证要求对史料一网打尽,过去的确很困难,现在有了电脑和数据库,各种索引皆可应手而得,已经不是问题了。照此说来,人人皆可成为考据大师了。现在的确可以看到一些文章,其所引据的材料数量惊人。不过仔细一看,就能觉到其中许多材料引得颇不自然,或是作者对所引史料的理解不够准确,从而与所论问题对不上口径,或是所引史料系从他处转引,从而取材武断,割裂了所引之文与其上下文之间的有机联系,属于裁引不当。问题不一而足。出现此类现象的根本原因在于,误以为我们对于历来文献是可以不系统阅读并系统理解的,只要能从其中查出对己有用的断片材料即可。白寿彝先生曾经一再强调,很多书(除备查找的工具书外)是要系统读的,不读而简单地从中寻觅、截取材料来抄卡片是不可取的。白先生的意意不是说,不可以抄卡片,而是说要在通体把握原文的情况下恰当地引取材料或做卡片。问题在于读书要花时间，在一些比较重功利的人看来，这样会降低效率，不如走捷径来得快。可是，这样追求来的最多是量上之多，而很难是质上之深。所以很难说求得了真正的效率。

也许有人说，我通过电脑搜索，材料已经一网打尽，这岂不是既"竭泽而渔"又讲究效率了吗？为什么还会有问题呢？察其究竟，看来是在对于"竭泽而渔"一语未能明其本意。"竭泽而渔"，在这里其实是一种形象化的比喻。我们不能把自己研究问题所需的材料库简单地看作一池水或一水库水，它们就现成地摆在那里，只要我们把水放完，所有的材料就得到了。电脑、数据库就相当于这样的水池或水库。这样来理解"泽"，看来是太过简单了。

其实，当我们说要"竭泽而渔"的时候，首先必须对于自己所面对的"泽"要有一番分析而深入的理解。这里的"泽"，不能被简单地看成一望可尽的一潭死水，因为水总是要有其来龙去脉的。作为历史资料库的"泽"更是如此。所以，我们必须把"泽"看作横向具有结构而纵向又具有层次的整体。

这里不妨仍旧以湖泊为比喻，一些湖泊结构比较简单，即使如此，它们也必须有若干川流作为其来源，而这些川流又必须有地下水或天降水作为其来源。许多大的湖泊，往往实际又由许多较小的湖泊曲折勾连而成。所以严格地说来，竭泽而渔谈何容易。当然，我们可以根据自己所研究的课题的目标来确定自己所要"竭"的是哪一部分的"泽"，但又明知自己所竭之泽以外仍有许许多多的泽。我们永远不能自满自足，须知泽外有泽、天外有天；同时又要对于自己所需也所能竭的这一部分的泽做最大限度的努力去穷尽之。

以上说的都是比喻。如果从道理上来说，那么，要能在史学研究上"竭泽而渔"，那么就必须既自觉地拓展自己的知识结构，又自觉地不断提高自己的思维能力。这是一项极其艰难的工作，可是，如果不能有所突破，那么在哪一点上有不足，就会哪一路走不通。我们每一个人都必然或多或少地具有自己的局限，而且永远如此，所以只能长到老学到老，永远保持谦逊与精进，如此而已。

现在再以柴先生及其老师陈援庵先生的几篇文章做一些具体的举证。

这本书中收录柴先生文章4篇，其中前两篇就是在具体研究中力求"竭泽而渔"的实例（附记：其中后两篇论乾嘉几位史学家，可以作为《清代学术史讲义》之补充）。

其一，《明季留都防乱诸人事迹考上》。这是柴先生在北师大求学时的一篇作业，深得导师陈援庵先生嘉奖，评为第一，并推荐在本校学报上发表。按，《留都防乱公揭》乃复社同仁于崇祯十一年七月攻讦阮大铖的一篇宣言，末有署名者140余人（不同版本列名有二三人之差，此文说明留待后考）。此文目的即在于一一考明署名者之事迹。然在此140余人中，重要名人之资料固然连篇累牍，而其知名度较低或甚低者之资料又甚少，甚至难寻。要想把这些人的事迹一一考出，第一难题或要务就是须"竭泽而渔"。

此文之末，未列引用参考书目。可能因为全文未完，仅系上篇，原拟下篇之末再列。可惜以后未出下篇。按内容分类，约为正史、逸史、别史、方志（省、府、县）、家谱、碑传集（神道碑、墓志等）、文集、诗集、笔记以至《东林点将录》《复社姓氏》《进士题名录》等。按所引书类别来说，看来已尽全力"竭泽"。为何要引用这样多种的书？因为能够在《公揭》中署名的人都是相互有关系的。如何了解其间关系才能把这些人的事迹一一钩稽出来？从各种史书中可以找出重要人物间的关系，从各种方志中可以找出人们之间的乡里关系及其事迹，从家谱、碑传中可以找出亲友之间的关系及其事迹，从各种文集笔记中也可以找出亲友关系及其事迹，从各种题名录中可以找出人们在某一群体中的相互关系。这是一种由人的关系中找书，又从书的内容中既扩大引书线索又找人的事迹的办法。柴先生当时作为一位大学生已经能做到如此程度，当然是从乃师陈先生那里学来的。

本书所收柴先生第二篇文章是《〈鲒埼亭集〉谢三宾考》。如果说前一篇文章所涉人物之面甚广，难在面上之"竭泽"，而此文则是集中于谢三宾一人之身，要把谢三宾这个地位并不太高而汉奸面孔又甚丑陋的人物的事迹钩稽出来，尤其是各种书籍对此人之称谓竟有13个之多，亦须一一考察出来。这就是要借竭泽而渔之博以考一人之事之精。文末列出所引书目计84种，不可谓之不多。至于其引书之分类与结构，读者不妨自己多做思考以寻其究竟。

柴先生的"竭泽而渔"考史方法，可以从其师陈援庵先生的著作中看到渊源。陈先生之《元西域人华化考》，书凡8卷，而所征引书目竟达210种之多。论其结构，那也依次是正史（包括类编、补志、考史之札记）、方志、行纪、金石录（并考跋）、书目谱录、笔记杂录以及大量诗集、文集。前人多以为有元一代之少数民族人士之华化者既浅又少。而陈先生从多地区、多方面列举其佼佼者以驳旧说，故其书涉及面广，且材料分散。非"竭泽而渔"，不能竟其功。又陈先生之《吴渔山先生年谱》，书凡2卷，而所征引书目竟达78种之多。按，吴渔山（历）为明末清初江苏常熟之一画家，后（51岁）入耶稣会，6年后又晋升为司铎。吴氏既为画家又为耶稣会之第一批华人司铎，故为治教会史者所重视。在陈先生书以前，已有一位颇为渊博之教会学者为吴历做过年谱，引书有10余种，一般看来似乎也不能算少，因为谱主之知名度并不太高。而陈先生书所引书数竟为前书所引之4倍，且所引书基本皆为诗文集、年谱、书画录以及教会文献。吴历并非历史上一流名人，以一人为谱主而博罗群书，非"竭泽而渔"，亦无以蒇其事。这样，我们就能从陈先生的《元西域人华化考》看到柴先生的《明季留都防乱诸人事迹考》的前身，从陈先生的《吴渔山先生年谱》看到柴先生的《〈鲒埼亭集〉谢三宾考》

的先导。

　　也许有人会以为这些文章都是考证性的"识小"之学，不屑一顾。可是没有"识小"的基础和训练，又能做什么样的"识大"文章呢？何况这样的"识小"，如果没有十分广博的掌故与目录的视野和把握问题高度的思维能力，那么即使你想"识小"（真正的"识小"）也是难以做到的。譬如，有一大泽在前，自平地观之，仅能见其一曲；如能登高以观之，则所登愈高，所见亦愈广；如能登极高处而观之，则全泽之曲折勾连尽现眼底，始具有竭泽之可能。而且这仅仅是可能，因为此泽之大体是被你看到了，要去竭它，那又是一番极大之工程，真是谈何容易！如果从治学之开始即既畏登高之艰，又惧识广之难，那么就会产生既不能小又不能大、既不能高又不能深的情况，那就太可惜了。我想，读柴先生的书，细寻陈、柴先生治学之途径，对于未来一代史学大师之涌现是会有所裨益的。

（原载《史学史研究》2013年第1期）

追忆白先生、感念白先生

今年是白寿彝（肇伦）先生诞生110周年，《史学史研究》组织一次笔谈，纪念先生。曾经多年在治学过程中获得先生指引、教诲、激励、关怀的我，自然可说的话很多。由于笔谈篇幅有限，以下谨举我在从教头三年（1952—1955）就得到白先生教益的一些事例来做说明。

我得见白先生，是从1952年秋季开学后开始的。那正是院系调整后原北京师范大学历史系与辅仁大学历史系合二而一，形成新历史系的时候。白先生是原师大历史系教授，而我则是从原辅仁大学历史系毕业留校的，所以无缘当白先生的学生。见到先生的时候，他是中国史教研室主任，而我却是世界史组的助教，所以又无缘当他的助手。可是，就在1952—1955这三个我在学术上最需要老辈引路的年头里，竟然是白先生给了我莫大的帮助。

院系调整后，历史系的本科课程分为中国与世界两大块，两块又各自分为古代、中世纪、近代与现代四段。大学学制四年，中外各四段历史正好在四年内教完。当时，中国史方面有6位助教，分别在四个段落做辅导工作；而世界史方面最初仅有助教3人。我被分到世界中世纪史，另外两位学长分别做近代与现代史助教，古代史还缺助教。在本科教学任务以外，还有外系中国通史和世界通史两门课程，都是一年讲完的课，由助教们来承担。为了教好外系中国通史，白先生让6位中国史助教组成一个外系中国通史课小组，并预先拟出一个大纲，让大家一同讨论修订，大纲确定，再由在本科四段中做辅导的助教来写各自段落的讲稿，每篇讲稿初稿都要经过集体讨论、各人修改，最后由白先生统一定稿。到上课时，并非6人各讲自己所写那一段，而是要从头到尾系统地讲一遍通史。目睹白先生这样培养青年学者的方式，我深知先生用心是要指引我们青年人走一条先通后专、由博返约的路数。这一点对于刚刚开始走上学术之路的我来说是十分重要的。

不过，我们外系世界通史的课，就没有像白先生这样老先生做指导，只好各自单干。按分工，我承担外系世界通史中的古代中世纪部分，就内容范围来说已经比在本科做辅导的中世纪史多出了一个"古代"，而且事有凑巧，偏偏此时师大男附中（1952—1953年历史系在和平门外南校，男附中就在大学对门）一位教高一世界近代史（一年的课）的老教师中途病倒，要求大学支援，于是我又奉派去接着讲高一世界近代史的后一半。面对这样沉重的工作压力，全力以赴之外，有时不免自信不足。此时为我开导引路的正是白先生。白先生怎么会注意到我这个小青年呢？看来似乎是事出偶然。当时白先生家住西单附近，我家也住西单附近，所以上下班时经常在公共汽车上见面。他时常会关心、询问我的工作和学习情况。当他知道我虽面临工作压力而仍力求贯通时，他鼓励说："你们这个阶段首要建立的就是通史的意识。"他问我如何备课。我向先生实说，由于时间紧迫，实在来不及先写讲稿。又不像教外系中国通史的同事那样有老先生直接指导，所以只好个人先找一两种常用教材，通读两遍，大体理出一个大纲，计划好上课时间分配，上课前一周再拟出一周讲课的细纲，就拿着这样的细纲去上课，力求自己心里明晰而有条理，上课时可以主动发挥，似乎比拿着讲稿照念还自如一些。在附中讲世界近代史，因为有中学教材，所以也是拟出细纲上课。听了我这些话以后，白先生笑了，说："这不是比有我直接指导还好吗？"他一笑，我倒有些懵了，一时答不上话。他接着说，青年人面临新任务，有老先生帮助，少走弯路，当然是好的，不过如果竟然由此引发依靠思想，那就不好了；没有人帮助，可能会困难多、走弯路，自己克服困难向前进，多吃点苦，可是得到的经验教训会更深刻、更难忘。接着他现身说法，抗日战争时期，他避难昆明，家庭人口多，经济困难，就靠他多兼课维持生活，自己原来未曾教过的新课，只要有人请，就得去教，历尽艰辛，却在拓宽学术视野、发现不同课程的内在关系方面，大有收获，因祸得福。所以，他说我教外系世界通史，没有老先生指导，也许就比有人指导更好。这些话，听起来似乎并不艰深，可是很有哲学含蕴，所以我深深感觉到，白先生已经给了我宝贵的指导，也可以说是更高层次上的指导。治史求通，关键是要靠自觉努力的；遇到困难，关键也是要靠自己充分发挥主观能动性来解决的。这一点，不仅对我克服工作最初一年中遇到的困难大有裨益，而且也有益于我的学术人生。这一年，本科世界中世纪史的辅导工作也不轻，因为主讲的老教授年高多病，学年末他老人家病倒（从此未再走上讲堂），最后两个星期的课只好由我续貂，借此机会我把恩格斯《德国农民战争》（中译本）认真学习了一遍，感觉到收获不小。这一年我还参加了学校主办的突击式的俄文速成班，用了一个多月的时间，学会俄文最基本的语法，背了2000多个单词。授课老师说，凡是会英文的学员可以用读英文的经验来帮助对俄文的理解。我照老师说的方法做，果然有效。尽管俄文与英文差异很大，二者同属印欧语系，易于由此及彼，自觉寻求二者之间的同，就是要求其间之通。可是，回头一想，俄文老师讲的不就是白先生所说的"学问要力求贯通"的道理吗？

在这一年的多次交谈中，白先生逐渐了解到我对中国历史和文化还有些基础的,并且对先秦诸子兴趣浓厚,就对我说,你现在当然要对世界史全力以赴,不过千万不要"邯郸学步",中国的学问还是我们的根,这是不能忘的。他还鼓励我说:"家和,你有理论兴趣,好。"先生的这些指点,使我终身获益。

1953—1954学年里,历史系从南校迁到北校,即原辅仁大学旧址。从1953年夏开始,我在本科教学的任务改为做世界古代史教学小组助教。外系世界通史的课继续上,附中的世界近代史课不教了,压力相对减轻。对于世界古代史,我在教外系通史课时就有了一些兴趣,所以对于改做世界古代史助教也很高兴。这时候世界古代史教学小组已经有了四个人:一位曾在法国留学的老教授,一位从美国留学得了硕士学位而尚未完成博士论文就回国的中年讲师,以及包括我在内的两位助教。本科课程由教授和讲师承担,我做一部分辅导工作。不过,从1953年开始,学校要求进一步学习苏联,历史系各门本科课程都要写出新的讲义。这项任务分量不轻,按规定由主讲课程的两位老师承担,不过为了培养青年教师,又要求我们两个助教既参加部分课程的试讲,也承担部分讲义的试写。可是那时候,那位老先生和另一位助教都不会俄文,那位留美归来的中年老师在美国选修过俄文,我则从俄文速成班打下了一个俄文的初步基础,所以我们都在为提高俄文水平而加紧努力,要直接用俄文书,一时速度还跟不上。在这两年中,我们在教学和写讲义时主要还是要靠已有中文译本的苏联教科书做参考。第一年用的是王易今译苏联中学教科书(米舒林著《世界古代史》),第二年则有了从教育部分批陆续分发的林志纯先生翻译的苏联的师范学院所用的教科书做参考。应该说,条件已经逐渐改善。

在平时经常同乘公交车的时候,白先生还是屡屡关怀我的工作和学习,我把这些情况向他做了报告,同时也表示了内心深处的一些疑虑。我说,过去教西洋史或编课本者,一般皆以一两本西文教科书为蓝本,很少有以中国人自己的研究成果为基础的；现在学习苏联，是在向马克思主义史学迈进，不过还是在援用苏联的教科书，何时又怎样才能逐渐写出中国人自己的以马克思主义为指导的教科书呢？白先生听了我这些话，就又笑了，说："你还真有一点雄心壮志。"

接着就问我准备怎么具体来做，我乘机向他请教说，我现在想努力把工作和进修结合起来，在做辅导、试讲和试写讲义时都尽可能多读一点书，这时就有老先生批评我偏重进修，有个人主义思想，我有些想不通。白先生说，这不要紧，青年人不抓紧进修将来如何接班。我既感谢白先生对晚辈的关怀，又感佩他的心胸广阔和眼光远大。他又问我读书有何重点，使用什么方法。我说，我读的书有三类，一是外国教科书，二是外国专著，三是马克思主义经典著作。读外国教科书时按当时要求以读苏联书为主，而不放弃以西方书作参考；至于专著我只好读英国伯里的《希腊史》（因为试写讲义时需要参考），那时国内还没有苏联的古代史专著；最重要的是精读英文本的《共产党宣言》以及俄文本的《辩证唯物主义和历史唯物主义》（突击学习俄文时用的教材），逐字逐句分析词法和句法结构，认清其中的特殊习用语，从而更深切地理解经典著作的精义，把学习外文和学习理论紧密地结合起来。白先生觉得我的做法还不错，又一次说："你有理论兴趣，好。"随后又补充指出两点：一则，在备课和写讲义的叙事过程中要养成随时看出值得研究的问题的习惯，这是教学与研究结合的起点；二则，学外国史不能忘了中国史，中国历史悠久，史学资源丰厚，而外国人的史书中很少有中国历史的地位，只有靠我们中国人自己来努力去解决，而且外国人对其自身历史的了解难免有"身在庐山中"之弊，以中国人之视角也很有可能发现彼方之真面目，从而向世界贡献出中国人撰述的新世界史。

1955—1957年我有机会到东北师范大学从苏联专家格拉德舍夫斯基和林志纯先生学习世界古代史，取得了一定的成绩。因为我去东北时，已经有了一个准备研究的论题，并且有了一些卡片和构思笔记。到东北后，林先生很快就抓紧与学生们商讨各自的毕业论文定题问题，因为进修仅有两年，所以定题早，写作时间会更充分。当林先生找我谈的时候，我很快报告了自己的初步准备与设想。林先生看了我的书面报告之后，觉得可行，他又与苏联专家做了交流，很快为我确定了论文题目。两年进修，要学理论、学俄文、学专业，时间极为紧张，我因为及早定了论文题目，就争取到相对的主动回旋余地。回想起来，如果没有白先生三年来的启发、指引和激励，我就不会对到东北进修有所准备，在进修中所得的成绩就几乎是难以想象的。

2019年7月10日，刘家和谨识

（原载《史学史研究》2019年第3期）

从《王西庄与钱竹汀》谈柴德赓先生的史论观

各位专家、各位中青年朋友,我今天来参加柴德赓先生诞辰110周年的纪念会,同时这也是一场学术研讨会。1963年白寿彝先生请柴德赓先生到师大来讲课,我去听了,题目叫作《王西庄与钱竹汀》。今天,我尤其想讲的,就是柴先生的这篇文章——《王西庄与钱竹汀》。

我作为柴先生的学生、北京师范大学的教员,就讲讲那时的经历。诸位可以想象,援庵先生、青峰先生都是功夫下在考据上的,所以柴先生的文集叫作《史学丛考》,是对的,其中所收的就有这篇《王西庄与钱竹汀》。虽然是考,但这篇也是论。可是一到中华人民共和国成立后,考据之学被认为是烦琐考证,不能适合时宜,没有理论,要接受批判。所以援老停笔,不写文章,柴先生也一时写不了文章。

我毕业以后,被分配做世界史。我们那届同时毕业的三位,还有龚书铎先生、王桧林先生,他们二位都搞中国史。学校说我会点外文,要我搞世界史,那就服从分配搞外国史。我毕业三年,柴先生当三年系主任,我和柴先生接触比较少,反倒是和白先生接触比较多。白先生很快就发现了我,因为白先生住西单,我也住西单,不管新的师大历史系是在和平门外还是在北校(老辅仁定阜大街),还是到新校(现在师大这个地方），我们上班的路上都经常同时坐车。白先生看我在车上看外文，就和我聊天，他发现这小青年还懂得一点中国史，所以那时和白先生来往比较多。

再说一个事，我之所以知道白先生，第一个是谁介绍的呢？是柴先生。当时有一个新史学会（中国新史学研究会），在南池子（欧美同学会）[1]开会，柴先生就带我这么一个学生去了。学生没有资格，柴先生去开会，他带着我，这样可以。讲演的人是谁呢？就是白寿彝先生。柴先生就把我介绍给白先生，我那时就认识了白先生，但白先生并不认识我，很快就忘了。后来到师大，我入世界史教研室，白先生是中国史教研室的。当时系里情况复杂，柴先生的处境很困难，我没法和柴先生在一起，那时白先生对我也很关注，这样的情况下，我就和白先生来往较多。我觉得柴先生在辅仁期间起了作用，在师大也起了作用。

柴先生是1955年离开北京的。当时送柴先生上火车，我去的。我给柴先生提着小箱子，坐的是头等车厢的卧铺。他坐的是特别的头等车厢，和现在不一样，不是现在上下层四人一个包间，而是一个人一间，一张床，一张办公桌，有盏灯。柴先生说，安排好了，现在我就准备打开桌子，坐在这里看书了。很讲究。正在此时，陈乐素先生（就是智超先生的令尊）到了，我就告辞回去了。

那么，后来白先生当师大系主任，白先生跟柴先生的学术风格有什么分别呢？白先生继承了援庵先生的学术吗？继承了。继承了援庵先生的哪些学问呢？

先讲二位先生原来的性格是不同的。我做学生的时候和柴先生往来很多，可以到他家里去谈。柴先生掌故非常多，我爱听。我们家乡老辈也会讲几句掌故。柴先生研究学术搞考据，讲掌故，能诗能文，古文写

---

[1] 北京南池子金钩胡同19号。

得很漂亮。我呢，也凑合懂一点古文，还能作点诗。我在柴先生百年诞辰的时候写过一首词《鹧鸪天》。[1]为什么要写这么一首词呢，我要告诉柴先生，您这个学生对您还是有些了解的。柴先生书法好，我的字一般，偏偏得到柴先生的夸奖"刘家和字写得好"，其实我知道不行。柴先生是亦步亦趋跟援庵先生学的。柴先生"才高"，思维敏捷。

白先生呢，是"高才"。白先生是什么情况呢？早年家里很有钱，他在开封上的是教会中学（圣安德烈中学），所以白先生的英文也很好。白先生考到燕京大学国学研究所当学生，那时援庵先生也在国学研究所当导师，他不止在一所学校当导师。白先生不是援庵先生直接指导的，直接指导他的是黄子通先生。老先生问白先生："你将来想搞什么？"他说："我想编哲学史。"结果，黄先生给他来了一句："我看你是趾不高而气甚扬。"拿本英文书给他翻，规定四星期，白先生向他说明书中观点并提出自己看法。白先生固然是教会学校毕业的，外文不错，也看得懂，但是黄先生一考，说："不行，你这不行。"黄子通先生后来指导白先生，做的论文题目是什么呢？《周易本义考》。[2]朱熹的《周易本义》考，有可考吗？有可考。朱熹的《周易本义》写成之前，不是有程氏易学吗？易学，《程氏易传》，这个东西有很多纠葛，白先生考这个。所以，白先生深知道在这时受到陈援庵先生的影响。

我看白先生《陕甘劫余录》里写的，很广泛，不是一般的学者能达到的。白先生讲朱彝尊的《经义考》，不知在座的有没有搞中国史的同学？有几个看过《经义考》，知道《经义考》的价值？白先生讲得很清楚。我也看《经义考》，《经义考》是只讲经书的。目录学有两种，一种是藏书家目录学（那是讲版本、善本的），一种是读书家目录学。在读

---

[1] 词云："忆昔师门问学时，屡闻考史复言诗。闲来慢语连掌故，兴到挥毫走龙蛇。流年改，南北离，侍从朝夕不堪期。高才硕学人难企，每念先生总心仪。"
[2] 白寿彝《周易本义考》，后发表于《史学集刊》1936年第1期。

书家目录学中又有两种，一种是只讲现存书，《经义考》这书不是，《经义考》就同郑樵的"二十略"（《艺文略》）一样，存书、佚书都讲。郑樵讲的这个，没有细讲原因。其实《汉书·艺文志》就是存佚都讲的。为什么？朱彝尊讲得很清楚，佚书虽然佚了，但只要有序，有人评，他都给记在内，上面有的都可以。《经义考》告诉我们读书必须看序，看过序再读书和没有看序的劲头根本完全不一样。

白先生的特点是什么呢？白先生高才。高才是什么，白先生理论行，中华人民共和国成立后很快就动笔写文章，文章一篇篇发。柴先生这时就要有个时间适应期。我讲白先生的确是高才，但他的倾向是论。柴先生重的是考，援庵先生是以考为根据的。援庵先生不是不重视论，《元西域人华化考》怎么不是论呢？《开封一赐乐业教考》怎么不是论呢？包括《通鉴胡注表微》，也有论，但都是建立在考的基础上的论。这是第一辈老先生的论，到第二辈时，白先生从来都是宏观的论。

柴先生是1955年秋天走的，天有凉意。[1] 1963年，北大历史系主任翦伯赞先生邀请柴先生到北京来讲学。讲学一段时间，不是一讲。这时候，白寿彝先生请了柴德赓先生回来讲课，我去参加听讲了，地点是新一教室，一个下午。讲的是《王西庄与钱竹汀》这篇文章。照说现在看到的文章要比当时讲的内容多，因为讲不能讲多少。[2] 听他这次讲课，我觉得醍醐灌顶。讲演下来以后，白先生就跟我讲："家和，柴先生原来是这么能论啊，这个文章写得真是到位！"（原话我记不住了）大加赞扬，这是我亲耳听到了。念东编注的《柴德赓来往书信集》里，有柴先生给柴师母的信，也说到这事。当天晚上，白先生还请他吃烤鸭，何兹全先生作陪。[3] 这次讲演，对白先生来说，彻底改变了对柴先生的看法。

---

[1] 据柴德赓日记大致时间为9月15日。
[2] 据柴德赓家书（1963年4月23日）共讲了三个钟头。
[3] 柴念东编注：《柴德赓来往书信集》，商务印书馆，2018年，第51页。

这篇文章好在哪里？好在你说，它是不是考？它是考。但是，这篇文章论得真深啊，没有深考就不能论得深。如果讲考，柴先生这篇还没有考尽，这是很明显的。考的时候要知道，到论的时候，哪些考最主要。清代学术内容太丰富，所以他的《清代学术史讲义》一开头讲，清史最难考。

现在正式说这篇文章。白先生盛赞这篇文章，所以我感觉到，援庵先生的学术，这时在柴、白二位先生中间是变成合一的了。这对于我们来讲，对北京师范大学学术传承来讲（包括你们搞文献的），真正是留下了一个宝贵的遗产、珍贵的遗产。这篇文章是1963—1964年间写的，后发表在《史学史资料》。为什么这篇文章没有在别的地方发表，大概白先生打过招呼，"给我吧"。[1]

我讲这些主要是说，应该是援庵先生的学问通过白、柴二位先生的继承，在我们师大能够有所发展，有所发扬。可是我呢，虽然还没有昏聩，但是已经差不多糊涂，愧疚的是眼睛看不见，也差不多了。

这篇文章，不提赵瓯北，而提钱和王，为什么？赵瓯北是一个类型，真正要讲史学、经学，还是钱、王。这两个人很相像，又是亲戚。南方有句话，亲不过郎舅。钱大昕是王鸣盛的妹夫郎，钱比王小6岁。雍正时人，活得比较长，到嘉庆初年去世。这两个人，能诗能文。王是家庭富有，家里很有钱。王是高才，很早科举成功，考中探花。（我觉得读柴先生这篇文章，我们需要知道清代科举、官制，包括人名、官职、品位，这些都需要知道，没有一点知识是很难了解的。严格地说，读柴先生的文章，到现在也都需要注了。）当时的规矩，考试一榜三名，这叫进士及第：第一名是状元，第二名是榜眼，第三名是探花。第二榜就是赐

---

[1] 关于《王西庄与钱竹汀》一文的发表时间，中华书局1982年版《史学丛考》注为1979年发表于北京师范大学史学研究所《史学史资料》第3期。另，据《柴德赓来往书信集》，该文完成于1964年7月2日（第82页），交稿于《北京师范大学学报》。

进士出身：二榜第一名是传胪（第四名）。凡是前三名出来，以后就是翰林学士，官位的底子基本上打定了，在二品这一层次，这是很容易发的。王鸣盛考中的是榜眼（第二名），所以官升得也快，当过学士，当过礼部侍郎，最终也得皇帝欣赏。后来，在上任福建乡试主考官的路上，买了一个妾，这事被别人告了。告了以后就被贬了职，左迁到光禄大夫（光禄寺卿），品级降一等，由二品到三品。后来母亲去世，趁着丁忧，40多岁就休官，到了苏州。可是王这个人的性格富而骄，赵翼曾有赠王诗云："却羡贫官做富人。"说他家里很富足。

还有一点，柴先生只提到一下，没有细说。细说就要讲到《啸亭杂录》。《啸亭杂录》是清代礼亲王昭梿的一部重要著作。你要知道这个为什么重要，读其书必须知其人，要知其人必须知其世。礼王府在哪里，在现在的西黄城根南街。昭梿早年没有什么事情，所以他知道清朝的材料特别多。这本书我没细看，他讲了好多官制。昭梿在《啸亭杂录》中说，王西庄有贪污失职，这个人的人品不太好，他之所以被人告也是因为在朝中为官时闹了一些矛盾。但是他明白，事出有因，王官品那么高，家里又有钱。

钱竹汀则不同。钱的家里父亲、祖父都是老秀才，教书的。钱倒是很聪明，考秀才的时候，考中第二名，才十五岁。结果被王鸣盛的父亲发现了，就把小女儿许配给钱大昕，这样钱大昕是王鸣盛的小妹夫。钱大昕考秀才考得很好，可考举人不顺利。乾隆南巡（1751年），那时文人都献赋，钱大昕的赋被乾隆看中了，乾隆御赏他一个举人。御赏举人后，钱大昕和王鸣盛同时考进士，大舅爷王鸣盛考的是榜眼，钱大昕考的是二榜进士。这名次就差下了，官品就不同了。一榜前三名是直接做翰林，第二榜就开始变成庶吉士，庶吉士是学习做官，学习期满以后叫散馆，散馆以后分配到詹事府。詹事的工作本来是在东宫教皇子读书，做点文书事，没有实权，所以，钱大昕同王鸣盛不一样，终在詹事府，二级官。

钱大昕最高做到少詹事（四品官），王鸣盛比他高二品，被贬过后也高一品。这里讲他们二人处境与性格大不相同。

从前说要阶级分析，这两个人都是地主阶级，讲世界观都是三纲五常，就没有区别。所以，柴先生这时候知道，除掉这个以外，讨论人品还要讲大节，关系到清朝入关问题。王、钱他们都是嘉定人，大家都知道有"嘉定三屠"，杀得很厉害，"扬州十日"和"嘉定三屠"。清兵在北方遇到的抵抗少，到江南一带抵抗多，这很奇怪。在北方，傅斯年先生的祖先就是清朝开科后的第一个状元傅以渐，傅斯年先生不太愿意说。王、钱这两人对清朝入关和文字狱问题是噤若寒蝉，绝对不敢说。王鸣盛这个人是爱发议论的，可是对此也不敢发言，他的《十七史商榷》写到《五代史》就完了，后边不敢评，宋辽金元明都被排除了。钱大昕的《廿二史考异》，对《明史》还是不能触动的。在清代，学者个人不敢讲清初修的《明史》有问题，怕文字狱，特别是触动做《元史》，柴先生极为敏锐地看出并指明，知道元史就是所谓知道清史。满汉之间还是有区别的，有歧视的。杭大宗上皇帝书，说满汉不平等，汉人官太少，差点被杀头。所以王鸣盛和钱大昕都知道避讳这个。三个要避讳：三纲五常要避讳，明史要避讳，清朝的事要避讳，他们都知道。

要真正进一步钻研两人的区别的话，看起来，王西庄有才华，可才华不深入。王西庄非常自负，说我经学有《尚书后案》。《尚书后案》不能说是没有贡献，可是《尚书后案》，在辨伪古文《尚书》方面，其实经过阎若璩、惠栋的考据之后，《尚书》伪古文的伪就基本定案了，这都在王鸣盛以前，所以他写《尚书后案》并无特殊贡献。

经学是这个情况，史学呢？他有《十七史商榷》，名字为什么叫"商榷"？商榷不像札记，商榷就是要批评的，要批判的，criticism。不是类比，是分析批判，是考据的辨。所以，在《十七史商榷》中批驳的人多了。援庵先生专门写过文章，说王鸣盛好骂人。援老举过例子，柴先生也举过一些，说骂得有些出格的。从这地方比起来，就和钱大昕不一样。譬如讲《汉书》，读《汉书》，不能不看颜师古注。颜师古是颜之推的后代，是很博学的。师古注也不是他一家注，是集注。如果没有师古注，我们不知道那么些家注在里面。所以，读《汉书》没有不读师古注的。可是在王鸣盛眼里，颜师古是什么？其实颜师古是很渊博的，那么钱大昕呢，对颜师古就很重视。钱大昕把人家的优点尽可能表扬，至于缺点就不说了。我讲这个，大家当然能够认同，钱大昕说我们一定要对古人有敬意。你们看陈援庵先生是怎么教导我们的，"我们对古人要有敬意，我们对前辈学者要有敬意"。我们不能学习一点东西就了不得了，就把前人视如粪土。

对于诗文，王、钱两人都行，王太猖狂，笑钱大昕没有他多。钱大昕的官只做到四品，但官做大以后，这个人知足。这一点，柴先生的文章讲到了，官登四品，不为不达，也不算小了，生活也可以。这是讲钱大昕谦逊的一面，满招损，谦受益。

王还有一点不如钱，钱是懂数学、天文、历算的。王鸣盛只是对钱大昕这种博学表示不满，可岂止是这些？王鸣盛的《蛾术编》里也讲小学，可钱大昕讲没讲小学呢？钱大昕对小学的贡献是无法回避的，在《十驾斋养新录》里有声纽表，是历史上的范文，都是很著名的。第一个，对韵部的研究，从明朝的陈第到清朝的顾亭林，韵部的研究是比较充分的，声纽的研究却十分受忽略。研究声纽有突破的第一个人是钱大昕。他第一个发现，古无轻唇音；第二个发现，古人没有舌上音。钱大昕提出的就是这两条，第一条，轻音；第二条，古时候的卷舌音（大舌头）。所以钱大昕不仅在数学、天文方面有研究，在小学、文字音韵上也有不是王所能想象的贡献。所以，钱大昕的东西，不能只在《廿二史考异》里面看，要看《十驾斋养新录》，要看《潜研堂文集》。对这方面，柴先生是下了功夫的。

陈老要求柴先生多看前人文集、诗集，以至于他们之间的书信都要看，这里有好多东西可以看。所以，柴先生讲王西庄、钱竹汀他们二人的差别，正是在钱大昕的文集里发现了一些东西。那时谁敢对清朝表示不满？对满汉歧视表示不满？"嘉定三屠"说不说？钱大昕到什么时候说的呢？乾隆四十一年（1776，美国独立那年），乾隆下了一个命令，史书要写《贰臣传》。《贰臣传》写洪承畴，明朝投降清的，对清朝有大功的人。为什么写《贰臣传》？因为乾隆四十一年，当时再也翻不了天了，清朝统治已经非常巩固。这些明朝投降清朝的人，在当时是受肯定的，他们是有功的，但是他们做人不健全，人格不健全。《贰臣传》里人还分两等，有的还比较好一点，最糟糕不过的是钱谦益（钱牧斋）。清军过来的时候他开城门投降，投降以后又抱怨，《贰臣传》说这种人最糟糕。吴伟业（吴梅村），大诗人，也在里面。吴伟业有首诗很有名："误尽平生是一官，弃家容易变名难。"投降以后很懊悔。这是人之常情，可以理解。乾隆想编《贰臣传》，就是让大家都忠于清朝，这时，钱大昕写当时抵抗清朝的英勇惨烈的事，都写出来了。

我觉得柴先生讲到钱大昕对清朝的制度的不满，简直妙绝了。钱大昕有篇文章，在《潜研堂文集》里，明的意思是批评苏东坡的《刑赏忠厚之至论》。说当尧之时人犯法了，皋陶曰杀之三，尧曰宥之三。文章写得很好嘛，可是考官就问，你这个典故是从哪里来的，他说想当然。可以看出苏东坡也是才高，想当然地自编典故。所以，钱竹汀名义上是批评苏轼，实际上是针对当时的清朝。清初帝王自康熙至乾隆，凡官吏有罪，经谕旨交王公大臣议罪的，往往议决加重处罚，以待皇帝的削减，表示罪该万死，恩命出自格外。所以，这样一个情况，都是做好的局，让所有这些残酷暴政都归到这些大臣身上。大臣们为加官晋爵，无耻得很。这是讲当时的事情，我觉得柴先生揭露得真好。

然后，还有一条，清朝取税，不从老百姓这里取，而是从商人那里取，商人也是四民之一。钱大昕讲，所收的商人的钱不过是把物价提高的那部分（就是剥削），还是落在老百姓头上。清朝还有一个办法，就是"宰肥鸭"。清朝官制里有些问题，官很容易贪污。扬州、淮扬一带盐商，非常有钱，官贪污也容易。清朝的督抚，尤其是总督，用人都是由他自己安排的，这是一个很大的资源。另一个尤其是当学政的。学政有什么呢？清官。不是，你到地方上当学政，学生考试动不动塞点礼，因为权力在你这里。所以，到广东当学政是肥缺。钱大昕写《惠先生士奇传》的时候，先写惠士奇这人如何如何，然后他到广州任学政，主管广东学生读书和地方考试。惠这个人是学者，雍正曾经说过，惠士奇在广州"居官声名好"，调回来以后，命惠士奇去修镇江城。惠奉命去修，把所有家产变卖修城墙。以一人之力来修一个城，这怎么可能？所以修了不久，财产尽了，修不了，于是罢官。清朝的办法就是先减轻老百姓的赋税，然后从贪官污吏这里收取。柴先生讲的这几句话对，这是逼着下面贪污，你不贪哪里来罚俸。官要不贪的话就要饿死，这都是柴先生的话，这些地方写得极其深刻，是对清朝真正的了解。

所以，我觉得柴先生这篇文章写得正像孟子讲的，尚友古人："诵其诗，读其书，不知其人，可乎？是以论其世也，是尚友也。"要知其世才能尚友。所以我们要知道清朝的思想，就要把那时的制度、情况了解得清楚、透透的，不能看表面的现象，然后你才能知道内在。所以，读钱大昕写的惠氏传的时候，你才能细心看出来。

我觉得，这篇文章之所以令白先生赞赏，是因为这里有史、有料、有论，他还没有真考。要是真考的话，能写出大文章来，结果就没有人看了。他考得恰当，把问题都说明白了，这是他的优点，也不是简单纯粹地扣帽子，而是分析入微。我觉得，现在我们作为柴先生的学生，应该把陈援老、柴先生、白先生的学术继承下来，传承下去。所以，白先生是怕我掉进考证里、陷入考证里。但我还没有完全陷进去，可是我也有一点考证癖。就是这么一个情况。

所以,我觉得在现在这个时代,作为师大教师,我们恐怕应该继承的是陈援庵先生,然后是柴德赓先生、白寿彝先生,他们是第二辈,我们是第三辈。我们要能这样发扬陈援庵先生的学术,一代一代地与时俱进,这也是我所希望的。

我今天说到这里,请各位指教。

(原载柴念东编:《青峰学志——柴德赓先生110周年诞辰纪念文集》,商务印书馆,2019年。由2018年11月4日在北京师范大学"柴德赓诞辰110周年学术研讨会暨《柴德赓全集》学术委员会会议"上的讲演整理而成。)

第四辑

书前书后

读《古代荆楚地理新探》

石泉教授所著《古代荆楚地理新探》(武汉大学出版社1988年10月版),比较集中地反映了作者40余年来对于荆楚地区历史地理悉心研究的主要成果。为了探索楚史上的一些问题,以前我已读过作者的若干论文,此书出版后,又反复阅读数遍。我认为这是一部以深厚的功力写出的具有高度学术价值的著作,主要表现在:(一)发现了自唐初《括地志》以来逐步形成的古荆楚地区历史地理的传统说法中的矛盾,并以严密的考证突破旧说而建立起一个新的解说体系;(二)作者以严肃的求真精神与细密的论证程序在治史方法上做出了一个好的范例。以下就从这两个方面来说一些个人的意见。

一

传统的关于古荆楚地区历史地理的解释,历时已千余年,逐渐形成了一个庞大的解说体系。尽管其中的若干矛盾,前辈学者已予指出,并有所驳正,但是,对于这样一个经过长期的复杂过程而形成的解说体系,绝非轻而易举即可触动的。人们也许不难从这个体系中找到某一个突破口，不过当你想由这一点出发而从这个体系中走出时，你将不难发现，几乎处处都有一套分支解说系统挡路，使你难以脱身。因而只有经过由微观而宏观，又由宏观而微观的反复研究，切实把握传统解说体系在历史中形成的原委，并形成一套与之不同的相应的解说体系，才有可能突破传统解说体系并取而代之。这无疑是一项十分艰巨的工作。

此书选收作者历年所作论文13篇，每篇都以传统解说体系的一个分支系统为对象，都是独立的学术论文，但又彼此呼应，形成完整的论证体系，并辅以地图34幅，地名索引533条，以便读者检索。所以，这实际是一部以论文集形式出现的学术专著。以下就按照此书的论证层次来简介一下作者的解说体系。

第一部分，包括《古文献中的"江"不是长江的专称》《关于"江"和"长江"在历史上名称与地望的变化问题》和《楚都何时迁郢》3篇论文。流行说法以为古文献中之"江"专指今之长江。如果竟是如此，则楚郢都及其在秦汉时期的后继城市江陵城，顺名思义，就也应临近今长江。而现今江陵及城北的纪南城遗址又皆符合临长江的地理条件，从而流行说法定楚郢都及江陵城于此，遂亦成为当然。对此，作者在前两篇论文中以近20条的史例证明：古文献中的"江"并非今长江之专称，而亦可用以指淮水、汉水、沂水，以至汉水中游的支流蛮河（古沮水）等，甚至古文献中的"长江"，其上游也往往是指汉水。"荆江"在唐人诗赋中，亦非指今之荆江，而是指汉水中游；而现今长江之荆江河段在唐及北宋时却被称为"蜀江"。《楚都何时迁郢》一文，在《世本》武王迁郢说与《史记》《汉书》文王元年迁郢说之间，作者取《世本》说，并考订楚都迁郢当在楚武王三十八至四十二年（公元前703—前699年）间，从而对发生于楚武王统治的最后10年里（止于公元前690年）涉及楚都的史事，在地理形势上得以澄清，并为作者提出的丹浙说与宜城郢都说扫除了一些历史地理上的障碍。总之，这三篇论文虽尚未接触到楚郢都地望的核心问题，但是所论却是解决这个问题所不能缺少的前提。

第二部分，包括《古代曾国——随国地望初探》《古邓国、邓县考》《楚都丹阳地望新探》与《楚都丹阳及古荆山在丹、淅附近补证》4篇论文。第一篇结合考古材料中的曾器铭文及其出土地点，与古文献中关于随国的记录，从地域、时代、族姓三方面说明"曾"与"随"为一国之二名，并在论证过程中有力地否定了一向被流行说法定为随国西邻的姬姓唐国，认为唐不可能也在随枣走廊中（关于唐国当在今河南唐河东南的详考，另见此书第360—366、375—376页）。此外，本文也考定了随（曾）国都城当在汉魏随县故城，即今随州西北14公里的安居店北、溠水东岸，而非如流行说法所定在南北朝以来的随县城址（今随州市区）。凡此，将能为考释楚丹阳与郢都故址所在，创造一些条件。第二篇论文否定了古邓国在今河南邓县之说，又在已有的古邓国在今襄阳西北或东北等说中，确认今襄阳市西北的邓城遗址为古邓国所在。《左传·桓公九年》曾记巴、楚、邓之间的外交与军事活动。确定了邓国地望，也有助于推证楚丹阳地望（见此书第122—123页）。第三、四两篇在前两篇的基础上进入了直接考订丹阳地望的研究领域。前人关于丹阳所在，有当涂、秭归、枝江及丹淅诸说。其中，当涂说证据薄弱，信者不多。具有竞争力的是枝江（或先秭归后枝江）说与丹淅说。作者一面论证古秭归非今秭归（见此书第179—180页）、古枝江非今枝江（详考见此书第236—241页），一面又据《左传》《国语》《史记》，列举四项论据，说明西周后期与春秋初期之楚都丹阳应在丹淅地区（见此书第182—184页）；而且又从《山海经》中发现丹淅附近还有更古老的荆山，足以配套。至于西周早期熊绎所居丹阳，作者推测当在今陕西商县的丹江河谷。我认为，作者所举四证，是难以驳倒的。如无切实的考古证据，恐难否定此说。作者根据周初的周楚间关系密切，商县地区多楚山、楚水地名以及丹江上游在考古文化上与中原的接近，推测周初丹阳可能在商县，这也具有启发意义。一般说来，秭归、枝江为丹阳之说与今江陵纪南城为楚郢都之说是易于配套的，而作者对于商县—丹淅为丹阳之说的论证，则为其以今宜城楚皇城为郢都之说准备了条件。

第三部分，包括《古竟陵城故址新探》《云杜、绿林故址新探》《齐梁以前古沮（雎）、漳源流新探——附荆山、景山、临沮、漳（章）乡、当阳、麦城、枝江故址考辨》《古鄢、维、涑水及宜城、中庐、邔县故址新探——兼论楚皇城遗址不是楚郢都、汉宜城县》以及《从春秋吴师入郢之役看古代荆楚地理》5篇打主力战的论文，其中提出了一系列新解，并已根据一些相关地名的定位，从外部条件对古郢都、江陵当在汉域今宜城县南境，做了有力的推证。这里需要回答的问题自然更多，因而作者的论证也就更缜密。

第一篇论文考证古竟陵城故址问题。古竟陵在古郢都、江陵以东，史有明文。自唐以来，关于古竟陵城地望始终有郢州长寿县（今钟祥）南与复州竟陵县（今天门北）二说。郢州说较古，但复州说则正位于长江边江陵墟与纪南城遗址以东（偏北），彼此较易配套。因此，由唐至清，复州说渐占上风。作者则根据《隋书·地理志》证明复州之竟陵是北周时由霄城县（六朝时与古竟陵县同属竟陵郡）改称，非古竟陵县所在，从而排除了复州说。又据宋版《左传》杜注竟陵县西有臼水，西南入汉的记载，结合《水经注·沔水篇》关于巾水西经竟陵县南的记载，推证巾水必然西入臼水，从而订正了今本《水经注》记巾水入扬水（在汉水西）形成的自相矛盾之误。"扬"当作"臼"（见此书第134页）。作者指出，今钟祥县南境、汉水东岸并无与臼水、巾水源流与方位相当的水道，只有在县北近宜城南界之丰乐河流域可以相符，从而又否定了郢州长寿县南之说。更结合其他史事例证（特别是唐末著名诗人皮日休明言其祖籍为襄阳［郡］之竟陵）及考古调查（见此书第139—146页），确定了古竟陵城只能在今钟祥县北境，从而与古郢都、江陵在今宜城南境之说正好配套。

第二篇论文考证汉云杜县及绿林故址。首先依据《后汉书》几处显明记载,确定了绿林起义根据地在汉云杜县境,推翻了唐以来盛行的当阳说。然后依据一系列六朝古注,结合绿林起义的军事地理形势,确定了汉云杜县当在今京山县西北境,否定了唐以来占上风但与绿林地望(在京山北,太阳山)完全合不上的、定古云杜县在今湖北仙桃(旧沔阳)境内的流行说法。最后联系到古云杜县之定位,为探索先秦至汉初的楚云梦地望奠定基础。楚云梦即《左传·宣公四年》所记邧(亦作郧、云)国之梦(杜注:在江夏郡云杜县境)与《禹贡》之"云土['杜'之简写]梦"。《史记·货殖列传》云:"江陵故郢都,……东有云梦之饶。"云梦在汉晋云杜县境,约相当于今京山、钟祥二县交界地带,则正在今宜城南境楚皇城遗址以东(稍偏南),与上引《史记》所述正合。作者由于将另有《古云梦泽研究》专著问世,故此书未收入有关云梦的专文,仅略见梗概于本书《自序》中(见此书第29—34、52、169页)。

第三篇论文主要考订古沮、漳二水的源流。二水位于楚郢都及古江陵城近旁,在古荆楚中心地带。作者抓住汉魏六朝时一系列有关古沮、漳源流的记载作为基点,重新进行探索。首先确证古漳水源之古荆山在今南漳西北,由唐至清初皆有记载。古沮水主源所出之景山则应位于古荆山西(偏南)今保康东,近南漳、谷城交界处的三尖山。然后依据地形与流向,推定古沮、漳二水必然经宜城南境流入汉水,因而就只能是今蛮河流域。文中还引证了自唐至清的记载中反映出古沮漳入汉及今蛮河仍有"沮"或"漳"之称的一系列例证,多达10余条,进一步加强了论据(见此书第219—224页),更进而选定了沿古沮、漳的五个城邑,逐一重新定位,综合运用古文献、考古调查及地理考察等方面的第一手材料,得出一系列新解。总之,先秦至齐梁之古沮、漳源流及其所经城邑之间的相对方位是一整体。同周、隋以至近世的今沮漳河显然不是同一水系。古沮、漳既是今蛮河流域，则齐梁以前，位于古沮、漳下游的楚郢都、古江陵城自不能出今宜城南境。

第四篇论文的主要目的在于彻底否定自唐以来已流行千余年的，认为古郢都、宜城在今宜城南之说。首先排除了县南15里的楚皇城遗址之可能性。作者指出，遗址下限只到东汉，而古文献中的楚郢都、古宜城县下限则一直延续到刘宋前期，相差200余年，显然不合。对此，我还可以补充一条论据：据《水经注·沔水篇》，秦将白起决鄢水灌楚郢都，水入西门，"溃城东北角"而出；另记木里沟水自鄢水引出，北流经宜城东，东北入沔水。此亦可证城东北地势偏低，故可引水为沟渠，这同上述"水溃城东北角"的描述正合，而据作者实地考察，楚皇城遗址却是东北部地势较高，向为当地人避水患之所，与上述《水经注》所记又显然不合。这也足证楚皇城遗址非古郢都、宜城。

为从根本上解决问题，作者着重从正面重新考订古郢都、宜城以及流经城南的古鄢水的位置。为此，必须先从外围解决一系列相关地名的重新定位问题，因为这些地名一向被流行说法摆错了位置，必须层层突破，消除这些张冠李戴的障碍，才能为古郢都、宜城的最后定位，开辟道路。于是，作者先从古中庐城入手，经过细致的考证，确认其必应位于今襄阳城西的泥咀镇，而非如流行说法之定在今南漳东北，而流经中庐城南、东入汉水的古维水，即今襄阳西南境之鹤子川，而非如清人所云，为今之潼口河。古鄢水、涑水都发源于古中庐县境。涑水下游又流经古邔县北境，实为襄阳城南的襄渠水，邔县则应在今襄阳南境之欧庙镇，而非如流行说法之把二者都挤在今宜城北、潼口河南的狭窄地带。把这些错位多年的古地名复原之后，作者就得以在此基础上抓住唐初的《括地志》和中唐的《元和志》关于楚郢都、汉宜城县在唐代的率道—宜城县南9里的关键性记载，先弄清唐宜城县及其前身率道县的位置。通过唐宋宜城县俗称"大提城"这一线索，理出了刘宋至北宋700年间的大提城沿革及宜城县南迁今址的大致时间。经过曲折复杂的层层探索与突破，结合实地考察遗迹与访求民间传说，更依靠了某些被忽视的珍贵史料（如嘉靖《宜城县志》）以及有力的旁证材料（如唐宜城县位于上考汉邔县境，明清时襄阳、宜城间里数比唐及北宋时多30里左右，等等），终于得出唐率道—宜城县在今宜城北30里的小河镇东北七八里之羊祜汊（现已讹为"杨［洋］湖汊"）稍东处的结论。此地已在今汉水东，但却是古汉水（约在今汉水的小河镇至宜城河段以东4—7公里不等，故迹颇存）以西七八里处，与《元和志》所记（古）汉水在（唐）宜城县东9里（唐里，略小于今里）亦正合，从而初步认知古鄢都、宜城应在今宜城北20里外。最后，针对流行说法误将古今鄢水合一、以今蛮河为古鄢水的情况，对古鄢水地望也进行了重新探索。结合地形、发源地（古中庐西山，今南漳东北，与襄阳交界之七里山）、流向（东南流），推定其上游必是今潼口河上游之石河，更从六朝人对相中（古鄢水所经）地望及宋人关于木渠上源为古鄢水，又在长渠（上源为今蛮河）以北等记载，得到了进一步验证。古鄢水下游为今潼口河，由于古汉水东摆，而得以延伸东南流入今汉水河床七八里，转东又数里，入古汉水。古鄢都、宜城当在此延伸东转后的古鄢水下流北岸，正当唐率道—宜城县南七八里处，方位全合。至此，古鄢都、宜城以及古鄢水在今宜城南的一切可能性遂皆排除，并可同古沮、漳为今蛮河，古郢都、江陵在今宜城南境的新解，彼此配套，相得益彰。

第五篇论文考订春秋晚期吴师入郢进军路线及楚昭王自郢奔随的路线。这就把作者所主张的以今宜城楚皇城为楚郢都之说，与其对荆楚地区一系列古地名的定位考证结合起来。作者重新考订了吴师入郢路线的关键地点为豫章、唐国、冥阨，以及大别、雍澨雎、清发、柏举等战地，提出了完全不同于流行说法的一系列新解，指明一条由淮河流域西入南阳盆地，经唐国，南逾汉水，直下郢都的合理行军路线（见此书第73页

图23、第390页图25）；同时，根据六朝时学者对于成臼、云中、鄀等地的原有古注，经过考证、定位，也指出楚昭王奔随的大部分行程实未出古竟陵县境，这也是一条较为近便、合理的交通线。而这两条交通线的衔接点——楚郢都和古睢（沮）水，其位置又只能在今宜城南境。

以上5篇论文，论证了古郢都、江陵外围的关键地名所在。还有一些关系密切的重要古地名如云梦泽、巫、巴、黔中、夷陵、秭归、夏口以及六朝时的南平、天门、宜都、建平等郡地望的研究与定位，皆未能收入此书，但是在《自序》中也做了相当详细的摘要介绍。可以说，至此作者已将他所需要论证的古郢都、江陵周围地区的有关地名定位问题，基本上理出了头绪。

第四部分，即此书最后的一篇长文《楚郢都、秦汉至齐梁江陵城故址新探》。这篇文章深入到作者所要解决的古荆楚地理问题的核心，即楚郢都及其后继城市江陵的地望问题。由于自《括地志》以下的文献都以为楚郢都在今江陵北，而江陵城北又确有一战国大城（周长15.5公里）遗址，现称"纪南城遗址"，城内文化遗存多有楚文化特征，城外又多楚墓，所以人们很容易认为这就是楚郢都遗址。针对这种情况，作者首先指出，纪南城遗址，据考古学界判定，上限不早于春秋晚期，甚至更晚，这与古文献中春秋初期楚始都郢的记载不合；而其下限仅至战国晚期，这又与古文献中郢都后继城市江陵直延至东汉的记载不合。同时作者还指出，唐宋以来定今江陵城北纪南城为楚郢都的说法与先秦至齐梁的一系列原始文献记载不合。在此文中，作者从六个方面论证楚郢都在今宜城楚皇城遗址。第一，作者根据以上各篇文章的考证结果，从周围地区重要古地名的地望推定楚郢都、秦汉江陵当在今宜城南境蛮河下游北岸近汉水处，与楚皇城遗址位置正合。第二，作者根据对宜城楚皇城遗址的调查结果指出，此遗址上限可至春秋初期，下限直至东汉，时代正与古文献中所记楚郢都、秦汉江陵相合，而且城市规模相当于汉代郡城。汉代这一带地区属南郡，郡城即江陵，战国时期的楚郢都应更大些，惜考古界尚未做认真探究，但亦非无迹象可寻。作者还从当地民间了解到不少关于楚平王、伍子胥、楚昭王等事迹的传说，亦可资旁证。第三，作者追踪楚郢都的后继城市不放，从秦汉时的江陵又追踪到魏晋时期江陵城址的两次迁移：吴曾把江陵城从北岸移到南岸，东晋中期桓温新修江陵"城临汉江"（据《世说新语·言语篇》引盛弘之《荆州记》），但皆仍在今宜城县境，与汉江陵城相去不远。第四，作者又列举其他五项证据说明，楚郢都、秦汉至梁末的江陵皆在今宜城南境。第五，作者指出，江陵城确已在长江边，今江陵的时间上限在后梁萧詧时期，而迁移的原因则为公元555年西魏攻陷古江陵并予以毁灭性破坏。不过，历史上并无江陵迁移的明文记载。作者列举四项理由（见此书第456—457页）加以说明，所说皆当时实际情况，于此不赘。第六，作者对于历年讨论中所提出的六个主要的诘难问题做了具体的解答。其中，前四项是对于文献中的问题的解答，后两项是对于考古界所提问题的解答（见此书第458—479页，此不备述）。其中最重要者，看来莫过于对今江陵城北纪南城的解释，因为这是一个巨大的古城遗址，不能无一交代。作者根据遗址文化面貌与周围楚墓（最高级别为中等贵族墓）特点以及其年代上下限，推定它是战国时期楚国为开拓长江以南地区的需要而建立的一个陪都。这样，作者就基本上完成了他对古代荆楚历史地理的解说体系的陈述。

石泉教授对古代荆楚历史地理的这一套新的解说体系，从其论证过程来看，是相当复杂的。但是，当其论证成果已经产生并被用来解释历史的时候，就又可使人收简明之效。其所以能如此，是由于他做到了两点：一则，他把楚的政治、经济中心从大江之滨北移到汉水中游今宜城一带，当然，他承认战国时期楚国势力的向南发展，故以今江陵纪南城为楚于战国时期据以南进的陪都。二则，他把与楚郢都关系密切的若干重要地点，从过去流行说法所认为的那种较为分散的遥远地区，相对地集拢于距今宜城不太远的地带。他的丹浙丹阳说与宜城郢都说（以及今江陵纪南城遗址为楚陪都说），以自己的研究指出楚国政治、经济、文化中心区域发展、转移的情况。他的解说体系，由于对传统的解说体系有很大的突破，常常不易为人们所接受。但他所做的微观的细密考证已形成了一个系统。如果不能否定其所依据的全部主要资料，那看来就很难否定这个系统。其实，传统的说法也是有发展、变化的。在某种程度上，作者并非对传统说法单纯地否定或抛弃，而是对其中的发展的积极趋向有所继承和发挥。对于传统解说体系来说，此书确实是一突破；而对于历史地理学的传统本身，作者却又取精择善，实为有所批判的继承。

二

现在再来探讨一下此书作者的研究方法。我以为值得说的有以下几点。

第一，注意地理沿革的连续性，历史主义地对待历史地理。

历史地理沿革，是一门艰难、复杂的学问。同一个地名，在古今可以表示远不止一个地方；同一个地方，在古今又可以有远不止一个地名。甚至在同一时间里，不同的地方可以有相同的地名，同一处地方又可以有不同的地名。这种十分复杂的现象，通常都有其复杂的历史背景。因此，如果能根据历史背景来追踪一个地名位置的变动，那自然是一种如实而可靠的方法。此书作者首先重视的也就是这个方法。例如，对于楚郢都，他向下追踪到其后继城市——秦汉时期的江陵，随后注意到三国时吴迁江陵与东晋中期桓温新建江陵皆距原江陵不远，此后历宋齐直到梁末，江陵城址更无变动。当他继续下追的时候，终于发现江陵在隋末唐初时已确实在三峡以外、长江之滨的今江陵附近了。迁徙发生于何时？史无明文。作者又对梁末至隋这一段时间的历史背景做了分析。他终于推定，原江陵城毁于被西魏攻破之后，迁徙发生于萧詧建立后梁小朝廷之时。而且这一次距离较远的迁徙在历史上未能留下记录的原因，作者也结合当时的历史背景做了说明，在时空坐标上描成一条曲线，沿着这条曲线上推楚郢都的地望，当然就要比依据隋唐迄今的江陵直接上推出郢都更为具有说服力了。除楚郢都、秦汉江陵以外，作者还对许多其他古地名都做了结合历史背景的连续追踪。应该说，这是一种可以减少以至于排除研究者的主观任意性的历史主义的方法。

第二，对文献加以历史的分析，按其具体的历史的可据性分别加以应用。

研究历史乃至历史地理，不能没有文献材料，而文献材料则因其作者与所记事件的关系远近程度而分为不同类别，一般以关系最直接者为最胜。凡此皆为史学工作者所共知。研究古代史，由于存留文献不多，原始材料难得，乃往往不得不退而求其次，以其近古者为佳。这也为学者所公认。不过要在研究实践中贯彻好这些人所共知的原则，则又远非易事。因为中国是一个历史大国，古代文献佚失者虽多，流传者亦不少，加之种类繁多、层次复杂，所以古文献学本身即相当艰深。此书作者的特点之一就是在这一方面颇见功力。

作者经过精心探研，把有关古代荆楚地区历史地理的文献分为作于先秦至齐梁与作于唐以后的两大类。因为他发现，两类文献所记之间有矛盾，而每类文献内部不同层次之间却可大体相通。他不是像一些学者那样力图调和其间的矛盾（自郑玄以下，我国学者颇有调和、弥缝异说的传统），而是清醒地承认它、分析它，以求说明它的所以然。这是一种冷静而严肃的态度，当然也需要付出艰苦的劳动。作者研究古代荆楚地理，自然以梁末以前文献为根本依据。当他研究楚国地理时，首先依据先秦文献，然后依次考察汉晋以下学者的解说。当他向下追踪楚国古地名时，追踪至某一时期，即尽量以某一时期文献为探讨之依据。他看来有一种遵守文献学的"纪律"的自觉意识，不大给自己留下随意的余地。他的这种意识，在面临历史上的一些大权威的时候也无所改变。例如，郦道元无疑是古代地理学的一大权威，他认为汉代南昌的豫章城就是春秋时期的豫章。作者承认郦氏的贡献与权威，但是对于郦氏的这一说法，在书中甚至没有提到。为什么呢？因为他已经引用并讨论了杜预对于《左传》中豫章的注文。论年代，杜预魏晋时人，郦道元北魏时人，二人虽然都在南朝梁元帝败亡以前，但杜比郦更近于古；论资历，郦氏固地理名家，但未曾至南方，而杜氏兼政治家、军事家、史学家于一身，并曾都督荆州诸军事，规划平吴之役，熟知荆楚情状。唯其如此，作者在既经引用并讨论杜预之说以后，不再涉及郦道元之说，不但不为粗忽，而且适足以说明其应用古文献之精审。

第三，对于有价值的文献，亦非一般笼统地肯定其价值。凡发现其中有矛盾处，必考之以文献，核之以地理，明辨是非，以定取舍。

《水经注》本是一部内容丰富、价值很高的历史地理文献，但是中经窜乱，讹误亦复不少。作者重视它，引用它，同时如实指出其中矛盾，进而明辨其是非真伪。例如，《水经注·沔水篇》云："沔水又东南与阳（扬）口合。水上承江陵县赤湖。……"以下历言扬水东北流、北流，经过楚国许多重要地点，东北流入（汉）沔水。关于扬水的流向流程，只从文字上是看不出问题的。作者却按地形核出了其中问题。他说："现在的江陵附近地区是西北高而东南低，江陵以北的水道都是东南流。而这里的今本《水经注》所记扬水流向却是由长江边的江陵往东北流，一直流到当时的竟陵附近入沔水。这在地形上是不可能的事，扬水由江陵附近流入沔水，这和《汉书·地理志》的记载一致的，应可信。问题则在于水流方向。在这一段今本《水经注》中，记扬水流向，称'又东北'者五次，'又东'二次，'又北'四次，'北'字凡九见！看来这正是后人（多半是唐人）依据后代的地理知识（以为古江陵在长江边，同时也还承认古竟陵城在当时长寿县境，再加上对这一带的地形又不大清楚）而窜改或'订补'了《水经注》的一条例证。"(见此书第132—133页)在这里,作者考之以《汉书·地理志》,核之以实际地形,无可辩驳地证明《水经注》今本所记扬水流向是错误的。那么,《水经注》原本应该是什么样子呢?作者据地形(而非据其他文献)指出,此段中的"北"字都应为"南"字,扬水只能按地形东南流入汉水。而"北"字改为"南"字以后,扬水的源头就不在今长江边的江陵附近而在今宜城南境的江陵了。这样就正与作者的宜城古郢都说相应(见此书第148页)。此外,作者还指出今本《水注经》中多处问题,如:巾水入扬水(当为入臼水)之误(见此书第132—134页)、漳水流向之误(见此书第235—236页)、枝江地望(当在今蛮河入汉处)及其与江陵的相对方位问题(见此书第338—339页)、关于中庐方位的记述之自相矛盾(见此书第260—264页)、涑水与襄阳湖水(襄水)误分为二(见此书第275—276页)、《江水篇》与《沔水篇》关于江陵及相关城邑记述之矛盾(见此书第460—463页)等。作者所用的方法都是考之以文献、核之以地理。前人校书,多在文献与版本上下功夫;校地理书,也多纸上说地。作者所用的文献与地理双管齐下的考校法,看来也是对长期的传统方法的一个突破。

第四,重视文献研究与考古学成果的契合,重视实地调查。

作者是长于文献研究的历史学家、历史地理学家,而非考古学家,但是他十分重视自己的文献研究与考古学成果的契合。面对今江陵北纪南城这样一个大城遗址,作者当然知道考古成果对于判断它是否即楚郢都的重要性。作者不怀疑这个遗址的确具有都城规模,但是他认为,如果说它就是楚郢都,那还要其考古材料能与文献中对于楚郢都的记载相契合。据文献,楚郢都上起于春秋初,下迄于战国末,其后继城市秦汉时的江陵则下至东汉。而迄今对于纪南城时代上下限的考古学上的判断是:初建城邑不早于春秋晚期,扩建为都城规模不早于战国中期,下限则仅至战国晚期。也可以说,作者是凭借了考古学上的器物断代的研究成果做出自己的判断的。当然这主要是凭借其与文献的契合。对于宜城楚皇城遗址，作者同样也考虑到了它的时代上下限与有关文献记载的契合问题。为了弄清楚郢都遗址所在，作者和他的同事们曾一再到宜城及函河址流域一带进行实地调查。他们依据各种有关文献提供的线索，既做地形地貌的观察，又做遗址与文物的调查，还了解民间对于古迹的传说。作者所重视的仍然是多方面的资料相互印证与契合。

第五，在历史地理考证中重视逻辑的合理性与实证的合理性之契合。

通观此书自序及各篇论文，可见作者所着意追求的就是逻辑的合理性与实证的合理性的统一。从作者的研究过程来看，他的古荆楚地区历史地理研究是从40余年前探讨春秋时期吴师入郢路线开始的。当时他"对于流行的解释发生了很大疑问，感到那种说法在情理上和史料上都是矛盾百出，很难讲得通"（见此书第10页）。这就是说，他的研究真正是从发现传统说法缺乏逻辑的合理性开始的。对于逻辑的合理性的要求，使他提出了有价值的问题，并明确了问题探讨的方向。但是，仅此一点并不足以解决问题，所以他做了具体的探究与考证，以实证的资料为根据，提出了自己对吴师入郢路线的新解说。于是，在这一个问题上，他达到了逻辑合理与实证合理的结合。可是，传统说法既然是一个体系，事情必然是牵一发而动全身。如果不能触动唐以下对于古荆楚地理的解说体系，那么作者对于吴师入郢路线的新解说（尽管有其自身的逻辑合理性与实证合理性）一旦置入整个传统解说体系之中，就又必然缺乏逻辑的合理性。于是，作者不得不在更大的范围里不断地追求逻辑合理性与实证合理性的结合，以至于最终形成了作者自己的新的解说体系。40余年来，作者的研究过程，可以说是不断追求两种合理性结合的过程。而作为作者的研究成果，此书所呈现的对于古荆楚地理的新的解说体系，也体现了作者所要求的逻辑合理性与实证合理性的契合。作者对于楚郢都以及与之有关的各主要山川湖泽城邑关隘的位置都做了重新考证，达到其各自的逻辑合理性与实证合理性的结合，然后作为一个总体，从各地名间相对方位、距离的关系来看，又达到其逻辑的合理性。其实，作者对自己的解说体系之所以自信，关键也就在于此。作者在《自序》中说："迄今为止，我对自己提出的新解是有信心的，而且日益增强。这并不是出于主观愿望，而是在探索中逐步树立起来的。一系列的新解都是积累了经过考订的原始材料之后，加以分析比较，找到了材料之间的内部联系，终于呈现出的必然结果。这种结果最初往往连我自己也感到惊讶——怎么竟会是这样！但这又是无可否定的逻辑必然。只能沿着这条新辟的蹊径，按照科学的要求，继续走下去。"（见此书第3页，着重点为引者所加）作者的这一段话，如果概括起来，就是追求逻辑合理性与实证合理性的结合，服从这二者的结合。如果他的新解不遇到在逻辑合理性与实证合理性这两方面无法反映的挑战，他自然要沿着他自己走出的路走下去。

从以上情况来看，此书不仅由于对古代荆楚地理提出新的解说体系而有其重要成就，而且也由于其研究的方法而能给予人们以启发。作为一部有价值的优秀学术著作，此书当之而无愧。

关于此书的不足之处，我觉得主要有以下两点：（一）此书所收论文，篇幅大都比较长，长者达数万言，涉及问题也比较复杂。可是，各篇文章之前皆无内容提要，这于读者殊为不便。希望在再版时能够补上。（二）梁末至唐，是作者所说的荆楚地区地理沿革变动巨大的关键时期，在此书中对此已有一般性的论述，而作者所拟撰写的《梁陈之际长江中游地理形势之巨变》专文未能及时写出收入此书，这不能不说是一种美中不足。希望再版时能够加入此篇。这将使作者在此书中陈述的对古荆楚历史地理的新解说体系更为完满、充实。

（原载《武汉大学学报》[社会科学版] 1990年第4期）

一部成一家之言的中国古代社会经济史
——读何兹全先生《中国古代社会》书后

何兹全教授所著《中国古代社会》一书，于1991年3月由河南人民出版社出版。这是我国一位有代表性的主张魏晋封建说的史学家写的一部有代表性的学术著作。

早在20世纪30年代中期，何先生先后发表了《中古时代之中国佛教寺院》《魏晋时期庄园经济的雏形》《三国时期国家的三种领民》《中古大族寺院领户研究》《南北朝隋唐时代的经济与社会》等颇领当时中古社会经济史研究之风骚的学术论文，以英年而崭露头角。就在这些论文中，何先生已经开始形成了魏晋封建说的主张。如从他在1934年发表的第一篇论文算起，至今（1991年）已有57年。所以，他的魏晋封建说的主张，不可谓之不早。

何先生30年代开始治中国古代及中世纪社会经济史，40年代在美国留学期间又悉心研究欧洲古代及中世纪史，50年代回国以后仍长期以中国古代及中世纪社会经济史为其主要研究领域。在50年代和60年代，他还发表了《关于中国古代社会的几个问题》《周代土地制度及其演变》等论文，说明自己在古史分期问题上的见解。后来，从70年代后期起，他又陆续发表了《汉魏之际封建说》《汉魏之际的社会经济变化》《佛教经律关于寺院财产的规定》《佛教经律关于僧尼私有财产的规定》《关于古代史的几个理论问题》《秦汉地主与魏晋南北朝地主的不同》《众人和庶民》等论文,反映了他在中国古代及中世纪社会经济史研究领域中取得的丰硕成果。在这样长期的研究成果基础上,他终于写成了成一家言的代表作——《中国古代社会》一书。

本书共分为三编。第一编"由部落到国家",论述商周春秋的社会,凡四章:"早期国家的出现""阶级分化和演变""井田和土地制度""早期国家形式"。第二编"古代社会",论述战国秦汉时期的社会,凡十章:"春秋战国之际的经济社会变化""战国秦汉的农业""小农和小农经济""战国秦汉的城市经济""战国秦西汉的豪富家族""中国古代社会中的奴隶""国家和社会""东汉帝国""东汉的豪富家族""社会危机的孕育和发展"。第三编"古代到中世纪",论述汉末魏晋的社会变化,凡二章:"城乡经济的衰落""依附关系的发展"。全书43万字,第一、三两编,约各占篇幅的五分之一,第二编则占五分之三。本书题为《中国古代社会》,内容自应以第二编为主。第一编者,旨在说明"中国古代社会"的来龙;第三编者,旨在说明"中国古代社会"的去脉。

以上对《中国古代社会》一书做了一些背景的和点题的介绍,以下再来谈谈此书在撰述上的一些特点。

第一,此书以正面阐述作者自己的学术见解为主,而不突出对于其他古史分期说的驳论。借用佛家术语来说,此书采用了重表诠而不重遮诠的论证方法。当然,既然说到中国古史分期问题,如想完全没有与不同见解的对话,那是不可能的。全书三编的内容都可以说是对于其他分期说的辩难与否证。第一编"由部落到国家"(作者又曾称这一阶段为"早期古代社会"),说明殷周和春秋时期文明虽已产生,但血缘关系对政治体制的主导作为原始社会的残余仍然经历了漫长的时间才逐渐解体。这实际上就是对于战国封建说和西周封建说的否定。在战国封建说的学者看来，西周和春秋必须是奴隶社会的繁荣时期。何先生把这时期论定为早期古代社会，就等于说明春秋战国之际尚未具备向封建制过渡的条件。他也认为春秋战国之际有重大的历史变化，但仅为从早期古代向繁荣期古代的转变而非从古代到中世纪的转变。西周封建说者以周之代殷为从奴隶制时代向封建制时代的过渡，何先生于此书第一章中则把周人代殷后的秩序解释为"不平等部落结合的关系"。他既然把周初的封土建国的"封建"确认为不平等的部落结合的关系，那实际上就否定了周初"封建"与作为社会经济形态（formation）之一种的封建制（feudalism）之间的同一性。因此，在何先生陈述己见的表诠中，实际已包含有否定不同见解的遮诠了。

第二，此书也是论述中国古代社会经济的一部专著。对于一个不想探讨中国古史分期的人来说，此书亦不失为一部很值得参考的中国古代社会经济史。只要打开此书的目录一看，便可发现全部编、章、节的标题都是按照具体历史内容安排的。再看书的内容，所引历史资料也十分丰富。例如，讲农业生产，从工具役畜到种植技术，原原本本；讲奴隶制，从奴隶来源、种类到奴隶劳动的使用及其在中国古代社会中的地位，历历分明；讲豪富家族，从战国秦西汉到东汉，从工商豪富到贵族豪富，从其兼吞农民到其腐朽生活，见人见事，生动具体，等等。作者在书中引用了大量的文献材料，但又不以此为满足。凡有考古材料处，皆尽可能取之以为印证，于古文献训释有异义处，凡关键之点，则必扬榷诸说，衷于一是。所以，当我们读此书时，会觉得作者是在述古代之事并求古史之真，而不是随时随地着意于问题的争辩。作为一部论及中国古史分期问题的代表作，而采用这种论述方式，这与作者"力矫过去有一时期以论代史之弊，先叙述历史事实，让史料说话，然后再结合史实探讨一些历史理论问题"（《序言》第5页）的想法是分不开的。这是他的寓遮于表的论述方法的自然体现。

第三，此书既是一部中国古代社会经济史的著作，而内容又不局限于社会经济方面。作者在第一编中论述了中国早期的国家形成，这是作为对商周春秋时期阶级关系和社会经济结构的论述的必然继续。有早期的尚未摆脱血缘关系的社会经济结构，斯有早期的尚存氏族部落经济的"城邦"。这种关于早期国家形成的论述，看起来超出了社会经济史的范围，实际上却对当时社会经济结构的特点做了一个更深一层的论述。在第二编的第七、八两章中，作者结合社会经济问题论述了汉代的皇权及其作用，同样把我们引到一个更深的层次来认识当时社会经济的特点。在一些关键的地方，作者甚至还引用了思想史方面的资料。在论春秋战国之际的时候，作者指出了当时的"尚贤"思潮，说明此种思潮在墨子、孟子、荀子著作中皆有反映。尚贤就是以任人唯贤代替过去宗法制度下的任人唯亲。尽管有儒墨的区分，有孟荀的差异，墨子、孟子、荀子竟然在尚贤这一点上思想有一致之处，这当然说明政治上血缘关系的破坏在战国时期已是不可避免的了。在说到东汉向魏晋过渡的时候作者引用了王符、崔寔、仲长统等人的作品，用以说明当时豪富家族在生活和意识上的堕落，以及一个时代没落的征兆。当然，作者这样引用思想史的资料，并非要论述思想史本身，不过是用来加厚或加深他的社会经济史的论述的层次，使自己关于社会经济的见解在更多的历史层次上得到印证，从而把历史的图景显示得更为富有立体感和说服力。

第四，作者论中国古代的"城邦"，论中国古代奴隶制与商品货币经济的关系，论自然经济与农民依附身份的关系，等等，显然都有一个与欧洲古代做对比的意思在。不过作者既没有大量引用欧洲古代的史实来作为衡量中国古史的标准尺，又没有忽略从具体的中国古代历史事实出发。他说："人类社会历史发展道路是有共性的，没有共性历史科学就难乎成为科学。""共性来自个性。历史研究应深入探讨分析各民族历史发展中的个性、特殊性。个性、特殊性认识越透，共性的认识越坚实。……我们对中国古代社会的研究,一方面要让史料说话,实事求是,是什么就是什么,也要避免夸大特殊性;一方面要尊重共性,也要注意不要公式化,削足适履,生搬硬套,把中国史讲成非中国史。"(《序言》第3页)所以,此书论述中国从原始社会经古代社会到封建社会的规律,所论证的正是人类社会历史发展的一般性或共性,但此书中所讲的从原始社会经古代社会到封建社会的具体道路,却完全是具有中国特色的或与欧洲并不相同的。作者着力于通过对中国古代社会的具体分析以说明人类历史发展的共性,这也就是他成一家之言的一个重点之所在。

因此,我们可以说,《中国古代社会》具有三个层次上的学术价值。一则,作为一部内容充实而系统的中国古代社会经济史,它对于从事本专业的研究者来说具有重要的参考价值;二则,作为魏晋封建说的一家之言,它对于中国古史分期研究者来说是不可不读之书;三则,作为一部有意于透过中国古史来论证古代社会一般规律的书,它对于从事世界古代史研究或从事古史比较研究的人来说,也是具有启发价值的。

以下再就我个人的理解,对此书一些重要论点略加评介。

第一,此书第一编"由部落到国家",不是指在部落与国家之间有一个独特的历史时期,而是指从文明开始萌生而血缘政治传统逐步衰退以至地域性的国家最终形成的过程。所以,作者有时又称此期为"早期古代社会"。

这样的结论是怎样得出来的呢?首先,作者根据甲骨学家的研究成果,确认殷商后期的国家组织,仍以氏族为基础(第9页),而且商代"诸侯之于天子,犹后世诸侯之于盟主,未有君臣之分也。周初亦然"(第10页引王国维语)。在殷代,一邦之内,国家组织尚以氏族为其基层结构;而在众邦之上,天子对诸侯实际也处于不平等的部落联盟中的首脑的地位。接着作者又根据文献和考古资料说明,周仅在克殷前的不多几代人中才开始发生国家,而克殷后的分封所建立的也只是"不平等部落结合的关系"（第29页）。

对于西周和春秋时期，作者又从以下三个方面做了进一步的论证：

其一，作者论证，当时的阶级分化尚未能完全摆脱血缘关系的纽带。"从文献记载中可以看出，西周春秋时期氏族组织仍是贵族阶级的骨架，血缘关系仍起着极强的纽带作用，每家贵族，都是氏族长，他背后都有个族。"（第33页）各层贵族之间又有着宗法关系，这还有其血缘纽带的作用。"氏族中的显赫家族演化为贵族，一般氏族成员演化为平民"（第38页）。贵族和以周族自由平民为主体的国人是居于统治地位的阶级。在此以下有"众"和"庶"。"众"在殷代原是氏族部落成员，只是由于征服的关系，作为被征服氏族部落成员的"众"的身份就低了一等。作者认为，"庶"与宗法制度下的嫡庶之分有关。"尽管庶子身份地位低，可是总仍是同氏族或同部落联盟的成员。"（第46页）"春秋时期，殷人、周人间的不平等逐渐消失了。众人、庶民都混同起来称作'民'。"（第49页）有时国人和民甚至也混同起来（第50页）。以上从贵族到众庶的层层区分，都与血缘纽带有着密切的关系。在此以下，"大小贵族的身边还团聚着一群依附于他们的人口。他们被称作人鬲、臣、隶、私属、私徒。西周一般称为人鬲、臣、隶，春秋称为私属、私徒，或徒"（第54页）。而贵族私属中"有些人身份并不低下"（第57页）。处于社会最下层的是奴隶，他们主要来自战俘和罪犯。在贵族的依附民和奴隶中，看不到有什么血缘的关系。从这一角度看，他们失去了血缘纽带的联系。可是如果相对于从贵族到众庶的不同层次的自由民来说，他们的失去人身自由却是与他们的脱离血缘纽带相一致的。所以也可以说，自由民与非自由民的区别就是血缘群体内外的关系，阶级区分仍然有与血缘区分相重合的一面。

其二，作者论证，当时的土地私有化中仍然保留着"土地公有制的史影"。作者引用《诗·周颂》中的《载芟》和《良耜》为例说明，"即使周初已经没有氏族公有土地了，这两篇诗也可以看作周人早期历史上公有土地制的史影。西周王室的大田籍田，也正可看作前此土地公有制和氏族成员在家族长率领下在公有大田上劳动的继续"（第73—74页）。至于井田制度以及国与野的不同田制，的确如作者所说，文献记载相当模糊，学者间对此也有不同的看法。问题的解决，还有待于进一步研究。不过，有一点可以肯定，当时的君主和贵族占有大量的土地。他们为什么能够如此呢？因为他们来源于氏族贵族。他们在私有土地上的特殊权利仍然与他们在血缘关系中的特殊地位直接关联着。

其三，作者论证，当时的国家组织还保留着部落联盟的形式。作者指出，当时有为数甚多的以一个城邑为核心而包括周围一片土地的"城邦"。在众城邦之上有一个王或天子，王朝与各诸侯城邦间的关系以分封和宗法为纽带，所取的是一种有明显的血缘关系色彩的不平等的部落联盟的形式。这是事情的第一层。在一邦之内，又有有权管理城邦事务的国人与无权管理城邦事务的野人之分，而国人、野人又都各自有其血缘纽带的群体。这可以说是邦内的不平等的部落联盟形式。这是事情的第二层。在一个邦的国人群体之内，又有贵族与平民之分，二者依宗法关系而区分着，同时又依宗法关系而联系着。作为平民的国人按部落传统而受国君和贵族的统率，也按部落传统享有后世平民所不能享有的权利。这是事情的第三层。把这三层情况结合起来看，当时的国家显然还有着部落和部落联盟的形式。

从上述情况来看，作者把从殷商至春秋看作从部落到国家的说法是有道理的。恩格斯在《家庭、私有制和国家的起源》第五章《雅典国家的产生》的一开始就说明，"国家是怎样靠部分地改造氏族制度的机关，部分地用设置新机关来排挤掉它们，并且最后全部以真正的国家权力机关来取代它们而发展起来的"[1]。这正是他要以雅典历史为例来说明的问题。

---

1 《马克思恩格斯选集》第四卷，第105页。

这正说明国家的发生要有一个亦陈亦新、改陈为新和推陈出新的复杂过程。也许有人会怀疑，从殷商到春秋这么长的时期都是"由部落到国家"的过程，岂不太长了吗？其实，在生产水平那样低的上古时期要完成这么复杂的变化过程，时间不长是不可能的。就以恩格斯用为典型的雅典来说，恩格斯从提修斯说到克利斯梯尼（公元前约13世纪至公元前6世纪末），前后跨越8个世纪，如果再把恩格斯的时候还未弄清的迈锡尼文明阶段加上去，那么其时间长度和从殷商到春秋是差不多的。

第二，第二编"古代社会"是此书的核心部分，内容自然也最多。要做系统的全面介绍，不是在一篇短文里可以做到的事，因此就我的理解来谈谈它的大纲要旨。

首先，作者把春秋战国之际以及战国秦汉时期的生产发展和交换经济的发展当作论述这一时期社会的基本前提。在这个前提下，分析了土地所有制的变化。他说："春秋战国之际开始的土地所有权的变化，有前后两个段落。头一段落是：井田制破坏，农民对自耕份地的占有关系加强，出现自耕农民小土地所有制；氏族贵族阶级分化，一部分贵族也下降为自耕农。这一段的时间是春秋时期到战国初。后一段落是军功贵族通过赐予和买卖取得土地；与此同时，商人、货币持有人也通过买卖取得土地，他们和军功贵族一起构成新兴大土地所有人。这一段的时间是战国时期。"（第140页）"春秋战国时期是中国社会历史重大变化的时期，变化的主要特点是贵和贱的对立逐渐向富和贫的对立关系上转移；族和族的界限，通过融合同化而逐渐消失。"（第143页）

富和贫的对立关系的出现，这正是中国古代社会的重要特点之一。作者指出，在中国古代社会中，前一时期的国人与野人的区分不存在了。"两汉的郡县人民，称为编户齐民。……齐民，谓身份无贵贱之分。《汉书·食货志下》'所忠言，世家子弟、富人或斗鸡走狗马弋猎博戏乱齐民'，颜师古注引如淳曰：'齐，等也；无有贵贱，谓之齐民。若今言平民矣。'"（第175页）当然，说编户齐民身份平等，不等于忽视二十等爵的存在。此书专有一节论"二十等爵"，说明不同爵级的人有身份的差别和待遇的不同。但作者又指出二十等爵与周代爵制不同："周代官爵是不分的。自天子以下诸侯、公、卿、大夫，是爵位同时也是官位。它是贵族阶级内的等级关系，不关平民。"（第180页）而二十等爵却包括编户齐民在内，"汉代没有爵的编户民似乎是不多的"（第183页）。"编户齐民由自由平民起步，可以上升为高级贵族——列侯。……当然，编户齐民封侯只是法理上有此可能，事实上只有极少数人可能。但即使如此，也可以说明编户齐民的自由平民身份。"（第184页）在一些学者看来，二十等爵是封建的等级制，而在作者看来，二十等爵固然表示人的等级差别的存在，但它不是凝固的以至世袭的封建等级，而是一种"阶梯"，平民可以循此以升为贵族，贵族亦可能由此下降为平民。编户齐民与贵族之间没有任何永恒的、无法逾越的界限，他们在法理上都是自由的人。

应该指出的是，作者在论述编户齐民是自由民的时候，并未以一种抽象的"自由"来掩蔽阶级区别的存在。作者在此书中写了两个专节论述战国秦汉时期的"小农"和"小农经济的繁荣和不稳定"。他强调"战国秦汉时期的农民，是自由平民"（第173页）。他列举事实说明，不仅拥有小块土地的自耕小农是自由民，而且像陈涉那样"与人佣耕"的雇农和郑玄那样"假田播殖"的佃农也是自由民。当然，这种自由就包括了在还有土地时出卖土地的自由与已经失去土地后出卖劳动力的自由。作者指出，"战国秦汉时期的小农经济，在中国社会经济发展史的长河中，是属于比较繁荣的时期。但小农经济是不稳定的，政治条件和经济条件都使小农居于被动、被吞并的境地而无力抗拒。尽管从整个历史长河中看，可以说战国秦汉时期是小农经济的繁荣时期，而被兼并、破产现象却是自小农在历史上出现之日，即与之同来的，东汉时期尤为显著。"（第210页）小农的自由既然包括了被兼并与破产的自由，这种自由中当然就包含了富与贫的阶级对立的存在。在这样的情况下，作者为什么还要强调战国秦汉时期的农民是自由民呢？看来他所要论证的正是：这种农民还不是封建的依附农民，从而那时的社会也就还不是封建社会。

以上所述，还只是战国秦汉时期的第一种社会对立，即自由民内部的富与贫的阶级对立。此外，作者又对"中国古代社会中的奴隶"做了专章的论述。此章所讨论的就是自由民与奴隶之间的阶级对立问题。

作者在此章中论述了奴隶的来源、性质、类型、奴隶劳动的应用领域，并对奴隶数目做了估算。作者也正是通过上述诸方面的论述来分析奴隶制在当时社会中的作用的。他说："贫民因债务沦为奴隶，是战国秦汉时期私奴隶的主要来源。官府租税压迫、商人高利盘剥，人民贫困无法生活，只好出卖儿女和出卖自身为奴。"（第288页）原来自由民内部的贫富对立还可以转化为自由民与奴隶的对立。当自由的贫民"自由地"出卖自身为奴之后，前一种对立就转化为后一种对立了。自由贫民转化为奴隶，这又起了什么作用呢？作者指出，"战国秦汉时期，是交换经济比较发达的时期。……对这个交换经济比较发达的社会，奴隶劳动是它发达的一个支柱。如前所述，在这时期的商业、手工业、渔业、矿业和农业中，都有奴隶劳动。越是大的产业经营，奴隶劳动的作用越显著。"（第307—308页）而奴隶制的大经济又转而兼并小农。"武帝时，奴隶主大商人大土地所有者依靠奴隶劳动兼并农民使小农破产的形势更发展更清楚。……武帝以后，货币交换经济发展，土地兼并，农民流亡沦为奴隶，一路发展下去。在这个社会里，小农、罪人、奴隶是一体的。小农受兼并而破产，作了罪人，沦为奴隶，是小农的必然命运。"（第309页）

这样，作者就既论述了自由民内部贫富对立关系对于自由民与奴隶对立关系的影响，又说明了自由民与奴隶对立关系对于自由民内部贫富对立关系的影响。一些学者把这样的社会称为奴隶制社会，因为在我们看来，这已经说明奴隶制关系对其他社会关系起了主导的或支配的作用。

作者本人过去把战国秦汉时期称为奴隶制社会时期，大概也是有鉴于此。但是，在这本书中，作者对于战国秦汉社会是否能叫作奴隶制社会，"却有迟疑了"。他以为还是以马克思《政治经济学批判·导言》所用的"古代社会"一词为好，不论如何说，历史事实终究是一个：上述的两种对立的社会关系是相互影响的。

第三，此书第三编比较简要地论述了从古代到中世纪的转变。在前一编中，作者论述了奴隶制大经济对于小农的侵吞作用，实际上也就是揭示了正在孕育之中的古代社会的危机。此编则主要从两个方面具体说明了这种社会的转变。

其一，是城乡经济的衰落。战国以来比较发达的交换经济转化为自然经济占优势。也许有人一看到作者把讲向中世纪的过渡和讲向自然经济的转化结合起来，就以为作者是在套用西欧历史的模式了。其实，作者是从中国的具体历史事实来探寻这种转变的规律的。他说："城市经济的衰落，是和东汉时期整个社会经济的衰落联系在一起的。战国以来，交换经济的发展，牵动着整个社会。交换经济发展，使社会大量财富集中在少数人阶层手里。这时期没有机器，扩大再生产受到限制，对手中积累的财富通常有两条路来使用，一条是过起豪华奢侈的生活，一条是购买土地。……购买土地是比较保险的。土地兼并的盛行，人口大量离开农村，离开土地，农业生产必然要衰落。在当时的生产力水平条件下，农业是社会盛衰的基础，农业生产的衰落必然影响到城市经济的衰落。"（第455—456页）所以，实际上也可以说，这种城市商品经济的衰落正是前一时期的与奴隶制关系密切的商品经济发展到一定程度后的自然的后果。它不是一种偶然的历史现象，而是当时中国社会本身发展的一种必然趋势。

其二，自由平民、奴隶向依附民的转化。作者在"依附关系的发展"一章中以大量历史事实说明种种具体的依附关系的发生和发展。

魏晋南北朝时期的依附关系的发展，也并非历史的偶然。前一历史时期作为自由平民的农民既然大量地从他们的土地上"自由"出来（free from their own lands）并从而造成社会的危机，那么社会也只有从他们的重新与土地结合中才能找到出路。可是当农民从土地上"自由"出来以后，他们自由地回到土地上的去路也就堵绝了。于是依附化就成了他们难以避免的前途。

作者一点也未忽略这样一个事实，即在魏晋南北朝时期自由平民和奴隶还是存在的。那么这又怎样和前一历史时期来区别呢？作者指出，不同之处有四点：一则，以前富人如把编户民变为自己的依附民，那是违法犯罪的；魏晋南北朝时期，这样做却成为合法的了。二则，以前自由民可以直接沦为奴隶，奴隶也有可能直接解放为自由民，其间没有中间的依附关系的环节；魏晋南北朝时期，自由民的下降与奴隶的解放，却往往都是变为依附民。三则，魏晋南北朝时期的自由民中，已有了固定的士族与庶族的区分，即使一个士族有贫富的变化，也不再能有相应的贵贱的变化；而且那时的编户齐民实际已经不"齐"，其中也有了等级的区分。四则，魏晋南北朝的编户民经常因法令变为国家的依附民或豪族的依附民。他们在身份上和依附民是相通的，自然也就和战国时的编户齐民不同了。这些实际上也正是作者认为魏晋时期开始进入中世纪或封建社会的重要历史依据。

综上所述，我认为《中国古代社会》无疑是一部成一家之言的史学力作。有时人们会以为，只要持之有故、言之成理，便可以成一家之言。其实，严格的持之有故，就是要求持论的根据（故）在质上是切实的，在量上是充分的；而严格的言之成理，则要求论证本身是有系统的、合逻辑的。只有这样才能具有学术的说服力。《中国古代社会》正好具有这样的特点。

当然，凡是作为一家之言的书，都会有其他学派学者持异议的。不过,不能真成一家之言的作品,其他学派或后来学者可以置之一边,不理会地迈过它;而真能成一家之言的著作,其他学派或后来学者则必须认真分析它、研究它,考虑它所提出的问题,汲取其中的合理的内核,使问题的探讨进入一个更深的阶段。何先生此书正是这样一部著作。

(原载《历史研究》1992年第4期)

林志纯著《日知文集》序

林师志纯先生（1910年11月11日—2007年11月14日）的部分著述将结集为《日知文集》出版。友人张强教授在为此文集收集书、文稿件并联系出版的同时，就将情况随时惠示给我，并说要我写一篇序。我深知自己的学力并不足为林师的书写序。林师门下，高才硕学甚多，写序的事照理轮不到我。张强兄以为，我是林师早期学生，现在年长而精力也还可以，以序齿为理由说明我应该写。"应该写"，的确没有问题，甚至可以说，其中且有不容辞之义。所以，我接受了这个任务。我想，自己既然没有能力为此书写一篇完美的序，那么，就以林师一个老学生的角度来写一篇稍具特色的序，也就是从几十年来我对林师之为人与治学的认知来写一些个人的管见。这也许能从另外一种角度有助于读者对此书的了解。

当然，首先还是要简介一下全书的概略。现编《日知文集》共五卷。第一卷《远足丛稿》，包括55篇文章，除前10篇为中华人民共和国成立前在上海执教时所作以外，其余均为20世纪50年代以后在东北师范大学执教时所作，乃林师学习并运用马克思主义理论以后的成绩。这45篇文章大体又可以分为三期：50年代的文章，写成于努力学习苏联的时代，属于第一期；60年代至80年代初的文章，写成于深入学习马克思主义理论、反思苏联史学并从而走出其消极阴影的时期，这些文章大体与准备及编写《世界上古史纲》相呼应，属于第二期；80年代中期以后文章，乃林师努力建立中西古典文明学并做中西古史比较研究时期所作，与《中西古典文明千年史》《中西古典学引论》相表里，属于第三期。第二卷《世界上古史纲》，为专著，体现了林师第二阶段的学术发展，即摆脱了苏联古史观念的教条而提出自己对于世界古代史的系统见解的成果。第三卷《中西古典文明千年史》、第四卷《中西古典学引论》，为林师晚年致力于中西古史比较研究的成果，为后人开启了一片新的研究领域。第五卷《未刊稿》，我未曾见过，谅多吉光片羽，自然弥足珍贵。

林师的学术成就自有公论，他的见解启发了后人，当然也要由后人来分析研究，从而有继续的发展。我作为他的学生，曾经深深受益于他，在他引领下学习苏联，同样，也深深受益于他，随同他反思苏联史学而从其消极阴影中走出来，并力求在中西古史比较研究中不断前进。这是一个经历了重大转化的过程，以下就让我以自己与林师的交往经历来做一些具体的说明。

林师在1952年至1953年初发表的7篇关于世界古代史的重要文章，在当时我只是粗略看了一下。其结果是，除了知道有一位既通俄文又熟知苏联史学的日知先生以外，其余所得无几。因为我当时正在北京师范大学历史系新任世界中世纪史助教，必须在业务上打好基础，可是自己在外文方面只能看英文书，而学习苏联是当时的方向，为了做好教学辅导工作，又必须全力以赴地突击学习俄文，所以实在无力他顾。从1953年学年起，我的工作转到世界古代史方面。那时候，一本苏联米舒林原著、王易今中译的《世界古代史》（原为40年代苏联中学教科书），竟然成了师生们都必读的参考书，对于苏联先进经验那时真是求之若渴啊！当然大家都知道，单凭这一本书是绝对不够的，可是当时还没有其他中译的苏联史书，而老教授们已经很难再学俄文，我们年轻助教要学到能顺利地读俄文书的程度也需要几年时间。这时候看日知先生的文章简直就像干旱的土地浇上了雨水那样解渴。大约1954年初春的一天，日知先生来北京师范大学历史系世界史教研室做交流访问，这是我第一次见到他，知道日知原来是林志纯先生。他给我留下的第一印象是极度的热情而精力充沛，不仅对苏联的俄文书籍知识广博，而且对英文的专业书也很内行，真是让人不得不油然而生敬佩之心。也就在这时候，我们教研室要求编写自己的讲义，油印发给学生。世界古代史讲义当然主要由老先生执笔，为了培养青年人，也让我参加编写一些章节的初稿。中文参考书很少，我主要参考英文书，俄文书开始努力看一点，但是速度、精度都跟不上，很苦恼。林先生来，给我们带来了一些俄文书的译稿打印本，并且告诉我们，他正在译苏联师范学院用的《世界古代史》教科书，即将由教育部作为交流教材分章逐渐寄给各兄弟学校。随后这份译稿真是不断由教育部陆续寄来，简直是雪中送炭。我作为新手参加讲义编写，不能不十分用心地研读这部译稿（从原始社会到古代希腊部分），这竟然使自己对于苏联当时对世界古代史的基本思路框架有了一个初步的了解。当时，我对马克思主义理论有着浓烈的兴趣，觉得苏联教材能够从生产力、生产关系到政治、文化做有机的统一理解，而且对于世界古代各国历史也能有一个统一的规律性的理解，所以很具有魅力。而这些在西方的同类教材中是难以发现的。

1955年，教育部聘请的苏联专家格拉德舍夫斯基来到了东北师范大学历史系，开办世界古代史教师进修班（实际上是二年制的研究生班），从全国各高校中青年教师中招考学员，我也考进了这个进修班学习。在这个进修班与苏联专家合作的中方导师就是林先生。从此林先生也就成了我的老师。在此要附带说明的是，据传教育部最初曾有意把这位苏联专家聘到北京师范大学设教，可是由于东北师范大学有林师这样对俄文与苏联史学均深有造诣的古史专家，还有张正元先生那样的精通俄文而又循循善诱的老师（其实林师母陈筠老师也是一位俄文专家，在无声无息中为协助林师的教学与研究做了大量的工作），以及一支较好的翻译团队，这个进修班才最后定在长春开办。东北师范大学成为全国世界古代史的一个重点基地，也是由此正式开始的，可见林师在其中起了关键的作用。

自1955年深秋至1957年夏，我在东北师范大学听苏联专家讲了两年世界古代史的课程。他讲课的总体框架是四部分：原始社会、古代东方、希腊、罗马（实际上罗马部分因时间不够而未系统地讲）。后三者为奴隶制社会，又分为两大块：古代东方诸国属于早期的家长制奴隶制社会，希腊、罗马则属于发达的古典奴隶制社会。古代东方早期奴隶制社会的特点是：奴隶制不发达，私有制不发达且近邻公社（或作农村公社）长期存在，君主集权或"东方专制主义"存在。这是当时在苏联占有支配地位的历史观点，即В. В. 斯特鲁威的观点（苏联的大学历史教材如阿甫基耶夫的《古代东方史》、林师所译的苏联师范学院教材《世界古代史》以至1955年出版的十卷本《世界通史》第一卷、1956年新版师范学院教材《世界古代史》，等等，所采用的基本都是这样的说法）。当时林师所持的也是这样的看法，这也表现在他与别人商榷的文章中。林师当时在翻译、介绍、传播苏联世界古代史的教学与研究经验方面做了大量的工作。1956年暑假期间，教育部在北京西苑饭店召开制定全国大学各科历史教学大纲的研讨会，林师任世界古代史小组组长，我作为北京师范大学的一个青年教师代表兼任小组秘书，参与了前辈学者的讨论，也看到了林师在引领前辈学者们学习苏联方面所起的作用。在那时的中国世界古代史学界，如果论推动学习苏联最有力者，林师大概当之无愧。那时我也成了一个非常卖力地学习苏联史学的青年人。

不过，正如友人王敦书教授所言："但是，正由于林先生重视发现新材料，注意吸收新成果，又有独立思考的精神，我觉得，从60年代开始，林先生的学术研究已显示了跳出苏联窠臼的端倪。"（《垦荒播种创学业　学贯中西通古今》，载《中西古典文明研究——庆祝林志纯教授90华诞论文集》，吉林人民出版社，1999年）这一段话，充分地显现了王先生眼光的深邃与敏锐。在这里，我还可以用亲身的经历做一些补充的说明。

我在东北进修的两年中就感觉到，林师在"一边倒"地学习苏联之时，是承认学习苏联史学是学习马克思主义史学的一个重要途径的，不过他觉得最重要的还是学习马克思主义经典著作的原著；是承认苏联史学是先进的，不过也并不认为在苏联以外就没有任何其他需要学习的先进的东西。以下可以略举一些例子。

我们进修班是要通过毕业论文才能毕业的，而毕业论文的主要指导者不是苏联专家而是林师，因为一则专家不仅要忙于给我们上课，还要兼任校长顾问，时间上忙不过来；二则专家与学员之间口语交流有困难，很不便。我的论文选题，就是首先经与林师谈好后才报告苏联专家确定的。在去东北进修时，我基本已经自己初步设计了一个题目，所以到后不久就开始向林师报告。他首先让我把已经看过的书和准备要看的书开列一个目录给他，然后他再找我谈。我遵命交了书单，一两天后他就找我谈话。在去他家的路上，我心里七上八下，因为书单里俄文书少得可怜，百分之九十以上都是西方的英文书，这样怎能符合大力提倡学习苏联的林先生的要求呢？不禁诚惶诚恐。万万没有想到，见了面，他又问了我的选题初步设想，然后竟然说基本还可以，要求我必须看每一期苏联的《古史通报》杂志的目录，遇到有关论文的文章再细看，还要我尽量查找西方的《希腊研究杂志》（这在当时远非易事，因为此杂志国内很少且不全），并关注西方新书目录（当时通过国际书店得到）。他说，要努力学好俄文，西文只有英文也不够用，最好再学一门（正是听了他的话，进修的第二年我开始自学德文）。他丝毫也没有因为自己通俄文而自满或骄傲。在这次谈话的最后,他还说了一句使我难忘的话:"做研究,资料要 up to date!"顿时在我的脑海里产生了一次震动:一种强烈的自强不息精神在他身上熠熠闪耀。在回宿舍的路上,我忽然似有所悟,原来林师学苏联是为了学先进,学先进才是目的,学苏联不过是途径,达到目的的途径当然不必是一条。当时,他组织涂厚善、刘文鹏、崔连仲、周怡天和我成立一个翻译小组,从苏联《古史通报》中把《中期亚述法典》和《赫梯法典》译为中文,让我们分译互校,涂厚善大学长总校,他并亲自把关。他非常重视。我把普鲁塔克《希腊罗马名人传》中的《来库古传》从"人人丛书"的英译本译出,告诉了他,他说此乃通俗读物本,只能做参考,要据"Loeb 古典丛书"的英译本重译。完稿后,他又请我心中深深敬重的涂厚善兄帮我细校了一遍。他同样非常重视。可见他并没有偏重俄文书之倾向。此其一。

在苏联专家讲古代东方史的时候,"农村公社"一词频频被提到,而且还会和东方专制主义挂起钩来。那时候已经从"史学译丛"上看到了马克思《答维拉·查苏里奇的信和草稿》,心里觉得问题很复杂,找不出一个头绪。有一次,我在私下就这个问题问了林师,还问古代埃及、巴比伦的具体的农村公社材料在哪里?在布勒斯特德的五卷本《埃及史料集》和《汉谟拉比法典》里怎么找不到具体的材料?为什么在苏联编的《世界古代史史料选集》也找不出像恩格斯在《马尔克》一文里讲的那种农村公社的材料?而且,说古代东方属于奴隶制社会早期,那么到了古代晚期那里还是早期,真是永远无法前进吗?他凝神想了一下,说:"这个问题要深入研究,我正在深入学习马克思的经典著作。看来要下大功夫。"不久,他所翻译的马克思的《资本主义生产以前各形态》(人民出版社,1956年)中文本就出版了。我赶快买了一本就读,句子是那样地长,行文结构是那样地复杂,以至于不得不用文法分解的方法一句一句地往下啃,简直是读天书啊!读了一遍后只是有了一个很粗浅的了解，这时才想起林师为了学习和翻译这部重要的书要付出多么艰辛的劳动！当时我觉得自己一时无力彻底弄清这个问题，而且其他功课很紧，就放下了。以后写过《古代印度的土地关系》（1963年），那也只是试图补充介绍一些印度古代农村公社土地制度方面的材料，仍然没有能够涉及"亚细亚生产方式"到底如何理解的问题。一直到了"文革"晚期，复课、编教材逐渐提上日程，林师就又找到我们这群老学生（毛昭晰、刘文鹏、周怡天、崔连仲和我）商量合作编写一部新的世界古代史的事。其实，他已经拟就了一本《世界古代史（上册）》（初稿），他找我们一则是增加助手，二则是帮助我们从过去苏联那一套古代东方特殊说的阴影下走出来。为了先解决理论上的认识问题，他把自己多年学习马克思主义经典著作的笔记整理出来，自己刻钢板油印分寄给我们，然后约我们一同讨论。还要我们找到当时西方出版不久的M.萨维尔所著《马克思主义与亚细亚生产方式问题》（1977年），作为参考。当时他住在人民出版社，我们到那里去讨论，中午他邀我们到附近餐馆吃一顿相当丰盛的饭，最后他总是掏出一张10元的人民币（当时可不是一个小钱）付账；可是他平时自己的饮食，却是非常简单节约的，通常几角钱就够了。当时所讨论的这些笔记，就是他稍后写成的《世界上古史纲》第八章（《亚细亚生产方式，不成其为问题的问题》）的基础。大体同时，他又和中国社会科学院世界历史研究所廖学盛研究员合作撰写了《怎样理解马克思所说的"亚细亚生产方式"？》一文。廖先生是苏联留学生出身，他也和林先生达到了同样的见解，真是"所见略同"（学盛兄其他文章亦可参考，见《廖学盛文集》，上海辞书出版社，2005年）。当我看到这些的时候，心里终于明白过来，林师其实不是忽然之间来了一个一百八十度的大转弯，原来他已经刻苦学习马克思主义经典著作多年了。敦书兄说林先生"有独立思考的精神"，我的经历可以补充证明，在20世纪50年代中期他就已经开始认真地学习马克思主义经典著作来自己思考问题了。此其二。

林师不仅认真深入学习马克思主义经典著作，而且也正如敦书兄所说，"重视发现新材料，注意吸收新成果"。我们在东北进修时期，主导苏联世界古代史的是斯特鲁威的观点。不过林师也让我们注意秋梅涅夫和季雅科诺夫的文章，看来他不同意秋梅涅夫的东西方古代两种类型的说法，而更注意较年轻的季雅科诺夫的观点（当时此人的某些观点在苏联十卷本《世界通史》第一卷中有时也以备一说的形式出现）。20世纪60年代以后，他注意到了《剑桥古代史》正在出新版，以及其中新考古材料的重要性，自己努力钻研西方考古学，同时他又从《吉尔伽美什和阿伽》史诗中发现了古代苏美尔的军事民主制，从S. N. 克拉梅尔的《历史始于苏美尔》里看到城邦在苏美尔的出现，等等，发现了东西方国家形成之间的若干十分重要的相通之点。看来，这些对于他的早期国家城邦说的形成起了一定的促进作用，这是从正面看。同一时期，他又看到了K. A. 魏特夫的《东方专制主义——极权国的比较研究》，觉得这种歪曲马克思主义的见解必须予以深入的批评与厘清（附带说明，林师所作《亚细亚生产方式——不成其为问题的问题》一文，即将在《历史研究》发表时，杂志社责任编辑曾打电话给我，让我劝林师删去副标题，以免使国内某些有类似观点的学者感到压力。我到林师处转达了编辑的意见，同时自己也表示赞成编辑的建议。他的回答很干脆："我发誓没有任何针对国内同行的意思。我的目的是批判魏特夫，所以不能改。"我觉得此时他虽不太冷静，但是那种对魏特夫批判的坚定性的确毫不含糊）。这又从反面促进了他的古代国家形式从城邦到帝国说的形成。他年事越来越高，可是阅读国内外新成果的努力始终不减，真是实践了自己的笔名，做到"日知其所亡，月无忘其所能"（《论语·子张》）。为了论证古代国家形式从城邦到帝国说，林师在晚年大力从事中外古史比较研究，本文集的第三、四两卷就是其具体成果。他做到与时俱进，"日日新，又日新"（《礼记·大学》引"汤之盘铭"）。此其三。

我深知自己在世界古代史领域的素养无法望见林师的项背，所以对于他的成就只能以管窥天、以锥指地。个人所见可能还有若干不准确之处，尚祈史界方家、同门诸友多予指正。我所无疑于心的是，中华人民共和国成立以来，林师对于我国世界古代史教学与研究的贡献，对于我国古典学基地的创立，对于我国中西古史比较研究的开拓，都是具有历史性的。林师个人的性格，有时看起来有些固执（更准确的说法，应该是执着），可是从来不惜以今日之我与昨日之我相对敌，所以他的学术思想体系基本是开放的。他的晚年著作，应该说很有开拓性，不过他已经来不及精雕细琢了，所以开放性似乎更强。这对于我们来说，无疑是一份珍贵的遗产。古往今来的历史学者，如果能够在史学史上留下自己的一页，那么就已经具有历史意义或历史性了。应该说林师已经具有了这种历史性。当然，历史性本身还有更深一层的二重含蕴，那就是他既必须对前贤有所超越，同时又值得后人来力求超越他。记得1983年在长沙开全国历史学科"六五"规划会时，我和同门好友毛昭晰教授住同一间房，一天林师来到我们房间，把他自己设计的项目申请书放在书桌上，说："你们两人看看，同意就签字！"昭晰兄和我看了，都说："没有意见，不过这是您辛勤劳动的研究成果，我们怎能滥竽其间呢？"林师近乎发怒地说："我都70多岁了，知道哪一天会死掉？你们要接着我做，要超过我。你们必须签字。"我们两人几乎含着眼泪签了字。我们怎么敢说超过林师，不过我们都认为，要学习林师这种在学术上勇于超越前贤的精神，当然也要学他那样艰苦卓绝地脚踏实地的实干精神，更要学习他那样希望被后人超越的精神。林师说"要超过我"，我想这一句话也可以奉献给更多的年轻的治古史的朋友们。

2011年8月门人刘家和谨序于北京师范大学寓庐愚庵

（原载林志纯：《日知文集》，高等教育出版社，2012年）

刘文鹏著《埃及考古学》序

这一部书，是中国人自己撰述的第一部《埃及考古学》，也是我国著名世界古代史专家、埃及学家刘文鹏教授（1931—2007）的最后一部遗著。他在今年（2007年）4月写成了此书的自序《走进法老的世界》，到5月29日凌晨，便走完他的人生历程，离开了这个世界。根据他的遗愿，我现在来为此书作序，几度执笔泫然，不知从何说起。

文鹏教授和我，是1955—1957年在东北师范大学由苏联专家格拉德舍夫斯基主讲的世界古代史教师进修班上的同学，他是我们班的班长。他为人忠厚，待人诚挚，自律甚严，勤奋笃学，是一位好班长。他于1953年从东北师范大学历史系毕业后，即考入林志纯先生为导师的世界古代史研究生班，1955年以优异成绩毕业，遂留本校工作。刚工作不久，即又奉学校之命，考入由苏联专家主讲、由林志纯先生协同指导的进修班脱产学习。1957年，他又以优秀成绩从进修班毕业。至此，他已经有连续四年专门研习世界古代史的经历，并且发表了一些学术论文，是一位学有根底并初露头角的青年专家了。

当时办这些研究生班或教师进修班，都是为了培养高等学校历史系所急需的新一代世界古代史教师，所以总体上要求对专业基础掌握比较全面，而在个人研究领域则可以各有专重。当时的世界古代史大体分为原始社会、古代东方、希腊和罗马四大部分。文鹏即选定以古代东方中的西亚北非古史为其研究重点，他在20世纪50—60年代所发表的学术论文与译作主要（但非全部）就在这个领域。相对于传世历史文献较为丰富的希腊、罗马史而言，古代东方史的研究难度要大很多。文鹏选择了知难而上，也显示了他的学术性格。

在"文革"中，他经历了下放"插队"，至1972年调入通辽师范学院（今内蒙古民族大学）任教。他和最器重他的老师林志纯先生开始分属两校，不过业务上仍然亲密合作无间。1973年，他被临时调到北京商务印书馆，协同林先生修订《世界通史资料选辑》（上古部分）。同年，吉林师范大学历史系排印出林先生所编《世界古代史（上册）》（初稿），这是林先生经过深入反思，努力改变过去沿袭苏联教材体系的新尝试。林先生日夜搜寻、阅读国外关于古代史的新著，经常约他的几位早期学生一同商讨。文鹏就是其中重要成员之一。到"文革"后期，林先生决定编写《世界上古史纲》，由几位学生参考他所编《世界古代史（上册）》（初稿）编写有关诸章。文鹏分工担任其中"古代埃及"章的编写。从此文鹏即集中主要精力从事古代埃及史的研究，垂40年。到20世纪末，他已发表了多篇高水平的学术论文，以及《古代西亚北非文明》（主编）、《古代埃及史》（独著）等专著。同行学者认为："他的论文和专著反映了我国埃及学的最新研究成就，也是我国埃及学到目前为止的最高成就。"

不过，文鹏教授并未到此止步，而是如他自己所云"老翁不倒再登攀"。他在新世纪继续攀登的主要成果就是这一本《埃及考古学》。他为此书已经做了多年准备，到此书写作的后期，他已经不幸积劳成疾。他在自序中说："原本预定四年完稿，却因近年身体欠佳，病魔缠身，无奈又拖延了一年。而且对于后埃及，特别是希腊、罗马时代的埃及考古学部分的写作实在无力继续下去，只好在阵阵病痛中潦草地结束，实在抱歉。"每读至此，难禁泪下。文鹏真正做到了"鞠躬尽瘁，死而后已"！

文鹏不幸过早地逝世，来不及见到此书的出版，的确是一件令人不胜遗憾的事。不过，文鹏的学术志业却是富有生气的。他的埃及学研究是与他的教学工作相辅相成的。自研究的角度看，从《古代西亚北非文明》《古代埃及史》到《埃及考古学》，是学术本身向纵深发展的过程；自教学的角度看，这也是他培养学术继承者的过程。在通辽这个原来缺乏基础条件的地方，文鹏于1991年在内蒙古民族师范学院成立了古代埃及史研究所，10余年来，他用自己献身学术的诚挚精神与笃实学风，感召并培养了相当可观的一批以世界上古史和埃及史为志业的弟子。他们中的一些人现在已经在北京、上海、天津、长春等地的研究机构与高等学校从事教学与研究工作，还有一批正在上述各地的大学里攻读博士学位，沿着文鹏的学术道路前进。这样看来，文鹏的未竟之业，必定后继有人，发展有望。

埃及考古学在中国，现在尚在筚路蓝缕阶段，文鹏的《埃及考古学》正是首启山林之作。所以，这本书不仅很有益于我们的古代埃及史的教学与研究，而且给我们开拓了一片学术领域的希望。

同学弟刘家和再拜谨序
2007年8月初稿，2008年1月修订

（原载刘文鹏：《埃及考古学》，生活·读书·新知三联书店，2008年）

邵东方著《竹书纪年研究论稿》序

友生邵君东方的《竹书纪年研究论稿》前已在台北用繁体字出版，近又将应约在北京用简体字印行，这样就很便于两岸的读者，自然是一件好事。东方嘱我为简体字本写一篇序，这对我自然也是一件高兴的事，所以就同意了。

可是仔细一想，我自己对于《竹书纪年》并无专门研究。如果说自己对于此书还有一些基础性的了解和理解，那也是多年来东方在研究此书时不断和我有所谈论，从而促使我也看了若干典籍（甚至相当大的一部分比较不易找到的清人研究作品还是他帮我找来看的）并做了思考的结果。因此，我不能作为研究《竹书纪年》的专家来写此序，而只能作为东方研究此书中的一个对话者和他的若干手稿的第一阅读人，来谈一些个人对他的研究的了解和感想。

东方在20世纪80年代中期至90年代初期主要以崔述的经史考证为研究对象，其中就涉及崔述对今本《竹书纪年》的辨伪问题。他欣赏崔述的这一辨伪，不过又不满足于此，进而想从清代以来的学者对此书的考辨历程来确定崔述对竹书考辨成就的地位与作用。这样，他就把自己的注意力逐渐转向于《竹书纪年》研究。

东方的《竹书纪年》研究，有一个明显的特点，就是问题的研究和问题研究史的研究相辅而行。本书的前言，就是他对《竹书纪年》研究史的简介。为什么这样重视研究史呢？因为他深深知道，对于研究史的重视，就是对于前修与时贤学术劳动的敬意，也是对于历史的敬意。心中无此敬意，就是轻率；轻率，就不能真正地从事学术研究，或者说就不能真正地从事确有价值的学术研究。因为，我们的任何学术研究，都必须也只能在前人所达到的终点上向前迈进，力求能进一步，以待来者的继续超越。轻看前人，或者自以为已经达到真理的顶峰，恐怕都不是一种郑重的学术风度。作为历史学者，我们似乎需要对自己有一种自觉的历史感。

当然，尊重前修和时贤的研究成果，不等于对他们的见解做乡愿式的随声附和。其实，即使你想这样做也办不到，因为前修和时贤们本身相互之间就是有辩难的。听谁的呢？不如兼而听之，析而取之，继而进之。其实，前修和时贤的这种辩难本身正是学术发展的必经之路，也正是我们最好的引路导师，我们首先要尊重这位导师。

东方面临的第一位这样的导师，就是陈力先生。陈先生的《今本〈竹书纪年〉研究》是一篇从多方面对今本《竹书纪年》证伪说的相当有学术分量的驳论，东方也就从六个方面进行了比较全面的质疑与反驳（见本书第一章）。这样当然就出现异见之争。"子曰：君子无所争，必也射乎。"（《论语·八佾》）东方在文章结语中承认了陈先生文章对自己的启发并表示了感谢之情。这似乎接近了孔子所说的"其争也君子"。何况，子不云乎："当仁不让于师。"（《论语·卫灵公》）

在写了与陈先生争鸣的文章之后，东方开始感觉到，关于今本《竹书纪年》真伪问题的讨论固然涉及许多具体方面，不过似乎也需要一个总体的思考。如果一部书是真的，那么，第一，它必须在思想体系和著作体例上均有其自己的内在一致性（符合逻辑上的无矛盾律或历史学中的融贯性原则);第二,它的思想体系与著作体例必须符合它所宣称自己所属的那个时代的精神(符合历史上的实际过程或满足历史学中的符合性原则)。这两条实际上是证实一部书的真实性的必要条件,无此两条之真,即无此书之真。这也恰好是辨伪之所以可能发生的天然余地。本书的第二章,实际就是东方在这样的原则下所做的一些研究。

在他写作上一篇文章的同时而稍后,东方和我做了一次对于理雅各氏的英译《书经并附竹书纪年》的合作研究。我们的分工是:他做《竹书纪年》部分,我做《尚书》部分。本书的第三章就是他的这一研究成果。我们都对这位热心中国传统学术的苏格兰前辈持有高度敬意,同样,我们也当仁不让地做了自己的分析与批评,希望能对这位前辈的成就有少许扬弃式的进展。

以上三篇,皆为总论性的研究。本书自第四篇以下就是具体问题的讨论了。

在当代美国学者研究《竹书纪年》的著作中,首先进入东方视线的就是夏含夷教授的《也谈武王的卒年——兼论〈今本竹书纪年〉的真伪》。其实这是很自然的。夏氏研究中国古史(尤其在年代学方面)成果可观,而这一篇文章中所宣告的对今本《竹书纪年》周武王纪谱内有一条错简的发现,即"十五年肃慎氏来宾初狩方岳诰于沐邑冬迁九鼎于洛十六年箕子来朝秋王师灭蒲姑十七年"(凡40字位,恰好一简字位)当为成王纪谱而被西晋整理者错置于武王纪谱之中,尤其精致而动人。的确,在这里,我们既看到了夏氏所下的功夫,又看到了他的眼光的敏锐。不过,学术研究本身的要求却是,在耀眼光芒前面最需要的还是冷静的、继续的质问与追问,以便研究更加完美。因此,在本书的第四章里,东方对于夏氏所提出的正面与反面的证据——提出质疑。质疑还是为了推进研究本身的继续发展。

为了准确把握《竹书纪年》的内容,阅读时绝对需要下严格的点校功夫。香港的刘殿爵、陈方正、何志华等学者在点校所编《汲冢纪年存真》的基础上做了《竹书纪年逐字索引》,这对学术无疑是一件贡献。不过,从来还不曾见过哪一本古书,经前贤点校过没有后学继续质疑并有所改进的。虽清代儒宗巨擘,亦难免于此。本书第五章,就是东方对于《逐字索引》所做的质疑与献议。

在与《逐字索引》的商榷中,东方涉及了晋惠公十四、十五年秦穆公派师送公子重耳返晋的事。为此夏氏致书东方,谓:"刘殿爵和你都忽视了此条叙述的重要部分,即重耳是在秦晋双方最后协定签订后才渡河的。整段文字的结尾正是今本《竹书纪年》所记'公子重耳涉自河曲',标志着重耳重返晋国腹地的最后胜利。"夏氏显然是要以此来再次证明今本《竹书纪年》的原典性与可靠性的。那么,到底是公子重耳和秦师同时渡河然后才逐步取得胜利的呢;还是秦师先渡河,已经取得胜利,公子重耳才渡河坐享胜利成果的呢?在本书的第六章中,东方引用《左传·僖公二十四年》《国语·晋语四》《史记·晋世家》等,一一举出公子重耳渡河的具体时间、地点、行进过程的纪日干支以及路程远近所需时间等,恰好说明,公子重耳是和秦师同时渡河,然后才逐步取得胜利的。东方在此所能下的结语是否就是最后裁定呢?这倒未必。不过,那需要举出更原始、更精致、更确切的证据来。如果能有新的否证,那自然又将是研究的新的进展。

本书第七章《〈水经注〉引〈竹书纪年〉"同惠王子多父伐邻克之"条考辨》,所面对的是一个聚讼纷纭而难以定论的问题。东方历引清代以来诸多著名中外学者对于"同"字、"惠"字是否错字,如有错字,"同"是否为"周"之误、"惠"是否为"厉"或"宣"之误,以及由此引起的郑桓公(友)究竟为厉王还是宣王之子等问题的考论,并一一提出了自己的质疑、辩难与推测。其中包括了他对自己所崇敬的长辈友人倪德卫教授的论点的论难。他根据自己的推测,表示赞成"同惠王子多父"为"周宣王子多父"之说。他的推测是否可以作为定论呢?他在文章之末特意表明"以上解说皆个人管见,非敢自必,冀或可补前贤所未见也"。只要不把自己的推论视为结论，而且提出自己的新的思想角度，那么这样的推测也是学术讨论中的应有之义。

本书的第八、九、十章，皆为东方研读《竹书纪年》时所做的一些具体研考札记，从中可见他的工做过程的一些路数。可以附带谈一些的是关于第九章所关注的那一段文字的标点。在此条标点思考的过程中，东方和我，可以说反复讨论了多年，结论也先后改订了几次。怎么讨论的呢？他征求我的意见，我说了看法，让他尽量反驳。他有了新的想法，就告诉我，要我从各方面来驳他。在往返驳议中，我们在《洪城文集》中发现了洪氏的标点，一度为洪氏的权威所震慑，讨论曾经中止一段。不过，后来还是继续质疑与追问下去，从日本学者水泽利忠对《史记》的版本校勘成果中，才发现洪氏也有其千虑一失。这样才有了现在书中所说的标点，其实这种标点就是一种新的理解。还要说明的是，现在这样的标点，是东方提出来让我反驳的。我没有能提出新的驳论，所以暂时就到此为止。东方和我都没有也不敢有封闭或打住问题进一步讨论的妄想，相反倒是希望得到新的批评和赐教。

书序写到这里，还有什么要说的呢？可以一说的就是，在东方和我的心里，真理就是上帝，我们在真理的上帝的面前是绝对地渺小的，必须谦逊。我们必须秉持对这位上帝的敬意。我们对于学术前修和时贤的敬意，那也是基于这一更高的敬意而衍生的。学术前修和时贤能提出问题并给出自己的解说，那就是为我们引路，引向通往真理之路。所以我们视他们为导师，但不是作为真理的上帝。"子曰：三人行，必有我师焉。择其善者而从之，其不善者而改之。"（《论语·述而》）需要能从，也需要能改，其取舍标准即在于善；唯有向善，才能求真。愿真理的上帝之光照临我们！

2010年10月14日

（原载邵东方：《竹书纪年研究论稿》，高等教育出版社，2011年）

邵东方著《崔述学术考论》序

这是邵东方博士所著的《崔述学术考论》。顾名思义，这就是要论崔述的学术，而且是就中国学术史而论之。书中的内容正好包括了这两个方面。

现在东方要我为他的这本书写一篇序，我很快就想到的，是人们目前是否还认为有研究崔述学术的必要和可能的问题。也许有人会说，关于崔述，早在20世纪前期顾颉刚等先生已经研究过了，结论也早有了，现在还有什么再研究的必要？又也许有人会换一个角度说，崔述当然还是可以再研究的，不过以前研究他的学者都是一些大师，现在我们是否还有取得新进展的可能？在这里我愿意谈一些管见，请专家和读者们指教。

首先谈对于崔述是否有再研究的必要与可能的问题。

关于这个问题，其实还有两层意思：一是崔述学术的本身是否还有再研究的价值；二是经过顾先生等的研究以后，是否还有再研究的必要。

关于第一层意思，比较简单，因为崔述学术主张的核心是"无征不信"，这对于历史研究者来说实在是一个有永恒意义的命题，只要有用"六经注我"的方法研究历史的现象存在，崔述的上述主张就总值得我们记取和思考。

关于第二层意思，顾颉刚等先生在几十年前对于崔述的研究，无疑是非常有价值的，将使他们的学术晚辈永远怀有敬意。为什么呢？因为，第一，顾先生等随着时代和学术的进展，把崔述为了维护儒家经典的纯洁性而进行的疑古辨伪，发展成了为维护历史和文献真实性的疑古辨伪。以儒家经典为基准的疑古辨伪固然也要求真，但他的是非定于一尊，即儒家经典之一尊，所以其特点是封闭的；以历史真实性为基准的疑古辨伪，则除了知识的限制以外，不存在任何其他限制，而知识的限制本身总是要在历史的过程中被否定的，所以应该说，顾先生等的学术特点是开放的。第二，顾先生等在事实上也绝对没有封闭对这一问题的研究，而恰恰是打开了新的思路，顾先生曾说："我们如果善学崔东壁，就应当超过崔东壁！"[1]"善学"就要"超过"，这对于我们是多么重要的启发。不仅如此，顾先生他们在讨论问题时，也是让各种意见充分发表，顾先生编《古史辨》时是如此，编《崔东壁遗书》时也是如此。就以后者为例来说，顾先生请他的朋友钱穆先生为这部书写序，而钱先生的见解，实际上是与他不同的。[2]甚至顾先生的老师，也就是促使他研究崔述的人胡适之先生，同他的看法也是有同有异的。这里不妨引用这两位先生为此书写的序中的话来做比较，顾先生说：

> 总之，他（崔述）根本的误处，是信古史系统能从古书中建立起来，而不知古书中的材料只够打破古史系统而不够建立古史系统。这个问题，康有为已经抉摘出来了。[3]

他在此引用了康氏《孔子改制考》的第一卷《上古茫昧无稽考》，

---

1 顾颉刚：《崔东壁遗书序》，载崔述撰著，顾颉刚编订：《崔东壁遗书》，上海古籍出版社，1983年，序第65页。
2 钱穆：《崔东壁遗书序》，载《崔东壁遗书》，第1046—1052页。
3 顾颉刚：《崔东壁遗书序》，载《崔东壁遗书》，序第64页。

康氏在此中对崔述所采用的中国古史材料都取一概否定的态度，而顾先生颇以为然。这从当时破旧心切的角度来看，我们是能够理解的。可是，胡先生在序中说：

> 总而言之，近十几年的古史研究，大体说来，都已超过崔述的时代。一方面，他所疑为"后儒"妄作妄加的材料，至少有一部分（例如《檀弓》）是可以重新被估定，或者竟要被承认作可靠的材料的了。另一方面，古史材料的范围是早已被古器物学者扩大到几部"经"之外去了。其实不但考古学的发掘与考证扩大了古史料的来源；社会学的观点也往往可以化腐朽为神奇，可以使旧日学者不敢信任的记载得着新鲜的意义。例如《檀弓》《左传》等书，前人所谓"诬""妄"的记载，若从社会学的眼光看去，往往都可以有历史材料的价值。[1]

所以只要把顾、胡二位先生的上述说法一相对照，我们恐怕就不能再说这些学术前辈们已经彻底解决了问题，封闭了这一研究，相反地，倒应该说他们的确给我们留下了可以进一步研究的问题。

那么从"古史辨"学派出现到现在，古史研究的学术条件是否已经有了历史性的变化呢？应该说变化还是很大的。一方面，考古发现和研究在近几十年间有了空前的发展，取得了重大的成绩，这是胡先生为《崔东壁遗书》写序时难以预料到的；而这些成绩足以使我们从过去往往疑为伪作的文献里看到很多真东西，例如《周礼》，过去几乎被视为全无价值的伪书，而现在竟然从金文材料中得到了很多官名的印证。不断出土的古文献，使我们对过去多有怀疑的书不能不刮目相看。这些进展，

---

[1] 胡适：《崔东壁遗书序》，载《崔东壁遗书》，第1044页。

其意义不仅在于对一两本具体古书的真伪鉴定之上,而且在于使我们更加注意对古籍从多重角度加以慎重考察之上。

另一方面,近几十年来在史学方法上也有了很多的进展。以前从事疑古辨伪的学者对于真伪材料的划分是十分明确的,他们既对伪材料充满怀疑,又对真材料充满信心。崔述以为经书是可信的,非经书是不可信的,一信一疑,二者之间的界限极为清楚。19世纪的德国史学家兰克主张批判一切不可信的材料,而对于经过严格批判而被确认的第一手材料则充满信心,所以他才能满怀信心地说史学家能够"如实"(wie es eigentlich gewesen,直译当作"像其本身所是的那样")写出历史书来。在这一点上,顾颉刚等先生同他们的中国和外国前辈们基本上是一致的,他们疑古辨伪的目的就在于求真,而对所辨得的真,他们是充满信心的。可是,物极必反,在西方,与兰克学派的实证主义史学思想相对立的相对主义史学思想,在19世纪后期至20世纪前期也相应地产生了。好吧,你说你的史料是第一手的,他就问你,一个曾经亲身经历了一次战争的战士甚至统帅所写的关于这次战争的作品算不算第一手材料?你如说是,他就会说一个人不可能亲历一次战争的一切过程和一切方面。于是,你的第一手材料就成了问题,至少要打一个七折八扣。你说你的材料齐全,他就说历史上的事情有无限的方面和层次,历史上的记录从来就不可能完全,即使你做到了"竭泽而渔",那也不能说你掌握的材料已经完全覆盖了客观历史事实。你说你的态度是纯客观的,他就说,史学家著书,不仅在所用材料上有选择,而且连写什么主题都有选择,而这一切选择都出于史学家的主观的价值标准,你怎能说是客观的?例如,西方的哲学家狄尔泰、克罗齐,历史学家贝克尔、比尔德等,就都从哲学的或史学的角度提出了这一类充满相对主义史学思想的问题。当然,对于相对主义史学思想也出现了批评。我觉得美国学者曼德尔鲍姆所著的《历史知识问题》[1]对于相对主义史学思想的回答是相当精彩的,有兴趣的朋友可以自己去看。我在这里只想说明,相对主义史学思想,就其对于兰克那样的史学绝对客观说的批判来说,不可否认有其积极的意义;但是就其把相对绝对化的情况而言,它就又重复了它的批评对象所犯的错误,于是历史在它那里变成了思想史,成了纯主观的东西,其实这只是把前人的错误在转了一百八十度的地方再来一次。不过经过这一次错误的克服,作为研究历史的人,到了20世纪之末,我们总可以有一种新的认识。作为史学工作者,我们既要努力弄清历史的客观过程,即求真,又不能不虚心地承认,我们所能求得之真总有其一定限度的。我们不同意相对主义史学思想,而承认有限度的或相对的真在本质上仍然是真;同时,也不同意实证主义史学思想,不再天真而自负地去追寻绝对的或纯客观的真,而只能细心地从含有前人解释或价值判断的材料中去把握历史之真。我们注定只能力求逐步地逼近历史之真这一极限,而不幻想一步达到这个极限。诸如此类的认识,在20世纪前期顾先生等从事古史辨活动的时候,大概还没有提上中国史学界的思考日程。就连胡适之先生在谈到新观点"可以化腐朽为神奇"的时候,似乎也还没有考虑过如何对待相对主义史学思想的问题。这就是说几十年来史学思想和方法的历史条件已经有了相当大的发展。

既然有了以上两方面的巨大发展,现在再来研究崔述就不能认为是多余的,而确为必要的了。

至于现在的研究是否有可能取得比前辈更多的新进展,那就要看我们的努力如何了。那么是否必须是大师才能从事这种研究呢?这倒未必。须知顾先生开始古史辨伪研究是在20世纪20年代之初,当时他年未满30,也还不是大师;顾先生成为大师是他多年研究后的成果证明的,不是先

---

[1] Maurice Mandelbaum, *The Problem of Historical Knowledge: An Answer to Relativism*, Harper & Row, 1967.

成大师而后才有成果。所以我认为，以十分严肃的态度从事某一课题的研究是必要的，至于研究者是不是大师，可以先不管它。如果必先为大师而研究，那么人类就不会有大师了。

当然，必须承认在当前研究崔述绝非易事。那么难处在哪里呢？这一本书又是从什么地方努力的？这就是我要谈的第二个问题。

我认为，研究崔述难，难在两个方面，更难在这两个方面的结合上。哪两个方面呢？一是既然要研究崔述，就不能不追踪他所研究的内容，即中国古代经史之书及其所载之事。就此一点而言，对当前的中青年学者来说，真是谈何容易。可是，如果不钻进去，只在崔述的一般学术主张上兜兜圈子，那么这样的研究恐怕倒真是不能有新进展了。真钻下去，这在某种程度上差不多也可以说要有下地狱的决心。这是从微观的角度上说。可是，只有这一方面的努力是不够的。如果不能考虑到当前研究方法上的发展，那么，即使钻的深度达到清朝汉学专家的程度，那同样没有多少价值；因为钻进去了出不来，只不过多了一位次崔述而已（纯粹跟踪崔述，只能成为次一点的崔述。这个意思和顾先生说的学崔述就要超过崔述是一样的），又有何益？或者换一种方法，把崔述不放在眼下，引用一些现在时髦的理论和方法，天花乱坠地纵论一通，新则新矣，可是又容易流为无根之谈，恐怕也未必能有新进展。所以，这里我们还必须说到第二种难处，那就是目前在西方盛行的哲学诠释学（philosophical hermeneutics）等，对于研究崔述的确是很有参考价值的，可是，我们要认真地学习一下（而不是随意的"掠夺性的开采"），那又谈何容易。我们是研究史学的，要有一些自知之明，不幻想成为哲学家，但是既然试图援用它，就不能不下点功夫认真读一些。我们只能从中获得某些启发，来开拓史学研究的思路。这是从宏观的角度上说。

记得从前有一位学术前辈说过，"上穷碧落下黄泉，动手动脚找材料"，这已经很不容易。而现在则是要"上穷碧落下黄泉，以求稍有新发现"，这就更是难上加难了。由此我想到了，美国科学哲学家库恩的一本论文集《必要的张力：科学的传统和变革论文集》[1]。他说，科学的发现，既需要发散思维，即对于传统具有突破性的创新思维；又必须有向心思维（convergent thinking），即深入传统的思维。这是因为，没有前一种思维，就会陷于传统而失去创新的可能；没有后一种思维，就不能深知传统中的问题与病因所在，就不知道到底为何需要突破，应该从何突破，即使突破也破不到点子上，何来创新？所以，他概括地说："成功的科学家常常必须同时扮演传统主义者和离经叛道者的角色。"库恩讲的是科学发展的要求，其实对于史学的发展来说，几乎是同样适用的。这就是要"上穷碧落下黄泉"，要有微观与宏观、传统与创新两极之间的张力。要真正形成这样的张力，更加谈何容易？

现在我可以高兴地说，东方在这本书里是尽力朝着两个方向努力的。

他对崔述学术的研究，不是先列崔氏自己所说的学术主张，然后再罗列事实，以说明崔氏是怎样在学术实践中贯彻自己的主张的，而是宁可从崔述所研究过的具体问题入手，这样，他就必须重视在微观问题上的努力。例如，他研究崔述对周公称王问题的见解，不仅研究崔述所引用的材料，而且十分注意清代以至近代学者在这方面的研究成果，特别注意考古新发现的成果。这样的工作自然不可能是太轻松的。又如，他对今本《竹书纪年》诸问题的考论，直接地说，他是在同陈力先生商榷；间接地说，他仍然是在探讨崔述所曾探讨过的问题，即继续崔述对今本《竹书纪年》的工作。陈力先生的文章是否定崔述对于今本《竹书纪年》的辨伪结论的，而且写得很博雅，东方不同意陈力先生的看法，就不能不与这一篇引证广博的文章相辩论。这样的工作，也是必须在微观上下功夫的。

---

[1] Thomas Kuhn, *The Essential Tension: Tradition and Innovation in Scientific Research*, University of Chicago Press, 1977, 225-239.

东方虽然从微观方面着力研究崔述,但又不仅仅以此为满足。他对于崔述具体文章和论点的研究,在某种意义上说,也是为了从更深的层次去了解崔述本身。例如,通过对崔述的周公不曾称王说的分析与评论,他一方面是要辨别此一问题之是非,而另一方面则进一步了解崔述学术内部的深层矛盾:虽然崔述在主观上力求摆脱成见,但是在客观上,并未能完全排除先入之见的作用。

了解或把握崔述学术的内在矛盾,似乎是他这一本书的各篇中都可以看到的话题。书中第一篇谈崔述学术的几个问题,实际上就是从四个方面探讨了崔述学术的内在矛盾。说到这里,有一点必须交代清楚,那就是,讨论崔述学术的内在矛盾,绝不意味着崔述的学术是充满矛盾而不值一提的。相反地,我们从学术史的角度来看,几乎历史上一切有成就的大学者都不可避免地有其深层的内在矛盾。如果他的学术已经到了完美无缺而无任何矛盾的程度,恐怕学术真的就要到他为止了。黑格尔说:"凡有限之物都是自相矛盾的,并且由于自相矛盾而自己扬弃自己。"[1]我们这里所说的崔述学术的内在矛盾,就是从这个意义而言的。所以,东方努力把握崔述学术内在的深层矛盾,绝非要对崔述做简单的否定,而是力求从更深的层次来看清,崔述的学术是怎样从其前辈学者转化而来的,又是怎样对以后学者发挥其影响的。力求看清崔述学术的内在矛盾,就是力求了解他是怎么样在中国学术史中运动的。

当然,以上的说法也许还嫌不够具体,现在再举一个例子来说明。崔述说:"人之情好以己度人,以今度古,以不肖度圣贤。"[2]又说:"余生平不好有成见,于书则就书论之,于事则就事论之,于文则就文论之,皆无人之见存。"[3]可是,就在崔述批评"以己度人,以今度古"一段文字

---

[1] 黑格尔:《小逻辑》,第177页。
[2] 崔述:《考信录摘要》,载《崔东壁遗书》,第4页。
[3] 崔述:《考信录摘要》,载《崔东壁遗书》,第16页。

之中，他列举了两个事例作为说明，一是关于一位行善的僧人的，一就是关于他自己的。这些不都是以己度人、以今度古吗？崔述自己甚至都没有发现这样的问题。胡适之先生显然比崔述高明多了，他发现了崔述有"自坏其例"的地方。这真能发人之耳目，使人们的思维有所突破。胡先生还很厚道地说："这都是时代风气的限制，不足为崔述的罪状。"[1]这些话都说得很中肯。不过，到了哲学诠释学已经在相当程度上影响到其他学科尤其是史学的今天，我们就不能只把话说到胡适之先生那种程度为止了。因为崔述要考证古史就不能不理解古史，如果不用他已有的知识或先有的判断去看古史，他又如何能理解呢？所以，以己度人、以今度古本来就不是可以避免的，甚至还可以说，它也是认识赖以进行的一个主观前提。那么照这样说，人们是否就可以任意地以己度人、以今度古呢？绝对不是，中间有一对于"成见"（prejudice 或 vorurteil）既须承认其必要性，又要明确其合理程度的问题。这样的问题，又是胡适之先生当年所不及讨论的，也属于一个历史限制的问题。而东方书中的《经义求真与古史考信——崔述经史考辨之诠释学分析》一文就是试图在这一点上做新解释的。据我所知似乎还没有前人从这样的角度论述过崔述学术中的内在张力（tension）。如果真的是这样，东方的这一努力尽管只是一个开始，也应该说是有意义的。

因为这10余年来和东方在学术上的往复讨论较多，比较了解他的学术思路，所以谨作序言如上，尚祈有关专家及读者有以教之。

1997年10月于北京师范大学补拙未书室暇

（原载邵东方：《崔述学术考论》，广西师范大学出版社，2009年）

1　胡适：《崔东壁遗书序》，载《崔东壁遗书》，第1045页。

彭刚著《叙事的转向》序

月初，友人彭刚君来，带来他的大著《叙事的转向》书稿，告以行将付梓，并嘱为之作序。初听之后，颇觉惶恐，内心自问：我的学力胜任吗？这倒不是故作谦辞，因为彭君在此方面本属科班出身，其译著和论文问世者已经不少，而且颇得学术界好评，我自己也认为他已经是一位相当出色的青年专家；而我作为一个长期以具体史学为工作对象的学者，虽然对史学理论一直身怀业余爱好（也许还可以说这种hobby也到了某种crazy的程度），但是充其量不过一介"下海票友"而已。要我给他的书写序，能写出什么模样来呢？总不能"佛头着粪"吧。于是建议彭君，宜请何兆武先生作序。何先生既为彭君之师，又为当今西方史学理论研究之巨擘，为彭君此书作序，其谁能谓不宜？彭君答称，已请序于先生，并蒙俯允；并说在此书后记中已经提到将请何先生与不才作序，且戏言"大概脱不了拉大旗作虎皮的嫌疑"。听完此语，我不禁失笑说："何先生为足下之本师，足下既成长于何先生学术之旗下，此大旗不拉已有，无须再拉；而我算得上什么大旗？人家不说我为你的书写序是附君骥尾，那已经够宽大为怀了，何来足下所谓之嫌疑？"于是，彭君与我相视而笑。此时我心亦豁然有所悟。什么"大旗""虎皮""附骥""沾光"

之类一概无非"客气"（非今日通常所用的意思）之浮词，原无关于学术交往之实际，一笑置之，就可以了。鉴于彭君与我这些年来的学术交往，相互间的了解和友谊的确是相当不错的，为朋友的书写篇序，不论好坏，也总是一种正常的学术交往、对话，对于读者多少会有些好处的。于是我们商定，何先生作为老师的序作为序一，我作为朋友的序作为序二。这样开始准备写序了。

要为他的书写序，就不能不读其书。不过，正如彭君所言，他的书中的多数内容不是成文以前就和我有所讨论，就是成文后首先让我先睹为快，随后还会有所交谈和讨论，所以看起来相当熟悉，颇有如见故人之感。这里就要谈一点彭君与我的学术交往。我对史学理论长期有浓烈之兴趣，抓到一点时间就会读一些这方面的著作和译作，而我自己限于时间之紧张以及精力之不足，读遍外国书之中译本都来不及，读了一些感到译文有难解之处的书，想到各图书馆查找原文也有力所不逮之感。在这种情况下，彭刚君的译文颇能承乃师何先生之风，让我读起来方便易解并且比较放心；有其他译著要对读原文者，他又会帮我找来原书或复印本。所以，他是我研读外国当代史学理论的一位益友。他给我带来了巨大的方便，我读后有想法自然也会和他交流。在交流中，他常给我带来许多新的信息以及他的看法，我会就此提出愚见，有时还会结合中国传统文史之学谈一些个人见解。我们之间年龄差异虽大，但是彼此皆能尽兴而谈，竟然常在讨论中得到一些互相推敲和印证的愉悦。这样我们之间就构成了学术上的忘年之交。这也说明，他之所以要我写序，不过是平时学术交流的一种继续而已。当然，这样的序，只能是朋友的序。

以上谈了在与我交往之中的彭君其人，现在该谈谈其书了。在准备写序中与彭君通话数次，就书中内容可分析、可扩展讨论之点也做了不少的交流，而且颇有相得益彰之处。原来准备把这些内容初步写进序文里，可是经过对目前不得不做的种种事情的安排，发现我暂时实在做不到这样一点。所以，下面只能对此书的内容重点，就我所见及者做些简要的介绍。

在我看来，彭君此书乃是一部关于20世纪西方史学的理论与历史的专著，而其重点则在于史学理论发展之历史。不过，他的叙述方式不是按照时间顺序，严格地依照编年史的编排，而是重点地突出当代所谓后现代主义的史学理论，然后再把它们置于史学理论的历史进程中加以分析、论述的。后现代主义史学理论的最主要的特点是什么呢？彭君此书的书名已经切中鹄的地指认出来——叙事的转向。当然在叙事的转向（哲学中的语言学转向与史学中的叙事转向是一致的）中出现的流派并不止一家，他没有太多着墨于从理论上反对"总体史"而在实践上致力于一村、一镇的细化叙事的史学的论述，而是特别聚焦于史学叙事转向中的两位在理论上起到领军作用的人物——海登·怀特和安克斯密特，同时也论及在思想史研究中深受维特根斯坦和奥斯汀等人语言哲学影响的昆廷·斯金纳。本书开始的三个部分就是对这三位学者所做的个案的论述。有了这三个主要的个案的论述以后，接着就是其第四部分，即从个案到以19世纪为缘起的20世纪西方史学理论的总体发展，自历史事实与解释的关系的角度把这一发展分为以下三个阶段："粗略地说，在重构论（按，以兰克为代表）看来，事实的积累自会呈现出意义和模式，历史解释出自历史事实；在建构论（按，以克罗齐、柯林武德为代表）看来，事实并非解释所要围绕的'硬核'，事实进入历史学家的视野和工作程序，本身就包含了解释的因素在其中，而解释的结构符合于事实的结构，乃是解释成功的标准；在解构论（按，即语言学的转向或叙事的转向，以海登·怀特、安克斯密特等人为代表）看来，事实没有独立于文本之外的实在性，解释主导和支配着事实，但解释和事实之间在没有截然分界线的同时，却又可以互相转换。"（见此书第151页）彭君在论述的同时，分析了其间过渡的内在理路与历史意义，并且在必要的地方也给出了自己的批评性意见。既然已经讨论了历史的事实与解释的关系，在随后的第五部分中，他自然地把讨论聚焦到相对主义、叙事主义与历史学客观性问题。历史学的客观性，乃是专业历史学家最为关注的问题核心之点。人们通常以为，相对主义的史学理论已经对于历史的客观性提出了一定程度的质疑，而叙事主义的史学理论则完全否认历史的客观性。当然，不论是海登·怀特，还是安克斯密特，都没有否认个别历史事件的实在性。但是，海登·怀特认为，历史学家在做历史叙事时可以任意选用一种隐喻框架来先验地规划其叙事总体，如此一来，还能给历史的客观性保留多少余地呢？而安克斯密特又进一步区分了"历史表现"（或"叙事客体"）和"历史描述"（或"历史陈述"）。如果说"历史描述"还"指涉"（to refer to）实在，那么"历史表现"就只是"关于"（to be about）实在而已。这样，作为文本的历史与客观性的关系，就如同风筝断了线，结果就不知所终了。彭君对于这些理论都做出了比较有说服力的分析与批评，既看到后现代主义史学对我们有其拓展视野的作用，又能做出切实的批评，这对我们是很有启发作用的。我的这一段文字，就是对于彭君此书五部分的大体框架的介绍。是否准确，这有待于彭君及读者诸君的指教。

　　彭君此书的两篇附录也是颇值一读的。由于海登·怀特和安克斯密特的史学理论与沃尔什的视角（或配景、透视）理论（即相对主义理论）有着一定的渊源关系，此书附录一《后现代视野之下的沃尔什》，即对沃尔什的视角理论与后现代主义理论的异同做了很有趣味的辨析。附录二《在"母鸡"的气象与"鸡蛋"的品质之间》，是一篇锋利而幽默的史学理论杂文，文锋直指的是某位学者的学术气象与风度，而其深处实在指向后现代主义的文本与作者绝缘的思想。读其书，竟然可以不知其人！如果说文本所展现的是作者的灵魂，那么作者就是文本灵魂所赖以托生的机体。离开机体看灵魂，那么不是无从追寻幽灵之所在就是活见鬼。

  还有一点似乎值得一说，那就是，许多专业历史学家看到后现代主义的史学理论作品，就会觉得其内容很难理解。其间的障碍，固然有其概念与思路悬殊的原因，不过也有译介者所用语言未能尽合中国读者习惯的缘故。在我看来，彭君的译介与研究总体来说是清晰易解的。这也甚便利于读者。

  这篇序文，至此为止。尚祈彭君与读者诸君批评指教。

（原载彭刚：《叙事的转向》，北京大学出版社，2009年）

拱玉书著《西亚考古史》序

这是拱玉书博士所撰的《西亚考古史》。一看到这样的书名，有人大概就会觉得它是和自己关系遥远的一部学术专著。它是一部学术专著，这一点没有问题；不过，它是否就和自己关系遥远呢？这还要具体地加以分析。如果一个人读书太过于注重直接的研究对象，那么，只要他的专业不是西亚考古史，他是会把这本书看得很遥远的。且不说非历史或考古学界的人，就是从事中国考古研究的学者，他的具体研究对象是中国古代的遗址与文物，他也有可能觉得西亚的考古与他关系遥远；就是从事世界古代史教学与研究的学者，他的具体研究对象是历史，他也有可能觉得西亚考古与他关系遥远。对于这样的有"心远地自偏"学术习性的人，只要不是直接的，就会是遥远的。当然人们对自己的治学途径都有选择的自由，专心致志地在一点上求精，也是必要的。可是，非直接性的，从而似乎遥远的事物，有时恰好在更深的层次上与我们所直接关心的对象有着密切的内在关系，问题在于人们的注意力是否深入到了这样的层次上了。只要注意到了这样的层次，不仅治中国考古和世界古代史的学者会觉得此书对自己关系重要，而且，即使是一般非专业的读者，也会对此书有兴趣的。承玉书博士好意，把《西亚考古史》书稿及有关背景资料带来给我看，并嘱写一篇序。我并非这一方面的专家，也没有什么专业方面的独到见解要借此机会说明，恰好相反，我甚感在这一方面的专业知识不足，而作为一个从事古史教学与研究工作的人，又有对这一方面的知识加以了解的迫切需要。所以愿意略述几点感想，以欢迎此书的出版，并就教于读者诸君。

第一，凡是从事世界历史教学与研究工作的人，都会知道，在我们对于古代近东的历史知识里，尤其是关于公元前1000年代中叶以前的历史，从传统的文献所得的确切信息寥寥无几，基本史料都出于最近百余年来的考古发现。我们做世界古代史教学和研究工作的人，于此更有深切体会。为了教学、编写教材或写文章，我们总不能不掌握必要的史料。一般治古史的学者都认为，史料来源越古越好，因为它切近历史的发生过程。所以治科技者书唯求新，而治古史者则惯于书唯求旧。可是，到了古代西亚史的领域，情况就有了根本的变化，史料书也必须求新。这样，我们就不能不注意于考古的进展。再则，做研究少不了要看一些有关的专著，以掌握有关问题研究发展的历史。而在古代西亚史的领域，研究史又几乎是与考古史紧密结合的。这样，我们就又不能不注意于考古的进展。在我们看不同时期的学者著作时，常会发现，对于许多事情本身及其分析，前后的学者的根据与议论就常有不同。譬如，我们过去常会参考《剑桥古代史》(第一版)，以后此书以单册的形式出第二版，以后又陆续出了第三版。关于近东、西亚的史料及论断，新本对于旧本的补充和纠正的地方真是太多了，简直要令人刮目相看。在这样的情况下，我们一方面尽量追踪人家研究的新成果，但另一方面也常常感到被动，总是跟在别人后面，难以在学术上有主动创新的余地。为什么呢？就因为我们与那里的考古相当隔膜，尤其是对于那里的考古发展的进程和趋势缺乏必要的了解。在这样的情况下，这一本书当然会是我们所热切期待的。

第二，如果既做世界古代史研究，也做中国古代史研究，同时还试图做一些比较研究，那么我们就会发现，考古学对于中外古史的作用从根本上说是同样重要的。尽管在圣经《旧约》、希罗多德《历史》等书中都有关于巴比伦的故事，西亚文明早期的信史还是靠考古发现建立的；同样，尽管早在《尚书》《诗经》等书中就有关于尧、舜及三代的记载，而中国文明早期的信史仍然离不开考古学。不过，如果具体地考察中国与西亚的考古发展的历史，那么，我们就会发现许多同中之异。发掘地下文献并加以解释，在中国和西亚考古研究工作里同样都是非常重要的内容；但是，双方的具体情况却有十分值得注意研究的差异。当中国学者最初看到甲骨片上的符号时，他们尽管对其中的许多符号并不认识，但是能够确认那是古代文字，并且能够释读其中的一些。而在西亚，当学者们最初看到楔形文字的时候，他们可以推想那是古代的文字，可是根本不知道那些到底是记录什么语言的、什么人的文字。为什么会有这样的区别呢？因为中国学者不仅认识楷书体汉字，而且认识楷书体由之而来的隶书体汉字；不仅认识隶书，而且认识隶书由之而来的篆字；而认识了篆字，便有了认识青铜器上的金文的桥梁；认识了金文，就又有了认识甲骨文的桥梁。所以，尽管一般识楷书字的人不能认识金文或甲骨文，但是其间的文化信息桥梁连续未断，学者们完全可以循着这一桥梁由已知推求未知。所以中国学者对于古文字做的是考释工作，考旧以知新，推陈而出新。在西亚古文字研究中，情况就是另一样了。学者在那里最初面临的是茫然一片，没有任何现存直接的文化信息桥梁，所以他们做的是一种破读（decipher）的工作。他们只是在经过曲折的途径寻找到那种古今间的文化信息桥梁之后，才解决了文献释读的问题。如果我们要对中国与西亚古文明做比较的研究，那么了解与分析中国与西亚双方考古研究途中的异同就具有深层的不可缺少的重要意义。在这样的情况下，这一本书同样会是我们所热切期待的。

第三，在即将过去的20世纪里，中国考古学家为我国的考古事业做出了令人敬佩的卓越贡献，使我们的古史研究有了许多新天地、新成果。但是，我们的考古学在世界上还是比较年轻的，比西方国家起步要晚。西方人在西亚所取得的考古成绩，对于我们的考古学来说是会很有借鉴作用的。就此一点而言，这一本书对于中国考古学界也应当是一份珍贵的礼品。还不能不指出的是，我们的考古成就还只局限于中国境内，还没有能像西方人那样到海外去开拓新天地。于是，我们在研究世界考古发展史上就落后于人。当然，这不是我们学者的问题，而是百余年以来中国在西方列强压迫下国力不振的结果。只要看一看这本书，我们就会清楚地知道，西方人在西亚的考古是随其东指的殖民势力而兴起的。当然这只是说明一个事实，而绝无贬低西方学者考古成就的意思。

现在，旧的殖民时代已经过去，我们的国家也逐渐地发展起来，我们的学术界也逐渐地和国外学术界建立起友好的联系，我们的学者到西亚参加考古工作并做出自己的贡献的时节已经不会太远了。而要参加在西亚的考古工作，不了解西亚考古的历史，那怎么行呢？这样，这一本书就更加具有新的意义，我希望它能成为我们在西亚考古中贡献的一枝报春的花！

第四，我不认为这一本书对于今天的一般读者来说就是一件奢侈品。随着传播手段的现代化和普及化，现在中国人的科学、文化知识的眼界和水平，已经远非过去可比。知道在中国以外还有其他文明古国，并且还有一定程度的感性知识的人，在人口中的比例大概不会比电视普及率低。对于对西亚古文明已经有一定感性知识的人来说，他们难道就不会想一想这些知识是从什么途径得来的吗？现在我们正在强调人的素质教育，人的素质对于我们国家在新世纪的全球性的竞争中的成绩将具有不可估量的意义。这样，这一本书对于广大的有一定文化的读者来说同样是需要的。

玉书博士此书，不仅在国内是垦荒之作，在国外也未见有任何现成的外文的蓝本。他作此书，如蜜蜂之酿蜜，采集多书然后以己意成之。

此书之内容结构与分期,均为作者自己研究之心得,实为难能可贵。当然此书也有其不足之处,那就是只写到第二次世界大战,而战后的部分目前尚付阙如。所以在欢迎此书出版之同时,也希望其续篇不久后面世。

2001年10月

(原载拱玉书:《西亚考古史[1842—1939]》,文物出版社,2002年)

第五辑

信　札

致林志纯先生（年月日不详）

林老师：

多年没有给您写信。您身体好吗？工作大概很忙吧？

1972年，刘文鹏同志、崔连仲同志先后来京。听说您就世界古代史方面写了几篇批判修正主义的文章，并有印稿。很希望能够拜读，请您寄给我，好吗？您们是否编写教材、参考资料？您自己在从事什么研究项目或有什么计划？亦请见示。

"文化大革命"的前几年，我一直在校参加运动，受到很多教育。1971年春，被借调到故宫博物院参加了几个月整改工作，接触了一些关于中国史方面的业务。当年冬，学校接受了《混乱时期的伊拉克，1930—1941年》（俄文）、《1900—1950年的伊拉克》（英文）两书的翻译任务，我也参加做了一

（按，以下缺，此信具体日期不详）

致林志纯、朱寰先生（1973年12月6日）

林老师、朱寰同志：

　　谢谢母校寄来《世界古代史》上、下两册，使我有机会学习您们教育革命的成果，有机会在古代史的批修、批资和学术新资料的运用方面受到教益和启发。

　　现在系里来函嘱提意见，是要收考卷了。感到惶恐和歉疚的是，因为学习不够，回答很可能使你们不满意。

　　我们世界史教研室古代史组同志，一部分因忙于其他工作未及阅读上册，一部分匆匆读了。最近我们谈了一次，大家感到内容很值得我们学习、参考（好几位同志想个人买一份，可以买吗？请示知），没有提多少具体修改意见。现将我们一些粗糙的想法写出，附纸寄上，也算供参考吧。谨致

　　敬礼并请代向

　　各位老师和同志问好

　　您们教育革命的新成果、经验，亦请示知。

刘家和上
1973.12.6晚

读《世界古代史》（上册），受到很大教育和启发，感到它比无产阶级"文化大革命"前的同类教材有很大的革新和进步。

大力加强对苏联修正主义观点和西方资产阶级观点的批判，克服它们长期给予我们的世界古代史的影响。如批判苏联的原始社会分期法，批判魏特夫的"东方专制主义"谬论等，对我们重新认识古代史上的一些重大问题是很有帮助的。

在奴隶社会部分始终抓紧阶级、阶级矛盾和阶级斗争这条历史主线，大力发掘和分析这方面的材料，驳斥调和阶级矛盾（如伊林认为印度无大规模武装阶级斗争等）和否认阶级斗争是历史发展动力的修正主义和资产阶级观点。

加强了东方古国的历史（从内容上和篇幅上），使某些东方国家古代后期的历史不再作为希腊、罗马的尾巴，而是作为独立的东方古国历史的继续，批判西方中心论，克服其错误影响。

为了批判修正主义和资产阶级的谬论，在史料的选用和分析上做了切实、有益的努力，对我们很有帮助。

下面再提一些不成熟的想法和问题，供修改时参考。

（1）这本书编于十大以前，现在修订，可以增添公开批判林、陈反动观点的内容，如他们胡说希腊古典文化是世界文化的渊源、否认奴隶社会是人类社会发展一般必经阶段之一等。

（2）卷首说明已说到要另写文化史部分，现在可以根据深入批孔的精神，增添古代历史中意识形态领域内两条路线斗争的内容，批判古代一些反动学派的流毒。

（3）我们感到（我们上古、中古教学一学期，共15周，全部教学时数180，所以我们是从自己的情况来感觉的，很可能不符合你们情况）这本书篇幅重了一些，上古（上册）比中古（下册）还多一些，现在又要增添新的内容（如文化史），因此是否可以删节或精简一些头绪？

（4）我们感到：原始社会和东方国家（特别是早期部分）部分对我们很有帮助和启发，很有价值；可是这部分硬性材料密集度高，供原来接触过有关专业的学员自学，是否难度会大一些（这只是揣测，无实践根据）？是否可以把比较专门性的论述给学报或做单行附录发表，教本本身则简明通俗一些？

最后提一个具体问题，贵霜帝国纳入印度史（过去一直如此）是否适当？贵霜领土远出今印巴（历史上的印度是它们的前身）范围而又不包括它们的全部，第210页也说到它当时是四大帝国之一。考虑到影响，是否在书中予贵霜以独立地位为好？

致林志纯先生（1976年1月9日）

林老师：

读了《资料》第三辑，又读了田昌五的（您所嘱读的）那篇文章，收获实在不小。问题在于时间紧迫，读得太粗略，也未及很好消化。现在，我达到了这样一些认识：

（1）《政治经济学批判》序言所说"亚细亚生产方式"系指原始社会的形态。

（2）原始公社的原生形态和次生形态不仅东方有过，西方同样也有过（当然，次生形态既是多样的，复杂的历史现象是不可避免的）。因而东西方基本规律是统一的。不能用"普通奴隶制"充当奴隶制。

（3）最初的奴隶制国家都是小国寡民的城邦，不可能是专制帝国。

（4）说农村公社是专制制度的基础，小农经济是城邦基础，都不是说"全部"基础，奴隶制专制帝国或城邦（作为"国体"）的基础同是奴隶制。我体会，这（奴隶制）基础是与"上层建筑"相对应的"基础"。因为小农经济还曾"构成封建生产方式的基础"（见您所编语录87，毛主席也有类似指示），而封建生产方式与封建上层建筑相对应，又正是"基础"。我的体会是否正确？请批评指导。但，不是"全部"基础的理解，我是完全同意您的。

　　以上四点，我是接受您的。我想，这也将是我参加《史纲》工作的一些基本的认识。

　　由于消化不够，理解还很粗，有些问题还未解决。最近我们讨论中，怡天提出一些问题，我也提了一些问题。于庆和同志让我们给您写信。我想把一些主要点写给您，请您解疑是必要的。这里我只说自己一点理解，即关于过渡问题的。

　　您把城邦作为过渡阶段。我想，雅典城邦的克利斯梯尼前阶段似应是过渡阶段（如果提过渡的话）。因为：(1)此前有清除民族制残余的革命任务，此后基本没有了；(2)此前平民贵族矛盾斗争是主要的，此后自由民、奴隶的矛盾斗争是主要的。列宁在《打着别人的旗帜》一文中给资本主义社会分期；对第一期也很重视其反封建任务尚未完成的特点。汉宣帝前的中国封建社会也有扫清奴隶制残余问题。您从城邦制基础是小农这一点把它看成过渡阶段，是否又忽视了您所十分重视的城邦的小农以外的基础——奴隶制呢？您引语录217就是说明这一点的。所以，我想是否可做这样理解：克利斯梯尼前是过渡阶段或奴隶社会第一阶段。城邦时期是奴隶制国家发展的一个阶段，在此阶段中，其前期清除民族残余，通过一系列立法，确立或保护了城邦公民小农所有制，同时为奴隶制发展扫清道路；其后期，奴隶制在城邦中发展起来，它引起小农破产，使城邦走向反面。当然小农破产有一过程，这个过程即城邦后期阶段，这时的小农已不像前期那样还可以巩固或保护一下，因为已经发展起来的奴隶制是不可能再回到前期的水平上去的。所以，城邦是以小农为基础的，但是小农本身不是一成不变的，在城邦前期是以虽经贵族打击而终于巩固一时的小农为基础的，而后期则是以正在瓦解中的小农为基础的，也可以说城邦后期是为帝国做准备的时期。总之，我想：(1)城邦无疑是一阶段，(2)是否能不提它是过渡阶段为宜。

致林志纯先生（1976年1月9日） 401

怡天所提问题中有：专制与专制帝国在概念上并不等同，城邦中也有实行君主制的。这与您对"过渡"问题的理解有关，所以这里附带提一下。我想，城邦确有君主制的（Arist. *Politics* 中多次说到），但 monarch 不等于 despot，不等于 absolute monarch。城邦从原始社会而来，有可能完全摆脱军事民主制残迹（这点怡天同意）。所以，不可能有一发生国家即是专制主义的。您在研究城邦，这个问题也请您给讲一下。

在分配给我的希腊章中，没有特殊的理论上的困难。听了他们几位转达的意见，谈要把奴隶起义内容具体化一下。我想，是否把几次美塞尼亚战争和开俄斯奴隶起义稍加具体化一下（Drimacus 这个人不好评价，看来像个投降派）。另外，我想系印稿 p. 66 上说希洛制式"家长制奴隶制"，又说它与开俄斯的奴隶制各为一类型。这样便出现两种类型与两阶段的问题。这个问题不是本书所要突出的地方，是否不做展开，也不明确地指出是阶段或类型区别，就具体情况写。您以为如何？希腊章中其他具体问题在会上提了一下。因不影响全书特定，就不再在现在干扰您了。

近两周我对《史纲》才逐渐进入角色。前天又讨论了一天《史通》前言稿，也许是最后一次了。您为我详细地指了书目，可是时间已不允许我现在去大量阅读。Tod 书，我们买了，是希腊文，看不懂。Jacoby 书，我们没有，也来不及去找去读。上周翻到过去听您讲学的笔记，您谈到近代研究希腊史的不同时期代表作，Grote、Bury 的书我自己有，Glot、Hammond 的书也借到了。Loeb 书我们不全，也借了一些。现在问题是来不及读。现在大家都还未动笔，春节前肯定不能完成，这又拖了通改的时间。老崔、昭晰两同志同庆和同志一同通改，很好。不过，我们还是希望届时您能来京，如果通改在京进行的话。希腊章改动很小，不过字数不少。抄校一遍也需不少时间，一定尽力、尽快地做。请您多注意身体健康，敬祝

全家好

学生家和

1.8

资料第二辑也收到了。

这两辑和您正在进行的关于古典城邦的稿子,我想我们系教古代史的同志也需要学习讨论。今天到校向总支同志谈了,他很同意。虽然他们目前都有别的工作,但读一读也是好的。因此想请您嘱张彦芬同志多给我寄一两份,我再交我们系有关同志传阅。您同意吗?

又及。

1.9

致林志纯先生（1976年8月12日）

林老师：

　　读通讯四期，感谢关注。我们全家都好，房屋只出现裂缝（可能举架低占了便宜）。但因房旧且胡同太窄，所以系里让我们暂时移到学校，现住在校园防震棚中。28日下午怡天到我家来看望过，他们全家也好。

　　事有始料所不及者。我自从3月底暂停《史纲》工作，一直都在忙于系里原来一些工作的收尾工作，6月22日到大兴学校，充当劳动和《哥达纲领批判》课程工作，7月26日傍晚回城。27日洗衣服，原拟28日即重新开始《史纲》希腊章工作。适因地震，又忙碌一阵。近几天又忙于复亲友电、信。不过我已在棚子里翻阅书籍，思考问题。困难是图书馆、资料室不开放，棚子里也摊不开许多书，而且晚上无法工作。所以我想再设法创造一点条件，开始动笔。进度耽误了，很不安。当然还有更不安者，即几个月来，没有在这方面下功夫，无所进步，是很赶不上形势的。

　　马上要参加全校批邓大会，先就写到这里。敬祝

　　全家好，并问庆和同志及其他师友好

学生家和上
8.12晨

致林志纯先生（1976年11月1日）

林老师：

  到昨天（10.30），我总算把希腊章初步加工一遍，连附着"殖民地表"也草译出来，做了人名卡片130张、地名卡片155张（"殖民地表"译名下附英文名，故未做卡片）。做法大体是这样的：将原印稿剪贴在稿纸上，删节处以红铅笔划去（仍可见原字迹，以便核对比较），所改及附加文字写于旁边稿纸空白处，改动的考虑以及所需请教的问题用铅笔写于稿纸天地头空白处，供你们统改时参考，其问题则立即于统改之暇以通讯或其他形式赐示。

  从内容上说，这次加工是根据去冬庆和同志在京主持的讨论会所定的精神进行的。最主要一点，就是尽可能增加了一些希腊史上的阶级矛盾和经济斗争的内容。对一些个人认为需做调整或变动的提法，也已做了变动。另外，就是尽可能地复核或查对了一下材料原出处及译文，并适当增添一些脚注。不过，在个人认为无特别需要处（如历史过程简述之类），就未加脚注，因恐过于烦琐。一个月前，曾拟将公元前4世纪社会经济情况据当时演说家作品做些补充。后因（1）参加运动必须用不少时间；（2）中旬以后北京防震工作再度加紧，好多借阅书，我当时也没归还，时间也受了影响，最近才接触临震频度；（3）读书未及做笔记，也未读完，又想到铭文材料无法解决，现在我不可能真正把这一部分做好。所以这一设想也放弃了。您嘱对德谟斯梯尼、伊索克拉底做一附录，因考虑到论此二人的专文未读到，又对此二人作品也未及全部认真读，所以只是在原稿基础上稍加一些我个人认为必要的补充，主要说明伊索克拉底并非什么进步人物。我意识到从城邦到帝国的问题还需做很大努力去学习，可是这一努力不从心，没有做到。

我参加这项工作已一年，论内容仅一希腊，论篇幅仅一章，论字数不及9万，而旷日持久，成绩亦微不足道，错误缺点不可能很少，实有负吉林师大历史系总支及您的期望。蒙您教诲已20年，而今水平仍只如此，愧对吾师，夫复何言。因个别地方仍想复查一下，所以稿及卡片拟于本（5）日寄上。敬祝

合家健康

学生家和上
11.1晚

附给庆和同志一汇报信，请转交，为据。

庆和同志：

希腊章的初步加工工作已于昨日完成，稿子最近几天即将寄上。现在向您，并通过您向吉林师大历史系总支做一简要汇报，并做自我检讨，请求对于我的工作给予切实的批评、帮助和教育。

首先，我应该也必须做检讨。工作时间拖长了，而且大大拖长了，最后一个交卷，而成绩既微不足道，缺点、错误又所在多有，没有很好完成协作任务，影响全部工作进程，实在应该受到批评，也衷心请求

予以严格的批评。反复思考出现上述问题的原因，自己觉得除客观原因（这些都不须赘述）外，关键问题还在自己主观方面：一是个人水平很低，理论上要多学习，业务上要多查书，占去了很多时间，结果工作水平仍甚低；一是个人思想方法、工作方法习惯等，拿不起，放不下，遇到问题容易钻牛犄角，自己一个人穷查苦想，向老师和同志们请教商量不够。这就既影响了进度，又难得质量。自己平时还觉得辛辛苦苦，没有放松，原谅自己。我想如果早有自我批评精神并请领导和同志们帮助，会及时发现问题所在，及早改正，工作效果会好很多。现在检查起来，虽有些初步认识，但也只是作为教训，在以后工作中再改正了。不过，也不能因这次工作已基本结束而放松对我的要求，仍请给我严格认真的批评帮助，这也是为了帮我把以后工作做好一些。

  关于工作情况，从内容上说，主要按照去年在京讨论会上决定的原则：（1）尽可能补充一些阶级矛盾和阶级斗争的内容，并说明阶级斗争的历史作用；（2）改变认为不妥善的提法；（3）尽可能核实一下材料，力求提高准确性。这是当时决定改希腊章的原则，大体上也是这样做的。当然，由于个人水平限制，工作做得不好。具体方法，如您在京时所见，即将原稿剪贴稿纸上，拟删处用红铅笔写于稿纸天地头空白处，供统改时参考，并将指教。除正文外，附录译了一"殖民地表"统一人地名卡片共285张，均将与稿一同寄上。

  我考虑到这本书的主要注意点之一是从城邦到帝国的规律问题，因此曾想在原稿比较简略的公元前4世纪上多下一点功夫，您离京后我主要考虑的一直是这个问题，但由于其他事情不少（上月中旬以后北京防震工作又很紧张），只是尽个人可能核对或稍增一些材料，未能做出更多的工作。其中我不懂希腊文，不能用铭文材料，也是一大难点。我想，如果统改时间充裕，这方面还是值得加强的。林老师具备条件做好这一工作。

我终于就要交卷了，这是一份不及格的卷子，有负吉林师大总支及师友们的期望，内心很抱歉。然而吉林师大是我母校之一，我相信，我的老师和同学看到我的缺点是会更多、更有的放矢地给我指导帮助的。

我感谢吉林师大历史系总支、林老师和同志们在这次工作中给予我的宝贵的指导和帮助。吉林师大历史系总支和您关怀、体贴协作单位的工作和需要，给了我们很大的照顾，我们系和我个人对此都是记在心里的。吉林师大历史系总支和您在领导兄弟单位同志工作中，既坚持原则、把握大方向，又充分发扬民主，贯彻"双百"方针，也是我们学习的很好的榜样。在吉林师大历史系党总支领导和关怀下，林老师以年长有病（他在信中从未说过个人健康情况）仍那样发愤刻苦，对我们这些学生仍那样热心地、无保留地、满怀希望地（虽然有时或时常对我估计高了）给以指导和帮助。这一点，我也要向吉林师大历史系总支和林老师致以衷心感谢。

关于我的汇报，就写到这里。

下一段我们系让我们古代史几个同志编本系和函授用的教材，并希望能同您们协作，向您们学习。上次我已据总支意见给您写了一信，未知您系考虑如何？希望您在吉林师大历史系总支做决定后给予回信。我们系也考虑到，如果您系古代史同志因有统改《史纲》任务，如协作，具体分工负担可具体商量（如您系多承担中古部分具体任务等）。当然具体问题只有在决定协作后双方共同研究解决。谨致

敬礼

家和

11.1晚

致林志纯先生（1976年12月18日）

林老师：

　　月初已将希腊章初步加工稿挂号寄上，想蒙收阅。如您方便，请予审阅，统改时将我工作中的缺点、错误随手记下，寄我一读，读完手稿仍寄还您。如太费时间，则请将我的主要缺点、错误予以指出。我很珍视您的指导，以便我以后可以有所进步。

　　《毛泽东诗词》英汉对照本同时寄上（挂号）。我原想买一本精装的送您，可惜这次仍只有平装本。鉴于上次经验，怕一等又卖完了，连平装本也没有，所以就要平装本了。

　　现在我的任务是准备编写本系用的世界古代史讲义（包括中古史），既是讲义，当然要简明通俗，与您的《史纲》要求不同。可是，另一方面，我想讲义也要吸取您的《史纲》的研究成果。解放前，中国人编的外国史讲义主要抄英美的教科书；解放初，强调向苏学习，又抄过苏联的教科书。这都不是"自力更生"。用顾亭林的说法，这都不是"取铜于山"，这一点，也正是您所不取，您所力求改革的。所以，我想学您，首先要学您这种"自力更生、奋发图强"的精神，然后再吸取您的具体成果。编讲义自应也必须贯彻教育革命的精神，贯彻把颠倒了的历史重新颠倒过来的精神。我想这应该主要从内容着眼，不是把章节次序做些调动或做其他一些形式上的改变就能完成任务的。所以我想，即使是讲义，在历史的根本问题上（即阶级和阶级斗争的问题上）还是要尽力下点功夫。您以为这些想法对否？希望您能有时间给我做些指导。

  由于开始考虑讲义，东方古国又成了我必须认真注意的课题。这样，问题就又纷至沓来。例如，埃及古王国是否存在土地买卖，看您的《古代史》（上册）和打印稿，都据《梅腾自传》说有。您主要据 Breasted 的 *Records* 译文没有（*Records* 甚至无 njśw. ti. w 的索引），1950 年版 *ХресТомаТИя* 中 Лурье 的译文也无此说。1963 年版 *ХресТомаТИя* 中 Т. Н. Савельева 的译文（与 Лурье 同据 K. Sethe 本）都有。Савельева 的《埃及古王国时期的土地制度》又主要以此一条说明当时有土地买卖。这样孤证是否稳妥？如您有便，请予以指示。关于埃及史的材料，拟主要考信于 Breasted 的 *Records*，1963 年版 *ХресТомаТИя* 以及 Pritchard 的 *Ancient Near Eastern Texts*，是否可以？关于埃及、两河仍应看何书？如您有便，并请予以指导。

  在北京图书馆见到《剑桥伊朗史》第四本（1975 年），不知您是否见过（或有）第一、二本？《埃及古王国时期的土地制度》所附书目中有 Bakir 的 *Slavery in Pharaonic Egypt*（Le Cairo, 1952），未知您处是否有（或知他处有）？

  我们系希望编写讲义能同您系协作，已先后写两信（一经您转）给庆和同志，迄未见复，想是很忙。当然，协作只有双方（或多方）有需要和可能的条件下才会发生。敬祝

  全家健康

学生家和
12.18 晚

星期六晚写了信，星期日有人来，未寄，20 日寄。

致林志纯先生（1977年2月16日）

林老师：

　　首先向您祝贺春节，祝您全家新春健康、愉快。

　　收到朱寰同志3日来信，知道您们愿意及早讨论协作讲义的有关问题，而您因《史纲》定稿工作最近不便离开长春，我原打算这次我们来长，正好我也积累了一些问题，需要当面向您请教。向系总支汇报后，领导研究了一下，提议邀请你们来京。我们的困难在于最近一段学校经费问题很紧。这一点实在不好意思向您系作为理由来说，您们三位知道就算了。前几天已将邀请提议写信给朱寰同志，看来这次没有机会向您当面请教了。

　　读朱寰同志信，知道您主张将各国政治史做一概括叙述（串线），然后写些专题。我自己原来也有此想法，与您想法稍有不同处可能在于：您的要求比较系统，分类严格完整，例近《通典》《通考》；我设想除主要线索外，一些国家写些专题，少部分国家也可不写，专题不求完全，有什么比较突出的内容（如《汉谟拉比法典》、印度种姓制度等）就写什么，可能例近纪事本末。我想串线是供学员掌握最基本常识用的，专题则力求依据切实材料，启发学员在某些重点问题上有较深入的理解。

如说前者重面，后者则重点，如点面结合得好，也许有利于学员的自学和提高独立工作能力。我想，重点放在各国的阶级关系、阶级斗争和中国与有关国家友好往来两方面，在这两方面尽可能做些努力，言必有据，取铜于山。去年我系总支要求提供编教材的设想，我曾汇报了自己的想法，总支认为原则可行。唯最近一段时期我们这边几个同志讨论中觉得这样做法也有其困难，因我设想的办法由线索与专题之间有牵连（有的可能重复，有的可能不易互相照应），问题不易解决。还有，我想专题写来不易，上古部分《史纲》提供了不少有益的条件，而对中古部分我又完全没有底。不知朱寰同志以为您的设想对中古部分是否易于实行？如您这次不来，请您将意见全部由朱寰同志带来，以便我们再学习、思考、讨论。

最近一段时间翻阅了一些两河流域的材料，主要想了解一下土地买卖的具体情况和阶级斗争的情况。从北图借的一本 *Early Babylonian Letters and Economic Texts*（John Bruce Alexander），目录中标出有土地买卖文书若干件，但正文皆原文图版，无法阅读。如有这类私法文书的近代文字译本，请赐示，想借读或托人帮读。用了一些时间翻阅 *Ancient Records of Assyria & Babylonia*（Luckenbill），觉得在亚述诸王的铭文中还有不少关于奴隶来源、数量以及被征服民族起义的材料的，Sargon II 买地的材料也见到了，又 *Records of the Past* 译文较早，但觉得也有一些参考价值。现在看过的来不及笔记，感到时间有困难。下一段讲义如动笔，时间可能更紧。

涂厚善同志最近来信，他感到《世界古代史上阶级斗争和路线斗争的几个问题》的观点有问题，我也有同感。（1）似乎把奴隶起义当成了只为"路线斗争"清道的事，起义作用似只有通过改革派的"伟大人物"才体现出来；（2）把共和国末期的元老贵族说成"一切进步势力"的"众矢之的"，是否也忽略了当时的社会主要矛盾，把奴隶、小农、中奴主改革派说成了"进步的一帮"？（3）罗马从共和国到帝国，是历史的必然，但是否就是进步？我想，罗马帝国似不能与秦相比，（1）秦在封建社会上升时期，共和国末帝国初似不能说奴隶制仍在上升阶段；（2）秦统一是中国统一史中的一个重要进程，而罗马帝国（与波斯、亚历山大帝国一样）是以侵略为前提的；罗马的统一与扩大公民权范围的进步性似仅能局限于意大利半岛。这样的问题能当面请教最好，现在只有写信。您时间又紧，如无暇复信，是否可用笔批在此信旁边寄回来，指示一个考虑的途径。

这次名为协作，在我看来古代史全部靠您指导。两校之间是协作关系，您同我仍是师生，我在这次也一定要努力跟您学习。我想写作过程中总会有机会直接向您请教的。我以后准备就内容问题多给您写信。您根据时间情况，认为需答、简答或不需答，怎样处理皆好。敬祝

全家春节愉快

学生家和

2.16

致林志纯先生（1978年11月27日）

林老师：

　　陈老师来示校《史纲》上册样稿，我协助校了西亚和南亚两章。技术上的问题大体都解决了。只有一处，即印稿p. 359注③中samiti之同根同义词错排成俄文字母，而手稿系梵文字母（不好辨认，大概写错了，संगम，第一音节想系सं saṁ，第二音节ग为ga，恐误，第三字母无法辨认）。我想大概是saṁhitās，因手边无好梵文字典，未得印证，未敢遽定。请您审查，如是，改拉丁化也好。梵文字母易印错，一般人又不识。

　　其余有几处文字和材料上的改动，都在陈老师允许同意下做了，如不要，将来再改回来。现将改动处文字向您报告如下：

　　（1）稿（按，皆指印稿）p. 161，注⑤末行末句："乌鲁卡基那与神宁吉尔苏确立了这个命令。"记得Bacton英译意思是"乌鲁卡基那奉神宁吉尔苏之命……"，书现不在手边，但印象不会错。Lambert法译（RA, p. 183）"urukagina fit stèles pas Ningirsu cette déclaration..."，马先生译作"乌鲁卡基那请宁吉尔苏对……宣告印章"。我校此稿时曾想到此句是否有乌鲁卡基那以宁吉尔苏的名义盖章的意思（当时曾向您说过，可能您已不记）。后与马先生一同查词书，我的设想不见根据，而马先生译法虽看起来觉不顺，却有根据，结果未改。总括英法二译，乌鲁卡基那与神皆非处于并列之平等地位。您译"与神宁吉尔苏……"看来可能据苏63年东方史选读стр. 180. "с богом Нингирсу Урукагина слово это установил."。如是，建议改为"借助于神宁吉尔苏……"（按，已改。）

（2）稿p. 196，倒七行以下（赫梯一段史料又见1973年本p. 106）："男26，断奶男孩16，女孩4，妇女10，少女11，断奶女孩2……"据63年选读cтр. 330，改作："男孩16，断奶男孩4，妇女30……"又同页，"只有一个老人，3个老妇"。据俄译统计，为：

老男1+0+2=3，您匆忙中忘了加后一项。建议改过来（按，已改）。

老妇1+2+2=5，又总数应是215+5=220。不过那5个中无老人，故未改。

（3）稿p. 207，二行"必须在族内结婚"，给人以氏族内婚印象。同页注①引《旧约》（当时稿在手边，未记章节，现忘了），讲的土地是在"支派"内继承。"支派"据英译后加（tribe），说明是部落内婚（按，已加）。括号内让能改为希腊或拉丁文更好。

西亚章主要就改动了这几点。

（4）稿p. 341，注①第一行："梵语曰'信度'（Sindhu），义为'海洋'。"查"信度"还有"江河"的意思（按，已加）。中国古代史"江""河"皆特指长江、黄河，后泛指。不知Sindhu"江河"之义是否也如中国之"江""河"这样演变而来。

（5）稿p. 375，p. 380，p. 411，三处引《守护国界主陀罗尼经》。考虑到此经属于大乘佛教后期之密教部（兴起于公元7世纪以后），不唯时代晚，而且此派专搞咒语（陀罗尼即曼陀罗，即"咒"），作为严肃的历史书，最好不引这类佛经作为典据。因此，对于前两处，正文中都去引号，述大意，此处注删去。后一条说奴隶逃亡，实际原经说的是佛门不纳逃亡奴隶。也做了相应修改（改作"佛教戒律规定，只许接纳已被释放的奴隶入佛门，对于逃亡奴隶则不许接纳"。注用 *Slavery in Ancient India*）。

（6）稿 p. 381，第十二至十五行，关于鸯掘摩"起义"故事，说"反映了起义者据地称王的情景"。注云据《增一阿含》，然从所注得不出此结论。看西晋法护译《佛说鸯掘摩经》卷一，刘宋求那跋陀罗译《鸯掘摩罗经》卷一，都说鸯掘摩（意译为"指鬘"）系婆罗门出身，幼孤贫（原名一切世间现），及长，因拒绝一女子诱惑而被反诬，失去婆罗门身份，其师教他杀千人，取千指为鬘，即可免罪，恢复原身份。他乃杀人取指为鬘，故称鸯掘摩。西晋法护译《佛说鸯掘摩经》中说，人民单身不敢过鸯掘摩处，必须十人、二十人……千人乃敢过。依诸经说，①此故事颇类盗跖故事，而不见其有九千人，②无下层反抗之反映，③无据地称王之事实。故建议删（按，已删）。

（7）*Sources of Indian Tradition* 一书原译《印度传说资料》，考虑此书所载资料直延续至现代之印度、巴基斯坦，其中若干资料皆为正式文书，出处注得也很明白，故建议改译为《印度传统资料》（按，已改）。

南亚章主要就改动了这几点。

此外一些小地方有明显排错、笔误或改了更准确的情况，都在校中改了。这些就不一一报告了。以上几处，如您认为不当，二校时再改过来。

马先生和我的两篇译稿拟请张秀芬同志给您带来，杂志也想请她带来。

《起源》稿及函，均于陈老师到京日收到。廖学盛同志原说做第五章，您记错了，已同他交换了。不知此事交稿期限是何时？

听陈老师说您12月初就来京。您来，请发电报到我家，我来接您。

敬祝

健康

学生家和

11.27下午

致林志纯先生（1979年1月3日）

林老师：

　　您新年好。12月10日、30日手谕均已拜读。您事太多，又无适当助手，陈老师近又不在家，请您自己一定要节制一下，不能过度疲劳。您要为四个现代化长期地贡献出更大的力量，健康条件是不可缺少的。

　　《史纲》上册二校稿可能已由各位寄回给您。最近偶然翻到印度章75年打印稿，发现一校中有两小处毛病缘此稿来。（1）佛教苦谛中之"五盛阴苦"（此东晋提婆译法，法显译作"五受阴"，安世高译作"五阴"）误作"五阴盛苦"。（2）《中阿含经》所说奴婢九种义务"……九者称大家庶几。奴婢使人以此九事，善奉大家"，误断为"九者称大家，庶几奴婢……"因恐再改回，所以附带说一下，以便您好留意。

　　关于两篇译稿，已同马先生商量，如需署译者名，请于他译稿下署马香雪，我那译稿就写我名字。敬祝

　　新年健康愉快

受业家和
1979年1月3日

致林志纯先生（1981年8月9日）

林老师：

　　收到城邦史选题表后，几次想来向您面谈，都因他事未果。估计您马上就要回长春，一定很忙，所以用写信来节省您的时间。

　　您嘱我选斯巴达，题目有意义也有意思。可惜我现在只能业余参加（记得您过去是说业余参加，如正式，我参加不了），时间很少，而且这四部里肯定主要工作离不开中国通史。因此，不知是否可以在先秦诸邦中选一个试做。而且现在我也想不好选哪一个。您选周鲁卫郑，实已早有准备。我不论选哪一个都从零开始。

　　还有一个比较现实的想法，第一期四年我先不正式参加，只参加一些学习式讨论，到第二期再正式参加。我想，这几年实在读点书，等通史基本脱手，能正式参加，一面校斯巴达稿时搞先秦一个邦，那也好。您看这样好吗？

　　敬祝

　　健康并问陈老师好

学生家和

8.9晚

致林志纯先生（3月5日）

林老师：

　　2月23日谕已拜读。多劳您于百忙中一再赐教，不胜感激。您嘱我多看新书、杂志，极为重要。我要努力做，唯限于业务基础（特别是古人类学、考古学方面）及文字工具的水平，存在着需要与可能的矛盾。这个矛盾，只有逐步提高水平来解决。

　　您的《史纲》任务尚在手，当然不应也不能让您投过多的时间于讲义。但我想，您绝不能是挂名的。古代部分实在需要您指导，需要您从全局上规划，也需要您具体问题上的指导。我远不具备您所希望的那样独立工作的能力，只能在您指导下边干边学。现在真正的困难是离您太远，难得机会向您当面请教，而这种请教的需要又几乎是时常有的。讲义的任务促使我涉及并考虑到多方面的问题，从而使我略增自知之明，也更使我感到您的指导的重要性。

　　讨论大纲会上将有不少问题提出向您请教。《史纲》上册定稿工作是否3月底或4月上旬完成？怡天8日左右启程来长，今天我们见了，有些问题托他口头向您请教，我工作的大概情况他也知道，也请他转告您，不赘述。4月份北京天气正好，如您能来京，那太好了。如您仍无法离开长春，我们打算争取条件来长春（最多来三人，也可能更少。如上次我们想来，条件只许来一人）。总之，要设法见到您。

我们正讨论准备大纲草稿，力争20日如期交上。我们主要还是要学习您们的大纲稿。

敬祝

合家健康

学生家和
3.5晚
（按，此信具体年份不详。）

致林志纯先生（1986年2月21日）

林老师：

您新春好。

我的签证已经发下，机票也已买定，3月1日启程。这段时间一直很紧，因为准备一份英文稿子，其中有许多古书引文，翻译实在不易。这项工作大体明天可以完成。然后再用几天时间办一些具体的事。

您如有什么事要嘱咐我办，请以航空信赐示。

您非常忙。您工作实在不宜过累。务祈改一改起居工作原状。健康才能更多地工作。其余多种事务，您还是不要自己再操劳了。

我将于5月4日从纽约启程，次日到京。回来再给您写信。敬祝

健康并祝陈老师好

学生家和
2.21

致林志纯先生（1986年5月14日）

林老师：

　　昨奉5月7日来谕，始知吾师上月初在京撞车受伤之事。这实在是一场无妄之灾，不过您现在必须正视并重视受伤之事实，静心治疗休养，其余事以放松为宜。您平日生活节奏过快，与年事不甚相当。我们往往为您担心。此事以后，您要改变原来生活节奏。

　　我于5月6日凌晨2时回到家中。在外凡65日，身体和一切活动都很好，请勿念。了解到不少情况，也有了不少联系。唯目前美国对中国之研究并非在最高潮时期，学生对于中国古代史尤其往往视为畏途，有些美国的中国古代史教授也收不到研究生。故此行招生工作未能完成。当然，这不等于说将来会长期如此。我想，只要我们把该做的事继续做下去，同时保持和外面的联系，将来总会做出成绩来的。详情将他日面陈。

　　郝际陶同志论文，一定遵嘱细读，并写评议意见。我稍一翻阅，就看出您为指导这篇论文所下的功夫了。其中也见您作为导师的用心。

　　现在，对于您来说，首先需要做的是治好伤，恢复健康，然后才能谈其他的事。希望您安下心来战胜伤病，千万不能治疗和休养过程中操心工作，尤其不能影响情绪，否则不利于健康之恢复，也不利于今后之

工作。敬祝

  早日痊愈并向

  陈老师致意

学生家和

5.14

致林志纯先生（1986年9月16日）

林老师：

听说您心脏病发，一度住院疗养，十分挂念。现在您基本复原，出院回家，这是令人高兴的事。不过，今年以来，一次在北京跌倒（被车撞），一次在东北发病，这都是应该引起警惕和正视的事。正确对待年龄、体质的变化，就是可以健康从容地再工作20年（其条件是必须从容，以您原来的体质看，大有可能）。如果违背自然规律，自以为可以多做，实际只能是少做，使许多事业不能完成。希望您纳谏。这些都是不待智者而后知的。

如您所期望的，我们这里的世界古代史博士研究生点批下来了。至于我有多少学问，多大本领，您心里一清二楚。您是从发展古代文明史的事业的角度对我赋予希望的。但我的实际能力能否协助好您做好这个事业，则是问题。现在，我别无其他选择，当然要做。跟着您的步伐做，希望今后两校的世界古代史能有更紧密的合作。或者说得更直率些，我们这边，无论从人才、资料或影响来说，都需要您这方面的帮助。我按照您的办法做，可是我知道，我不是您，我在北京师大和您在东北师大情况大不相同。老子云："自知者明。"我不敢说"明"，但人微言轻，要办成点事，是非常非常困难的。

  我说按照您的办法做，就是充分借用一切可借用的力量，一是凡国内学有专长的学者，一定尊重团结，请他们帮忙，欢迎来讲学；二是借用国外学者力量，开拓古文字领域，为我国埃及学、亚述学等打好基础；三是冶中外于一炉，逐渐形成有我国特色的古代史学。您说我理解得对吗？

  我知道，您对于我这一代学者的期望。可惜，就是这么可怜的一点水平，在我身上还多了一种毛病，不干练，不会办事，这样局限性就更大了。近作《宗法辩难》一文，请您过目。我不同意金景芳先生说法，不过文中未提金先生名字。余再禀。

  敬祝

  健康

学生家和
9.16

致林志纯先生（1987年1月9日）

林先生：

去年年三十从武汉回到北京，随后看到廖、施二位托人带来的陆、沙等同志意见和您的处理意见。我们看了后再一块商量了一次。我们觉得按老陆同志意见，改动很大，恐难为功。所以约定我们三人和出版社同志商谈一次，以便缩短双方距离。昨（8）日到世澄同志家，老沙同志亦到（孙祥秀同志因孩子病临时未到）。

我们提出三点：（1）研究城邦，内容不上限于政治制度及作为其基础的社会经济，凡有关邦之公民共同体的政治、经济、文化、军事等（如希波战争两部矛盾书）皆非枝蔓，而是不可少的。世澄同志同意，要求尽可能与城邦制有联系（他觉得印度一章内容有些未能与城邦制直接有关）。（2）考古材料为古代研究古史的重要史料，一些国家的考古材料能直接清楚说明城邦制度者不多，这是实际的目前情况，难以一例要求（如埃及）。世澄同志意见，直接能说明具体城邦制度的材料少些只能多重事实，但不能写成考古报告式的，凡发掘过程、基本情况介绍等宜删去或大加简化。具体以埃及一章最为典型，其他各章或多或少有些类似情况。（3）现在全书结构调整，上篇您亲自命笔，自无问题，可以显出全书中心思想，中篇为各论，可以各有特点，相对独立，不必全求一致。世澄同志同意。

讨论结果：(1)突出并紧密联系城邦发生、发展这一中心，不紧密者或明确其关系，或删简之。(2)全书分上篇、下篇（您所拟的中篇，从中抽出连庆先生文）与附篇（吴汝康先生文，您文和陈先生文）。这样就找到了一个安排吴、陈二先生文的较好办法，前言或后记再略做说明。(3)第一季度（第三月）交稿，出版社争取今年发排。不求太速，但求尽可能提高质量。

和出版社同志商谈后，我们三人又研究了一下，把想法报告您：(1)我们三人立即各自改自己的本章（我们分别与出版社交换了具体修改意见）。(2)从目前情况看，要删削、调整最多的是埃及、印度二章。从各方面情况看，我们三人对这两章的加工都有困难。我们建议：先把出版社具体意见复制给文鹏、连仲二位，然后请他们在您到京后商量一下修改办法，再由他们自己动手处理。这样出来的稿子质量最有保证，其他各方面的效果也最好。(3)郝际陶三篇，要求尽可能充实提高一下，是否删去一篇也不一定。她在您直接指导下做最好。(4)修改要求明确，让最熟悉本题的人充分发挥作用，分工合作，3月中交稿没有问题。

要报告的就是以上这些。

现在要劝您的是，您不能过度紧张搞突击，要保证健康方能搞好工作。学盛、治生这些时病了，我在武汉就感冒，回来又躺了几天，还加上了血压高，头总发晕发胀。我们比您小多了，尚且问题不少。您怎能不注意健康呢？

余容面陈，预祝

春节健康，新年愉快

学生家和
1987.1.9

致林志纯先生（1987年12月22日）

林老师：

  出来已经两个多月，您和陈老师身体都好吧？念念。带给林郁的包裹已经寄到，我们也通了信和电话。听说他们准备托一位回国的访问学者在12月份把孩子带回国。但愿您的孙子吸引您的部分注意力，使您能将过于紧张的生活习惯缓和下来。只工作而无生活上的调节，对健康不利。您要学会放松一点。

  我们到此生活已经习惯，身体也还好。我们不会管理生活，就是多费些钱，能安心工作就行了。这学期我讲些专题，下学期每周有课。加之还有研究、讨论，所以平时工作和生活节奏很紧。不过我们都还好，敬请释念。

  近来得知，夏威夷大学历史系和中国研究中心想约我于明春去和他们进行学术交流。他们希望我谈的内容有关于中国世界古代史研究的情况和比较研究方面的问题。因此，我想请您给以帮助，给我一些资料，包括以下三方面：（1）世界古代史研究会方面的，（2）东北师大古典文明研究所方面的，（3）您个人著作目录（请准备一份全的给我，好吗？）。

  （1）（2）两项，凡现有者，中文、英文皆可，不必临时再麻烦您这边进行翻译。(3)项最好中、英文都有（每书或文中文题下，附以英译）。如无其他原因，我拟明年3月初（可能在1月）去夏威夷。我的准备得在事先，所以希望能尽早得到以上三方面的资料。多劳您和陈老师，十分感谢。

信封上是我办公室地址，因不常去，赐示最好寄舍下。地址是：

358 Atwood Street

Pittsburgh, PA. 15213, U.S.A.

因为工作忙，晚上还要花不少时间看电视（为了练耳朵），看外国史书的机会反而少了，是一个大矛盾。最近无法解决。奈何奈何？只好偷空看一点，了解一下新书。这里雨雪多，现在街上就积有雪。余再禀，敬颂

冬安　向

陈老师问好

见到朱寰亦请代问候，谢谢

受业家和

1987.11.22

致林志纯先生（1987年12月26日）

林老师：

　　您好。一个月前（11.24）给您写了一封信，寄到长春家中，一直在敬待回复，今天接刘迺来信，才知道您在北京，原来你们未见到我的信。

　　首先，有一件事请您帮助。夏威夷大学历史系约我在3月去访问三周（约3.1—22），要我讲几次，内容是关于中国世界古代史研究概况和历史的比较研究（我只说古代）等问题。因为此次我出来本为讲中国史，所以世界古代史方面资料都未带。现在请您帮助我，希望能有以下三方面资料：

　　（1）中国世界古代史研究会的资料，成立时间，几届机构，会员约数，活动内容等。

　　（2）东北师大开古典文明班和教学古代文字的情况。

　　（3）您个人的著作目录（中英文对照，尽可能求全）。

　　以上（1）（2）两项，有中文材料就行，原来是英文的也好。总之，您不必赶着译成中文或译成英文，原是什么文都行。如无现成的资料，那就要请您找人帮我弄一份（您有研究生在身边吗？）综合资料。不必太多，因为"概况"只讲一次。

到夏威夷大学，还可以考虑一些建立联系的问题。那里有一个"中国研究中心"，现在中心的主任和历史系主任同是一位郭教授（现在请我的就是他）。夏大历史系有一位罗马教授（是罗马军事史专家）、一位世界史教授（研究世界联系的形式和规律的专家）都有兴趣访问中国，世界古代史研究会开年会，他们愿参加，如有学校请讲学，他们也愿意来。他们来回路费都可在美国方面申请到。如参加会（如古代史年会），其他食宿费也可自理。如是讲学，那就要招待食宿还有些旅游。（您看这类事有无可能，如有可能，还可以和他们具体研究。他们实际是没有邀请函出不来，至于钱还比较好办。）我去也想和郭教授商谈看有无合作进行比较研究之类的可能。

您和陈老师身体好吗？念念，千万别太累了，而且不要太急。我们在这儿一切都好。这学期已结束，下学期每周给研究生上一次 Seminar 课，内容是中国的，语言是外国的。这可以逼我口语、听力有所进步。但是这个课对我不轻松，中间还要去夏威夷一次。所以每天都紧张得很，什么外地都未去玩。每天看电视，听新闻，还为了练听力，了解美国社会。耑此敬祝

健康

请代问学盛、治生好。

学生家和
1987.12.26

致林志纯先生（1988年5月11日）

林老师：

您收到我两封信后的回信，由研究所寄来的两份资料（一份杂志、一些通讯），由刘逊转来的您的著作目录，均在我到夏威夷大学前（大著目录在前一日）收到。在夏威夷大学，我做了一个系列的讲座，第一讲就讲中国世界古代史研究概况。在这一讲中，我对您的介绍是在分时期分方面中进行的。（如实地介绍了您早期介绍过苏联，也如实地介绍了您现在的新见解，这是在讲过程中说到的；在讲各方面时，介绍了您和世界古代史研究会，介绍了您和东北师大的古典文明研究所；在介绍专著时，介绍了您主编的《史纲》；在讲中国世界古代史研究前景时，我说到学古典语言［埃及学者］和比较研究并行的努力方面，您当然也是代表。）在和夏大教古代史的教授Speidel（原为德国人）晤谈时，我把那本杂志转赠了他，也谈了古典文明研究所的情况。夏威夷大学历史系有一位教世界史的教授（Bentley，年近四十，已出版书二种，人称"新星"）将主办一个《世界史杂志》，作为美国世界史研究会的会刊。已有经费（在美国这是第一条），正收集稿件，集齐二年稿件即将在1990年出第一期，以后长期出下去。我的讲演（至少是介绍部分），他们希望将来发表。另外，Bentley告诉我，美国世界史研究会正在组织一次中美世界史学者会议。我向他以及夏大历史系主任郭教授（他们二人是好友）建议，这个会应该请您参加。我把您的研究和著作情况向他们做了介绍。现在等待着他们这个会议的组织情况。

您寄的《世界上古史纲》荣获一等奖证书复制件也已收到。刘逖来信说，还收到了您寄的100元。这部书是您的劳动成果。别人，我不敢说，我自己过去已觉受之有愧，这一次也是这样想。为什么呢？Idea是您的，总体大架乃至基本内容也是您的，我只不过做了资料的核对与部分补充工作。我们跟您做这样的学术工作，得到锻炼，这已是最大的收获，实质性的收获。在此以外，还又得精神和物质鼓励，这不免过分了。所以受之有愧。

2月9日清晨手示及《论公卿执政时代》之中英文稿，不知怎的，5月9日我从华盛顿回来（5日去华盛顿）才收到。这封信怎么就走了三个月（啊，看了信封，明白了，不是航空，海运的慢，是正常现象）。文章待拜读。我现课已上完，到Princeton和Harvard去了一次，最近又到华盛顿去参观了几天。时间过得真快，暑假即将到来，我在夏天也即回北京。要抓紧在这里的这段时间再看些书。我和德华一切均好，请勿念。

您身体好吗？怎么还是清晨之时写信？这真是"改也难"。不过还是要生活规律一点，身体健康，贡献会更多的。敬祝

您和陈老师健康　德华也向

二位老师敬致问候

学生家和

5.11

您说吴先生病已告愈。我在这边也曾听说他病了，但不知详情，如您和他通信，请代我向他问候。谢谢。

致林志纯先生（8月18日）

林老师：

　　昨奉16日谕，非常感谢您和陈老师对我们的厚意。不过，您知道，现在的餐馆是多么拥挤，吃饭前要排队等待，吃饭时又有人在旁边等，实际是催。连饭都吃不好，何况半日之谈？在我们行前，能和您们谈谈的确有必要，也是一种愉快。为了真正达到这个目的，德华和我建议：请二位老师在26日（星期日）下午午休后光临北师大十五楼舍下。就在舍下便饭，饭前有几个小时，饭后还可谈一二小时。请二位老师一定不要客气。我觉得您和我几十年师生关系，是不会把这样的事看成非怎样不可的。

　　10余年前，曾以俚词《采桑子》一首奉献，首句即为"先生矍铄天行健"[1]，您精力过人，身体素质也好，期颐可望，耄耋何奇？重要的是不能过度劳累与动感情。近两月又读《中庸》《老子》之书，颇感其中非无可取之处。如能允许我在见面时谈半小时，那就好了。

　　拱玉书信复制件已收到，真是一个难得的好学生。此次一定奉还。

1　《采桑子》：先生矍铄天行健，殚见精思，兀兀孜孜，朝夕于斯乐不疲。尽心后学心如火，厚望殷期，恢廓无私，乐以忘忧老不知。

您的作品目录，我想在家（长春）可以收集较全。如这次我不能带走全部，以后写信再寄亦可。《世界上古史纲》一定要改标为您主编。不署名的办法，外国朋友不习惯。耑此拜复，并请

秋安　向

陈老师问好

学生家和
8.18晨

（按，此信具体年份不详。）

23日下午，恭候二位老师光临，又及。

另外，再请教您一个问题。今天人大一同志（已到师大）问张德生和我：罗马"十分田制"情况是怎样的？我们都不知道，我们问他是从何书里看的，或原文是什么以便查，他说也是人问他的，可能是那位同志从郭老一篇稿子中看到的。

我回家查拉丁俄文字典，见有：

Ager Decimanus

Decumates Agri

意思都是"带来什一税的土地"。查牛津古典字典，无此条。到学校查大拉英辞书，大意仍为此，附指出西塞禄作品中的出处。我正在准备进一步查。

现在不知"十分田制"是否就是上述拉丁文的中译？您见过此种译法吗？还是另外别的一种制度？

请您赐示，或告以查阅何书。

致林志纯先生（1993年2月20日）

林老师：

　　想您已安抵长春。不过，您这样奔波，太累了，总让人不放心。现在天气或冷或暖，长春又积雪路滑，尚请您遇事不急，走路毋快，注意珍摄为要。您行前一天和当日上午，我都曾打电话，您都外出。

　　关于稿件，易宁已回京，他去取回，说放我家了。我一时尚未找到，因为稿纸不多，易宁说20多本，我曾见捆成一捆不大，所以要在书堆中找。此事请放心，一定找到，然后送出。

　　由陈翰带来的书、杂志和胡先生、二位张先生的辞书条目都拜读了。因为我的条目必须向他们看齐。不然全书自乱体例，就难办了。不过，我看过后有些想法，写出提请您考虑。

　　首先，三位先生都是一流专家，出手各有不凡。张忠培先生的"新石器——夏的考古遗址与文化"，胡先生的"甲骨学"，张先生的"两周历史文化与金文"，所列条目都很好，这是很值得我学习的。

　　但问题有另一方面，想您也看到了。现胪列于下：

　　（1）三部分各皆20万字，而条目数量相去悬殊，胡先生列153条，张忠培先生列421条，张政烺先生列有千余条。故平均条目字数分别在千字以上、五百字以上、百余字。在同一书中详略差异如此之大，这是不能不考虑的问题。

（2）分工不密。胡先生条目分明说清是甲骨学，不及殷商史。故甲骨学者列名二十有八，而商史人物仅有五人，武丁、纣等未列名，未加括弧说明。这不能怪胡先生、他说明他的条目是甲骨学的。可是如没有商史方面的多方面内容，又怎么办？商史考古和方面均缺少甚多，考古有十条，方面则基本未列。张忠培先生的条目中皆系考古材料，亦不及文献。故舜、禹亦无之。您让各位先生各发挥所长，故条目皆发挥所长。可是这是辞书，人们要用它作工具的，如果一查，发现许多必要内容没有，读者是不能容忍的。比如中学历史老师教课有商代重要青铜器，教师备课来查此书，一查没有，失望当若何之。

（3）体例不一，胡先生的条目重点详明（为甲骨学、书等），而张政烺先生的条目极为淹博，可以说要查什么基本都能查到，很专门的领域都很周到，这正是张先生博览群书的学术特点的反映。但张先生条目中无金文学家、金文学史之专家，故胡先生条目中有商承祚，而张先生条目中无容庚；胡先生条目中有孙诒让，而张先生条目中无吴大澂；胡先生条目中甲骨学史分明，张先生条目中对自宋至清之金文学史关注殊少。试想，读者查用此书，如遇这类问题，心里该是何种滋味？

我说这些，并非为我个人考虑。因为如果按三位先生的样式（实际是您的原则），随自己选择而定，那么，我是可以比较自由地选择词条的，就会方便得多。真要体例划一，我就必须在自己不熟的领域（如考古）费力，并无便宜可讨。

编一部大书，尤其工具书（而不是论文集），不能不先明确体例，明确分工，可是您似乎不以为然。您以为几位先生皆出色专家，不能加以限制，宜使其各有特色，各自充分发挥所长（严格地说，此书不是发挥专长的地方，尤其并非大百科全书，西周史才20万字，发挥又能发挥到什么程度？），百花齐放，各显专长，这本书就有特色了。可是，学生则期期以为不可。这是辞书，是工具书，是要对读者、查者负责的。如果以上所说情况不变，读者用起来必有困难。一个人遇到问题，急于查辞书，可是满以为能查到的查不到，就白费了时间。查过甲骨学条目的人，想到商代亦必详细，结果仍查不着。读者摸不到此书的头脑，不知怎么用法。您作为辞书主编是否要考虑一下这个问题？您可能会以为早不向各位先生谈体例问题，现在条目出来了，又谈，使这些第一流的大专家白费了时间，不好意思。可是此书真这样写出来，即使出版社无意见，读者也无意见（这两条实际都难免的），参与编写的专家自己一查，也会不高兴的。他们会觉得自己参加了一部不为读者欢迎的书的工作。到那时，他们也难免会觉得您没有真正发挥主编的作用的。

　　本着对老师忠诚、说实话的精神，我说了以上的话。现在问题不在三位先生，而在您未组织讨论体例、凡例。恩格斯在《反杜林论》（选集卷二页168—169）引用拿破仑说法国兵与马木流克兵的战斗力与结果的实例，很值得您参考。马木流克军兵很强，而多了反打不过法国兵。关键在于如何组织。现在除我以外，都是一流专家，比马木流克还马木流克，您应该担起拿破仑的角色而不应成为苏丹。心谓危，不敢不告，是非可否，尚祈明训。

　　我在抽时间思考条目问题，但目前有不知所从之感。余容再禀。

　　敬颂

　　道安　并向陈老师致意

学生家和
1993.2.20晚

致林志纯先生（1995年8月31日）

林老师：

　　昨天（30日）晚10时给马克垚同志家打电话，有人（他夫人）接了。原来克垚已于三天前随团去加拿大参加会议，一周后回来。马夫人说您致克垚信尚未收到，等他回来再给我打电话联系。一周后，我也将主动打电话和他联系。恐您急待，故先写此信奉告。

　　根据我们学校的回答，我估计在这里来教课实习的可能性已经不大，甚至可以说已不存在。现在校内忙成一片，从校园修整到讨论学科群建设，都在忙于争取进入211工程项目。人们的注意力很难集中到我们的古典学方面。

　　在长时曾劝您注意保重，遇事不要着急。您身体好，对我们的事业就有鼓励的作用。

　　耑此并颂

　　秋安　并祝陈老师好

学生家和

1995.8.31晨

致林志纯先生（1995年11月7日）

林老师：

  上月在电话中知道您左臂伤势好转，近又听蒋苓得自长春消息云您的情况继续好转，甚慰甚慰。不过，伤筋动骨并非小事，尤其八旬以上老人尤宜多多注意保重，务期彻底恢复，不留以后麻烦为好。

  知张强同志已回国。辞书事当然以抓紧为好。不过张苑峰先生前些时间因病住院不敢惊动。

  上周一在一次会上见任先生，任先生问候您，还谈您在左臂受伤情况下去找他的事。张先生也受邀请，只是他头一天刚出院，不宜操劳，故未出席。这样我也未敢打扰他。待张先生健康好些，再谈此事，您看好吗？

  我搬家基本完成（尚有小部东西未搬，书物也尚未全收拾好）。搬一次家简直如患一场大病。电话也改成程控的了，号码是2208591。

  衷心祝您早日痊愈，并向陈老师问好。

学生家和
1995.11.7晚

9月武汉出版社给我出了一本论文集，选好了21篇文章。他们准备将书寄来给我（我买了不少本），以后再呈请您赐教。我迁到校内乐育二楼。进教工宿舍大门路北的楼就是，多了一间房。方向也朝南北了。只是临马路，很不安静。

致林志纯先生（1996年11月10日）

林老师：

　　从外地回到北京，听说您曾打电话找我。如果事情已经过去，那就算了。如果您还有事，请给我来示。

　　这一次外出的时间比较长一些。首先又去了一次苏州，是关于博士生培养工作的一个研讨会；接着又去武汉，是关于评那里的重点学科的会。南方还不算冷，而北方已冷，所以回来就感冒了。

　　在武汉去看了方廻澜，他的身体情况比我去年看见的时候（那时他在住医院）要好。可是，他动作稍一快些就喘气甚急，甚至说话困难。是肺心病的问题，只有耐心保养了。他已退休，原还想写东西，我劝他健康为重。听他夫人说，他也知道不能太累了。

　　现在东北天气已冷，请您多保重，路上积雪时，外出行路尤其要小心。余容再禀，敬颂

　　冬安　并问

　　陈老师好

学生家和
1996.11.10

致林志纯先生（1999年10月3日）

林老师：

您和陈老师节日好！原来以为您和张强会来北京参加夏商周断代工程阶段成果报告会，准备把有关古典辞书的事向您和张强面谈，可是到会上才知道您们未来参加会议。现在把有关情况和问题汇报如下：

（1）从长春开过祝嘏会回北京后，即多次与胡振宇同志通电话联系，终于有一次和他通上了话。以前我已把8月为截稿期的信息告诉了他。可是他说以前事忙（我从历史所朋友处了解到他一直忙于编厚宣先生文集，故他忙实为正常情况），他准备忙过一段再来找我商量他那一部分辞书条目怎么办，他估计不久就有可能把手边工作告一段落。上次至长春和您谈此事，您说如实在写不出来，就不用了。这当然是不得而为之的办法。后来，我又想到，在胡先生的《殷商史》的"甲骨学"一编前，还有张忠培先生主持的"新石器时代——夏"一编。如果略去殷商史，中间便缺一段空白，出版社是否会有异议？

现在情况确属两难：厚宣先生不幸作古，所形成的损失严格说是难以弥补的，如出版社最终定截稿期，在稿尚未备好情况下，舍下此段也属不得已；可是舍下此段是否能行（出版社方面）呢？

（2）张忠培同志曾多次问我，此辞书还出否？他想把他那部分（共421条）单独出版。我总劝他稍稍等候。今年秋后先生九十大寿时见到他，告诉他辞书截稿出书有日，他很高兴。

现在如果殷商史部分出不来，从而被迫省去，那么"新石器时代——夏"部分，是否由忠培同志自己另行出版？还是怎么办？

另外，"新石器时代——夏"部分，我有一份复印本的分类辞目。原来我以为此部分稿也在我处。可是9月份我复核稿件时，只见张政烺先生、任继愈先生主持部分及我主持秦汉史部分稿，未见忠培同志主持那部分稿。为了慎重，我已请一位青年（蒋重跃，我的已毕业博士）和我一同把家中书稿清理一遍，仍未见。我再回忆关于此稿的交接情况，忠培同志未曾直接交我；我也未曾到他处去取，我问了郑殿华（任先生稿是他带来的），他也说未曾到忠培同志处去取。现在要请张强同志帮忙，请他回忆一下，他是否曾到忠培同志处取了此稿？并转交给了我？如果他取了并交给了我，确实如此，那我就再在家里彻底翻动一遍，只要确在我家，稿是不会丢的。如果张强同志也未曾到忠培同志处去取此稿并交给我，则我将和忠培直接联系，查核此稿情况。此事务请张强同志帮忙，认真回忆一下。我为找此稿，在家里已经翻了好几天了。我记忆中，也想不起看见此稿时之印象（如稿纸、格式等）。

（3）任先生主持部分，系委托潘桂明先生一人所写，电脑打印稿，头绪清楚。秦汉部分委托多人分撰，但总纲我清楚，头绪也无问题。张政烺先生部分，原托张永山、罗琨、王贵民、曲英杰、王照华诸君分撰。王照华君后不交稿，此部分后请张强同志在东北找到郑全江同志补写，稿已于1997年7月交我，唯此袋稿中未放原来的辞目。听说仍有少数条未写，因无辞目，所以不知道缺的是哪些条。其他张、罗、王、曲四位皆专家，稿子质量甚好。不过他们也都对政烺先生所拟辞目做了调整与修订。现在蒋重跃已帮我对此部分条目做了清理统计，但要排成一系统辞目表，还要下不小的功夫。政烺先生本人已不能再去惊动，张、罗、王、曲、郑皆各写一部分，要请他们再做一总辞目表，看来也有困难。我手边已无政烺先生所拟辞目表复印本，如您或张强同志处有，请复印一份寄下，我们要据此做调整安排。

东北师大外国专家所写稿译文还校吗？出版社信息如何？请张强同志告我。张强公子已出国否？他何时出国？最好张强同志、出版社刘雪枫同志和我见面会谈一次。请将此信同时给张强看。

敬颂

阖府安康

学生 家和

1999.10.3. 请复示。

第六辑

口述史

从烽火到学术：刘家和先生口述史

一、初进私塾

我于1928年12月20日生于江苏六合。那时候六合是靠近南京的一个小县城。现在是南京市的六合区。古称棠邑，后因境内有六合山而易名为六合。棠邑最早有文字记载的时间为周灵王十三年（公元前559年），时为吴楚交界处吴国的重镇，到了西汉已是一个人口较多的大邑，及至隋唐又得到进一步发展，人口的积聚和集市的繁荣，使六合成为大江南北陆路运输的要道。

我小时候，六合已经开始没落。我家门口的几间房子那时候租给了一个买卖铁锅的商户。当时很多地方都没有铁路，商户要进货，多半是用水路。从江西把铁锅以及其他一些瓷器等怕破损的器皿用轮船沿长江运到南京，然后换小船经滁河运到六合，或去往滁州、乌衣等地。县城是个小小的中转地，六合县有很多河道，通往竹镇等更小的集镇。每逢小集镇的赶集日，人们就通过小河道将货物疏散到小集镇上。

那时候我们坐小轮船去南京要五六个小时，早上出发，下午到南京。因为河道很曲折，一路还是逆流。很多人通过陆路去往南京都要经过六合。一般大家都是骑马、骑驴或者乘轿子前往。抗战前部分地区通了公路。但也是路很曲折，颠簸得很厉害，到南京也得两三个小时。那时候的人不是坐公共汽车，而是坐大卡车，卡车上扎着大篷，大家站在卡车里，年纪大的人一般都受不了。后来各地都通了铁路，水路运输渐渐开始没落。六合也随着没落了。现在不一样了，城市通了高速公路，半小时就可以到南京了。

我们家乡，在清朝的时候读书的人就很多，旧学比较兴盛。但西学东渐以后南京已经有了很多新学，可我们小县城里，还是比较落后。我出生懂事以后，六合小县城里已经有了公办的小学，还有些私立中学、美国人办的教会学校。

我家里原来是个大家族，在县城很有名望。后来各房分家以后，家势就小了很多。我父亲这一房还算是守业守得比较好，其他各房后来都没落了，日子过得非常拮据。我父亲和我母亲成亲之前还有一房妻子，但很早就过世了。父亲为了讲排场，对前妻的丧事大操大办，欠了很多外债。我母亲当时并不知道这个情况，嫁进门以后才发现家中是这种状况，母亲就把外婆给的首饰拿出来卖了还账，好不容易还完了账，却又遇到另一件天大的事，我父亲去世了。

1932年秋天，我父亲过世了。我是1928年底出生的，出生后按照家里的规矩，我被过继给父亲的前妻，所以我称呼父亲的前妻为"母亲"，称我亲生母亲为"娘"。父亲去世时我还不满4岁，那时候还不懂事，对于死没有任何概念。记得父亲是夜里过世的，母亲一直在父亲那边照顾着，我由另外一个亲戚照看着。第二天一醒来，我的一个堂兄带我过到父亲住的屋子里，看见一屋子人都在哭，我母亲也在床边悲痛地哭着。父亲躺在床上，已经穿好衣服了。我不知道大家为什么哭，但也跟着哭了起来。大人就让我离开了，后来我问我堂兄，发生什么事情了。堂兄对我说，伯父升天了，我还傻乎乎地问：升天了？那我怎么没有看见梯子？人怎么还在床上躺着？你明明在骗我。他又说：灵魂升天了。我又问：什么是灵魂？他始终也没有给我讲明白。后来我问了他一句话：父亲还能起来么？我以后叫他还能答应我么？他对我摇头。我突然明白发生了这么大的事情，"哇"地大声哭了起来。后来入殓，停棺，我才明白我已经没有父亲了。

父亲去世以后，按照家里传统丧事也办得很有排场。家庭又重新陷入了外债累累的困境。我家有一些私产，在县城有一些房子，一共有六进。前面四进出租给别人做商铺。我和母亲住在后面两进里面。家里只有两口人，靠出租房子的租金，日子过得还算宽裕。为了不让我们家里过于寂寞凄凉，我一个表姑过来和我们一起住，陪陪我母亲和我，也算是有个照应。

我父母亲那一代人不懂新学，更是没有接触过任何新学的东西，也没有学可以上。我外婆家里条件比较好，那时候外公在外做生意，请了个先生给我舅舅教私塾，我母亲就随着哥哥跟老先生读点旧书，懂一些古文。

父亲是在秋天过世，过了旧历年，1933年春天，在我4岁多一点的时候被母亲送进一家私塾跟着先生读旧学。那时候教会学校是有幼儿园的，但我母亲不信洋人那一套，执意把我送进了私塾。记得家里人送我进私塾的第一天，首先在孔夫子画像前摆好香案，点上香、烛，让我磕头；给孔夫子磕头以后，又给先生磕头。现在我对夫子画像边的对联仍然印象深刻："德侔天地，道贯古今"，横批是"万世师表"。虽然从小在家里祭祖时也磕过不少头，可是这次的磕头好像特别严肃可怕，很想哭，又不敢哭。记得老先生戴着一副老花镜坐在堂上，下面坐着七八个都比我大的小孩子，每个人有一个书桌。私塾里的启蒙课本，一为《百家姓》，一为《三字经》，一为《千字文》，商务印书馆印行的国文教科书也已经开始读了。一开始老师只管给我们领读，简单讲解。还有一门重要的课程，就是习字。习字课也很有意思，开始用毛笔写字，先在白麻纸上画上若干横竖约一寸的方格，再由老师在格内写上端正的楷书字，叫作"仿影"，学生就以此作底，套上另一张白纸，跟着书写，相当于一般所谓的描红。每日除念书外，一定要写大字若干，送交老师核判，老师在字的旁边用红笔做圈、点、杠、叉等记号以代评分，或予以改正。

私塾期间我也有一次逃学的经历。那时候我不想去私塾。原因主要是私塾里还有很多我家族里的小孩子，他们经常嫌弃我，因为我没有父亲，和母亲孤儿寡母相依为命。他们经常带好多玩具去私塾，还嘲笑我没有玩具。那时候我幼小的心灵意识到自己和他们的不同。加之我性格比较内向，我更喜欢自己待在家里研究一下家里的古书、字画、楹联，自得其乐。我那时候能够背下很多对子，对那些名家的书画作品也很感兴趣。有一次，我就是不想去私塾，母亲很生气，打了我，一边打一边说："你怎么那么不争气，不读书哪有什么出息！"打完我之后母亲很伤心地哭了，我看到母亲伤心的样子，心里受到了震撼。从那以后，我就立志要好好学习，不让母亲伤心。我这么想，也这么做了，我从小到大读书都读得非常好，这是和我小时候的经历有关的。

就在这样压抑的气氛里，天天读书、背书、写字，大约两年时间读完这些旧式课本。后来我一位表姨觉得这样不行，还是要送进公办小学去，1935年秋天我就开始进入到小学学习。还记得小学叫作"六峰小学"，为什么叫"六峰"呢？因为六合县有寒山、狮子、石人、双鸡、芙蓉、高妙六峰相接，故以此为名。清代建"六峰书院"，后来改为"六峰小学"。

二、不幸的童年

那时候，小学已经实行了新学制，即四、二制。学校的教科书已不再从《三字经》读起，而采用开明书店编的"国语"教科书。

小学课程有国语、算术、常识等。上小学，不用向孔夫子和老师磕头，还有下课的休息，气氛宽松得多，只是教室的正前上方，悬挂着孙中山先生的画像，两旁有"革命尚未成功，同志仍须努力"的对联，上面有"天下为公"的横批，让我很快就联想到孔夫子像两边的对联和上方的横批。

刚上小学的时候，我从私塾转过来，上的是一年级下。我读惯了文言文，读不惯白话文，适应不了新学校，反应迟钝，显得很笨，有些跟不上功课的进程。国语还可以，算术就不行了。自小我就喜欢钻牛角尖，不懂的知识，很执拗，一定要坚持弄懂。有两件事情可以证明我比较愚钝。一件是，那时候刚开始接触阿拉伯数字，之前在私塾里学过数字，但都是汉语数字。开始学新式的阿拉伯数字，1到10还可以，很快就学会了，但学到十进制以后就搞不懂了，老师叫我写11，我就写成了"101"，老师说你这不是11，给我说前面的1在十位数上代表1个10，我还是没明白。于是回家向我母亲讨教，我母亲也没有接触过阿拉伯数字，起初也不明白；后来我把老师给我说的转述给她，母亲因为会珠算，立即就明白是怎么回事。她拿来算盘给我演示十进制———什么是个位、十位、百位数———算盘上每一行代表一个位，我就明白了。第一个学期我数学很不好，经过母亲给我讲习以后，慢慢就跟上了。另一件事情是，老师给我们留了一篇作文《暑假里的生活》，因为我不理解"作文"是什么意思，就工工整整地用小楷抄写了满满的一页"暑假里的生活"六个字。交上去以后，老师哭笑不得，问："你不懂我的题目么？"我说不明白。老师又让我回家问家人，结果我母亲也不知道是什么意思，后来向邻居一个读过小学的学徒讨问，由他给我写了一个底稿，我抄写了一个交上去了，结果老师还是问："这是你写的么？"我说是我写的。老师看我不明白，又问："底稿是你写的么？"我诚实地说是别人写的底稿，我抄写下来的。老师后来似乎有些无奈，仔细地解释给我说："这个作文就是让你写一篇关于你在暑假里做过的有意义的活动。"我又问："什么是有意义的活动？"老师又解释说："就是除了吃饭、睡觉等每天必须做的事情之外，让你觉得有特别的感觉，比如伤心、开心的事情。"我这才明白过来，心里想，如果题目改为"暑假纪事"或"暑假见闻"，那么我就反而明白，就会写了。我不懂什么叫"生活"，因为从前读过的蒙学课本和国文里都没有见过这个白话文的词儿。于是写了一篇我出游的事情交了上去。实际上，我自小很少出游，平常就在家读书、练字，闲时就看壁上挂的字画，看字时眼看心摹，看画时心游山水，时常能看得出神。由此可见，我从私塾旧学转到小学新学以后的不适应，以及我的愚钝。

小学刚刚上了一年多，1937年日本大举侵华，南京沦陷，邻近南京的六合随之陷入日寇之手。日本人在南京大屠杀之前，一直轰炸周边的县城。在攻打南京的时候，从南京东、南、西三个方向包围了南京。因此当时的南京市民要想逃离南京，只有从北边过长江，到浦口再通过铁路逃往徐州、郑州等后方。那时候形势严峻，哪里有那么多的船只运送逃难的人们？据人们说，很多人抱着一块木板，有的人抱着木箱子、门板，甚至是一大捆稻草过河。稻草在江里被冲散后，很多人都被淹死了。尸体顺流而下，漂到了我们县附近的江边上，很恐怖。于是我母亲也带着我逃到了乡下的亲戚家里避难。

刚开始我和母亲逃到一个小集镇。之前我家每逢遇到难处，都是外婆家里接济，包括给父亲还外债。屋漏偏逢连夜雨，父亲过世时，我外公也恰巧在前几天过世。对于母亲，这无疑是内忧外患一起到来。外公的过世是因为舅舅在上海经营期货亏损严重，导致家产受累，忧心劳神。我母亲逃难的时候，外婆家里也没有什么可以接济我们的了，只能靠一些田租的谷子度日。

逃出县城以后，我在集镇上依旧跟着私塾老先生读旧书。但是集镇也不太平，虽然没有日本人过来扫荡，但经常有日本人的飞机在上空盘旋，我们有时候都吓得不敢出门。有一次，去私塾读书，刚好碰到日本飞机过来，这次是动真格的，往集镇扔炸弹。很多房子都被炸毁了，燃起了熊熊大火，我很害怕，和很多小伙伴一起不回头地拼命往家里跑。轰炸的同时，飞机上有机关枪往道路上扫射，"突突突"的声音在耳边回旋，我觉得子弹就在自己身边"嗖嗖"地闪过，心里怕得要命。路被子弹打得尘土飞扬，所幸我命大，没有受伤。后来我知道，有一些读书的小伙伴被打死了。我母亲很害怕，收拾东西就又往更远的村里逃；想着那里离城市远，应该比较安全。现在想起来，我也是经历过"枪林弹雨"的人，小孩子受那种罪，是多么悲惨的事情。

三、曲折的教育

那时候乡下疟疾横行，很多人都因为染上疟疾得不到及时治疗死了。我也不幸染上了。其实疟疾并不是不能治疗的病，但那时候日本人占领了所有城市，连集镇也被炸毁了。染了疟疾，没有渠道可以买到药，大家只能在家里扛着。我母亲一直在我身边守着。我一段时间里冷得发抖，因为逃难时走得急，连冬衣也没有带，母亲只好四处找旧衣服，拆一些旧棉花给我做棉衣。有一天，我发烧发得特别厉害，嗓子干得冒火，想喝热水，母亲给我去烧水了。我靠在床头，突然觉得眼前模模糊糊地有两个鬼影在晃，心里特别害怕，心想我应该是不行了，小鬼都过来收我的命了。所以对母亲说："不必烧水了，我不用了。"母亲急忙跑过来，我眼前又突然什么都没了。现在想来，那时候真是发烧把脑子给烧糊涂了，出现了幻象。后来，母亲花了很多心思，辗转找到了一些金鸡纳霜，才算是把我的疟疾治好了，我也算是死里逃生了。那时候的生活过得真是悲惨，每天盼望着日本人早点走。

　　大概在1939年，日本人一直占据在县城里，丝毫没有要撤走的意思，但局势已经相对稳定了些。很多人都搬回了县城里，我们因为在农村里也没有什么经济来源，全靠着带出来的一些钱和少量土地收入，勉强够母子吃饭，于是也搬回了县城里。回到家里发现屋子里被洗劫一空，凡是有一点值钱的东西都被抢走了，连一座钟都没有留下。所幸房子还在，没有被烧毁，那时候很多人的房子都被炸坏、烧掉了。我们家那时候多少代积累下来，还是有一些古物，全部都被抢走了，甚至衣柜都被抢走了。

　　回到县城，我也是先读了一段时间的私塾。后来得知美国贵格会办的小学在招生，当时日本人也在县城里办学校。因为太平洋战争尚未发生，日本人和美国人还相安无事。我们因为痛恨日本人，我母亲送我去教会学校，于是1939年底我考进了教会学校。

　　在县城里，我们都要办"良民证"，要按手印。平日里都要带在身上，要是遇到检查，一定要给日本人鞠躬，赶紧把"良民证"拿出来，动作慢了定是要遭到毒打，要是没有，那就更是遭了殃，不知道要被抓去哪里，生死难卜。回来以后，关于南京大屠杀的惨案，我们都有所听闻，大家都被吓得胆战心惊。我们也有亲戚被屠杀了，很多人都失踪了。大家整日人心惶惶的，都担心不知道自己哪天也被莫名其妙地杀了。

　　日子还得过。在教会学校里，我开始学习用直接法教的英文。什么是直接法英语呢——老师是一位传教士，他会说汉语，但他上课时一句汉语都不说。我记得第一课就是教四个单词"book ox pen pencil"，老师在课堂上拿东西给我们看。第二课教"This is a book. That is a pen."英文字母不是单独教，就是在平时课堂里穿插地教，我们很快就学会了字母表。后来我一直都不喜欢用手拼写单词的字母，喜欢用嘴很快地拼出来。那时候英文课堂上，老师们很随便，我们即使说错了，老师也不责怪我们，而是耐心地纠正我们。我觉得教会学校的课堂比小学里的宽松、自由多了，很是开心。英文也学得很好，每次考试都得高分，这给我奠定了爱好学习英文的浓厚兴趣的基础。

当时像所有的教会学校一样，贵格会教会学校也开设了宗教课，学圣经。其他课考试60分及格，而宗教课的及格标准是70分。不管你信不信教，都要整章整章地背诵新旧约，每个星期日还得上教堂做礼拜，听传道，背祈祷文。因为周日上午要做礼拜，周六下午照例放假。

记得刚上这所学校，处处感到陌生。教室里连孙中山先生的像也没有，前上方是空空的；到教堂做礼拜，也看不到神像，牧师在台上讲道，背后也是空空的。上帝在哪里？"上帝在我们心中。"我似懂非懂，但是没有压抑感。因为在私塾和小学里，非常强调要尊师，要恪守礼仪，不能逾越。当然教会学校也讲究对人有礼、诚实、敬业，不过不限制个人自由，连信教与否都不作为能否就学的条件。他们是在用各种方式（例如唱诗班、中英文读经班、圣诞节活动等）劝导你信教，而不是强拉你信教。我当时对这些活动都有兴趣，可是心里就是信不了基督教（什么教也不信）。当时很恨日本人，觉得美国人是中国的朋友，美国老师对学生的确很和蔼，对学生即使批评也是讲道理，根本就没有对于学生的体罚，与凶神恶煞般的日本兵形成极为鲜明的对比。最初对宗教课不习惯，觉得其内容和我读的中国书相去太远。但是逐渐对唱诗班的活动、圣诞节的活动也有了一种美好的感觉，甚至现在一到平安夜，听到唱诗班的歌声，我就会很怀念那段在教会学校的日子。这成为我毕生的美好回忆之一。

小学读完，开始继续上教会办的中学。1941年底，太平洋战争爆发，美国老师被迫离开。学校没有了，只好又跟着私塾老先生读旧书，读四书、《幼学琼林》、《唐诗三百首》等。

这里我要说说《幼学琼林》，共四卷，全书都是骈体文对偶句写成，容易诵读，便于记忆。我很会背书，每天背得又多、又快、又好。上初中时文言文写得已经比较通顺、老到，也会作格律诗了，白话文却不够标准。书中对许多成语的出处做了介绍，所以我掌握了不少成语典故，此外还可以了解中国古代的著名人物、天文地理、典章制度、风俗礼仪、生老病死、婚丧嫁娶、鸟兽花木、朝廷文武、饮食器用、宫室珍宝、文事科第、释道鬼神等诸多方面的内容。书中还有许多警句、格言。那时候我把整本书都背下来了。我们那个年代跟着先生读旧书的，不少人都读过这本书，人称"读了《增广》会说话，读了《幼学》走天下"。读完《幼学琼林》以后，我就已经学会了韵律，会做对子了。这里要讲一段经历，我父亲还没有过世前，我刚刚学会说话不久，我母亲就教我背诗，那时候我母亲教我背的是《千家诗》，把每一首诗串联起来，像儿歌一样背。上私塾前就已经会背上百首诗了，后来上私塾先生叫我们背诗，那时候好多诗早就会背了。这段经历对我后来的古文学习很有帮助。

四、重返私塾

那时候不但每天早晨都要背书，每逢初一还要背上一个月所学的书，逢十五要背上半个月的书。背书前每个学生先将需背书中的若干页折叠好，双手捧置于老师面前的书桌上，对先生拱手作揖，然后背师而立，开始背诵。我想"背书"就是来源于此吧。假如未曾背熟中途接不下去，老师有时会提醒一句；倘若依然未能接着背下去，老师就会将书扔在地下，这时只好暂时停背，拾起来站在旁边再念（有的地方拾起来要先放在头上顶一下，以示对书歉疚之意，然后再念），依次由其他同学去背，等到都已背完，再由原来的接着去背；这时如果再背不下去，那就要挨戒尺（俗称手板）了。戒尺一般手握的一端稍细，便于握紧用力，挨打时都由左手掌承受，因恐右手挨打肿胀后，无法执笔写字。因此，学生都认为上学尤其是背书是一大苦事。至于因体罚学生而家长提出抗议，那是绝对没有的事，反而认为不用体罚的老师是"教不严，师之惰"。无论念什么，都要背熟，所以在校时间，主要是反复熟读，并高声朗诵，因每个学生所念的书并不相同，听起来总是一片嘈杂声。老师只要听不到这种声音，就知道是在偷懒，于是就大声叱责，催促再念。

我背书在很大程度上是为了学作文。对于青少年来说，背书不难，有时又很难。字懂、句懂、段落大意懂，背起来就很容易；字不懂、句不懂、段落大意不懂，背起来就很难。背《论语》的"学而时习之"，这有何难？可是要背《中庸》，那就难了。当时童谚说："中庸中庸，手心打得通红。"我当时背《中庸》也很头痛，就是因为对于其中所说自己似懂非懂。为了背快、背熟、背牢，我就尽力一字一句地弄懂书的意思，结果成绩很不错，每天能背的书比常规多一半，而且背得熟，逐渐成为背书能手。除了挨日文老师打以外，没有挨过私塾老师的打。

1942—1944年期间，我也上过县里办的中学，当时已经是亡国奴了。这里有一段故事。因为当时官办中学虽然由日本人控制，但依然还有中国老师在讲课。中国老师们在官办学校教书，但也是很爱国的。还记得英文老师曾经给我们讲了法国的《最后一课》，最后那句"法兰西万岁"令我们印象深刻。我们知道自己是亡国奴，非常恨日本人，我们班里的同学都有这样的情愫。现在看来，这句话当时我们读起来简直有切肤之感。大片国土已经沦陷，如果再忘掉自己的历史文化，那就要彻底亡国，这是中国人无论如何不能容忍的。为什么我能一直读古书，就是因为感到这是自己的历史和文化，不能割舍。

日本老师给我们讲习日文的时候，我们谁都不听讲，后来抽问考试的时候，全班同学都说不会。日本教员开始打板子，大家都伸出手来挨打，包括所有女同学都非常勇敢，全班同学没有一个露出怯意。后来学校的中国老师们听说这件事情都流泪了，悄悄对大家说："大家很勇敢，做得很好，中国不会亡国的！"日本教员见状无奈，后来的课程也就做做表面文章，没有真正推行下去。当时痛恨学日文，越是痛恨学日文，就越是爱学中国古文，所以就是在上县里办的中学时，我也几乎没有中断过跟着老先生读古书、学古文。

上私人办的补习馆时我从师学古文、数学和英文。这时对读古书上了瘾，对数学的推理（尤其是几何学）和英文也很有兴趣。当时，我已经开始作诗。有一首诗老师给我改了一下，我还记得："昨夜悬明月，今朝雨意浓。风云诚不测，使我感无穷。"当时的老先生讲古文，对于一些关键性的字，常会讲它是怎么来的，写出它的篆体，说出它的古音，逐渐引起了我的好奇心。到了十四五岁的时候，稍微读了一点书，就问先生这些是怎么学来的，先生说首先要读《说文解字》，以后讲字，有时就会打开《说文》指着书给我讲。这是我接触《说文》的开始。先生不仅善于讲书解字，而且善于教学生读书写文。先是教学生按照一定的音调朗诵、背诵古文，等到你对一篇新文章能够自己朗诵出一点味道的时候，他就开始要你作文了。教的方法也很有趣，每次他都从一部书里选一段短文（开始才一二百字，以后逐渐加长一些），先朗读一篇，解说大意，再朗诵一遍。接着就开始让我们依样画葫芦，凡是已经背得的，可以照原文默写出来；记不得的，就自己"狗尾续貂"，用自己可怜的文言文补上。为了自己的"续貂"不至于太难堪，我们再朗读古文时，就一边朗读，一边揣摩人家的文章是怎么写的。就这样，读书和作文结合得比较紧密，作古文的水平上得也比较快而且自然。我也就对读古书有了深厚的兴趣。

在补习馆里，有位老先生姓汪，我们称之为汪先生，教我们几何，他还是个诗人。我在学校里学习过数学，代数还不错，但尚未学几何。汪先生给我们复习代数，讲到a^0的时候，说a可以是任何数。我非常不理解a^0为什么等于1，怎么琢磨也琢磨不出来，问别人，别人也说不出来，给我说背下来就可以了，管它是怎么推出来的，后来我向汪先生讨问。先生给我举了个例子，说$a \times a = a^{(1+1)} = a^2$可以理解么？我说可以理解。那$a \div a = a^{(1-1)} = a^0$能理解么？我说能理解。汪先生又说任何数除以它本身等于几？说完后我顿时明白了。后来我一直遵循这个原则，就是任何公式和概念我都要理解吃透，绝不死记硬背。

汪先生给我们讲几何点、线、面、体的概念。曾在黑板上用粉笔点了一点，问大家："这是什么？"大家都说是点，唯独我说的是"体"，先生问我为什么，我说点是两条线的交汇处，线和线交汇在空间里面应该是一个坐标上的位置，实际不占有空间，而这个点里面还有很多粉笔灰，也是有体积的，所以是"体"才对。先生对我点了点头。后来他一直很钟爱我这个学生，经常带我出去在河边散步，还给我诵诗，讲故事，教我作诗。现在还记得他给我讲过的一个故事，就是曾国藩被戏弄的经历。他说曾国藩功名不高，只是"赐同进士出身"。按清朝科举制度，皇帝主持（至少在名义上）的殿试，是科举制最高级别的考试，录取分为三甲：一甲三名，赐"进士及第"的称号，第一名为状元（鼎元），第二名称榜眼，第三名称探花；二甲若干名，称"赐进士出身"；三甲若干名，称"赐同进士出身"。曾国藩只是三流的"赐同进士出身"。据说，有一次曾国藩去看一个老朋友，他的老朋友在看自己的小妾洗脚。故曾国藩戏谑地说道："看如夫人洗脚。"老朋友听后立即对了一句"赐同进士出身"反讽他。曾国藩觉得狼狈至极，仓皇告辞而去。他讲过的这种小故事不胜枚举，年少时引起了我对古文深厚的兴趣。我一直很佩服他，心里想，这个老先生胸中古文和数学怎么都能熟练地掌握？汪先生对我年少时学习古文、数学都影响很深。我出来以后再也没见过他，后来听说他去世了，我很难过，现在还很怀念他。

总算起来，我在相当于现在的孩子从上幼儿园到高中一年级的这段时间里，只上过将近四年小学（其间还有中断）、两年初中、不满一年高一。其余时间，不是上传统私塾，就是上变相私塾——补习馆，所学除中国古书，就是英文、数学。物理、化学的知识接近于零。

五、我是怎样戴上眼镜的？（上）

1945年，当我在本县一所私立高中读高一的时候，抗日战争终于胜利了。其实，这所私立高中就是一个变相的补习馆，而且是刚开始试办，只有高一一个班。所开设的课程主要仍然是国文（是文言文，不是国语）、数学（仍然学几何，不是三角）和英文，历史、地理是附带的课，没有化学或物理课。这时我对中国传统学术已经有了浓厚的兴趣。当时，在我的头脑里，没有什么文史哲的区别，凡是中国的历史与文化方面的书，我都很爱读。当时床头案边常放着《国语》、《春秋三传》（世界书局所编三卷本宋元人注四书五经里的一本）等书，不时浏览。

抗战胜利了，大概因为不少老师又有了其他工作，我所就读的这所私立高中又停办了。这样，在六合县城继续读高中的可能不复存在，只好准备到就近的南京去读书。那时我们对于南京的中学情况了解很少，而且我这样一路学来，又没有什么样的正式学业文凭，怎样才能找一个学校就读呢？正在为难的时候，一位从前的同学从南京回六合度寒假。我们相见的时候，他告诉我，他在南京的一所私立中学上学，学校还不错，校长是一位留学美国和德国回来的博士，老师水平相当好，现在招生名额还没有满，高一、高二下学期，都要招插班生，而且可以凭同等学力报考，他可以带我们去报考。有了这个消息，我心里就有了一点底数。可是，该报考高一下学期插班还是报考高二下学期插班呢？这又成了必须认真考虑的问题。按我过去实际学习过的课程来看，应该报考高一（没有学过三角、化学），我的一位同学就决定报考高一。可是，我觉得自己如果按部就班地算，已经到了该上高二的年龄，而且心里总觉得自己还有一点潜力，应该努力向前冲一下。所以我就冒险地报考了高二。记得农历新年过后不久，我和两位同学一同去南京参加插班生考试，不到一周时间，就得到了考试结果。我的国文成绩突出，英文不错，数学尚可，史地优良，理化不及格，总分超过录取线，就是一门差，这样也就被录取了。

于是，我从一个高中一年级都未读全的人，忽然变成了高中二年级下学期的学生。心里固然很兴奋，不过学习的压力实在也很大。当时高二的数学教大代数，我插班入学时，所用的《范氏代数》已经讲过了半本，开始学下半本。一开始，讲课老师就是我们的洋博士校长周先生。他要求学生必备英文原文课本（龙门书店翻印本，不贵），可以参考中译本，但是他用英语讲课，也要学生用英文做作业。最初我感到很吃力，一是第一次用英文学数学，二是我只学过初中代数，高中大代数从后半截学起，也有些接不上。我正努力向前赶，不久校长因为太忙，这门课就改由一位姓沈的先生来教。沈先生是当时南京有名的高中数学老师，在好几个学校兼课，被人起了一个外号叫"大代数"。当时在南京生活费用很高，房租很贵，沈师母不工作在家带孩子，所以生活很紧张。沈先生总着西服，可是已经很旧了。周校长把他请到学校，给他家安排了两间房子的宿舍。这样沈先生就主要教我们了。

"大代数"沈先生真是名不虚传。他还是和周校长一样，用英文教本、用英语讲课、要学生用英文做作业。可是，他把代数的定义、定理、公式推导讲得那么出神入化，让你在一般情况下都能理解得清清楚楚。因此我赶上去的速度很快。可惜我学数学有一个几乎是致命的缺点，就是遇到数字总容易算错，所以在对数等方面的作业常常错误甚多。一学期代数学完，到高三学解析几何。老师还是沈先生，教本、讲课和作业还是用英文。我对数学，最喜欢的是平面几何，其次是代数。解析几何把几何与代数结合起来，这更使我感兴趣。沈先生真是好老师，讲课那么好，作业批改那么细，常常让我感动。非常遗憾的是，我在学直角坐标系时比较顺利，可是一到学极坐标系的部分，问题就多多了，因为我没有学过三角，要自己补学，时间实在不够用。

高二下学期的英文全部是校长周先生自己教的。他虽然是理工科博士，可是在教英文时总爱节选英文古典教学生读。周先生为人很好，对学生既严格要求又关怀备至。到高三的一年，校长周先生因为还在金陵大学兼任教职，没有时间在自己办的中学教课，我们的英文课就由另一位周老先生接着教。这位老先生是校长父亲的朋友，早年以优异成绩毕业于上海圣约翰大学英文系。本来可以直接出国留学，可是因为老先生出身旧学世家，老辈不许他出国留学。周老先生每次和学生谈到这段往事，总是惋惜不已。周老先生中英文学造诣都很深。我记得他给我们讲了查尔斯·兰姆和玛丽·兰姆写的《莎士比亚戏剧故事》里的好几篇，一边讲着故事的英文散文，一边又不时背诵莎士比亚戏剧的原文，对比分析，并且用典雅的中文做口头翻译。他老先生把英文课教成了古典文学欣赏课，我们固然受益很多，不过很可惜我自己的英文水平不够，有时不能完全理解、消化他的讲解，真是太可惜了。周老先生还要求我们背很多伟人的演讲稿。譬如林肯最著名的演讲，即1863年11月19日在葛底斯堡做的演讲。他要求我们首先把每一句的文法都分析清楚，然后大声朗诵，带着激情地朗诵。他说，你们要想象自己就是林肯，要像林肯本人演说时那样通篇一气地说出来。老师的要求太好了，我自己也努力了。可是大概由于基础不够，我的英文终究没有能够达到老师的要求，至今回忆起来，总觉得有些对不起老师。

对于数学和英文，我很有兴趣，上课时听得认真，课后作业非常努力，进步也很明显。每天我的课余时间很多都用在这两门课上。其他课也要学好呀，我想。历史、地理两门课，由于基础好，我不需用太多时间。可是物理课，也要用英文课本(《达夫物理学》)，幸亏老师可以用中文讲课，我们就拼命做笔记。我本来就没有在初中系统学过物理，这时候忽然学那么深的内容，许多时候在课堂上就听不明白——不是老师讲得不好，一些数理学得好的同学就都说老师讲得好。因为听不明白，笔记就根本不行，所以下课后就跟物理好的同学借笔记，用他的笔记来改我的笔记。有时候自己的笔记不能用，就干脆抄他的笔记，不懂的地方以及作业有困难时还得向他请教。非常感谢他的热心帮助，我的物理能够考试及格。

六、我是怎样戴上眼镜的？（下）

那时候为了赶功课，我每天黎明即起，午间不休息，晚饭后立即自习。当时南京电力供应不足，学校开灯时间尽量推后。黄昏窗前看书、做作业，眼睛已经很累了；开灯后，那电灯泡发出的光既微弱又不时闪烁；更糟糕的是还有时停电，那就得买好蜡烛做准备。这样一学期还没有完，我就觉得在教室后排听课，看不清老师在黑板上写的字了。因为我在班上当时是身材比较高的，所以常坐后排。这时没有办法，只好靠边坐、往前移。到高三上学期开始不久，我坐在教室前排边上也时常看不清另一边黑板上的字了。老师看到我的窘境，就说："看来你要戴近视镜来帮忙了。"我觉得戴眼镜不方便，就尽量拖。于是有戴眼镜的同学就对我说："你快去配眼镜吧，不戴眼镜，近视会进展更快的。我就有这个经验。"听了他的话，至周末就到眼镜公司去验光配镜。验光师说："你现在至少要戴300度近视镜。"我就配了一副，戴上了，果然看黑板清楚了，眼前一亮，心中一喜———眼镜真好啊！可是不久又渐渐不行了，到学期末不得不换一副眼镜，又增加了150度。高三下学期是最后冲刺时段，眼睛劳累更甚，半道上又换了一副眼镜，近视已经600度了。当时物价涨得快，老百姓叫苦不迭，我还加上了一个近视涨得快，一年半的时间里，近视从无到有，有了又迅速加倍，好像要和通涨赛跑，真是苦上加苦啊！近些年知道有假性近视，本来是可以在医生指导下逐渐纠正的。可惜我生早了，又能怪谁呢？

从以上的故事看来，好像我这一段高中生活过得很苦。其实，这种苦是苦中有乐，而且不是一般的乐，还是非常有意义的乐。我学物理虽然失败了，但是在数学和英文方面毕竟有了不少进展。最重要的是，我从这两门课里学到了不少学习与思考的路数，以及我对这两门学问的终生强烈兴趣。

在这一时期还有可以自乐的是，我仍然在读我所喜爱的中国古典。上国文课，我是没有问题的。我在断断续续上中学的过程里，从来没有买过国文课本。上课前借同学的书看一遍，心里就有数了。上课时凝神认真听讲，所得收获也很多。尽管国文课所学的许多篇文章我原来都背得，在寒暑假，我回到家里还是继续读古书。《老子》《庄子》《韩非子》《楚辞》等书，不时拿出来反复朗读。我在南京上高中，只有一次被同学拉着去看了电影，平时周末我总自己去夫子庙逛旧书市，在那里从一家店逛到另一家店，选我最需要、最便宜也最好的版本的书买一些，所以自己也有了一些心爱的古书。因为我那时候对文言文的运用已经比较熟练，所以看这些古书也不费劲。

这里面要说一件使我深自反省的事。当时教我们国文的老师姓张，是个清末的老举人，我们称之为张先生，很有学问的老先生，读了很多古书，文言文造诣很高。我觉得听他老先生的课，如同进了一座大图书馆或博物馆，你可以从中看到、学到你希望获得的一切知识。不管你问课内还是课外书里的问题，他几乎都可以随口给出回答，这真使我既惊讶又景仰。可是，有一次，他老人家给我们讲柳永的《望海潮》，其中有这样几句："云树绕堤沙，怒涛卷霜雪，天堑无涯。"张先生解释道："云啊，树啊围绕着河堤边的沙滩。"当时我就举手要求发问。张先生说：

"刘家和，你说说自己的意见吧。"我起立说："云树是形容树高耸入云，云气围绕在树梢。这是我们在国画中常看到的画法。说云也可以绕堤沙，似乎云低得难以想象。而且'云树'与'怒涛'成对仗，既然怒字形容涛字，那么云字在这里也只能作为形容词形容树字了。"张先生不仅没有呵斥我不敬，反而给班里其他同学说："刘家和说得对，刚才是我大意弄错了。"这件事情对我影响很大，从那时候起，我就知道任何人都有可能出错，越是有学问的人，越是敢于承认错误，这才是真正大家谦虚的表现和风度。

寒暑假回家，我还会去看望以前补习馆的汪先生。其间，我读了《楚辞》，读了《离骚》，感受很深。《离骚》是诗人屈原从自叙身世、品德、理想写起，抒发了自己遭谗被害的苦闷与矛盾。在当时，国民党政府腐败，社会黑暗，到了一定程度。一直以来老百姓对国民政府的腐败无能感到极度失望。最初以为抗战胜利，中国成为四强之一，好日子要来临了。可没欢喜多久，大家就认识到了南京国民政府的司法腐败与政治腐败已经到了不可救药的境地。我每天耳闻目睹这些腐败现象，心中很是愤慨。当时读《离骚》，深深地领会了诗人屈原的感情，觉得自己也要像诗人一样，不与邪恶势力同流合污。那时候至死不渝的爱国热情已经根植在我心中。

在我印象中，有一次选举，记不清楚是选什么。记得是1947年春，似是一次地方性选举，我们也刚开始有权选举，每个人发了一张选票。当时很多候选人以种种形式进行贿选，有的议员拿烧饼换选票，以及在选票画天鹅、乌龟等做记号。我们得到的消息是投一张某个候选人的票，就可以在学校旁边的馄饨店里免费吃一碗馄饨。大家笑称这是"馄饨选票"。等我拿到选票和馄饨票时，非常气愤，立即把选票和馄饨票撕了。当时觉得自己一定不能同流合污，为了区区一碗馄饨，就要放弃自己的尊严和权利。

高中时，学校里还有"三青团"的人在活动，发传单给我们，想吸纳我们入团。"三青团"是三民主义青年团的简称。抗战前期还是起了很好的作用，在抗日战争转入相持阶段后，"三青团"的许多组织在特务分子控制下，成了国民党反共的工具。他们着力扩大组织，在学校、机关、团体，到处出现了"集体入团""举手入团"等现象。那时候，我们已经认识了它的真面目，大家都很看不起他们。渐渐地，我们就看不到他们的行踪了。总之，那时候我由于看到了太多政治的黑暗，而自己却无能为力，继而转为厌恶政治，专心于学业。

快要考大学了，原来小学的时候和我在一起读古文的一位学长正在无锡国专读书，他劝我也上国专。我到无锡国专去看，这位学长还带我拜谒了几位国学老前辈，一见之下，的确令人钦佩，觉得是治国学的好地方。不过上了高中以后思想有些变化，又觉得那里太传统了一点。因为学习数学和英文的过程中，我渐渐发现了西方有一套与中国传统学术鲜明不同的思维道路。我爱中国学术，可是也爱西方那种思维方法。而且，我朦胧地意识到，中国人如果能学会用西方的思维方法来反省一下自己的传统文化，也许会对自己的文化有一个新的认识，从而有助于自己文化的振兴。国专的另一位学长见到我的犹豫，就告诉我一条新的消息，说荣家在无锡兴办江南大学，请了钱穆先生，劝我去跟钱先生学习，有需要时也可以到国专去向老一辈先生请教。他说，这样也许可以两全其美。听了他的忠告，我决定去考江南大学。在考大学以前，曾经在选择专业上有所思考。虽然我对哲学一直深有兴趣，还喜欢文字学，对中国古典文学也深感兴趣，但是和中学历史老师张先生谈话时，他劝我学历史。他看我兴趣面广，说学历史可以包罗一切；而且如司马迁所说，可以"述往事，思来者"。这时这位国专学长的话和历史老师张先生的话一相对照，我就决定考这所新办大学的史地系了。

七、终生难忘的先生们（上）

那时候考大学是各个学校分别命题，我没多考虑，直接去参加了江南大学的考试。记得国文考试作文题目是就范仲淹的"先天下之忧而忧，后天下之乐而乐"写一篇文章。我用文言文写了一篇文章，得到了老师的首肯，取得了很高的分数，英文和数学也考得不错。1947年秋，我顺利进入了江南大学。

江南大学乃无锡巨商荣家所创办，我是第一批学生。入学第一年，在无锡西门外太湖滨后湾山坡上的新校舍正在修建，学校只好暂用荣巷附近一所简陋的中学校舍为临时校舍。1947年冬，钱穆先生到江南大学任教。那时候，他与唐君毅、唐至中、牟宗三等先生们住在荣巷，那边是荣家旧宅所在。

第二年，学校搬去了太湖滨后湾山坡上的新校址。新校址三面环湖，风景非常优美。推开我宿舍的窗户，太湖湖光山色就可以展现眼前。早晨起床，从宿舍前往湖边的饭厅，湖面笼罩着一片白茫茫的雾气。虽然看不清湖面，但是可以清晰地听到湖面上咿咿呀呀的渔船摇橹声。吃完饭去图书馆看书，不一会儿，雾气就慢慢散开了，有的一丝一缕地从图书馆窗前升起，煞是好看。傍晚的时候，还可以观赏到太湖日落。现在的人恐怕很难想象当时的优美情境。

我虽然上了史地系，但主攻仍是历史。兴趣最大的所在是先秦和两汉的历史。当时最爱读也最常读的有《左传》《国语》《史记》《庄子》《韩非子》等书，自己买了几种放在卧床的里侧，每天中午和晚上睡前都要读一些。这种情况实际从高中的时候就开始了。不过，我的兴趣远远没有限制在这个范围里。

在学习方面，我的国文一向不错，大学国文课对我来说也不困难。英文课一周有三门课，七个课时。三个小时阅读、两个小时语法，还有两个小时作文课。最难的是微积分。因为微积分是全英文授课，采用英文课本，幸亏我在高中时的数学就是用英文课本学的。授课的孙先生课讲得很好，但是我学得依然很吃力，考试也是刚刚及格而已。

在江南大学期间，除了中外两门通史、中外两门近代史、大一国文、英文及两门地理学方面的必修课外，我还选修了商周史、秦汉史、哲学概论、逻辑学（当时称理则学）、伦理学、中国文学史、古文字学、政治学、经济学、微积分等课程。作为一个年不满二十但已遭受过日寇八年统治的青年，我渴望深入认识中国文化，同时也渴望了解世界。

大学一、二年级，我师从钱穆先生学了中国通史及秦汉史。尤其值得一说的是，根据他的指导，我读了他的《先秦诸子系年》和《中国近三百年学术史》以及梁任公的《中国近三百年学术史》。读了《系年》，我知道了要治先秦史及诸子，不能不做考证，而做考证就不能不知清人研究成果，而梁先生的《学术史》则恰好告诉了我接近清代学术的门径。就这样，以后我在治中国古史时始终不敢忘记考证之学，一直不能忘情于清代的学术研究成果。

钱穆先生教过我中国通史和秦汉史，他对历史发展大体的提纲挈领和对历史问题的精到论辩都使我在课堂上感受过精神的震动。当时我在读《庄子》，知道钱先生正在写一本关于《庄子》的书，所以几次请教他一些关于庄子的问题。他在回答问题时，顺便问了我对《庄子》和《老子》二书的关系有无了解，我以先老后庄的传统说法为对，并以《庄子》中说到老聃而《老子》中并无庄周为理由。他看我幼稚而好辩，就嘱咐我好好地看看他的《先秦诸子系年》。我费了好大气力读了这部书，心里的幼稚浮躁之气逐渐平了下来，知道学问实在太大了。再去向钱先生请教，他问我学到了什么？我说，具体问题，我此时还无考证能力，不过，我开始认识到，学历史即使治诸子也不能不懂考证，学先秦文史不能不懂清儒研究成果。钱先生点了点头，说他要我们读梁任公和他自己的两部同名之书《中国近三百年学术史》，目的就是要告诉我们一个治学门径。治史必重考证，治先秦史必自清人研究入手，成了我半个世纪以来治古史时所信守的基本原则。

那时候听说钱先生经常一人至湖边村里雇一小船，荡漾湖中，任其所至；有时候还带领学生漫步在湖堤之间，讨论学问。我有读不懂的书或者不明白的问题的时候，常常去拜访钱先生。有一件小事让我记忆犹新。钱先生在讲授中国通史课时从来不看讲义，他戴着一副高度近视眼镜，边讲课，边在讲台上踱步，我也听得聚精会神。忽然感觉钱先生在向我示意什么，原来钱先生看到四周的学生都在记笔记，唯独我一个人没有记。先生在示意我记笔记，但是我还是没有记。后来钱先生叫助教收大家做的笔记去批改，我就根据讲义编了一个交了上去。没想到钱先生叫我去他那里，亲自问我为什么不记笔记。他问我："你为什么不记笔记？"我回答说怕记笔记分神，跟不上先生的思路。他说："不记笔记你都能记得吗？"我回答说能，还请求先生现场考我。先生问了几道问题，我都回答上了。他说："你现在记得，以后保证还会记得么？"我回答不上来了。钱先生告诫我说，记笔记并不是记他已经研究出来的东西，而是记他现在正在研究的，最新的东西。几十年后，我去台湾拜谒了钱先生的故居素书楼。在钱先生的铜像前毕恭毕敬地三鞠躬，每鞠一下躬，便在心里说一声，"钱先生，您讲的我还记得"。

后来台湾有个电视台来大陆采访钱先生的弟子。访问了我和何兹全先生。何兹全先生是钱先生早期在北大的学生，我是先生离开大陆之前的学生。节目中我就讲了这件事情。他们很细心地录制了影像，还感慨说："太绝了，真是太绝了！"钱先生课讲得条理鲜明、富有逻辑性，只要认真听，当然都印象深刻。

唐君毅先生教过我哲学概论和伦理学，给我打开了了解西方思想的窗户。刚开始听哲学概论时，对大量的西方哲学词汇都无所知，颇有腾云驾雾之感；但是，并非什么都听不懂，也能感到他在辨析前代哲学家思想时所流露出来的哲学智慧，使我的好奇心逐渐向一个更深的层次发展。

八、终生难忘的先生们（下）

当时唐君毅先生的妹妹唐至中先生，教我大一国文。至中先生的国文课讲得很精彩。我还记得她给我们讲的《礼记·乐记》一课，将礼乐关系讲得很透彻，让我终生难忘。她讲的《史记·淮阴侯列传》也让我铭记至今。至中先生将韩信的性格与得失成败分析得丝丝入扣，栩栩如生，我们听得也是津津有味。她对学生非常亲切和蔼，到他们家去问问题，就如向自己的家长问问题一样无所顾虑。问了问题适逢用饭时间，他们就留用饭；饭后有时他们会去湖山之间一些胜地散步，也带着我们同行。一边走，一边谈，从哲学到文学无所不及。许多难懂的哲学问题，就是在饭桌上、散步间慢慢弄懂的。

君毅先生很爱讲黑格尔辩证法，我为其精深所震动，但也时常不懂，至中先生往往在这时候帮忙。她知道我还懂得一些老庄，就常引老庄给我解说，使我感到了中外思想之间还有一条通道。直到现在，我见到黑格尔的书，只要有时间，看不懂也愿意硬着头皮看下去，多年来一直如此。君毅先生还有一句话使我难忘：要学哲学，不能用常识来思考，要用逻辑来思考。

关于君毅先生最深刻的记忆，还是他伟大的人格。除了令人在玄思之境中如沐春风外，君毅先生还具有把道德理性付诸实践的大勇。当时有些同学家贫，君毅先生就请这些同学帮助抄稿，抄完之后，付给酬劳的时候，还特别郑重地向这些同学道谢。君毅先生当时任教务长，记得大一时，有一次师生在礼堂里（临时校舍）开学术讲演会，君毅先生是主持人。外面下着大雨，突然听到礼堂外面有房屋倒塌的声音，大家认为礼堂也面临倒塌的危险，现场顿时乱作一团。就在这时候，君毅先生不仅没有从主席台的旁门方便地离开现场，反而大步走到讲台前沿，大声招呼大家不要拥挤，按顺序走，混乱的局面平静下来。在他的组织下，同学们都顺利地走了出来，君毅先生是最后一个走出来的。虽然后来礼堂并没有倒塌，倒塌的是礼堂后面的房屋，但当我从讲台前走过时，仰望着君毅先生，真切地感受到了什么是伟大的人格。

牟宗三先生教过我们逻辑学，讲的基本是西方的古典逻辑，但也偶尔夹讲一些因明学和墨家逻辑。这门课在开始听时也很陌生，不过因其内在联系清晰而紧密，我自己也有一些数学方面的推理训练，认真听下去就不觉得有困难。而且，我发现它和我很喜欢的几何学是同一个路数，是一种西方人所习用而我们中国人不常用的思考方法。几十年来，我不断地读西方哲学的书，也不断地复习逻辑，用这种方法帮助自己克服在学西方哲学中遇到的许多困难，也逐渐提高了自己的思维能力。

冯振先生教过我文字学，他实际是教我们读《说文解字》。先讲《说文叙》，再讲部首，然后再一个字一个字地往下讲。冯先生让我知道了段玉裁、王念孙、王引之等清儒在文字训诂研究上的丰硕成果。从前跟老师学古文时，就听老师解字不时引用《说文》，也稍稍翻看过此书，觉得有趣，但不知入门途径。

冯先生上课，时常辨二徐之误，出入段、王而时有发挥。当时《说文解字》虽然没有讲完，但是由此我知道了，要在文字音韵之学上打好基础，不能不多学段、王。几十年来，我始终不敢忘记这门不能忘记的学问，基本上采取了"学而时习之"的方法，段、王就成了我随时请教的老师。有趣的是，冯先生讲课带广西口音，可是有些字的古音用他的口音读正好；记得他讲"见母"的见字，与现在普通话读音不同，而恰好符合古音。冯先生启发了我多年总爱从听方言中印证古音的习惯。我不才，不能成为文字学专家，但也稍知用以读好先秦、两汉及清儒之书，实皆拜冯先生循循善诱之所赐。几十年来，我和《说文》《尔雅》等书结了不解之缘，如非在特殊情况下，读古书遇到问题，不查阅这些书籍，心里就总过不去。

我还从束世澂先生学商周史。束先生精通商周文献，钻研甲骨经文，自己还收藏有一些甲骨片。束先生还是一位有名的老中医，非常博雅。记得我在他的指导下根据《春秋三传》写过一篇《春秋五霸论》，竟蒙先生嘉奖，至今记忆犹新。我对先秦史的影响也深深受益于束先生。

我还从朱东润先生学习《中国历代文学作品选》，从李笠先生学习《中国文学述评》。

以上所谈的几位老师都是在我茅塞要开未开之际，适逢其会地给了我一生受用的影响。他们只教了我一至二年，可是我从他们那里得到的却是对于这些学科的终身学习的浓烈愿望，我觉得这是最宝贵的。因此，特别说到了上述的几位老师。同时要说明的是，我提到这几位老师，并非说我能继承他们的学术、够做他们的入室弟子，而仅仅是因为他们在治学道路上给予了我终身的影响。

我很幸运，我在一个适逢其会的阶段遇到了他们。我一想到他们，就会想起杜甫的诗句："好雨知时节，当春乃发生。随风潜入夜，润物细无声。"当时我的求知欲极为旺盛，就像一株刚要从泥土里向外冒出头来的幼芽，恰好遇上了他们所施与的智慧的阳光雨露。如果早一点遇到他们，那么我对他们的施与会一切茫然无知，接受不了；如果晚一点遇到他们，那也许我习惯已成，他们的施与就改变不了我已成的积习，同样归于无效。因此，我觉得，在我几十年来所遇到的很多师长中，对我以后治学路数影响最大的是以上几位先生。

1949年江南大学史地系停办，我们被要求或者转系，或者去别的学校。我经过考虑，选择了重新报考南京大学历史系，并顺利进入了南京大学学习。

九、从南京到辅仁

我进入南京大学学习虽然时间不长,但还是很有收获。有几位先生的课程对我影响都比较深。

韩儒林先生教过我中俄关系史,当时他是南京大学历史系主任。韩先生先后在比利时鲁汶大学、法国巴黎大学、德国柏林大学留过学,纯然学者风度。他是蒙古史、元史专家,讲课旁征博引,非常生动,我们都爱上他的课。记得韩先生曾经给我们讲过汉语"俄罗斯"的由来。俄罗斯人自己称自己"露西亚",前面是有一个颤音的,英语的俄罗斯发音"若莎",也没有"俄"的发音。汉语的发音为什么叫"俄罗斯",是因为汉人通过蒙古人知道的俄罗斯,在蒙古语中,俄罗斯的蒙古语发音为"俄罗斯"。这是我们从来没有听闻过的。

贺昌群先生教过我魏晋南北朝史。贺先生是非常文雅的一个人,学识渊博,经常在家中与师母吟诗作对。贺先生给我们讲魏晋南北朝史让我们感受到一股魏晋文人的风气。听他的课,感觉像是在读《世说新语》,非常有趣。

英国史课程是由蒋孟引先生教我们的。蒋先生是从英国伦敦大学历史系深造回来的。平日里穿着非常讲究,总是西装革履,拎着一个皮包,颇有绅士的风姿。蒋先生讲课时声音洪亮,吐字清晰,条理清楚。他上课使用的是全英文的课本,布置参考书也用英语书。

刘毓璜先生教过我社会发展史。刘先生上课非常认真,备课充分,内容丰富,有论有史。他的课很精彩,没有废话与空话。我们上他的课是很认真听的,并做好让他延时的思想准备。

在南京大学上了不到一年,我就因为身体原因休学了。后来我考虑还是要继续学业的,因为之前听说北京的辅仁大学是陈垣(援庵)先生在主持,便慕名报考了辅仁大学。后来,我顺利考取了辅仁大学历史系。

我是1950年9月来到辅仁大学历史系学习的。当时辅仁大学还没有被中央人民政府接管，我记得一个月后，10月10日，中央人民政府宣布接办辅仁大学，校名也改为公立辅仁大学。

那时候北京解放不满一年，我是第一次来到北京城，还记得当时虽然已经经过一年的恢复重建，但很多地方还是很残破，印象中满目疮痍，百废待兴。

因为我之前已经在江南大学和南京大学读过两年多大学，到辅仁以后，发现教学大纲和课程设置方面没有大的变化，只是增加了中共党史、马克思主义政治经济学、中共革命史等几门课程，所以我适应得比较快。那时候我们历史系算是比较大的系，但一个系也只有几位教授、一个系主任、一个助教，平日里只有助教在系办公室。我们一个年级只有十几个人，学校里最大的系学生也就20个左右，与今天不可同日而语了。

我到辅仁大学上学较晚，那时候援庵先生不在三年级开课，很遗憾不能从援庵先生学习。但其他几位先生对我的影响也很大。

柴德赓先生教我们隋唐史。柴先生口才很好，写得一手好字，板书又快又漂亮。他每次上课总带一本手写讲义，可是上课后就开始脱稿授课，手执粉笔在讲台上连续讲课两个小时不会出现半点错误。记得柴先生讲隋唐史时，说过一个小故事。说武则天为什么喜欢待在洛阳，很多人说武则天在长安做了许多恶事，"长安闹鬼"，武则天是怕闹鬼所以经常在洛阳住着。实际上，武则天常住洛阳是因为长安的粮食不够吃了。因为长安在盛唐时期人口剧增，粮食运输供给不够，武则天便去了洛阳，官宦们也就跟着去洛阳，这样就缓解了长安的压力。因为洛阳有黄河直通运河，粮食运输比长安便利得多。柴先生在上课时，有不少这样的故事，我们都喜欢上他的课。

柴先生教我们用援庵先生的"史源学"方法来学习历史学。在学习隋唐史过程中，他要求我们看《资治通鉴》，并且要求与《隋书》（二十四史）对照着看。柴先生教给我查核史料的方法让我受益匪浅。

金毓黻先生教我们宋辽金史。他研读经史子集功夫达到一流水平，不仅学识渊博，而且相当有造诣。他治东北史很有成就，给我们上课非常自如。遗憾的是，后来患病不能给我们代课，我们还去他家里看望过他。他的课后来由漆侠先生继续讲完。漆先生当时还是个青年，对同学很热情，课也讲得很好。他只比我大6岁，后来我们师生之间一直保持很深的友谊。

刘启戈先生教我们西欧封建制度史。刘先生精于世界史尤其是世界中世纪史。他讲的西欧封建制度史也让人印象深刻。

陆和九先生教我们金石学。陆先生不修边幅，一副传统文人形象，但颇为风趣。陆先生还是有名的书法家，当时北京城里有许多牌匾都是陆先生题写的，也经常有人向他讨字。那时候学校里有许多学生活动需要写一些宣传品。我经常负责写这些宣传品，像横幅、海报、演出道具之类的。有一次，柴德赓先生看到我写的字，夸奖我的字写得不错，我以为自己的字真的写得不错。当时，陆先生在课堂上问大家，有没有人愿意写字的，如果有感兴趣的，可以先写几个字让他看看。我写了几个字交了上去，班上还有其他的同学也交了。

后来，陆先生没有对别的同学的字发表意见，只是对我说，"你的字还需要重练。你的字都是花架子，花拳绣腿，背后没有硬功夫"。后来我考虑，真是批评得对极了。陆先生问我喜欢看谁的字，我说看得比较多的是宋人的字。他说写字要从魏碑入手才行。陆先生的书作章法谨严，刚健秀雅。我习了一段时间魏碑之后，字也有所进步。我从陆先生这里得一道理——"要想真正写好字，花架子是靠不住的。做学问也是一样，得下苦功夫"。我后来没有继续坚持习字，想来真是对不起柴德赓先生和陆和九先生两位老师对我的期许和指导。

十、难忘的教诲

1952年院系调整，辅仁大学并入北京师范大学，我留校任教。那时候的校区是在和平门外。这期间，有件事情令我记忆犹新，那是学校为了宣传抗美援朝精神，组织了宣传队下乡，去的就是现在的北师大校址。那时候还没有新街口外大街，积水潭那边的城墙有个大豁口，也就是现在的新街口豁口，我们从西直门过来，北面到处是庄稼地。乡下很荒凉，只有寥寥几家农户，宣传队由陈援庵先生带队，扛着旗。先生平易近人，和同学们有说有笑的，给我印象特别深刻。

1955年，我们学校从和平门那边搬到铁狮子坟这边。那时候这里都是庄稼地，只有少数几栋建筑，我记得物理楼和数学楼还有四合院是来之前就建好的。1952年新的教学大纲已经初步确立，教学内容也相比以前有了变化。那时候讲究将生产劳动列为学校的正式课程，我们带着学生去旁边的庄稼地劳动，还经常见有野兽出没。

由于我到辅仁大学上学较晚，那时候援庵先生已不再开"史源学实习"的课程了。我没赶上这个机会，心里深为惋惜，就不断打听他指导学生研究《日知录》的情况，把那种查核史料的方法暗记在心。毕业以后留校，被分配在世界史教研室工作，但总不时翻阅《日知录》，得便就按照先生的方法查一条。1954年，由于一个偶然的机会，我写了一篇关于顾亭林的文章，曾油印若干份在系内讨论。第二年，我到东北师大去进修世界古代史，就把修改这篇文章的事情给忘了。

1956年1月，在长春收到刘乃和先生寄来的信，其中传达了先生对我的教诲。原文是："你做的顾亭林论文，陈校长看见了。很高兴，很是夸奖你。但中间引用了《日知录》卷十八'心学'条有'愚按心不待传也'一段，此段连前文，共五百九十多字，至'故儋书其所见如此'，都是《日知录》引《黄氏日抄》卷五之文。中间为黄汝成《集释》隔断，遂易误为亭林之文（黄汝成就是如此误会）。不知此"愚按"的'愚'字，实是黄东发自称，非亭林也。嘱转告你，改正为幸。他又说，这就是古书不好读的一个例子。因古文引文不加引号，故有此弊。"

读了这一封信，我内心深受感动。首先是对于先生的由衷感激。当时先生年事已高，忙于学术研究与校务，日不暇给，乃肯以极宝贵之时间一读后生晚辈之习作，热心予以鼓励，并严肃指出其中之错误，这种诲人不倦的高尚精神，实在令人难忘。再则是对于先生的由衷敬佩。我把黄震的"愚按"当作顾亭林引《黄氏日抄》文后的按语，这一引证错误，只要不核《黄氏日抄》原书，可以说是很容易犯的。黄汝成作《日知录集释》，参考了顾氏以下、道光以前的学者研究《日知录》中研究过的问题的著述，数近百家，可谓研究《日知录》的权威，犹未能免此失误。可是先生活于黄汝成百年之后，竟然随手而正黄氏之失至如此精细的地步，其治学之精、记诵之博，怎能不使人五体投地！

这一封信，不仅使我深受感动，而且也使我深受教育，获益颇多。首先，我反省了我自己为什么会引文失误，最初归咎为自己年纪轻，学问少。继而又想，黄汝成为什么也有此失误。黄氏作《日知录集释》时年纪虽不算大（30多岁，比我那时大10岁），而学问不少。所以黄氏失误，不在于学问不足，而在于疏忽。想到这里我就知道自己的错误在于学问少又加疏忽。最后一想，陈老为什么不会有此失误？除了他学问大之外，还有更重要的一条，就是他在引文时绝不轻信转手的介绍。他有一句名言："人实诳汝。"这一条使他在引用史料时能立于不败之地。从那以后，我再也不敢忘了先生的那句名言，在作文引用材料时，首先比求依据原文。在原文实在不可得而不得不引用时，则说明引文的出处。这不仅为了慎重，也是不致诳人。这样使我减少了错误，养成了比较踏实的习惯。

我曾想自己为什么没有查阅《黄氏日抄》。我从《书目答问》中早就知道这部书，也在资料室书架上见过此书，可就是"看书看皮"，不曾打开一阅。反复寻思，原来是不知道此书有多大用处，所以才轻忽了。知道引文错误以后，我赶快找到《黄氏日抄》，首先复核了引文，证实先生所言准确到连字数都不差，进而看了四库全书馆臣所作此书提要，然后泛览此书大体内容，再选自己对其内容比较熟悉并有兴趣的地方细心地看看。这样，我对此书就有了一个大体的了解，从而也就发现，对于研究顾亭林而言，《黄氏日抄》是一部不可不看的书，顾氏对于宋明理学，拒陆王而近程朱；黄震继武朱熹而有所损益，在一定程度上为亭林思想之前导。于是我意识到，自己写关于顾亭林的文章，而尚未注意到此书，显然仍然在研究的较浅阶段。自意识到这一点以后的几十年来，我一直坚持学习先生的办法，每见书中的引文，必追踪其原文。这样追踪的结果，不仅是一般地扩大了自己对文献的眼界，而且也是有层次逐步深入地扩大了自己的学术眼界。

世界上没有生而知之的人，援庵先生亦是。他之所以能达到学术的高深层次，那显然就是他在学术上不断追踪或攀升的结果。据闻先生常教人说，探究史源，可以渐知考据方法与治学门径。就我的切身体会来看，这个意思是一点也不错的。我之所以能比较细心地做一些考证的文章，这也是受到了先生的直接与间接教导，比较肯在史料上追本溯源的结果。当然我的水平不高，那是学先生学得不好、不够的问题。而我的点滴进步，却与先生的方法有关。

十一、巧学外文

我刚工作时，被分配到北京师范大学历史系，安排的专业是世界古代、中世纪史。当时自己很想进中国古代史专业，但既然是工作的需要，当然也就服从了。

做世界史，要求外文好。我当时只是会一点英文，能看一般的英文历史书籍，但是阅读速度与理解深度都很不够。好在我对外文不仅无反感，而且有兴趣（早年不愿意学日文是另一回事）。既然要我搞世界史，那就横下一条心学呗。正在加紧提高英文水平时，又遇到了必须学而且要迅速学会俄文的要求。英文还未及加深，又来了俄文，搞不好就会"鸡飞蛋打两头空"。怎么办？于是我又参加了突击式的俄文速成班，班上老师要求学过一种外文的人尽可能联系已学的语言来学俄文。这给了我一个大启发——联系英文学俄文。

我的办法是，准备一本英文版《共产党宣言》和一本俄文版《共产党宣言》，两个本子一字一句地对照看，每一句都用在中学学英文时的图解法（diagram）来做文法分析，用不同颜色的铅笔轻轻地划在书上。每天不求多，但必坚持。经过一段时间，这本书读完了，自己觉得效果还不错。

又用同样的方法读《家庭、私有制和国家的起源》，到这本书读完，不仅没有了"鸡飞蛋打"的顾虑，而且感到这样做能够使英文与俄文的学习互相促进；特别是在对读过程中发现了印欧语言词汇、语法中的一些有趣的异同，很开眼界。以后，我学德文，到自学阶段时还是用这个方法，用德文原本对照英文和俄文译本，每句都表解分析地读。由于德文和英文关系更近，在比较对读中可以迅速发现二者在词汇和语法方面的异同，大大加快了德文的把握进度，而且对三种文字的学习也大有互相促进的作用。同时，收获还不仅于此，这样做也使我更自觉地在学习中注意比较方法的运用，促进了我的比较意识。

随着比较意识的提高，我也把学中国古汉语文字学的方法运用到学外文上来。对汉字，我有追寻其小篆字形和古音的习惯；推广到学外文上，就是随时追寻外文文字的字源。这种方法短时间看不到效果，成年累月积累下来，就很可观。它既有利于加深、加固对某一种文字的理解和把握，又有利于学习多种（同一语系）的文字。还有一个原先没有想到的效果，就是因为理解得深，所以记得快、准、牢，从而大大提高效率。原先以为这样的笨方法会费时间、低效率，而结果恰恰相反，尤其从长时期的角度看，更是如此。正是因为这样，尽管我曾费了大量的时间学外文，但是学外文并没有妨碍我对中国学问的学习。

我注定要做世界古代史的教学和研究工作了，就决心好好干。当时中国古史分期问题讨论正热，有些先生涉及了与斯巴达的黑劳士制度的比较。我想，要研究希腊社会经济问题，斯巴达和雅典总是不可缺的。于是就开始准备做黑劳士制度的问题。这时东北师大来了一位教世界古代史的苏联专家，要开青年教师进修班。我考上了那个班，从1955年深秋到1957年夏，在那里学了两年世界古代史。这两年里，除专家讲的本专业课外，还有俄文及理论课，其余时间就是做论文。我就选定了《论黑劳士制度》为题，结果写出一篇8万多字的论文，其中涉及了与中国史对比的问题。论文在一个规模不小的答辩会上通过答辩，并得到了当时认为的最好的评价。进修班毕业，可是没有颁发任何学位；全班同学也都没有获得学位，当时没有这个规矩。一位老先生把此文推荐给了一家出版社，他们看了稿子，答应出版，但是提了一些修改意见。多数文字加工意见我都能接受，就是有一处我不赞成一位苏联大学者的意见的地方，他们要我必须改；我想我的苏联专家老师都没有要我改，宁可不出也不改。这样就没有再把稿子寄回给他们。我算做对了一件事：没有把不成熟的东西随便发出去。

做《论黑劳士制度》论文时，我一直有两块心病。一块心病是只能看"Loeb古典丛书"的英译文的这半边，而不能看其希腊原文的那半边。用史料不能从原文入手，怎能算真正的研究呢？另一块心病是，眼看着要做比较研究，可是自己在中国古史方面的文献功力仍然显得不够。

由于想治这两块心病，我首先打算自学希腊文。找了一本用英文写的希腊文文法书,自己就试着往下学;因为没有老师可以请教,经过一段时间积累下来的问题无法解决,最后只好放弃。学不了古文字,就转而自学德文。我买了一本北大德语教研室编的《大学德语课本》(第一册),自学起来。毕竟现代语言比古语文容易多了,这次自学为以后几年从师学习德文打下了一个初步但扎实的基础。

希腊文学不会,就更觉得自己不能放松在中国古文字方面的努力,因为这是我在可望的将来(现在应该说终身)能够直接用来研读原始古文献的唯一的语文了。自从工作以后,尽管具体做的是世界史教学与研究,但我从未间断在中国文献方面的业余学习。最有保障的是一天工作下来的晚饭前或后,到住处附近的旧书店去逛一个小时左右,除一般寻找有无可购的中外文书籍外,每次的重点都在搜寻清人的小学、经学和目录学方面的著作。有些书很贵,买不起,就每次看一些,总要看到有一个大体了解才罢手。对清代著名学者年谱,每见一部,都要浏览一遍。这样就逐渐积累了一些最基本的清人小学、经学著作。

我买书的原则是,在买得起的里面挑版本印刷最好的,但也没有名贵好书。我常对人说,自己买书几乎像旧社会挑女婿一样,左看右挑,经过许多回才很吝啬地买一本。其实不是吝啬,这样买来的书,未到家,你对它的大体内容、功能特点都已经有了一个比较清楚的了解,以后用起来效率高,有时一本能顶好几本用。这一点可怜的体会,也许是有钱大手大脚买书的人无法感受到的。直到"文革"开始前,我这一逛旧书店的习惯一直坚持十几年不断。"文革"后,由于工作需要,我又同时兼做中国古史教学与研究,之所以不觉突然,实在与此有关。

十二、学问的精神土壤

我一直坚持学外文。从东北进修完回北师大以后,我一面跟张天麟先生继续学德文，一面又和教研室里的几位先生一同跟一位老师学拉丁文，学了不到一学期，运动风暴到了，只好停学。这一停，从此打断了我学拉丁文的路。

学拉丁文不成，是我学古文字的第二次失败。这次失败使我想到没有希腊文、拉丁文的素养，而从事希腊、罗马史研究，究竟能做到何种深度的问题。原来我就打算以希腊古代史、印度古代史和中国古代史为三个支点，进行比较研究，从而推动自己对整个世界古代史研究水平的提高。这时就想更快地深入古印度史领域，借助自己在阅读中国古文方面的一些有利条件，来做一种有中国人自己特色的古印度史研究。

既要认真治古印度史，就不能不认真读书。我知道，真要做古印度史，不能不学梵文和巴利文，系里领导也曾经答应送我去跟季羡林先生学几年梵文。可是，先是"四清"，接着就是"文革"风暴，我的古印度史研究都被打断，更无论去从师学梵文了。

到了"文革"中后期，因思想"保守"跟不上"形势"而靠边站的人，空余的时间就稍稍多了一点。我也讨了这个便宜，想学习的心又按捺不住了。一位外语系的老师，和我是多年交流外文学习经验的好朋友，这时我们两人不约而同地各自自学起梵文来。自学不到一年，又重蹈了以前学希腊文的覆辙——做练习中积累下的问题无法解决，不知自己做的练习是对是错，再次败下阵来。这一败，彻底打破了我学外国古文字的梦。心里不服，知道电台广播教法语，就又跟着学法语，从初级班到学完中级班，再次用英、俄、德文本的《共产党宣言》对照法文本读。还没有读完，"文革"结束，各种工作压力一齐来临——我又正式兼做中国古史的教学与研究工作了。所以刚学的法文就丢生了，还不如学希腊文失败后学的德文。嘻，夫复何言！总之，我学外文几十年的情况是，教训多于经验，失败多于成功。一些好心的师友为了鼓励我，说我会多少种文字，使我十分惭愧。这里赘述数语，也是为了正视听于万一，以免虚声欺人。

虽说"文革"中后期有学梵文的失败,但我在中国古文献方面却颇有进展。1971年春,我被借调到故宫博物院临时帮忙(做重新开放的准备),开始下了学校里"运动"的车,在那里读了几个月古书,也从此时开始自学金文。因为有一点《说文》的底子,所以入门不觉其难。秋季回校,参加外国历史书汉译的工作,随后就参加刘知几《史通》的译注工作。译注《史通》,在当时算是注"法家"著作,可以比较集中精力。这项工作做了一年多,我的文字训诂能力得到了一次严格的考验和锻炼,原来在这方面做的准备一时都派上了用场。

1979年末,我奉调到史学研究所从事中国史教学与研究,在所里招收的硕士研究生是中国古代史专业中外古史比较研究方向的。1986年历史系建立了世界上古中古史博士点,我在系里就招收世界史专业中外古史比较研究方向的博士生。所以,从80年代初起,我就正式与中外古史比较研究结下了不解之缘。

在早期,我曾经给研究生系统地讲过中外古史比较研究的课,但那只是讲社会经济和政治史方面的比较,未能涉及思想文化。好心的友人劝我就此写成专著,可是在我看来,如果事先没有做好一系列专题论文以为基础,遽尔就写专著,那么这样的"专著"就恐怕只能加上引号了。学校的出版社几度和我商谈,要我把讲义整理出版,我也以同样的理由谢绝了他们的好意。其实,我心里还有一个根本性的想法,就是比较研究是一种看来容易而实际又很难的工作。说容易,是因为只要你头脑灵活,随便在一个有话可说的方面抓一个热题,尽兴发挥一通,也能引起某种轰动效应;说不易,则是因为要真正地做比较研究,那还需要先有两种准备。这就是,第一,对于所要做比较的领域有一个总体的了解,对中外历史没有一个大体的把握,不能率尔操觚;第二,必须至少对一个国家(能多当然更好)的历史具有直接从原始资料入手做独立研究的准备，并做出了一定的成果。

　　我用这两项条件反省自己，觉得对于世界古代文明史，自己还是有了一个大体的了解和把握的，对于古希腊、古印度有一定程度的深入，但是已经不可能再具备从原始文献入手研究的能力。中国古文明是我们自己的文明，是我的精神自幼即寝馈于其间的文明，自觉理解较深，也具备从原始文献入手做研究的一定能力，最需要的是在中国古史方面做出一些切实的研究成果来，积累起一定的研究经验。我给自己规定了一个具体的研究取向，就是把中国古史的研究同经学文献研究结合起来，这是为了从源头上探寻中国古史的精神来龙，也是为了借助经学在文献考证方面的经验与成果。

　　20年来，我写了一些文章，大体都不出这个路数。这样的做法，是对是错，自己不敢断言，但作为一种选择和尝试，则未为不可。曾有一位师长和我开玩笑说："你从世界史逃到中国史去了。"我说："我没有也不敢逃，我是在'转进'。"这些年来，我所写的文章，有少数是直接讲中外古史比较的和比较研究理论的，多数是专论中国古史某个具体方面或问题的，但是其中总寓有比较研究的含义，文中也不时有一两句指出所资比较之所在。因此，在一定限度里说，我的中国古史方面的文章都具有某种中外比较的背景。现在，我不再就外国史某一专门领域做专门的研究，但是不放弃尽可能读一些外国新书，参加或主持一些世界史教材的编写工作，把自己在中国古史研究方面的或中外古史比较研究方面的点滴成果引进到这些教材里来。所以，我才敢说："我没有也不敢逃，我是在'转进'。"

　　我自知在中外古史比较研究方面成果甚少，尤其不能也不敢望学贯中西的前辈大家之项背于万一。我只是多少做了一些事，还要请各方面专家多多批评指正。

　　我希望在中外古史比较研究方面不断有新的专家和专著出现，我更希望的是这种研究是潜心的、踏实的、真正的研究。我常想，学贯中西的前辈大家为什么能达到那么高的学术境界？有一点至少是明白的。他们都在自己本国的文化领域里具有深厚的基础和功力，因而他们在探研外国历史文化的时候也就能自其大者、自其高处而观之，而理解把握之。他们学外国学问的时候，在精神境界上不是作为一个初学者趴在地上一点一滴地拾人牙慧，而是在本国学问上与外国学者（他们在其本国学问上）站在平等的地位上的。当然，由于各种条件的限制，不能在中国历史文化方面先奠定基础就开始学外国历史文化的现象也常会发生，这也未为不可。重要的是，当一个人在外国文化方面有一定造诣以后，不宜忘记学习本国文化；因为不管自觉与否，这总是我们的精神植根最深的土壤。离开这块土壤，我们的成就不可避免地要受到很大的限制。我深深景仰前辈大家的那种风范，愿意景行行止，也愿意与有志于中外古史比较研究的青年朋友们共勉。

十三、我的读书心得

年轻的同学经常问我怎么读书。我想自己一辈子都在读书、做学问，关于读书，还是有一些话想跟大家谈谈的。

读书要有目的。读书的效率取决于读书的目的是否明确，也就是我们是为了提出什么样的问题、解答什么样的问题而读书，即韩愈所说的"解惑"是也。但是必须谨记：读书绝不仅仅是简单的对于现实问题的求解。再则就是在读书的过程中，我们可能要写文章，写文章也有相应的要求，那就是在你的文章中，你能提出什么样的问题——如果你提出的问题司空见惯，就绝对没有写文章的必要。读书是一场激烈的智力、智慧的竞争，不仅和身边的人、同等专业的人、国内的相关专业的人士，还要和国际上优秀而杰出的思想者、学问家们进行竞争。就如哈贝马斯所说的"交往与对话理论"，如果没有竞争精神作为奠基石的话，他的理论就是浅薄的。另外，读书应当注意汲取经济学的有关法则，不做无用功；节约时间、节省精力，同样是读书过程中要留心的事。

还必须明确的是：不同的书，应当有不同的读法。荀子在《劝学篇》一文中指出："古之学者为己，今之学者为人。"看起来，似乎后者更加高尚，更值得效法。其实不然，读书首先要使自己成为一个合格的人，一个知识结构、道德人格结构完善的人，否则就会成为"书蠹"，成为知识的贼人，所以荀子说："君子之学也，入乎耳，著乎心……小人之学也，入乎耳，出乎口。""君子之学也，以美其身；小人之学也，以为禽犊。"在"小人"那里，读书反而会成为满足口腹之欲的方便工具，甚至成为谋取功名利禄的敲门砖。反思我这么多年的读书，以此衡量，真要冷汗涔涔而出，如芒在背的感觉十分深切。所以，读书必先为己，为己者，乃是首先要求自身的完善，非为苛求于别人，唯其如此，然后才谈得上读书为人（他人）。

关于泛读和精读，首先要找准自己现在所处的"方位"。当你走进浩瀚的书籍海洋的时候，就如一名旅客乍到陌生的城市，如果不清楚自己现在所处的方位，就会迷路，迷失自我；就读书治学而言，就不能够明晰自己当前的学术位置与层次。失去了准确的定位，读书则如在沙漠中寻水，很难实现开始所拟定的预期目标。此外，要能够看出一本书的框架和网络，寻找它们的联结点，进而寻求入山的门径和道路。

泛读是在为你将来的学术研究搭建宽广坚实的平台，是检验一个学者知识储存库的利器，就如同金字塔的塔基，其重要性自不多言。我想重点说说精读，精读可以大大提高阅读能力，精读的目的就是要切实提高分析、解决问题的能力。但是，范围要小，防止漫天撒网，无端虚耗有限的精力与时间。在精读的过程中要一再地追问如下问题：这本书为什么这么写？它的结构、用意、表达的思想……精读要求对所读书籍的总体结构有深刻的了解，依此类推就是对它的篇章结构、段落结构、字词、重点词的词源，都要进行一番来龙去脉的调查研究。加强精读的训练，就好像是为了砍柴而磨刀，看去很笨，效率却很高。

要打破陶渊明"读书不求甚解"的文人艺术家式的随意读书的风气。我们做研究的人需要的是科学严谨，浅尝辄止的欣赏性的读书有百害无一益，对此需要慎重对待，严加防范。要像古人读书那样，做到"入乎耳，著乎心"，书进脑中立时分解，要能念出书的结构，提高自己的自觉分析能力。进度虽慢，必须坚持，长此以往，方可逐步提高解决问题的能力。

在某种意义上说，精读实际上是一种有效而艰苦的学习方法的训练过程，是寻找"解牛之刀"，是提高读书效率的关键。

张之洞的《书目答问》和范希曾的《书目答问补正》两书，皆为薄薄的小册子，但却是治史学读书修学的便利门径。通过对这两本书的阅读，和翻阅它所涉及的相关书籍，会让你对传统的典籍、相关校注的基本情况有清晰的了解，特别适用于刚刚入门的人。

然后，再去通读《四库全书总目提要》，你就会做到心中有数，而不至于被四库全书的繁复书目所吓倒。关于"追溯法"，具体做法是重视你所看的书籍的参考书目，从参考书目中得知诸多你当下所关注问题的相关资料，实在是一种触类旁通的经济型的读书方法。这样坚持不懈地做下去，就会找到丰富的解决问题的材料。这种方法忌"漏"，要清楚地知道书的利用经过，知其然，知其所以然，才是深入地读书，才会让你学会对书籍的最大效率的利用。

对于工具书的使用，务必要留心字典前面的凡例。了解这本字典编者的编写用意，和它与相关工具书的不同功效，这样就能够让你迅速地掌握工具书的使用。熟练以后，就可以让字典等工具书发挥最大的功效。我们的时间和精力总是有限的，所以掌握一定的方法，进而最大限度地提高读书的效率，是读书过程中至关重要的环节。

读书，找材料是目的之一，但不是全部。找材料凭电脑网络就足够了，但是由此而来的材料的上下文是什么，却是不得而知的事情了。西方的很多汉学家就是通过电脑找到很多材料，然后拼接组成"皇皇大著"，看去很能"唬人"，对初学者而言，有时难免会目迷于五色，失去自己的独立判断能力。现在看来，如果我们对这些著作严加审查，就会发现其间的很多"巨著"原来不过是纸老虎——这也从反面告诫我们，要时时警惕那种不够科学严谨的学风的滋生，要注意选取的材料的前后关联，即西方语言学中经常提到的"语境"这一术语。

读书作为一种具有竞争和挑战的对话行为，我们可以通过书籍实现和古今中外顶尖级人物的高层次对话。明师难求，书籍就是我们最好的老师。尤其，当我们很难寻找到明师的时候，书籍、读书的作用就更加明显了。

另外，读书的过程，也是一个不断发现自己缺点的过程。仅仅从书中看到它的不足还是远远不够的。老子说："为学日益（知识学问），为道日损（缺点），损之又损，以至于无为，无为而无不为。"要从书中看出自己的不足和缺陷，所以读书的过程既是一个增加的过程，又是一个减少的过程。增加的是新的知识、新的解决问题的方法，减少的是自己的缺陷和不成熟的地方。这样，长此以往，学问将会渐入佳境。多年的治学经验使我认识到：只认读书一条，而不是从一家、一人学习知识。通过广泛的阅读可以使读者同众多的高手交流对话。人类文化能够不断地发展，就是因为真理永远在我们的前面。

（本文原以《刘家和口述史》为题，分13次连载于《北京师范大学校报》2011年3—10月，由雪晶整理）

光启学术书目

《学史余瀋》　　　　　　　　马克垚　著
《愚庵续论》　　　　　　　　刘家和　著
《进学丛谈》　　　　　　　　葛晓音　著